吴汝綸文集

下

吴汝綸　著
朱秀梅　校點

中國近代文學叢書

上海古籍出版社

吴汝綸文集卷四

詩樂論 以下外集

古者學樂而後誦《詩》，樂以《詩》爲本，《詩》以樂爲用，《詩》與樂相爲表裏者也。三百篇《詩》，皆播於樂，故皆領在樂官者，皆可歌。季札觀樂，遍歌《風》、《雅》、《頌》，漢初瞽史例能歌《三百篇》是也。而不皆入樂之用，其入樂之用者，燕饗祀之樂章耳。蓋凡《詩》雖皆播於樂，而燕饗祀之樂章，獨爲雅音。雅者，常也，正也。燕饗祀常用之正樂，故謂之雅，非是不名。古樂不可復考，荀子云：「《詩》者，中聲之所止。」《史記》云：「孔子弦歌三百五篇，以求合於《韶》、《武》、《雅》、《頌》之音。」朱子皆深不然其說。蓋止於中聲者雅樂耳，餘詩則貞淫美惡，各從其類，安得一以中聲律之！且如《雅》、《頌》之詩，自是雅、頌之音；鄭、衛之詩，自是鄭、衛之音，又安能歌鄭以合雅乎？說者又謂《詩》與聲有辨，聲淫非《詩》淫，《詩》則三百篇，皆雅音也。不知《詩》者樂之章，而聲則歌其《詩》而被於樂之名也。惟其《詩》淫，故被之於樂而聲亦淫。《記》曰：「《詩》言其志也，歌詠其聲也。」《詩大序》曰：「情發於聲，聲成文謂之音。」由此觀之，聲非即《詩》之聲乎？朱子謂深絶其聲於樂以爲法，而嚴立其詞於《詩》以爲戒。聲與《詩》之辨，如是而已。若必別聲於《詩》，則所謂聲者何聲也？然則鄭聲之放，特謂不以其《詩》被之於樂耳。放其聲者，聖人惡亂雅樂之意。存其《詩》者，太師陳《詩》觀風之舊也。而謂《三百篇》皆中聲，皆雅音，誤矣！至《大戴禮》投壺雅歌及杜夔雅樂四曲皆有《白駒》、《伐檀》二詩，不用於燕饗祀，而亦謂之雅，《白駒》猶《小雅》篇，《伐檀》則變風矣。蓋不用於燕饗祀而用於投壺之禮，是亦入樂之用者。所謂止於中聲合於雅音者，或是類歟？然不可考矣。

贈蕭君敬甫序

昔者，韓愈三至宰相之門，録所爲文上書自請。或者曰「韓愈不當上宰相書」，或者曰「夫固有所不得已也」。雖然，苟如韓愈，即上書何害！蕭君敬甫於學無所不窺，閉户著文，不顧世俗之笑，且怪其自期待不欲後古之韓愈。與予一見如舊相識，出所著文示余，則信乎將蘄至於韓愈者也。今制府曾公駐節安徽，以樂育天下之才自信。余以貧且病，方屏棄草野，有來告余者曰：「蕭君頃至省上曾公書。」意蕭君固亦有所不得已者歟？蕭君勉之！今天子新即位當事，折節下士，行見蕭君出大賢之門下，顯名當世，獲遂懷抱，以爲山林自好者勸，固不若韓愈氏者之困而無所遇也。余雖屏棄草野，猶將拭目而俟之。

尋孔顔樂處論

曾滌生宮保安慶課士應試作

登高之法，非一蹴而至於高，必始於卑。卑者，所以求高之緣也。行遠之法，非一蹴而至於遠，必始於邇。邇者，所以求遠之基也。學聖賢之道，不可以一蹴而至於聖賢，必始於下學。下學者，所以求聖賢之方也。

昔者，周子教程子以「尋孔顔樂處」，至所樂之事，則周子、程子、朱子皆不言。然則孔顔之樂，其將遂不可知乎？曰：奚而不可知也！然則何尋乎爾？曰：所以爲下學之方也。然則其不言何也？曰：不躐等而教也。何以言其樂之可知也？以其見於《論語》之書者知之。「從心所欲，不逾矩」，此孔子之樂也。欲罷而不能，「如有所立卓爾」，此顔子之樂也。然則何以言乎其尋？尋之云者，下學之方也。高，吾知之，而欲至於高則尋之於卑；遠，吾知之，而欲至於遠則尋之於邇。孔顔之樂，吾知之，而欲得其所樂則尋之於下學，非於孔顏尋之，於吾身尋之也。吾身而有聖賢之樂乎？無有也。何言乎於吾身尋之也？聖賢之樂，不可得而驟窺也，吾從其下學之始求之，久之可悠然會也。聖賢下學之始，未必遂有是樂也。而當其下學，則有下學之樂，時習而悅是也。聖賢亦由下學之樂以漸得其所樂，吾不驟尋聖賢之所樂，吾尋其下學之樂，而聖賢之樂亦可以積久而馴至也。聖賢之樂不可尋，聖賢之下學可循。循其下學者，是即所以尋其樂者也。故曰：非於孔顏尋之，於吾身尋之也。然則程朱何以不言也？曰：何爲其不言也！其曰「聖賢之心與道爲一，故無適而不樂」，又曰「見處通達無隔礙，行處純熟無齟齬」，此其以孔顏之樂示人者也。其曰「克己復禮，致謹於視聽言動之間，久之自純熟充達」，又曰「今且博文約禮便自見」，此其以尋之之方示人者也。雖不明言所樂之事，而其所以教人者，固已深切而著明矣。

若夫進始求下學之人而驟語以大聖大賢之極詣，使舍其切實之功，而索之無何有之鄉、空虛冥漠之處，是豈程朱之所言者哉！人之欲登高者，吾從其高而詔之，不能也，必由其卑者而引之使高。人之欲行遠者，吾從其遠而詔之，不能也，必由其邇者而導之使遠。程朱之言，亦若是而已矣。

然則孔顏之樂，其尋之而得者有其人乎？曰：有！程朱是已。程朱者真知孔顏之樂處者也。是故必如孔顔而後能樂，必如程朱而後知孔顔之樂，必如程朱之言而後能尋孔顔之樂。

漢表讐字序

太史公作《史記》，紀、傳外又著十表，凡事迹之宜詳，而紀與傳所不能詳者，皆於表乎繫之。此太史之所以爲潔也。《漢書》因《史記》斷代爲史，踵其法而加詳焉，以後人讀史略而不之考，其文譌謬特甚。

余嘗以爲，史之有表，所以持紀、傳之窮也。紀、傳之文，汗漫無所統紀，按之於表，則一代故實，綱領節目，燦然若列眉，而紀與傳之所載者，亦於是乎有條而不紊，使人一覽瞭如。使讀紀、傳而不考表，則凡形勢之盛衰，年月之先後，藩封之建除，官職之升降，以及興亡治亂、功罪得失、姓名爵里、存没進退之大略，有茫然而不可知者矣。故曰表者所以持紀、傳之窮也。朱鶴齡云：「作史無表，則立傳不得不多，傳愈多文愈繁，而事迹反晦。」善哉言乎！知此，可與讀史矣。今之讀史者，但溺於文辭之間，即紀、傳中所詳著之事迹，莫有爲之深心考究者，又安怪其視表如贅疣而漠不經意也。

余讀《史記》、《漢書》，於紀、傳所不載及載之而不能條分縷晰者，則求之於表。而又病世之讀史者略表不觀，以致譌謬相仍而莫之是正也，爰爲檢其錯失，正其脱誤，使覽者有所參考焉，是亦讀史之一助也云爾。《史記》表羨文錯簡與《漢》表略同，讐字之役，不於《史記》於《漢書》者，表所以考一代事迹，《漢書》斷代爲史者也。

左忠毅公畫像記

汝綸兒時，聞先輩人談忠毅故事，輒自恨生晚，不及一識其面。故庚申冬以亂僦居公故宅，從左君質夫所求公遺書而讀之，又見公家書手稿，益仿佛遇其爲人。一日，質夫手二畫示予曰：「此公父母封大夫封夫人像也。」予爲正色斂容，肅拜而後敢仰視，因更索公像。質夫曰：「公像先是失於家久矣。某歲，鄉某携畫行，忽大雷雨，衣盡濕，遂入一村避焉。主人展畫視，大驚曰：『此余祖也。』索而藏之，歸其直。蓋主人，公裔孫，而畫，公像也，於是復存，今藏他所。」余曰：「噫嘻！公之精爽，不可泯滅，一至是耶！」當魏璫之矯旨逮公也，僞詔下，晴空忽大雨如注，讀畢乃止。其忠義所激，動天地、泣鬼神類如是。是畫殆公之精爽所寄也，其幾失而終存，固亦有使然者歟！

夫公功烈垂後世，節義在天壤，後之人讀其書、考其遺迹，猶想見其爲人，雖是像之存不存，亦何加損於毫末，而顧若是夫！人生百世下，追慕古賢人烈士，每恨不并世而出，得一目接光容，極其慨慕所至，雖一器一物，手澤所留遺，無不低徊珍重，摩挲不能去。況得瞻拜遺像，識其面目於數百年後，其慨慕又何如也！然則是像之存，所係顧不重歟！

公父母像，閱今垂三百年矣，視之瀋墨猶新。由公像論之，是皆有神氣呵護不使敗壞者。抑其精爽，歷古今固不能敝也。公像藏他所，不獲見。然余既讀公書，睹公手迹，又具聞於質夫者如此。則余之見公像也久矣，因記其大略如此。

「公像目光如炬，立其前若正視，人在側亦側睆焉。」質夫云。

章冠鏊傳

章冠鏊者，桐之東鄉人也，其先世世習農務。冠鏊爲人驍勇有氣力，然亦業農，爲人傭，嘗任并日之功，人爭致之。東鄉俗尚意氣，其民好鬭敢死。冠鏊居東鄉，鄉之力士皆出其下，子弟攻武藝者多從冠鏊游。

咸豐癸丑，粵賊陷吾桐，桐民俱受賊害。東鄉負其意氣，賊至輒群斃之，匿不以聞。久之，賊微覺，相戒勿過東鄉境，迂道行。以故五六年獨不被賊，賊亦以是怨東鄉未發。章氏於東鄉爲巨族，多豪健精悍之士，他族皆不之及。冠鼇尤以驍勇冠其族人。賊怨東鄉久，又所誅求輒不報，已未秋擁衆大掠東鄉，鄉人聚族居者姓率其族禦之。冠鼇之族數千人爲前隊，與賊遇。賊衆且十倍章氏，他族見賊衆甚，皆望風而靡，莫敢援章氏者。賊圍章氏數重，章氏大困。頃之，一人帶劍持矛，奮臂大呼，率衆突圍而出，出頃之復入，如是者三，格殺賊不可勝計。矢石火炮如雨注，不能中，出入重圍中如無人，賊衆辟易，不敢仰視。詢之，乃冠鼇也。圍竟解，章氏數千人得無恙。賊以冠鼇故，不敢留東鄉，稍稍自引去。後賊中每相與語及冠鼇，輒驚愕相顧曰：「吾有是人，天下不足爭也。」冠鼇既解章氏之圍，行里許，就地坐歎曰：「吾氣盡力竭，不能行，且死矣！」族人舁以行，復數十步，歐血而卒，時年已六十餘矣。既卒之二年，余避亂至東鄉，鄉人每津津談冠鼇事，有泣者，過前年與賊戰處，輒相指示爲美談，曰：「猶記章冠鼇殺賊突圍時也。」

野史氏曰：冠鼇一農人耳。余聞其爲人温然有儒者氣，又其事親孝，有一弟而獨養母，垂老如孩提。《記》曰：「戰陣無勇，非孝也。」余觀冠鼇，不能無慨焉。

【輯評】

賀濤評：遒緊簡勁，無一懈筆。

又評「賊亦以是怨東鄉未發」句云：「未發」二字，住而不住，忽插入「章氏於東鄉爲巨族」數語，伏下戰事，乃突接「賊怨東鄉久，又所誅求輒不報」二句，言怨而未發者，因誅求不報而乃發也。其奇處在中間插入章氏一段，若以常法爲之。「賊亦以是怨東鄉」下，便徑接「又所誅求輒不報」。「某年月日擁衆大掠東鄉」，其下乃接章氏「於東鄉爲鉅族」云云，文法非不明了，然無此奇妙矣。

伍烈女傳

烈女姓伍氏，吾從叔粒軒先生季婦也。桐之俗，女自許字後，年雖幼往往即養於舅姑，以故烈女甫毀齒即歸粒軒家，鍾愛於其姑，閨閫之間雍如也。

庚申冬，粤賊由廬江竄棕楊，居民奔匿，百數十里爲一空。粒軒居直孔道，適以事與仲子燊甫俱外出，烈女年甫十七，聞賊至，亟奉其姑避他所居。久之，賊益横掠，至所避處，烈女姑婦倉卒驚走，行相失。賊追且及，烈女知不免，自沉於水，同行女亟挽之，烈女立水中顧謂曰：「吾不及見吾姑，後吾家有尋我者，幸爲我告，此水吾避賊處也。」挽者不獲救，遂死，時辛酉正月某日也。

烈女既與姑相失，姑竟不知其所向。賊稍定，粒軒取間道歸，乃令粲甫尋所往，無所得。久之，見烈女僵卧水濱，面如生，血猶浸淫從鼻中出，若泣者，就視乃知其死。蓋賊去後，居人自水中舁烈女於岸，粲甫尋得時，距烈女死日已閱月餘矣。烈女性勤而孝，年雖幼，已能爲其姑任操作。姑病，輒不解衣帶侍湯藥，十餘日不少息云。

野史氏曰：生死，命也，烈女死，不爲烈女亦死。世之求如烈女死得所而卒未能者，可勝道哉！是時吾鄉婦人死節者所在多有，如烈女之幼年就義，蓋其天性然也。彼生爲丈夫，讀書明義理，而臨難苟免，豈亦性使然歟？其於命又何如也？豈止爲婦人女子歎歟！

三易異同辨

《連山》也，《歸藏》也，《周易》也，其書同耶？異耶？曰：其名則皆《易》也，其序則皆自《乾》至《未濟》也，其用則皆「九六」也，同也。至其所繫之詞，則孔穎達所云「聖人因時制宜，不相沿襲」者，此其所以異者也。三《易》之名見於《周官》，當時夏、殷之《易》與《周易》并用。至孔子表章《周易》，其後二《易》漸廢，及遭秦火，惟《周易》以卜筮得存，而《連山》、《歸藏》以不用而書亡矣。桓譚《新論》云「《連山》藏於蘭臺，《歸藏》藏於太卜」者，此僞托者也。漢以後儒者并未見《連山》、《歸藏》之書，各以意説，於是有謂「夏商未有《易》名，《連山》以山上山下爲名，《歸藏》以萬物歸藏爲名」者，有謂「《連山》首《艮》，《歸藏》首《坤》，而三《易》之道，通於三統」者。有謂「《周易》以變者爲占而『用九用六』，《連山》、《歸藏》以不變爲占而『用七用八』」者。諸説紛紛，莫有疑議。余嘗推求其義，而有以知其必不然也。

蓋自伏羲畫八卦，因而重之，以爲六十四卦，以教人卜筮，而前民用，於是乎有「易」；當其卦畫既成，必爲之名以命之，則所謂《易》者是也。又必有其先後次序、一成而不可變者，則自《乾》至《未濟》者是也。有其名矣，有其序矣，而其所以教人卜筮者，又必有其入用之法、一定之例焉，則所謂「用九用六」者是也。此伏羲作《易》之本也。《連山》、《歸藏》、《周易》雖三代異世，數聖異書，要皆本於伏羲而爲之者，而謂各取其書而反覆顛倒之，更改其義例而數易其本名，有是理乎？夫《連山》、《歸藏》，惟其皆名《易》也，故《周禮》著之以爲三《易》，而《周易》之書題周，以別餘代，使夏商以前未有《易》名，則言《易》已別餘代矣，何必更題代名？而《周禮》又安能概以「易」之名加之《連山》、《歸藏》而謂爲「三《易》」耶？陳大昌以季札觀樂，十五國之歌不言「風」，遂謂《詩》無《風》名，今以《連山》、《歸藏》不言《易》，遂謂無《易》名，何以異於是。若謂《連山》取「兼山艮」之義，《歸藏》取「坤以藏之」之義，則一書之名，止取書首之義充其説，則《周易》可因「乾」爲名，而《春秋》可以「春王」名書矣，此説之不可通者也。況所謂「兼山艮」與「坤以藏之」云云，又皆孔子《十翼》之説，豈夏商之書并取義於《周易》之傳耶！至所謂「山氣連連不絶」與「歸根藏用」等説，又皆穿鑿鄙陋，不待辨而審其誣者矣。

古書名義今不可考。姚信以《連山》爲神農、《歸藏》爲黄帝，考《世譜》：神農一曰連山氏，亦曰列山氏，黄帝一曰歸藏氏。《漢書·古今人表》亦著列山、歸藏。按他書止載堯舜，《繫辭傳》庖羲而下特著神農、黄帝，明二帝之有造於《易》。《黄帝本紀》「迎日推策」，策即蓍策。而神農重卦，至今猶傳，雖其説非是，其必於《易》有述者。是則《連山》、《歸藏》，先儒以爲神農、黄帝之書而夏商用之，説蓋近是。其謂之《連山易》、《歸藏易》者，亦猶《周易》之著代也云爾，豈如後儒之傅會鑿説云云者哉！

至若六十四卦重於伏羲，則六十四卦之序亦必定於伏羲，使非伏羲定其序，則當重卦之後，六十四卦果何如位置？卦之次序既伏羲所定，後之聖人雖各有所述，其於伏羲已定之序，必無有所異同。況其起於《乾》、止於《未濟》者，乃法象自然之妙，其義藴之深，又如《序卦》所云，則當伏羲之時，已爲百世以俟聖人而不惑者哉。今謂《連山》首《艮》是少陽先於老陽，而子加於父也。《歸藏》首《坤》是陰先於陽，而地尊於天也。其於法象義藴，不已傎乎！爲此説者，殆以《戴記》「吾得坤乾」之一言爲《歸藏》之明證，《歸藏》首《坤》既有明證，則《連山》首《艮》又可例推。不知《周禮》之言三《易》，明謂經卦皆八，别皆六十四，未嘗以爲有異也。今舍《周禮》之明文而徵《戴記》之説，固已不足深據，又況《戴記》并未嘗以「坤乾」爲《歸藏》。鄭康成注《禮》，弟謂「坤乾」爲殷陰陽之書，其書存者有《歸藏》云爾，亦未嘗即以「坤乾」當《歸藏》也。又案干寶云：「初乾、初奭、初艮、初兑、初犖、初離、初釐、初巽，此《歸藏》之《易》。」干寶所謂《歸藏》，已屬僞書，然亦未嘗以爲「首《坤》」也。《戴記》無是説，注《戴記》者亦無是説。即僞本《歸藏》亦并無是説。而梁元帝、孔穎達、賈公彦等乃始援《戴記》之「坤乾」以證《歸藏》之「首《坤》」，豈足信耶？又況《連山》「首《艮》」，於書并無徵據者耶？

至謂三《易》通於三統，則天統、地統猶可言也，人統何以獨取《艮》之「少男」？八卦之配十二時、廿四位，術數家之説耳，聖人所不言也。即《乾》、《坤》、《艮》之合於子、丑、寅，猶非本義，況其不盡合耶？且著書立教，隨在皆寓其改正朔、易服色之意，何淺之乎爲聖人也？然則「首《艮》」「首《坤》」，其説誣矣。《易》之爲書也，以變爲名也。其用之卜筮也，以變爲用，不變不用也。陽爻用九不用七，陰爻用六不用八，老陽變少陰，老陰變少陽，故用九六，少陽少陰皆不變，故不用七八。今謂《連山》、《歸藏》用七八，是《周易》變而《連山》、《歸藏》不變也，何以謂之「易」？且以不變爲占，則一卦止一卦之用，一爻止一爻之用，極其所終，不過六十四卦、三百八十四爻而已耳，何以悉備廣大，又何以引伸觸類而畢天下之能事哉？且夫用九用六者，其法則伏羲之法，其例則伏羲之例也。使謂《連山》、《歸藏》始用七八，而《周易》始用九六，是《易》之用至周始定，夏商以前，俱爲未備。推而上之，當伏羲之時，其用何如耶？抑豈卦畫已具而無用耶？不然，則其法與例皆伏羲之本，固不待文王而始定其用矣。《連山》、《歸藏》固不能易其已定者而爲之用矣。考之於書，《左氏春秋傳》季友之筮「遇《大有》之《乾》，曰『同復於父，敬如君所』」；《國語》晉成公之筮遇「《乾》之《否》曰『配而不終，君之出焉』」等説，今《易》并無其文，此固二《易》占辭也。既曰「《乾》之《否》」，非用變而何？此亦可以辨用七、用八之非是矣。而或以爲穆姜之筮「遇《艮》之八」，此《連山》之《易》也，可爲《連山》用八之證。不知穆姜之筮，占《周易》之《彖辭》，彼固用《周易》而非用《連山易》者。且其下云：「是謂《艮》之《隨》。」《連山》既用八而不變，何以復之

《隨》耶？此所謂以子之矛攻子之盾者矣。夫《春秋傳》所引占辭，其見於《周易》者，其以《周易》占者也，其不見於《周易》者，則其占之《連山》、《歸藏》者也，豈其占用二《易》，而所占之辭復用《周易》乎？先儒謂「《艮》之八」者，謂五爻皆變，惟六二少陰不變，故謂「《艮》之八」。晉重耳筮得國，遇貞《屯》、悔《豫》，皆八，内卦兩少陰，外卦一少陰，故云「皆八」。蓋變爻既多，因主不變之爻爲言耳，此豈可爲二《易》用七八之證耶？凡此數説，其穿鑿傅會，顯然可見。而漢唐以來儒者承譌襲謬，未嘗置議，皆習而弗察之過也。此余所爲辨駁其誤，而獨以爲三《易》之所同者也。

至其卦辭、爻辭，則《周易》乃文王、周公之所繫，《連山》、《歸藏》有不如是者，傳記所載，可考而知也。朱子贊《易》云：「降帝而王，傳夏歷商，有占無文，民用勿彰。」此又未必然者也。二《易》之所以異於《周易》，亦異之於其繇辭耳，然無繇辭則是伏羲之《易》矣，何所辨其爲《連山》，又何所辨其爲《歸藏》耶？且「民用勿彰」，《周禮》之掌於太卜，筮人者果何所爲也！余有以知其必有繇辭，而其辭之必異於《周易》者也。夫惟其名、其序、其用皆無所異，故皆謂之《易》，惟其繇辭有所不同，故謂三《易》。其名、其序、其用者，伏羲作《易》之本也，繇辭者，後聖之所各製者也，此三《易》之異同也。

【校】

〔陳大昌以秀札觀樂〕「陳大昌」誤，當爲「程大昌」。程大昌《考古編》中有《詩論》十餘篇。

益稷辛壬癸甲説

《尚書》：「娶於塗山，辛壬癸甲，啓呱呱而泣，予弗子。」孔安國云：「辛壬日娶，至於四日，復往治水。」據此，則「辛壬癸甲」四字當屬上「娶塗山」讀，「啓呱呱而泣」屬下「予弗子」讀，蓋兩事也。頃爲五弟繩講是書，繩疑娶四日而啓即呱呱泣，以質於余，余舉安國説答之。及讀《史記·夏本紀》云「辛壬娶塗山，癸甲生啓」，《索隱》以爲《今文尚書》脱陋，太史公取其言而不稽其意也。夫天下豈有辛壬娶妻經二日生子之理？以爲《史記》因《今文》而誤記之，其説近是。余以繩所疑者古亦有説，因舉《史記》告之，且具道《索隱》之駁議也。適母自外至，聞余説笑曰：「四日而生子，豈得以爲無是理？彼所謂生子者非遂生之也，蓋謂娶四日而妊也。」余敬而聽之，不禁豁然於心。

竊惟理之不易者，必當於人心之公，繩之疑是亦人心之公也，將孔説雖正而仍有未當於人心者歟？夫經以啓呱呱繫於娶塗山之下，而以辛壬癸甲間之，是雖二事，而實有其相連者。此繩之疑之所由起也。且《史記》之説，本於《今文》，《今文》載之於前，司馬遷踵之於後，而不以爲異，是不得謂爲脱陋與不考也。《今文》傳於伏生，較《古文》爲可信。先儒多致疑於《古文》，而於《今文》固未嘗置議也。司馬遷受《書》於安國，故《史記》多取《古文》，其改用《今文》必其説較審於《古文》者，而此不用《古文》，其必有説矣。《書》之意蓋謂既娶之後，亟趨王事，未嘗久留於家，啓之生則在於娶後之二日耳，及生而呱泣，則又以趨事之故而弗子焉。是雖舉二事，而意實相連也。若如孔説，則亟往治水之事經未明言，而第舉辛壬癸甲之四日，其於詞爲未終，而於文爲有闕矣。余以是知《今文》之不誤，而《史記》爲有據也。不然則謂娶經二日遂已生子，人情所必無，雖三尺之童皆能辨其誤，而司馬遷顧襲《今文》之誤而曾不之考耶？余得吾母之言以通繩之疑，因録之以備一説。

爲里中舉節烈引

吾桐素稱禮教之邦。昔之時，賢人君子矜孝悌之行，重刑于之化，正身以正其家，以明章婦順。當其時，婦人女子類能明女教，盡婦職，有貞静專一之德，而無悖逆違失之行。不幸而處其變，則本其貞順之性，而爲節烈可傳之事，其素所漸劘者然也。降及近世，自縉紳士大夫，下至鄉曲愚賤，狹邪淫慝，家法蕩然。入其室，姑婦勃谿，嘻嗃無度，比比而是。嗚呼！婦順之不章，有自來矣。兵亂以來，陷賊垂十年，居民轉徙流離，救死不暇，偷延喘息，廉耻道喪，禮教之衰，抑又甚焉。然而貞女烈婦，不辱身於賊，以死自全者所在多有。庚申、辛酉之間，賊之鹵掠益横，而里之貞女節婦益夥，死於水火鋒刃者計不下百數十人。嗚呼！又何其多也！夫其始禮教興隆，薰炙於賢人君子之化，而女教謹，婦職修，其多節烈可傳之事，亦固其所。而至禮教陵遲之後，賢人君子之化既泯然無聞，而所謂女教婦職者亦絶而不復講，而貞女烈婦且猶指不勝屈如此，豈人性之善雖磨滅剥蝕，終不能盡泯耶？抑猶前世之流風遺澤入人心者至深且遠歟？

且夫婦順者，順於舅姑，和於室人，而當於夫氏者也。其道在家庭日用之間，動静起居之際，其理甚庸，其境甚順，其法易修，而其事易盡，初非若節烈者之守節死義，所處之逆而所爲之難也。今夫臨危難，持節義，致命遂志，堅忍不撓，古忠臣烈士所爲難能而可貴者，而婦人類能之，而謂順而舅姑，和而室人，當而夫氏，彼固有所不能，豈果然歟？惜乎其無有示之以身教，導之以内則，如古時賢人君子之所爲者也。今制府曾公采訪忠義節烈，將上之天子，請旨表揚，以爲天下勸。此誠興教化、正風俗之至意也。余將盡舉里中貞女烈婦死於賊者，悉具以聞，以發潛德而闡幽光，而由此類以推之，誠得一二三賢達敦崇秩序、綱紀人倫，修之身，施之家，化之鄉里，將見禮教振興，婦順修明，復如曩時，皆於是乎在矣。然則茲舉也，又豈獨貞女烈婦之厚幸也哉？

【輯評】

賀濤評： 此文獨仿曾子固。

伯祖逸齋先生文後序

先祖兄弟三人，以孝友重一時。而伯祖逸齋先生尤以績學能文章，與先祖并有名。汝綸往從敝簏中撿得逸齋文凡若干篇，録爲一卷，藏於家門。從人問知先生梗概，獨所爲孝友之實，無能詳言之者。

先生攻苦力學，自少至老不稍倦，於學無所不窺，手鈔書盈尺。課諸孫時，年已六十矣，猶日程其功，夜坐孤檠下，蠅頭細字，至夜分不倦。凡有往來游讌、吊賀酬酢稍間其功者，必以夜續之。嘗訓子弟曰：「吾生無他長，惟好讀書可爲子孫法。」先生讀書，於古人孝弟之行，家庭切近之道，尤深究心，每以不克身體力行爲憾。所爲文質樸簡重，然生平重實學，不好文辭，故所作不多，又不自顧藉，散佚過半，今汝綸所録者特其什一耳。顧念先人學問之大者已無可見於後，其可見者，獨其生平不自顧藉之文辭，又其存者不過什一之於仟佰，其可慨也夫！先生又謂家庭骨肉之際，天倫至性，不以文字重，故與先祖相篤愛，至老如孩提，而所爲詩文無一相及者。然則先生所爲孝友之行，雖不盡知，然即其文學之所立意者，亦可以思過半矣。

夫孝弟，庸行也，惟不幸而處其變而後有以顯其奇節。若夫蹈常履順，雖詣乎其極，要必無崖異嶄絶之事可自表見於世。惟爲人子孫者，使先澤墜敗，習焉而不知，或求其細而忘其大，觀其末迹而失其本意，是可悲也。雖然，前人行誼既不少概見，獨其緒餘之可見於後者又復聽其滅没，後生小子，其抱恨又當何如耶？此汝綸於先生之文所爲斤斤焉，不忍使之無傳也。先生不遇於時，以諸生老，卒年六十有六。

王烈婦墓表

烈婦姓吴氏，以咸豐十一年七月十四日賊至赴水死，年廿有七。既死之明年，爲今上之元年，其夫王義上將立石其墓，而索余文爲之表。

義上之言曰：「婦故善病，去年賊突至，吾倉卒奔匿，婦適病，不能行而死。然其所以死者，不係乎病也。先是，賊數至，吾亦數率婦避賊，嘗行至澗水濱欲自沉，吾救止之。錢烈婦者，鄰正家之妻吴氏者也，長吾婦一歲，其母與吾婦之母兄弟也，故吾婦與錢烈婦相謂曰姨。前死之三月共避賊某所，衆苦賊復至無可避者，吾婦曰：『良家子，賊即至，死耳，何自苦也！』錢烈婦曰：『姨言是也，萬一不幸，吾當與姨成此言。』及是賊至，衆驚走，錢烈婦亦走，衆意其避賊也。賊退，吾歸家，見吾婦故與錢烈婦携手池水中，則其死已三日矣。由是觀之，吾婦之死，固不係乎病也。」

余曰：噫嘻！人固不可以迹論也。其志之所存，苟擾擾於死生利害之間，即病亦未必其遂死也。其志之所存，苟不以利害惑，不以死生易，即不病固亦不必死也。夫人素無較然自立之志，至於勢窮事迫，不得不死，遂卒然以死成其名者，何可勝數？究亦不足貴也。若烈婦者，可不謂自審所處者歟！抑吾又以怪錢烈婦之勇於自决也。夫當萬萬不可不死之時，而惜於一死，卒以隱忍困辱全其生者，亦所在多有。方錢烈婦之與衆共走也，使稍有遲疑顧惜之意，亦未必無可生之機。又其身固未嘗以疾病累，非處於必不得生之勢也，而顧挾其浩然一往之氣，就死如歸然，此又何説哉！嗚呼！彼自審所處若王烈婦者其知之矣。然則觀王烈婦之事，其病不病又何足論歟？義上歸，即以言勒石可也。

【輯評】吴闓生評「至於勢窮事迫」句云：桐城陷賊最久，再克再失，此文意皆有所指而言，特借二烈婦發之耳。

矮栝説

曩吾伯父手植矮栝一株，垂卅餘年，大且十圍，高不逾丈。樹故在牆以内，而適與牆并。吾父甚愛之，以名吾居。後經兵亂，環吾居栝柏十餘樹爲一空，而是栝以勢不甚高，又爲牆所隱蔽，孑然獨存。前年，吾叔父斧其下枝之輪囷者，又縱其上枝之萌蘖者，逾年而是栝且高於牆丈餘矣。然以其故矮也，仍名之矮栝，而吾居猶曰「矮栝居」。夫以是栝之始高不逾牆也，立乎牆以外不知其十圍之大也。今則未至吾居，而是栝已顯然在人目矣。豈是栝也前處其晦，而後乃自致於顯耶？將顯晦有時，而是栝適遭其會耶？抑亦屈辱既久，終不能自秘其奇者耶？雖然，栝之爲物，固所謂勁直堅貞，貫四時而不改柯易葉者也。方其始之矮也，有使之屈焉者也，而其所爲參天而拔地者固在也。及其後之翹然而高也，又有使之伸焉者也，而其所爲傲風霜、凌冰雪者亦自在也。顯晦屈伸之間，又奚足加損於毫末也哉！

【輯評】

吴闓生評：此文公蓋借以自喻。

讀内則辨

《記》曰：「子甚宜其妻，父母不悦，出。子不宜其妻，父母曰『是善事我』，子行夫婦之禮焉。」余嘗以爲此非盛德之言，爲衰世者言之也。夫已之宜不宜者，私也。父母之悦不悦者，公也。不論已之宜與不宜，而一視父母之悦與不悦，知有父母，而已之私有所不敢自遂也，其亦庶乎其賢者矣。雖然，此非盛德之言，爲衰世者言之也。

夫夫婦者，人之大倫，所與壹體同尊卑者也。古之君子知其然，故律之也嚴，而責之也重以周。孔子，大聖人也，伯魚、子思，大賢也，度爲之妻者，非必有大無道之事也。然而孔氏三世出妻，曾子之出妻以蒸梨不熟，孟子之妻以偶不爲禮而遂請出於其母，鮑永之妻以叱狗姑前而出。夫蒸梨不熟，若偶不爲禮，若叱狗姑前，皆非大無道之事也。蓋古人之於妻，律之嚴而責之重以周也如此。然則婦人之能宜於夫，不其難哉！

且夫昏禮者，將以合二姓之好而與之共事父母也。古者后妃理陰教以明章婦順。婦順者，順於舅姑，和於室人，而後當於夫。是故婦人既嫁三月而後反馬，蓋至三月廟見之後，知其可與共事父母，而不必隨其嫁之車馬以反也。未廟見則不成婦，明不能事舅姑則不足與爲夫婦也。由是觀之，子之於妻，無所謂宜也，善事父母則宜矣；亦無所謂不宜也，父母不悦則不宜矣。安有所謂子宜其妻而父母不悦，善事父母而子不宜者哉！不特此也，《桃夭》之詩曰：「桃之夭夭，灼灼其華，之子于歸，宜其室家。」解之者曰：「『宜其室家』，一家之人盡以爲宜也。」蓋家人者，父母之一體，一家之中而有一乖戾之象，其父母之心，必有愀然難安者，必盡宜其一家之人，而後可以宜於其夫。故不言夫婦之宜，而言宜室家也。夫家人且然，而況於父母乎？今以父母不悦而出，以善事父母而禮，似矣。然其所以出之者，特以父母不悦，不得不出耳，其本甚宜也。其所以禮之者，特以善事父母，不得不禮耳，其本不宜也。以父母之故，不敢不自匿其私，是猶有私焉。長蓄於隱微不可測之地，而凡其外之所爲者，皆强以心之所不安，而迫於勢之不容已也。此豈善事父母之道哉？夫父母不悦而子宜焉，善事父母而子不宜，是懷二心以事父母也，賊也。宜焉而猶出，不宜而猶禮，是於吾父母而不用吾情也，僞也。而謂盛德者固如是乎？

雖然，古之聖人以七出之法治内，治其婦人女子，皆以犯之爲耻，而有所顧忌，不必至於不順舅姑也。即微失小過亦謹焉，而不敢肆，而其夫亦不以微失小過爲之姑容。自世教衰，出妻之法絶不復講，其婦人女子狃於無所懲戒，不特微失小過不知自飭也，雖至大不孝無禮亦公然行之，習以爲常。而其夫方且恬然相安，不以爲意。嗟乎！爲之夫者忌父母、私妻子而不自知其罪大惡極，不齒人類也，其婦人之狹邪淫慝，私嚚其夫，而夷然不知有舅姑也，又何足深怪！嗟乎！是又安得此《記》之言爲家喻户曉而振發其聾聵也耶？

讀漢書古今人表

《漢書》非綜核古今之書，斷代爲史者也，其表古今人何也？班固著《漢書》未成而卒，詔其妹曹大家續成之，諸表皆大家所修者，豈其非一人之手故然歟？不然，《漢書》斷代爲史，非綜核古今之書也，古今人何以表也？太史公作《史記》，起五帝，至天漢止。其書載古今人略備，而獨不爲立表，使三古以來其人非有赫赫事業可傳於後者，其姓名皆不概見。

《漢書》則博極群書，一一記其大略而弟其高下如此。然則《史記》當詳而不詳，《漢書》不必詳而詳之，又何也？

先是班彪著是書，起於天漢以後，前此皆不具論，爲其爲《史記》所已著者也。蓋其著書之意，非欲以備一代之史，弟欲爲一家言以續史遷之後。及彪卒，固嗣其業，有告固私修國史者，坐逮固下獄，固上書自辨乃免。然則彪、固之始爲《漢書》，非斷代爲之也，將以續《史記》也。後詔固就蘭臺卒父業，乃始論列天漢以前，起於高帝，以成一代之史，名曰《漢書》。然其已見於《史記》者，多仍舊文，無所改易。則其志仍以續《史記》也。大家深明此意，於諸表之末，綴以古今一表。蓋謂《史記》之書既載古今人，即當爲之立表，而不表是《史記》之闕也。《漢書》本爲續《史記》之書，則於《史記》所未備者要不可不爲之續。此表所以補《史記》之闕也，且以見斷代爲史，非著書之本意，其本意則將以續《史記》耳。然則《古今人表》其猶彪、固之志也歟！不然則《漢書》本一代之史，非綜核古今之書，而攙以此表，如贅疣然，豈史家之體裁所宜然歟？後世具三長修史書者類不爲，而謂大家爲之歟！

【輯評】

吴闓生評：此文公之特識，後來賀松坡先生多近此種。

劉咸炘評：意少而辭多，此義何嘗不是，然前人言之數語可耳。

廿八宿甘石不同考

甘石之《星經》亡久矣，不見於《漢書·藝文志》，今所傳《星經》以爲石氏書者，贋也。太史公言星多采之二家，然不取其占驗，以爲「米鹽凌雜」，以故其説不傳。今其遺説之可考者，獨廿八宿之名目耳。

自《周禮》載廿八星而不詳其目，《爾雅》止十七星，《月令》則廿六星。今所傳廿八宿之名，始見於《吕覽》。而《史記·律書》則不數斗、觜觿、東井、輿鬼，而易以建星、罰、狼、弧四星，又以七星次張後，與《吕覽》不同。至《天官書》言歲星之行次，則又與《吕覽》合。嘗讀《月令》仲春之月「昏弧中，旦建星中」，孔疏云：「餘月中星，皆舉廿八宿，此以弧近井，建星近斗，井、斗度多體廣，故舉弧建紀中。」竊怪先儒不考天文，但知井、斗爲宿，而不知二星於古固實宿名也。然於《律書》、《天官書》所以與《吕覽》有同有不同者，則仍未得其説。後讀《漢書·天文志》，其言歲星行次，仍《天官書》之文，以爲石氏之説，而附甘氏説於其下，則皆合於《律書》，乃始恍然其故。

蓋《律書》之所載者，甘氏之星名也，《呂覽》之所載者，石氏之星名也，《天官書》所以不同於《律書》者，《律書》取甘氏，《天官書》取石氏也。至《淮南子》時，訓解但取石氏，而甘氏廿八宿之名於是遂絶不傳。甘公齊人，實先於石氏，其説亦最古。漢高祖時有甘公知天數，非著《星經》者，或者其子孫歟？曆家以十一月甲子朔冬至日月在建星爲曆，元後世不知建星爲宿，但言日在牽牛之初云爾，則甘氏之名之絶不傳者爲之也，不可重爲扼腕者哉！至於婺女謂之須女，昴謂之留，畢謂之濁，柳謂之注，雖其名甚著，然皆實同名異，又非其異同之義，故不辨。

甘氏、石氏二家不同，即其言宿名者，而其書之爲説，蓋可知矣。石氏較甘氏稍遜，然亦非後世言天文者所及。太史公《天官書》蓋兼擇二家之長，考之可略得甘、石之精矣。今之《星經》則後人采《隋》、《晉》二志爲之，而假托於石氏者耳。至明人刻《星經》於《漢魏叢書》，署云「甘公石申撰」，直以甘、石爲一人，尤爲可笑。自記。

游大觀亭故址記

余幼即知大觀亭爲皖城名勝之區，長而聞名賢登是亭者多吊余忠宣之墓，又意亭之所以名附余公而名也，獨恨未得一睹其勝。今年應試皖城，始從方先生存之游其地。四山迴旋，長江接天，覽其風景，慨然想見當時之盛。而亭址廢爲軍壘，思求勝迹，蕩然盡矣。惟余公之墓，爲前中丞彭公重修，豐碑高冢，一如曩昔。相與低徊憑吊，久之乃歸。夫亭之廢久矣！今日之游，非震於其昔日之名耶？然求其勝迹，已無一存，更閱異時，誰復知有是亭者！若余公之墓，則雖無彭公之修治，吾知千百年後，必有憑其墟而吊者矣。而中丞理墓時，曾不及是亭。意者園林臺榭之盛，固不如忠義之氣之感人深歟？抑有所附而名者無不亡，惟其所以名者爲可久耶？然則非有不朽之實，雖盛名震耀，未有不終歸泯滅者也，獨是亭也歟！兹游也，先生曰「必有記」，故記之。同游者元和朱君仲我，績溪章君琴生，吾邑蕭君敬甫、程君曦之也。

【輯評】

賀濤評：意想高遠，風神跌蕩。先生少作已能追步歐公。

吴闓生評「然則非有不朽之實」句云：方先生方負盛名，詞旨蓋有所激射。

原烈

《易》曰：乾道成男，坤道成女；乾之道爲剛爲健，坤之道爲柔爲順；男以剛健爲德，女以柔順爲正，天地之常經，陰陽之定義也。天地正氣，在男爲忠義，在女爲節烈，是又皆剛健之所爲，而男女之所均貴者也。然則女子不以柔順爲正矣。或曰：柔順，女德之常也，剛健，女德之變也。或曰：處常則以柔順爲正，處變則以剛健爲正。余謂不然。

夫陰陽者，以對待爲體，而以互根爲用者也。陽無陰不生，陰無陽不成，此對待之體也。陽之中有陰，陰之中有陽，此互根之用也。惟陽不能無陰，陰不能無陽，故有兩儀，有四象。惟陽之中有陰，陰之中有陽，故太極生兩儀，兩儀生四象。故語其對待之體，則乾道剛健，坤道柔順；語其互根之用，則乾剛健未嘗不柔順，坤柔順未嘗不剛健，此乾坤之道也。今謂柔順爲常，而剛健爲變，則女子之爲節烈者，皆變而非其常，既不可以爲訓；而謂處常以柔順爲正，處變以剛健爲正，是又常變異道，充其類將謂男子之道處常宜剛健，而處變宜柔順矣，豈理也哉！蓋嘗推而論之，孔子繫《易》曰：「立天之道曰陰與陽，立地之道曰柔與剛，立人之道曰仁與義。」仁近於陰與柔，義近於陽與剛，而聖人以仁配陽剛，義配陰柔者，何也？仁之性本柔，而其道則剛，義之性本剛，而其道則柔。仁不剛，則婦人之不忍而不可爲仁，故仁配陽配剛；義不柔，則匹夫之激烈而不可以爲義，故義配陰配柔。然則剛健不可不柔順，柔順不可不剛健，陰陽之相需者然也。孟子曰：「以順爲正者，妾婦之道。」而程子、朱子之注《易》也，於《歸妹》之九二，皆以陽剛中正爲女之賢。使執而不通，則以陽剛爲賢，即不可以柔順爲正。以柔順爲正，則陽剛爲失正之甚矣。惟知柔順之所以爲正，而又知陽剛之所以爲賢，二者其説雖若相反，而其理實相備，則節烈之道雖剛健之爲，而實女德之正，不待辨而明矣。

然則乾何以言剛健而不言柔順，坤何以言柔順而不言剛健，曰：乾以剛健爲主，雖未嘗不柔順，而在乾適以成其爲剛健；坤以柔順爲主，雖未嘗不剛健，而在坤適以成其爲柔順也。是則男之柔順，皆其所以剛健；女之剛健，皆其所以柔順，此乾道之所以成男，坤道之所以成女也歟！由是言之，則謹婦順，職内事，守无成之義者，固柔順之道；即捐軀徇義，毅然浩然以貞不變之節而成剛健之行者，亦何莫而非女德之柔順也！

方先生存之傳某烈婦謂：「丈夫失陽剛之德而女子承之，非人道之小變。」其言激而害道，故闡明《易》理以正之，作《原》烈。

銘十一首

缺硯銘

缺於外，爲衆所棄。中有容，吾取其空。

烟筒銘

吐其渣滓而吸其精。塞，吾致其通，通乃靈。

墨合銘

守其黑金以爲質，著之以綿柔乃得。深爾藏者素所積，當其用之取以出。

鏡銘

體雖昏，鑑人則神。何不刮汝垢，全汝真，使汝常明者存。無爲以其昏昏照於人。

火爐銘

寒少燠多，棄置不用者常耶，歲寒兮奈何？

箸銘

肉食者謀，咬菜根兮相予，孰咎孰休，惟汝予籌。

杖銘

顛予汝扶，汝不自扶，扶之者予。

酒瓶銘

守吾口，有容乃大，出吾所有，使汝醉。

米甕銘

饘粥汝供。予饑，汝則安用，庶幾乎屢空。

犀角杯銘

近今之制不如古，躋堂上壽將用汝。抵之觸之觚稜藏，磋之切之好且臧。虚則能受滿則傾，有其用之壇坫光。

【校】題〔銘十一首〕實爲十首，或將《犀角杯銘》視爲兩首。

左忠毅父母像贊

謂爲有子兮，天於垂老拔其尤者而奪之；謂爲無子兮，忠義之氣與天地無窮期。古色盎然，是爲達人之先。

楊壽山先生墓志銘

嗚乎！國家設昭忠祠待忠節死難之士，豈爲齷齪委瑣無氣之徒幸死鋒刃，遂足稱盛典哉！洪秀全等反，更亂比十數年不定。天子與將相大臣圖議褒優義烈，敦勉風俗，自薦紳士庶、婦人孺子，仗節懷信，并蒙采録。於是闡表幽隱，日月相屬，給事中、御史等不敢妄議事可否，輒疏舉節義，以塞言職，循習既久，以爲故事。朝廷寬厚，不肯稍靳惜，恩或出事上。而是時壽山楊先生用團練殺賊，創一子，憤鬱以卒。其孤澄鑒論列事狀，展轉以達於朝，得旨旌邺，予祠祀。士論偉之，以爲此真烈士，欲張空拳爲國扞大患難，志雖不竟，足稱盛典，非世所譏傲幸者比也。

先生諱鼎元，字賓周，壽山其自號也，爲桐城縣學廩膳生。祖曾梅，安慶府學廩膳生；父芝青，歲貢生，候選訓導。比三世爲諸生，俱有名。粵逆初犯江南，桐城人謀城守，已而又議團練，先生皆首畫計策，皆不用。賊至，檄民編連什伍，受約束，先生疾之，悉召近親，陳示大義，皆感激，無一人應賊檄者。避居里舍，會十數賊至，奇其容幹，疑爲官人，攢刃擬之，先生戟手大駡，群賊驚愕，皆上馬馳去。先生既疾義烈不倡，狂寇叫讙，憂悲鬱恨，冀得一當以自抒泄。聞官軍克一城，則躍然以喜，或潰敗問至，則對食廢箸，悄然以悲，久遂憤憾致疾。庚申，官軍臨桐城，援賊大至，劫殺益横，死者枕藉。先生病，不能避，欲仗策詣軍，又不得，疾益大作。臨終呼澄鑒語曰：「吾世食舊德，不能建義旅爲國效命，今病且死，死即無買棺葬我，以示吾罰。」遂高吟陸游臨終詩以卒，年五十有九。配張孺人，生二子，長即澄鑒，同治甲子科舉人，有文學；次澄銓，團練，被賊創者也，先生卒後數月創發亦卒。孫三人：超、越、某，越殤。女一人。先生始卒，藁葬舍側。越六年，始改葬於南鄉某原。銘曰：

志藴不施，孰材厥爲。終則考壽，孰義厥守。淺止於斯，而深莫窺。有子而孝，榮哀表微。出金内帑，作廟里閈。彼以幸獲，視君其赧。

錢楞仙駢文序 代

吾嘗讀樊南李氏偶儷之文，竊怪以彼其才追取世資，不難躋顯要、立名績，乃以黨人排笮，淹躓終身，豈造物者故蹇其遇以大昌其文耶？及紬察其詞，又知彼雖偃蹇，而感憤之氣故未即平，汲汲焉望援干薦之不暇，殆内不自得而寓於文者也。使其所遇或可騰驤以赴功名之會，豈復遺外榮寵，窮年兀兀，惟文藝之求哉！

余同年友錢君楞仙，竺嗜李氏之文，嘗掇輯其佚篇二百餘首，爲《樊南文補注》，刻成寄余。余因問君生平自爲文幾何，將助而録之。已而君以書來，則已開雕袁浦，將蕆事矣。君自弱歲秉奇惠，掇巍科，臺省耆舊，固已交譽互薦。一爲國子司業，京輦仰爲宗匠。中歲棄去，會東南大亂，播越江淮，備嘗艱險，視義山之傭書販舂，蓋又過之。顧義山名宦不進，然猶數游京師干貴人，歸窮白解，君始則以憂去耳。當時朝無牛李之黨，非必齮齕莫我容也。乃服闋以後，屏迹不一至京師，薄游楚泗，都講授徒，遂將約窮以老。疑其中懷悲憤，有不可喻諸世人者。及讀其文，則磊落洞達，灑然若并身世順逆而俱忘，又何泰也。若君者，可謂自行其志，雖阨窮而無不自得者矣。

始余在京師，與君連欐而居，日相游從，酣嬉跌宕而不厭。咸豐改元，與君執别，忽忽近廿年，僅一再遇君袁浦。方初睽離時，豈意其後契闊如此。聚散之不恒，世變之難逆睹，均不能無感也。君文不盡效李氏，冲夷清越，藻麗自生。吾知後世必有讀而好之如君之於李氏者，余亦不復詳論也。

靈谷龍神廟碑 代

龍於古不臚典祀，自三代時，國有旱暵，彌祀侯禳，皆不及龍。龍淵藏而神動，泥蟠而天飛，變化升降，雨起雲從，百靈怪變，奔屬後先。即有大旱應上，公不得請，石破魚枯，山川之神不自救獲。或以方色爲象龍，土寓繒繢，則隨禱而應，於是「五龍」「九龍」之堂浸作，稍祀事矣。國家懷柔，百神褒崇，龍祀祭式祝號，一準王儀。世宗皇帝在位五年，以爲龍神專司雨澤，吏宜虔奉，乃稽古立象，頒賜直省，俾各行事祠下，自是廟祀如法，神用顧享。

金陵省治之東，有泉曰八功德者，出於鍾山之陽，靈谷之穴。或曰最舉其水泉之美以爲名；或曰在梁天監神龍表祥，靈沼沸成，本乎浮圖而名也。舊有龍祠，屢獲嘉應。洎兵興祠毁，庭壇不蠲，牛羊入垣，神無所降依，人無所承事，屬當悴荒，未遑規度。同治丁卯，自春徂夏，歷月不雨，天澤上屯，驕陽亢愆，陰閉不升，日暄風燥，苗且盡槁，歲將壞成，萬夫佂攘，若熬若焦。

余惟守土無狀，甘被殃疾，奈何造罰於不辜之甿。既爲辭躬告百祀，遂遣僚屬就祠鍾阜，馨香俶升。神即默頷，是饗是答；翁雲上游，雷車輷輷；曜靈夜光，叱避伏匿；陰陽太和，甘雨滂沛；嘉穀霑徹，歲災不成。惟此邦之人，獲蒙蔭庥，而祠廟毀隤，報饗弗稱，無以供給神役，不即不圖，神其勿許。其秋，乃命徒屬以錢若干作而新之。堂陛棟楹，是恢是度。赤白赭堊，期不陊剥。冬十一月，廟成，乃考引禮典，揚搉始末，鑱石以紀其事。曾相國云：前半矜鍊典雅。

【輯評】

賀濤評：曾公集中有此題，前文即就公作稍加刪節，入後借寺宇興廢，發抒偉議，感歎深至，遂爲曾集中出色之文。

菊農先生七十壽序

菊農先生植行績學，不求聞於世，獨於吾父爲碩交。有賢子曰敬諧，亦與余兄弟游。異時，吾父入居縣城，先生時時過吾家。余方垂髫，聞先生講論，不能盡解，而敬諧年財廿，已爲秀才有聲，與余兄交歡。余雖幼，固知敬諧學行他日不失其世守也。後數年，吾父避亂，館於先生之族，先生時至，則各出所爲詩和而歌之。而是時敬諧方游京師歸，文章日盛。又數年，先生奉母太孺人避兵江上，余侍吾父一過之。母頤子耆，天趣愉愉，輒私服前輩制行爲不可及。及余南北就試，僕僕奔走，而敬諧獨家居，以先生篤老，不肯離左右。余於是又知敬諧不惟文章，其質行亦世其家法也。今年余歸，敬諧告余某月日爲先生七十壽。因念自余爲兒時侍先生，先生未老也，聚散不常，忽忽十餘年，先生今七十，吾父行且六十，余兄弟皆已壯，而敬諧亦倍其始爲秀才之年矣。既念曩時聚處之盛不可常得，稱壽先生，益不能自已於敬諧也。

始余讀《戴記》有曰「貽父母令名」，及稱人爲君子之子者，以爲名稱之美，父不能得之子，子不能得之父，豈相假借如此哉！及觀自古所傳蓄德有文之君子，不顯於身，則必生賢豪奇偉非常之士，以大昌於後，蓋若天所畀焉。且夫挾持所長自炫鬻，以取名當世者，嵬儒類能之，惟君子不屑爲，故必有賢子而善始彰，無賢子，雖爲君子，世莫得而知也。然則爲人子莫難於君子之子，君子之子其不可不自樹立以傳其親令名矣夫！今先生勤一世植行績學，不求聞知，是必將大顯於敬諧。而敬諧由此益進不懈，其學與行亦必不愧爲君子之子，以傳先生令名於無窮。獨余兄弟自垂髫以後，與敬諧聚散不常，無由引《戴記》之義以交相勉也。余且出，敬諧徵辭侑觴，遂書以爲先生壽。

【輯評】

《八家文鈔》：意思真至，發前人所未發。

家嚴慈六十雙壽徵言略

家君孝義著於鄉里，事先大父幾微必察。九歲，祖母見背，事祖庶母如母。自汝綸解事時，見家君遇祖父母忌日或家祭，必竟日慘然不言笑。諸父六人，姑一人，友愛無間。家故有薄田，諸父剖分而食，家君推不取。其後諸父之田，再失再贖而歸之，比力不能贖，則諸父及姑皆召而共爨，自是遂無一隴之植。性儉素，居常御酒食，稍豐腆，必斥去，衣敝故，數年不易。人或以饑寒告，必得所望以去，不問有無。內外親待而舉火者十數家，諸生脩脯一入門，抱升斗求分者接踵門外如市。比空無時輒并日一食，處之恬如。壬戌春，大饑，斗米千錢有奇。家君館武寧歸，有米卅斛，家人雜以麥、菽、芼以菜茹自食者財二斛耳。米盡，以告，歎曰：「年凶人饑，僵者塞路，得米不以振，欲人盡死而我獨生乎！」

九歲能屬文，著《中正論》三篇，長老驚異。後每爲詩文，知言者皆心服。顧不自收拾，脫稿即分散。汝綸少長，始稍搜輯箧藏之。平居好靜坐，竟月不聞疾言，口不談人過失，或聞汝綸兄弟私有譏彈，即大譙訶之。嘗自謂無他長，唯謹言可爲子孫法。然遇事有疑議，衆噤不發聲，家君徐出一兩言，無不判決，爲之無不辨。治事竟，不言勞。往時邑中有大興作，諸薦紳齒朝之士持議撓滑，令君曰：「不願君輩百人，願得吴君一言。」是時家君教授鄉里，未嘗一造縣庭，蓋物望之孚如此。

粤逆之亂，桐城陷賊凡十年，官軍凡四至縣境，每至則賫運糗糧，聯結義故，縣人輒推家君主之。家君既至軍，則無一書問家事，會歲除，徵餉過居宅，家人要於道，闕以匱乏，不反顧而去。及事平，有欲白家君於大吏者，謝不受。咸豐初元，應孝廉方正制科，未廷試而亂作。或勸入京師，不應。家居不好詣城市，有問者，曰：「吾不慣與官人往來。」凡家君所爲，飭於躬，施於家，積於鄉，一既其實，不襮於人，以故益窮。嘗訓汝綸曰：「士人當使實出名上，無使名出實上。余所聞見鄉先生享大名於時者，今其後人皆微矣，彼皆實中其名而且如此，况實不足者耶！」

家君既以恬介致窮，又不顧問家人瑣事，門内之政，一委吾母。每客中賫錢米，手書曰「某某米若干，某某錢若干」，事過不問，吾母則謹受而推行之。鄉人往往言家君居約而能施，積行而不求聞，少常客游而孝悌充裕，吾母爲助於内者實多。初外祖馬魯迂先生以名進士官蜀中，吾母來歸，裝資甚盛。既而家君游京師，先祖不時有急，則嚬蹙徬徨，吾母見其然，即出私財奏進之，財罄，則脱服佩出質，典衣之券盈篋。先祖性好酒，吾母必百計致酒。既服佩皆盡，唯一銅鑪以屬叔父入市换酒。族老人見之，疑叔父將與群少年博也，詰狀得實後，常常舉此以誡其子婦曰：「汝曹能然否？」先祖又好啖鱓，漁人日日以來。先祖没後，吾母聞賣鱓聲輒痛哭，漁人爲之屏迹。初在母家，侍婢數人，既來歸，庶祖母治家嚴，井臼操作，諸婦更休遞任，雖疾病不少貸。吾母躬習勞苦，姒娣雍雍，事則相先，食則相後。性慈愛，諸從父兄弟若外兄弟，或無父，或無母，吾母一子育之。以故鄉人稱家法之善，必以家君爲最。

明年三月朔，爲家君六十壽辰，其冬十月既望，吾母亦屆六十。伏求有道君子寵之詩歌文辭，俾頌以侑觴，有餘榮焉。家君字世求，一字育泉，桐城縣歲貢生，咸豐元年孝廉方正。家母姓馬氏，例封宜人。子四人。同治七年某月，男汝綸謹撰。

朱嘯山六十壽序 代

湘之皋，有隱君子曰朱嘯山先生，少則以篤學嗜古發聞矣，與人處恂恂然，若未嘗學者。未卅而舉於鄉，充景山官學教習。其進也，其年力與材足以自致於華顯矣，棄之而歸，若未嘗與於進者。其屏處於鄉也，蹈仁而履讓，鄉之士隨而問業者數十百人，而若一善不以有躬也。其動而施也，當咸豐朝，湘鄉數被兵，輒集義舊，饋芻糧，殫思悉謀，以抗大難，而事竟則奉身而退，絶口不言勞。是時湘中義師起天下，號曰湘軍。其鄉人明智材武之士，奮臂聯趾，變若虎豹，蒸若雲霞。先生獨頹然其間，韜光弗耀。即賢子星檻觀察宣勤於時，累著功伐，假歸省覲，閭里謂榮，而亦無有幾微色喜也。

維歲戊辰，在秋九月，屆壽六十，星檻治軍金陵，稱觴於軍。賓客之來祝者咸曰：「先生之於保天年享大耋其宜也。」夫心不膠則形全，氣不挫則神完，形神既充，乃彌久而不可窮，古之所稱至人皆是也。故其壽輒百數十歲，近者且百歲。及後世，人俗衰薄，而後老聃、莊周、列禦寇之徒興，誦其所聞，乃至爲世駭怪。其言指歸各不同，要其大美不居善，不近名，超然於嗜欲攻取之表，以全其所謂天之君子，其所持不膠於心、不挫於氣則一也。故史傳老子二百餘歲，周、禦寇不著其年，由其道，其人必皆壽考無疑也。世去古愈遠，古矜所能，蔽所不知，小得於己，乃大襮於時。及其乘利追欲，迅若發機，進則川決，退則山移，蓋下以誘於寵榮，而高以競名聲，乃殘汝形，乃捐汝精，以戕而生，是固比比然矣。若先生者，其身之有，不以矜人，其於世所怵而燗之者，一不以動於中。是有君焉者存，而其形神之充，蓋非數十寒暑所得而虧靡之也，而豈今之人哉！夫世趨於形勢，有扳附於漠不相識之人以爲己榮者，况其在吾子姓！今先生視星檻之樹立，龇龇而泊然無與若此，由是推之，則雖諸子承顔於家，孫曾鵲起於後，人所謂爲大福者，皆不足爲先生慶矣。請即先生所充於内以卜其年壽之不窮者，書以壽先生，先生見之其以爲當焉否也？

黄侍御墓表

諫官之職重矣。獨自編修遷御史，則已不慶，徒友不賀。編修秩七品，然用文字進，不數轉乃躋九列，御史秩稍遷，然官滿僅得給事中。給事中、御史補外，乃道、府耳。故群編修相譏駡，必曰「賀君遷御史也」。而御史亦自薄其官，高者默坐待滿，下乃妄議事可否，所見小僅如牛毛比，於是諫職益輕。

當道光時，有賢御史曰劉公誼者，著聲績於諫垣，疏入，上輒報可。比事下，見者未嘗不謂善也。後遷至宗人府府丞，卒祀鄉賢祠。劉公既去諫垣，其婿黄君席聘繼爲御史。黄君之爲御史，自翰林編修遷也。其在翰林，嘗充乙未恩科順天鄉試同考官，又充戊戌會試同考官，所拔識多知名士，當時稍重君文學矣。而君獨潛究當世利病得失，苟得矣，雖自他人發之，不啻身爲，即不利，雖甚微細，不啻其鉅。其所處苟吾學可行，不顧問地望。即無可表見，雖清要弗貴也。嘗謁歸省親鍾祥，道德州，已至京，則語劉公今歲漕艘當火。已而德州果報漕艘火。劉公之爲御史，君爲編修，疏稿具必呼君問可不可，君曰可乃上，即不可君意不用也。當是時，劉公奏疏重於臺諫，而曹輩亦往往識君材，謂當爲名諫官，君亦以此自負矣，未幾，果拜君御史。

君諱廷珍，湖北鍾祥人，中道光辛卯科順天鄉試，壬辰成進士。始年十二，出應有司之試，已得復失，發憤入京師從劉公就學，遂以宛平學生起家。及拜御史，引見，宣宗詢知非宛平人，特命還隸鍾祥。是時引見數人，上意獨嚮君，而君已病矣。既拜命，君顧喜，甚病且亟，猶憑几草奏言事，疏未及上也而卒。故自劉公及生平師友，下逮同考所得士，皆以未竟其用爲憾。

君年卌有四，其卒當道光十八年十二月，其自編修遷御史十一月也。娶劉公女，前君兩月卒。三子皆幼孤，後皆以文學仕進。君卒後卅年，季子毓恩繼爲編修，乃摭君遺爲狀。

嗚乎！君在翰林而以言官自負，爲御史甫旬日，乃力疾草奏，蓋意量過人遠矣。疏雖未上，以其識漕艘火觀之，其必不爲妄論塞職，無疑也。然世方輕諫官而重翰林，君即不死，獨能使其職重耳，其果能大竟其用，以顯聞於一世哉！然則君子之繼以編修進用，殆非偶然矣。

【輯評】

賀濤評「獨自編修遷御史」句：今不然矣。

魯莊公納子糾論

或問：《春秋》載桓公薨於齊，無知之亂，莊公納子糾以定齊亂，可乎？曰：可。奚以明其可也？曰：齊襄公之死也，公子糾奔於魯，及齊人之殺無知也，迎公子糾於魯，迎而納之，宜矣。夫邮人之禍，定人之亂，立之君以鎮撫其國，諸侯之義也。

曰：然則仇可忘乎？曰：納糾之與復仇，不相涉者也。殺桓者，齊諸兒也，魯之仇諸兒，非仇齊國。莊公之罪，在不能討襄，而不在納糾。爲莊公者，使當即位之初舉兵討齊，殺諸兒以告先君之廟，不勝則以死繼之，義也。今父骨未寒，即爲仇主昏，又與之狩，又與之伐衛而受其俘，又與之圍郕，八年之間，往來不絕，此則莊之忘仇也。至於無知之亂，齊人迎糾之時，仇人則已死矣，不共戴天之恨已無可雪矣，而乃拒其迎立之請，錮其當立之君，樂其禍而幸其亂，而以號於衆曰「不忘父仇也」，仇在而釋其人，仇死而危其國，爲可乎？爲不可乎？且夫復仇者，天下之大義也。樂人之禍而幸人之亂者，天下之大不義也。欲伸大義於天下，而犯大不義之事以行之，君子固不爲此。此即真懷復仇之心，猶必不肯乘人於禍亂之際，而况忘仇如莊公者！乃不責其無復仇之心，而顧議卹禍定亂之舉，不亦悖乎！故曰納糾與復仇，不相涉者也。

曰：忘仇之議，議其納仇子也，仇在則仇其身，仇死則仇其子，不亦義乎？曰：以糾爲諸兒子者，先儒之臆説，其實僖公子也。以爲諸兒子，則魯可以不納，納之爲忘仇。以爲僖公子，則魯不可不納，不納爲非義。考《左氏》載叔向之言，謂齊桓爲衛姬之子，有寵於僖，而《史記》亦謂襄公次弟糾，次弟小白。是糾爲僖公子無可疑也。自何休、范寧之徒，始有親納仇子之説，而後儒群和之，遂爲「諸兒子」。要其説無所考證，不過因《穀梁序》二公子出亡蒙襄公之弑爲言耳。是不知公子未賜族即以公子氏也。且《春秋傳》之以公子氏者多矣。文承襄公，遂定爲襄公子，若使突言公子上無所蒙，當爲誰何之子耶？夫即以糾爲「諸兒子」，猶曰「敵惠敵怨，不在後嗣」，况實爲僖公子，則仇諸兒不得并仇其先公，即不得并仇其先公之子與其臣若民，而其禍不可以不卹，亂不可以不定，其理易明也。今執後人無所考證之說，而疑左氏、司馬公明確之文與叔向當時之所記，多見其惑也。然則莊公其知義乎？曰：納糾，義也。莊公非知義者也。爲莊公者，即位而討賊於齊，齊亂而又納糾定之，則庶乎知義矣。

痘神考

痘之有神，於古無考。《寶應志》載，明崇禎時，知縣李如玉始建祠廟，顧不詳爲何神。近時醫書載祀神之式，并題碧霞元君、天后聖母二神，不知何據。顧亭林《山東考古録》言：元君，東嶽府君弟七女。方密之《通雅》則謂本西王母女，訛爲泰山。是元君已無定説。而屈大均《廣東新語》又謂廣東西王母廟左右六夫人，乃雙成、飛瓊之屬，中有司痘疹者二人。以《通雅》王母女之説推之，或即元君司痘所自昉。天后，《一統志》謂宋都巡檢林愿女，魏叔子嘗作甘泉天后碑言之甚詳。其神司痘疹，則無塙證。惟近人嚴保庸謂湖南祀天后爲痘神。大抵民間出痘，各祈祀其土俗尊信之神，久乃沿爲故事。如浙人任環，明季殉海寇難，而江蘇祀爲財帛司。唐嘉州守趙昱以靈顯息水害，祀爲灌口神，而《長洲志》載：患瘍者禱之。此皆神與事了不相涉。又如道家言：八部鬼師，分行諸病，若劉元達行雜病，張元伯行瘟病之類，尋其始末，莫可考原。今謂元君、天后爲痘神，蓋亦此類。

據孫承澤《春明夢餘録》，都人崇信元君，自明已然，而天后則南中宫廟殆遍。神者，依人而行，精誠所聚，靈爽式憑，故習俗禱祠，不必悉應典記，是亦《禮經》從宜從俗之義也。若準以古者，報本反始，如先農、先嗇、泰厲、高禖之例，則當推痘所自來及始治痘科之人，不得如流俗云云矣。

然痘在醫家，古無專科，推尋緣起，厥有數説。上古無痘疾，《外臺秘要·天行發班類》言：「高宗永徽四年，此瘡自西域東流。」李時珍謂即今痘瘡。近見日本人所著年表，與《外臺》合。惟此疾在唐以前已見葛洪《肘後方》，《巢氏病源論》或稱豌豆瘡，或稱虜瘡，不得謂永徽時始有。《本草綱目》引《肘後·豌豆瘡方》云：「晉元帝時，此瘡自西北流起，名虜瘡。」又《天行虜瘡方》亦云：「建武中，南陽王擊虜所得。」考《晉書》及《通鑑》，元帝改元建武僅一年，是年無南陽王擊虜事，且痘不始西北。乾隆庚子，西藏達麻入朝，患痘而死。平準夷時，阿逆亦以痘死。西北至今尚無痘疾，則謂「西北流起」者非也。《肘後》多後人附益，此殆非塙據。惟明人《古今事物考》言：漢建武廿五年，伏波征武溪蠻始傳豌豆瘡。《通雅》從之，明以來醫家主之，當得其實。蓋痘緣於疫疾，故《外臺》歸之「天行温病門」。《千金論》謂小兒未能冒涉霜雪，然有時行疾疫之年，出腹便患班。據此，則痘之始傳，必緣冒涉風雪而起。又其初名虜瘡，則必由行軍勞役而得。而《通鑑》載壺頭之役，士卒疾疫，援亦自病。頗與諸書言痘病之源相合。援作《武溪深行》，所謂「嗟哉武溪多毒淫」者是也。謂痘起此時，是必古昔相承舊説。《肘後》言建武擊虜，或者誤漢年爲晉耳。

若種痘之法，明人朱一麟《治痘書》云：宋王旦初生數子皆痘殤，及王素生，或薦蜀峨眉僧以種痘法治之，得無恙。考歐陽永叔《王太尉神道碑》，素有兩兄，長雍次冲，則旦「數子痘殤」，其説已誤。一麟又謂，此僧臨終自言爲慈悲大士。説尤怪誕。惟北宋以前實無此法，則出自蜀僧事或可信。後人言傳於天姥僧，又因峨眉而誤耳。至於痘立專科，則孫淵如序《千金寶要》謂元人奇效良方始言痘疹。今考宋董汲已有《班疹論》，而錢乙序之，乙又著《小兒藥證真訣》。《四庫書目》謂乙爲幼科之聖，而明以來醫家言痘，必首徵錢説，則錢氏當爲始治痘科者矣。

大抵天行之痘，始於伏波，種痘之法，授自蜀僧，治痘之醫，首推錢乙。其源委略可考見者如此。若推痘所自來，則當祀伏波、蜀僧，若奉始治痘科者爲神，則當祀錢乙，乃較元君、天后祭典爲正。然載記皆無明文，未可臆斷。夫神無不在，緣事立名，必求其人以實之，皆不免附會沿襲之失，亦安見此善於彼哉！他如俗傳虢國公之説，出於《封神記》，雖顧亭林嘗稱太公封神見《博物志》，街巷陋説，不盡無稽，究之鼻鄙不經，儒者弗道也。

儀徵劉伯山丈主南陽擊虜之説，謂《南陽王保傳》云：「都尉陳安歸於保，保命統千餘人討羌，正在建武時，世人誤晉建武爲漢建武。」今考《通鑑》，陳安討羌係南陽王模敗没之後，事在懷帝永嘉五年，又非保自將，不得云南陽擊虜。至建武元年，惟張實遣韓璞、陳安等遺保書，會諸羌斷路，璞自擊賊南安，於保無與也。惜此文脱稿，劉丈已歸道山，未由商榷及此。九月四日記。

讀韓非子

太史公傳周末諸子皆不載所爲書，以爲世多有，故不論也。及爲《韓非傳》，獨取《説難》著於篇，或曰以非之智而不自脱於秦，子長蓋深傷之。余謂不然。非之咎在好持高論，實不能行其所言。而《説難》則本誦師説，非其自作，故背棄尤甚，卒所以不能自脱者。其本不足也，非烏得爲智士哉！

當戰國之世，諸子紛紛箸書干世，其言各有指要，及考其行事，往往不合。太史公病之，故於《孫吴傳》見其義曰「能言者未必能行」，然亦未有言行相背如韓非之於《説難》者。非爲《説難》有曰「周澤未渥而語極知者身危」，又曰「辭言無所擊排」。今非初見秦遂歷詆謀臣不忠，雖意主於存韓，而説則疏矣。至進退人才，尤不宜輕易干與。非一韓客耳，奈何沮姚賈上卿之封，此非《説難》所稱宋人壞牆之説耶！其卒不自脱，蓋其術有以取之。嗚乎！其亦不智甚矣。不然，秦王始見非書，恨不與游，及非來，且欲大用，何爲聽李斯、姚賈一言，遽欲殺非哉？夫《説難》之指，類有智術者之言，由其道，足以自全於亂世，固明哲保身之君子也，何非之所爲如此？余嘗求其説，不得，及讀孫卿《非相篇》有所謂「凡説之難，以至高遇至卑，以至治接至亂，未可直至」云云者，然後深明其故。蓋非嘗受學孫卿，後雖大變其師之術，而猶掇拾緒言以自佐其論議。孫卿遺春申書見於《戰國策》，今《荀子》無此篇，而非書有之。然則非書之本於孫卿者，蓋亦夥矣。《説難》之作，則其誦師説而爲之者也，弟孫卿言略，非乃就而衍之加詳密耳。然亦豈知言愈詳密而愈不能自用哉？

非他篇多切究情狀，窮極事類物態，持論之高，當時李斯已自謂不及。然由《説難》推之，使非得志，亦必不能自行其言無疑也。嗚乎！此太史公所爲獨著《説難》以見義歟？獨是非爲《説難》雖本誦師説，使不出而説秦，人亦未知其智術短淺如此。世之閉户箸書以立言自期許，幸而身廢不用，無由自暴其短者，蓋亦不可勝道矣。若非者，其亦不幸矣夫！

【輯評】吴闓生評「世之閉户著書」云：公此文亦實有所指。

蔡烈婦傳

烈婦姓曹氏，蕭山蔡彦湘妻也。咸豐辛酉九月，賊陷蕭山，彦湘舉家奔匿。已而賊至所匿處，烈婦倉卒驚走，與彦湘相失。道遇賊，賊將犯之，自投於橋以死，抵死罵賊不絶口。彦湘列其死事聞於朝，得旨旌卹。方是時，浙江新被賊，郡縣多不設備，賊至輒望風靡，以故賊益横。彦湘又有側室馬氏者，懷三歲兒走叢葦間，倉卒與彦湘遇。賊追且及，促彦湘行，阻於河不得渡，乃折樹枝作楫，取兒置彦湘懷，令急去。彦湘甫半渡，回顧，賊突至，馬氏自沉死。臨死，望見彦湘回顧，猶急揮令去云。後彦湘亦上其事，得卹如曹氏例。

論曰：余聞浙地多横塘曲浦，可限制戎馬，有古溝涂遺意。方賊竄浙時，使大吏以下有守禦責者，皆如烈婦等守義不辱，何至井邑破壞，禍罹闤闠，相率爲貞烈可傳之事哉？是役也，彦湘一子二女皆自溺死，貞義孝節，萃於一家，抑又盛矣！嗟乎！守禦不施，坐失險要，使所謂橫塘曲浦者不以拒賊，而以爲貞女烈婦之死所也。悲夫！

元評：簡而有法，論尤有精神。

題彭孝女册子

世儒謂封股爲毁傷，是不然。昔者武王有疾，周公乞代其死，由是觀之，臣子之於君父也，妻之於夫也，苟可以身代，雖死且不避，何毁傷之足云！儒者之論，蓋不爲嶄絶難行之事，俾中材可勉焉，豈以是爲不可爲而靳之哉！若彭孝女之封股療其祖也，殆所謂賢者之過中矣。自祖以下，若父母，若舅姑，若夫，皆視祖父母而遞重焉，爲孝女者不亦難爲繼乎？故夫孝女之行，不可充者也。不知其不可充而爲之者，動於天性而非其勉焉者也。雖然，有孝女而世之爲臣子爲妻者，抑又可以愧矣！

與朱肯甫書

肯甫足下，昨伯衡自尊寓回，携一册，具道棟山師介足下索文，甚慚恧，義不獲辭，勉應之，乞加改正爲荷。

顧亭林嘗謂：使昌黎但有《原道》、《諍臣論》、《佛骨表》、《淮西碑》數篇，盡去平日諛墓之文，豈不誠山斗乎？然則古之立言者，猶不工爲酬應文字，况不能文者乎！歸熙甫有明一大宗，徒以酬應文多，致後人訾議，有以也。趙君文甚佳，但謂傳史職不宜爲者，非是。文士但不當爲達官立傳耳，若表揚幽隱，自托於稗官野史者流，與國史故不相涉，正儒者分内事，何不可之有！

烈婦事，趙文已詳，遂就加竄易而爲之傳。馬氏以牽連得書，止題蔡烈婦亦可，子女附載，從略可也。彭孝女事不足傳，爲文者甚多，吴大澂文頗有法，擬不再作，懼無復命，乃題數言於册。唐宋文家紀節烈事頗少，吾鄉方侍郎靈皋謂「程朱後婦女始知守節」，是不然。近世士大夫皆不知有節義，程朱遺澤就湮久矣，更何論於婦人女子哉！古人簡質，不人人托於文章以傳，今人則生平了不異人，但能交接文士，便求爲文以托不朽，此亦末俗浮薄之一端也。如彭孝女者，已得文累累，以是推之，古之貞女節婦，能爲孝義之行而泯没不傳者，蓋不可勝道矣。

二册不知孰彭孰蔡，弟又不能書，故衹擬二稿呈上。儻須自書，足下代書可也。二日即來相見，肅布所聞如此，非足下無以發弟之狂言。

【校】

〔稗官野史〕之「稗」原誤作「裨」。

汪府君家傳

府君諱某，字仁和，晚自號靜齋，國子監生。故貧家，自曾祖以下，比三世親死不克葬。府君初受學，不竟，跪請於父母曰：「兒不能爲書生語，願從大人丐，兒當有所就，以慰大人意。」父母許之。乃脱身去入市籍中，夫婦力作，業取其賤且劬者，傭取其樸且勤者。先時而居物，待價而倍讎，昧爽而作，人定而不休，數年致産大萬，一市服其能。君曰：「此不足復顧藉，先人不獲歸窆者三世矣，庶幾有待吾，其敢追於是！」博求葬地，自里閈逮旁郡縣名能相冢墓者，無不羅致。自高山曠野，以至甫田之原、溪澗之瀕有形氣可驗者，無不周覽以營，卒葬其先三世如吉卜。最後卜其母葬地，君老且死矣，以屬季弟，君没而弟始成之，而及君身。所營得者尚七八區，皆未決知其可用不可用，故不用以葬母，其慎如此。

蓋葬親之禮尚矣。自宫宅地形家言載在《漢・藝文志》，其後古書稍亡，能者晚乃益出。

其術求天地生氣於山水形勢之中，反而納之化者之體魄，以冥合於孝子安親之公心。其爲説弇鄙而義至奥衍，自明哲鉅儒，不能以義理奪也。乃昧者爲之怵於禍福避趨，雖名士大夫讀書識道理，不能無蔽惑於此，至有暴露數世，久而委棄不復顧者。

府君初一市人耳，乃獨竭其材智事力，以蕆累世之宅兆，嗚乎！可不謂知本歟？府君爲人輕財喜振施，他善行尚多，余爲表其大者，則餘可略也。

李太夫人壽序 代

上之同治七年，湖廣總督合肥李公既靖中原，遂贊辨章入朝京師，告成事，假沐而歸，寧親於合肥。明年二月爲母太夫人七十壽，稱觴里弟。於是公兄筱泉中丞已歷任湖南北、浙江巡撫，諸弟皆至監司，李氏門閥最天下，賓客之來祝者皆曰：「太夫人備五福，親見賢子都將相之位，兄弟持節開府，千里相望，考傳徵册，前古無有。相國訓練强兵，數殄凶殘，抇其根株，風撓雷駭；洗滌腥臊，南起海陬，北陵河朔，佐天子中興盛業，以爲親娱。出而匡時，入而將母，斯天下之至榮也。」

相國之先實許姓，以故太夫人姓李氏而歸贈光禄公，光禄公以戊戌成進士。及太夫人之介壽也，同年生齒朝列者咸謀獻辭稱慶，以某獲交相國父子間最竺且舊，屬爲一言。

某惟賓客所稱太夫人之福，相國之功，皆非可以力而致，殆《易》所謂「自天佑之」者也。今人作一事幸成，雖甚細，必詡詡自多。匹夫匹婦累百金，其家舉措，迥改於前。器不深廣，其容易盈，盈而必虧，厥惟天道。功臣之家，始未嘗不榮顯，久持之以長子孫要難。光禄公初以鉅人長德，老於郎署，家始儉素耳，中更喪亂，太夫人播越艱阻，相國兄弟積苦兵間，豈知其後貴盛如此！當相國謀事未立，衆疑沮莫能倚信，卒乃奮揚威烈，克底成績。去年揃群盜徒駭河，瀆神效靈，大川暴漲，聞者詫爲神助，此豈人力所能强致者。及事平，若已不與，無幾微矜色對人。其來朝也，自朝之公卿大臣，下逮百執事，進見皆樂其和易，退皆服其勤於禮，若未嘗有勞焉者。蓋德量過人遠矣！成於天者不可必，自持盛滿者乃如此。而太夫人以一身閲兩世晦顯之迹，處窮不尤，在貴若忘，以飭其身，以訓其子孫，相國之善處功名，太夫人實開之。是宜富貴可長饗，而躬壽耇無有極也，豈惟一時門閥之盛已乎！往者光禄公歸葬其先，還京師，語人曰：「吾卜葬地大吉，山勢隱隆蟠鬱不可窮，吾子孫必有蹶起者。」未幾而言果驗。夫盛不忘其初，功高而不居，則積慶所流，必將委祉於厥家。今太夫人之自處如此，相國兄弟奉應承將，又能不自滿假如彼，光禄公之言將益驗於後，子孫之興，固未艾也。是可以壽太夫人也已。

【輯評】

吴闓生評「殆《易》所謂自天佑之者也」云：以太史公表序證之，蓋不無譏諷之意。

籌洋芻議序

寧紹臺道薛使君示余所爲《籌洋芻議》，其卒篇曰《變法》，余讀之，爲廣其説曰：法不可盡變，凡國必有以立。吾，儒也；彼外國者，工若商也。儒雖貧，不可使爲工商。爲之而工商不可成，而儒已前敗，失其所以立矣。使彼之爲法者而生乎吾之國，其所爲作也，故且異乎是，吾獨奈何而盡從之？然則將一守吾故而不變乎？是又不然。吾之法，聖法也，其本自堯、舜、禹、湯、文、武。由堯、舜、禹、湯、文、武而秦漢，而唐，而宋，而明，而逮乎今，每變而益敝。而彼乃始開而之乎完，以吾之敝，當彼之完，其必不敵者，勢也，是烏可不變？

夫法不可盡變，又不可一守吾故而不變，則莫若權乎可變不可變之間，因其宜而施之。今權乎可變不可變之間以施之者餘廿年矣，然而一如其未變，又何也？曰：室之敝也必改爲，爲之必於工師；　疾之劇也必更治，治之必於醫；　棟楹之材，陶冶削之，不能成一椽；　萬金之藥，巫覡劑之，不能成一方。　取彼之法，役吾之人，吾之人不習彼之法，欲其才之赴其事也，是責跛牂以千里，望狼瞫於嬰兒也，必不幾矣！

今諸國之在天下，略如昔之七國，國大小異耳。　七國之時，以客卿爲謀主者不可勝紀，而秦自商君迄李斯，累世國相大氐諸侯之客爲之。　今外國之士，負其能思效於異國者，亦不可勝紀，在所欲用耳。　賢者不獨居一國，吾貪其賢，彼不爲吾試，殆未有也。　昔者聖祖之定律也，得西士南懷仁、湯若望之徒而任之也。　使不得西士，徒用中國之曆官，雖日考徐、李之新法，采職方外紀之遺論，能精西曆天算之術不也？　然則爲今之計，欲用西法，而釋習是法之西士，得乎？　難者曰：　今非不用西士也，如絶不效何？　曰：　吾所謂用西士者，非謂凡西士而盡可用也。　執涂之人而用之，西之涂人，視吾之涂人也奚以異。　曰吾所用，其賢也，賢其所賢，則賢西之賢，視賢吾之賢也又奚以異。　語曰：　惟賢知賢。　薛使君吾之賢也，今柄用於時而鋭意變法，殆必有以知之者。　因題其書之首，俟他日爲之徵。

尹處士傳

尹處士諱龍驤，字汝諧，桐城人。少嘗有文學矣，師事邑老儒張西園先生，先生奇其才，以女妻之。憺於榮利，不就有司之試。或勸之試，試即未竟，輒棄去，以故無所知名。當是時，尹氏諸老人始議輯其族譜，訪於里，得知名士人爲之撰定。而君方夫婦樸力耕作，以孝養其父母，有餘則稍推以分其昆弟。即有歉歲，則雜菜茹爲糜以自食，而賙其族戚之貧無資者。韜文表質，雖其族人亦未知其從學未也。

桐爲縣自前明以來多文章氣節之士，其高者至爲海内所宗，次亦敦行誼績學以自善於鄉里。陵夷至於道光之季，稍衰微矣。邑中諸生，至往往聚人徒，談學術，博名高，以相矜重。君聞之，心顧弗善也。嘗與邑兩生游，已而兩生者先後皆貴仕，則絶迹不相往來。用是鄉人鮮知君者。曩吾友楊伯衡謂余曰：「東漢之士，多隱處岩穴，不爲時屈者。當時朝廷數事徵辟，諸名士亦各廣氣類，務標榜，傾動朝廷，故可爲也。今則貴者與貴者比，富者與富者比，士之行不聞於官，農之行不列於士，不進用於時。則朋友不足相振引，財賄不足自贍給，有槁死而已。今觀尹君所爲，亦幸而有田可田，有居可廬，有餘資以庇其昆弟族戚耳，不然，則亦槁死而已。」伯衡之言，其信然歟！

雖然，爲善於一鄉，鄉人不及知，爲善於一族，族人不及知，循是而推之，雖使尹君自少求科舉出而欲自樹立於時，亦豈有當哉！會尹氏譜久不成，前所訪士人已倦去，君於是稍出其文學，博采邑中著姓，得譜牒十餘家。而張氏譜成於文端公，姚氏譜成於姬傳先生，號爲精審，君皆師其義例而折中之。屬稿未成而兵起，又數年而君遂卒。有見君族譜者，於是知君非樸力耕作者也。尹氏之族將刻君所爲譜，鑑亭以狀來屬爲傳，故次之。君妻張孺人，前君卒一歲，死於兵。子四人，存者二人。孫二人。

吴太夫人墓表

太夫人廬江張氏，處士某之女，年若干歸同邑吴氏，爲孝廉方正贈四品卿、世襲雲騎尉、累贈某官諱廷香之室，記名提督長慶之母也。

當咸豐癸丑初，洪、楊之黨蹂躪江淮間，贈公以諸生招集義舊，拔危城而守之，糧盡援絶，殉節城下，是時咸豐四年九月廿七日也。太夫人聞之，哀慟欲從死，家人百計防守，不得死，則泣詔提軍曰：「賊不滅，父骨不歸，吾無以生爲，不敢復私汝爲子矣。」提軍自是奔走乞援，墨絰荷戈，既一年，再拔廬江城，覓父骸而歸葬之，太夫人之悲乃稍塞。其年大吏以贈公死事上聞，得旨旌卹，予祠祀，給世襲雲騎尉。太夫人顧獨念國恩家難，悲益不自勝，日以父志未就，遺賊未平激厲提軍。提軍出治軍，雖有思子之戚，若軍事勝敗之繫其心，然悲顧日弛，或歸覲省，母子相聚，無意外之慮，然顧悄然而不樂也。提軍既承襲之二年，歲大饑，太夫人貧無糧，則采藜藿爲食，秘不令提軍知，懼以念母故不在軍事。提軍嘗力戰傷左股，創甚，太夫人聞之而泣，及寄書則戒以勿懈初志。卒教提軍立奇績，揃除巨寇，以竟先緒。朝廷嘉之，追悼贈公義烈，同治七年乃加贈四品卿，又用子貴贈某官，而太夫人亦身膺榮封，就禄養焉。

當贈公爲諸生時，家貧甚，太夫人每以針黹所入佐舅姑甘旨。嘗力贊贈公爲母弟昏娶，又嘗脱簪珥以嫁贈公女弟，既又撫育其孤甥男女二人，一如己出。其甥女，後以爲提軍之配者也。太夫人歸贈公幾十幾年，而贈公戰歿，歿一年而後歸骨以葬，又十有四年而提軍之功成，父母晉封贈焉。太夫人自初迄終，歷艱困榮顯，皆異常人，而治家飭身，以樸以勤，未嘗變節。人謂吴氏世濟忠孝，太夫人實助成之。

同治九年閏月，以疾卒於揚州旅邸，享年幾十有幾。卒後十餘日，汝綸過揚州弔其喪，提軍持狀拜且泣告汝綸，將以明年二月某日歸葬於某鄉某山某原，索爲表墓之文。咸豐初元，贈公實與吾父同被徵詔，提軍又繼與汝綸交，稔知太夫人之賢，遂爲删次其狀，俾歸而勒之墓上。桐城吴汝綸表。

李氏譜序

自漢以來，譜牒之學軼廢軼興。其興也，非獨子孫能自道其先世也，博學方聞之士於當世氏族皆能考其源流興衰。而其廢也，則往往由於兵亂，是故楚漢爭而黄虞三代之苗裔亡，三國分而漢諸侯王公卿之姓氏亡，南北瓜裂而魏晉九品中正之簿籍亡，由五代以及金元而唐宋之名家世族又再興而再亡。亡而後，掇拾散佚以存之，此不盡恃乎子孫，非博學方聞之士蓋莫屬也。而當兵亂轉徙之際，絶續之交，得一賢俊有遠慮者，兢兢焉抱殘守闕，則亦不至於亡。

李氏之先，其來蓋久，當元明之世始遷桐城之沙港河，族稍替矣。明之中葉，族始有譜，其萬曆之譜，則邑子張大賓所纂輯也。及張、李之亂，譜幾毀於兵，李氏有字明岩者，泣請於兵，而譜賴以存。自有宋之世，官譜亡而私家之譜興，秉筆之士大率取於其族，不顧計能否，無舍族人而他求者。至於干戈擾攘，方救死不暇，家所蓄藏百物，大率蕩爲灰塵。當此之時，誰復知譜牒之重，而冒不測之患，守而不失哉！若張大賓、李明岩之事，可爲後世法矣。咸豐中洪、楊爲亂，桐城舊家喪亡者十九。今李氏之族，長老相與重輯譜牒，俾余序之。余嘉李氏之能嗣其先，爲序之如此。

王氏譜序

王氏在天下廿一望，而歐陽公《宰相世系表》定著三房，其謂琅邪、太原均出周靈王太子晉，學者誚之。夫譜學放廢，人矜著姓，家附名族，集録者弗深考，其來蓋久。自君子觀之，氏族何足重？人獨其多賢俊，有節義，世守家法，可紀述於後者爲可貴耳。然世方以門伐地望相高，史官又安能奮一人之説，悉取千歲相承之譜牒而是正之哉！

歐公《世系表》著宰相王璵之子□□有孫曰璧，五代時事楊行密充鎮海軍節度使，檢校兵部尚書，有功淮南，卒而劉昫志其墓爲吴越諸王之祖。傳十三世，有曰璞玉字鳴高者，當元世祖時遷桐城之野廟，爲野廟王氏。其後自明至今，賢俊節義載於郡縣志者十餘人，爲桐城望族矣。

汝綸從祖之姑嫁王氏，早寡而貧，育二子，以有立節義著聞婣黨間，格於年例，不獲旌於朝。其族子曰佩卿者，與余相識於京師，已而主廣東某縣簿，有賢聲。余官深州，佩卿之尊人翰臣先生方率其族長老輯王氏譜牒，而吾姑之子，走書千里，乞文於先大夫，以紀其母之節。先大夫病且亟，不遑執簡，而以命汝綸，汝綸不敢忘。及王氏譜成，俾余爲序，余聞姬傳姚氏嘗言："今日天下無復有千歲相傳之家譜。今王氏自五代以後，支裔流別，紀載特詳，唐以前則皆合於歐公之表，蓋姚氏所未見者，不獨遷桐以後有家法可紀述也。故爲序之如此，亦因以附見吾姑之節義云。

戴氏族譜序

往余讀《龍眠風雅》，見戴副憲完所爲文而愛之。繼覽鄉人耆舊之詩，則戴氏之族且數十人。蓋戴爲桐城望族，垂三百年矣。入國朝，望溪方氏以文章鳴於時，劉、姚繼之，於是天下言古文者必推桐城。而戴南山先生當康熙時與望溪才譽相次，長老至今往往言方、戴遺事。南山被文字之禍，抵法禁，而鄉人樂道之，蓋文章之傳，不以黜陟異也。姬傳之學本其世父南青，南青嘗從老儒戴聞齋游。余初識字，聞先進中有私淑方、劉、姚三家之學者曰戴存莊，讀其文與詩，信乎其私淑三家者也。存莊遇亂以憂死，余每以未識其人爲恨。後識其族元少，訪其先系，證以所聞，蓋戴氏由副憲以後，代有賢達，以光其宗，而南山、聞齋、存莊其尤箸也。

副憲公始爲族譜，其後遞加編輯，以逮元少之大父。今元少與其宗老又議修之，而索文爲序。余惟戴氏之興，始於二戴之記《禮》。今考《文王世子》、《保傅》等篇，自天子之元子，諸侯卿大夫士之適子，其教備嚴，則知當時宗法，不專重適長，亦其貴且賢足以統攝其族人也。延及春秋，政教衰，禮制壞，適子不皆嚮學，宗法雖在，而勢已不行。秦以來，氏族散亂，公卿起於草野，然其族苟有貴且賢者出焉，則宗法雖亡，而其意不墜。此非深明禮意如二戴者，未易究知其義也。今戴氏居桐城者三百餘年，而宗法不墜，非以其世多賢達乎？繼世而興，材哲輩出，則戴氏之明禮意而振其宗者，正未有艾，吾故樂爲序之。而其先世君子，皆能與於吾邑文章之傳，又篤志好古者所願聞也。

【輯評】

賀濤評：筆情閑雅，叙次亦錯綜入妙。

劉咸炘評：取義甚佻而巧，傷體。

題葉氏家誡詩册子

昔萬石君善教其子，諸子多以孝謹爲大官，其家法自齊魯諸儒莫能及也。萬石君之教不以言以躬行，世謂教固當爾。然吾觀曩哲所傳家誡文辭多矣，彼皆不愧萬石君，萬石君要自少文用所長耳。夫竦於時而流示於後，非文辭莫屬哉。余來保定，識懷寧葉冠卿觀察，以謂石建慶兄弟閒人。其尊人湘雲先生嘗寫寄所爲《誡子詩》，觀察受而謹藏之，出而示其僚，俾皆序之。余觀先生之善教，與萬石君埒。又有文采振之，以竦於時，以流示於後，則萬石君所未有。而觀察又從而張之，可謂不失世守者也。不觀趙簡子之事乎？簡子書訓戒之辭爲二簡，以授二子伯魯、無卹。三年而求之，伯魯失其辭，遺其簡，無卹則習誦焉，而奏簡於袖中。簡子之訓辭不傳於記，其當否姑不深論，獨君子之受父命，其於伯魯、無卹二子者，殆將何從也？

【輯評】

吴闓生評：用意在「其當否姑不深論」句。

李相國五十壽序

西夷在窮海數萬里外，自古不通中國。聞聖人在上，嚮風慕思，蟻附蜂集，踔海求互市。蠻胡輕黠，善反復，久乃誘結醜類，潛伏奸慝，負其機弩毒矢，崇長稂莠，侵欺孱懦。天子方務與吾民休息長養，不肯生事究武，悉包容而羈縻之，所以重民生、輕夷狄也。愚儒坐議，茫不問事勢可不可，動以爬梳根株奮威烈爲快；臣吏當事，又熟習寬厚，待若驕子，一不究切之，皆失明詔意。獨今相國合肥李公能時其剛柔，因事設變，一控馭以威信，不激不褻，荒裔雜種，立受約束；即有梟桀鷙悍，不可以言語道理通曉，見公至無不帖耳拱手，壞其機牙。其於諸夷調習制伏之，若王良之於馬，卜式之於羊，若神禹鑄鼎而象百物也。自當代一二重臣，語及馭夷之策，必推李公。

天子嘗特命親信貴人南北據海壖鎮撫民夷，公所至，上輒罷去貴人，而以公總其任。九年，近畿之民有私構怨於法蘭西者，其酋訴之朝。詔用公爲直隸總督，建行臺天津，每歲冰泮居之，冰合乃還治所。在直隸一年，京畿大水，流移塞塗，公爲書勑屬縣定災上下，設方略入告天子；自庫藏之儲，兩税鹽法之入，軍校之糧賜，悉賦予貧民；截江浙漕粟爲糧，自畿輔達乎江南，勸富人商賈分錢爲衣。於是地瘠而財有餘，歲饑而人不知困。

有問於汝綸者曰：「上以諸夷在近郊，時或不戢，始召公來鎮。公宜圖議遠略，選材武能任將帥之士，若賢俊有學術通知今古持大體者數人，以張國威，規百世之計。若乃呴咻部民，救災振乏，一循吏能之，非上所以用公之意。」汝綸曰：「大清受天命，威德暢，海内外版籍之隸，水土時物之貢，窮際遐陬，前古無有。豈非以惠養黎庶，度越往代，自祖宗以來，有天下二百餘載。蠲振之詔歲下，方内蒙休，民氣深固，用能臣服遐邇，憚讋殊域哉！凡夷狄伺候中國動靜，必視吾民向背喜怒，離間動摇之。民皆感上恩德，奉法令，雖百夷狄不足撼。此乃所謂勤遠略、張國威、規百世之計者也。若子所稱，何足盡之！」

汝綸既置此對，常以諷於人人。其明年，爲公五十壽，自念辱公知薦，命爲屬官，不可嘿無考引，以爲躋堂之獻，乃序而上之。

【輯評】

方存之評：文體近韓，有奇崛之致。

又評：亦是前叙後論文體，而氣自凌厲。

題深澤王琴航遺令册子

嗚乎！軍興以來，文武將吏，仗義烈死事者多矣。雖時會所迫，死非本志，天子皆優詔褒恤之，何其厚與！福建延建邵道深澤王公琴航，當粤逆竄陷邵武時，手寫遺令，遣兄子北歸，告訣親戚，遂會諸軍督戰，克兩城，解建寧之圍，已而以疾卒於官。事聞，贈恤如例。自君子觀之，公真所謂知死所者，迹其終事，與夫臨敵效命，糜頂踵以爭勝負者，則有間矣。彼士貴不自欺其志耳，當公作遺令時，寧能知其後之拒戰却敵，身固無恙，而卒以疾終哉。彼夫没荷國恩而生愧其父母妻子者，抑獨何也！

洪夫人傳

前河南按察洪使君既喪其繼室陸夫人，悼之劇，哭之哀。於是薦紳之與按察君游處者，摭夫人先後刲左右臂療姑若夫疾，及行遇盜出硯篋給賊，以不禍劫事爲狀，上合肥李相公，聞之朝，旌異之。而按察君悲不止，則自爲詩四十章悼哭之。猶不可弭，則勤以謂汝綸使撰述懿美録傳之，以久不死。蓋夫人之思，留於按察君者如此。

始，按察君以令丞起家，用吏能見知於林文忠公，而夫人以賢孝侍舅姑，不隨上官。兵事起，按察君治軍河南，立聲績。當是時，天下習太平久矣，文吏往往不知兵，故欽差大臣勝保獨賢按察君能。自是出入兵間十餘年。嘗一爲按察使河南，已而罷去不用。按察君性恢偉，不屑屑問家人生産。自初微時迄後貴盛，門内之政一倚辦夫人。既去位，材不獲究用於世，客李相公所，年老矣，而家愈益貧。時或不適，歸對夫人則昇然喜。夫人卒而按察君塊然無與語，時時自念身世，益悲思夫人。

汝綸曰：嗟乎！人貴得所從耳。天下賢婦人有矣，獲旌於朝者蓋少焉。若夫人之躬休顯，受誥膺封，没而旌於朝者加少焉。賢且休顯矣，旌於朝矣，能托於文字以永不泯没於後，則又加少焉。嗟乎！夫人非嬪於有名績、篤好文章之君子，雖甚懿美，夫亦安能榮生褒死，流播於人人如此哉！傳曰：「婦人，從人者也。」若夫人者，可謂得所從矣。按察君其可不恨。

夫人浙江山陰人，父諱某，道光戊子舉人，冀州學正。按察君名某，安徽某縣人。考諱某，山西新田縣典史，以殉節死，祀昭忠祠。夫人年廿歸按察君，卒年六十，子幾人，女幾人。

【校】

〔出硯篋給賊〕「給」當作「紿」。

皇清誥授光禄大夫贈太傅武英殿大學士兩江總督一等毅勇侯曾文正公神道碑 代

聖清受命二百載，有相曰曾公，始以儒業事宣宗皇帝，入翰林，七遷而爲禮部侍郎。文宗御極，正色直諫，多大臣之言。咸豐二年，以母憂歸湘鄉，遂起鄉兵討賊。自宣宗時天下艾安，内外弛備，於是西人始通中國，海上多事。未幾而廣西群盜起，大亂以興，及此年放兵東出攻長沙，不克，遂渡洞庭，陷武昌，循江而下，所過摧靡。而是時天下兵大氐惰窳恇怯，不可復用，諸老將盡死，爲吏者不習戰陳。公既歸，天子詔公治團練長沙。公曰：「金革之事，其敢有避！」因奏言團練不食於官，緩急不可恃，請就其鄉團丁千人募爲官勇，教以兵法，束伍練技，號曰湘軍，湘軍之名自此始。明年，益募人三千，解南昌之圍。是時賊已陷金陵踞之，掠民艘巨萬，縱横大江中。於是議創舟師，制船鑄炮，選將練卒，教習水戰，天子嘉之，湘軍水師由此起矣。四年，成軍東討，初戰再失利。未幾，大捷湘潭，以師不全勝，上疏自劾。已而克岳州，下武昌，大破田家鎮，斷横江鐵鎖，乘勝圍九江，進規湖口。當是時，湘軍威名震天下。會水師陷入彭蠡湖，鄂帥喪師，武昌再失，公曰：「武昌據長江上游，必爭之地也。」急檄湖北按察使胡公林翼率偏師西援，不克，則悉鋭師繼之，而自留江西，督攻九江。已而悍賊石達開等分道犯江西，破郡縣六十餘城，公上疏自劾。卒以孤軍堅拒死守，賊不得逞。六年，胡公等復武昌。明年，拔九江，軍威復振。公治軍謀定後動，折而不撓，堅如金石，重如山岳。諸將化之，雖離公遠出，皆遵守約束不變，自九江未拔，諸軍已略定江西郡縣矣。

公以父憂歸，累詔起復視師，不出。既逾小祥，始奉命援浙江，是時，公軍爲天下勁旅，四方有警，爭乞公赴援。南則浙閩，西則蜀，北則淮甸，皆遥恃公軍爲固，慮旌旗他指。天子亦屢詔公規畫全勢，視緩急輕重去就之。公曰：「謀金陵者，必據上游，法當舍枝葉，圖本根。」遂建議三道規皖。咸豐十年，蘇浙淪陷，朝廷憂之，以公總制江南，趣詔公東兵。而公卒不棄皖以失上游。是年，西夷内犯，定和議而罷兵。十一年，公既克安慶，乃分道出師，大舉東下。於是公弟浙江巡撫國荃以湘軍緣大江下金陵，今陝甘總督左公宗棠以楚軍抵衢州，援浙江，某以淮軍出上海，規蘇常，水師中江而下，爲陸軍勢援。同治三年，江浙以次戡定，而公弟等亦攻拔金陵僞都。自公初出師，至是十有三年，粤賊平，東南大定，論功以協辦大學士封一等毅勇侯。開國以來，文臣封侯自公始。

公既平東南，威震方夏，名聞外國。會忠親王僧格林沁戰歿於曹，廷議以公北討流寇。是時公所部湘軍，皆已散還湖南矣。既一年，以病乞休。有詔還鎮江南，中外大事，皆就決之。公所謀議，思慮深遠。進規中原，議築長牆以制流寇；策西事，議清甘肅而後出關；籌滇黔，議以蜀湘兩省爲根本。皆初立一議，數年之後，事之成否，卒如其説，而馭夷爲尤著云。

初，咸豐三年，金陵始陷，米利堅人嘗謁江南帥，願以夷兵助戰。十一年，和議既成，俄羅斯、米利堅皆請以兵來助。公議以爲宜嘉其效順，而緩其師期。及同治元年，英吉利、法蘭西又以爲請，公又議以爲宜申大義以謝之，陳利害以勸之。皆報可。廷議購夷船，公力贊之。比船至，欲用夷將，則議寢其事。其後，自募工寫夷船之制近似之，遂議開局製造。自是外洋機器，輪舟夷炮，中國頗得其要領矣。六年，詔中外大臣籌和議利害，可許不可許。公議以爲其爭彼我之虚儀者許之，其奪吾民之生計者勿許也。移直隸總督，天津民有擊殺法蘭西領事官者，法人訟之朝，天子慰解之，法人固爭，有詔備兵以待。公曰：「百姓小忿，不足肇邊釁。」從之。而密議儲將練兵，設方略甚備。

先是，公已積勞成疾，至是疾益劇。會江南闕帥，上知公有疾，念南洋馭夷事任絶重，度非公不可，遂命還江南卧治之。至則經營遠略益勤。既一年，疾甚，同治十一年二月某甲子遂薨於位，官至武英殿大學士，享年六十有二。遺疏入，天子震悼，賻賜有加，贈太傅，謚文正。

公諱某，字滌生，世爲湖南湘鄉人。曾祖竟希，祖玉屏，父縣學生麟書，三世皆以公貴，封光禄大夫。曾祖妣彭氏，祖妣王氏，妣江氏，皆封一品夫人。夫人衡陽歐陽氏，生男二人：紀澤，廕生，官户部員外郎，襲爵爲侯；紀鴻，附貢生。孫三人，廣鈞、廣鎔、廣銓，皆幼。公既薨，紀鴻、廣鈞皆賜舉人，廣鎔賜員外郎，廣銓賜主事。女五人皆適士族。

公爲學研究義理，精通訓詁，爲文效法韓、歐，而輔益之以漢賦之氣體。其學問宗旨，以禮爲歸。嘗曰：「古無所謂經世之學也，學禮而已。」於古今聖哲，自文、周、孔、孟，下逮國朝顧炎武、秦蕙田、姚鼐、王念孫諸儒，取卅有二人，圖其像而師事之。自文章政事外，大氐皆禮家言。嘗謂聖人者，自天地萬物推極之至一室米鹽，無不條而理之。又嘗慨古禮殘闕無軍禮，軍禮要自有專篇細目，如戚元敬氏所紀者。若公所定營規營制，參酌古法，辨等明威，其於軍禮，庶幾近之。至其論議規畫，秩序井井，經緯乎萬變，條理乎鉅細，其素所藴畜然也。喪歸湖南，營葬於善化縣某鄉某原。某少從公問學，又相從於軍旅，與聞公謀國之大者，乃爲文刻其墓道之碑。銘曰：

於鑠皇清，世載聖武；萬夷震叠，匪臣伊主。歷載二百，極熾而屯；孰排其紛，厥惟宗臣。功與時會，其成則天；惟公之興，事乃異前。國有舊旅，雲屯星羅；公曰窳矣，汰之則那。率我萌隸，敵愾同仇；舍其鉏耰，來事戈矛。厥初孤立，百挫不懾；天日可格，鬼神爲泣。持己所學，陶鑄群倫；雖培浸灌，爲國得人。孰任鉅艱，刓印使帥；孰以節死，孰成孰敗。决之於微，卒驗不爽；朝廷乏人，取之公旁。始詔求賢，江以薦起；繼才胡公，勝己十倍。陸軍諸將，首塔羅王；二李繼之，水則彭楊。皆公所識，拔於風塵；知人之鑒，并世無倫。萬衆一心，貫虹食昴；終奠九土，殄此狂醜。事已大畢，乃謀於海；益我之長，奪彼所恃。動如雷霆，靜守其雌；内圖自强，外羈縻之。默運方寸，極九萬里；人謂公怯，曰吾過矣。式蛙嘗膽，以生以訓；大勛宜就，胡棄而殞。道光季世，夷始慁我；内患乘之，燎原觀火。彼睨吾旁，雌雄首尾；曰敝可乘，附耳同起。夷釁其外，寇訌其内；

不有我公，嘻甚矣憊。維昔相臣，佐治以文；武功之盛，則由聖人。留都開基，三藩定變；新疆外拓，川楚内奠。四夷奔走，唯恐在後；皆秉聖謨，群臣拱手。公起詞臣，以安以攘；天子虚己，曰汝予臣。相業之隆，近古無有；開物成務，是謂不朽。退之有言，衡爲嶽宗；扶輿磅礴，鬱積必鍾。後千百年，降神堯堯；我銘不誂，以配崧高。

求闕齋讀書記序 代 丙子

札記者，小説家之枝餘也。自王伯厚、顧亭林輩以通儒爲之，於是其業始尊。識者至謂出於古之議官，列之諸子、雜家，然二子之書皆所自爲，非後人集録也。獨長洲何屺瞻生無箸述，殁而其徒相與集録師説，爲《讀書記》，取舍失要，無復家法，君子譏焉。其後姚姬傳氏嘗欲論定其伯父編修君範之書，乃終其身不果爲，而以付其從孫瑩。蓋書非自箸，則立言者甘苦得失，年蚤莫進退之故，集録者不具知，或往往得粗而遺精，求贍而反隘，此姚氏之所慎也。

太傅曾文正公學問奥博，貫穿今古，其於國朝顧氏、姚氏尤所篤嗜者也。其讀書必離析章句，條開理解，證據論議，墨注朱揩，自少至老，出入新故者屢矣，而顧未始爲書。今觀察東湖王君鼎丞，間獨就其家取所藏手校諸書，撰次散遺，釐爲十卷，半辭一説，皆見甄録，其勤至矣。是書出，其殆與顧、姚二家箸述相頡頏，何書不足數也。某鄉侍公，見其少時所讀《史記》，就而索觀焉，閟不之予也。其後讀公遺令，則雖生平所箸文章，皆所謂辛苦而僅有者，尚勅勿刊傳。蓋公爲學，不悦己而自足類如此。夫心之精微，不可以書見也。故莊周有糟粕之説，而退之論李、杜之文，有泰山毫芒之喻。今君之集是書，殆非公本意也。君子於學，期自得之而已，豈嘗欲持是以自表襮於世哉！然亦烏知世之慕仰之徒，固有得其殘稿剩墨，編摩而不忍舍者也。嗚呼！其可尚也夫！

【輯評】

劉咸炘評：謬甚。

石匣龍神廟記 代

自漢世以應龍能致雲雨，則往往爲土寓龍，或別方色繢之繒，用事禜禱，所從來尚矣。及西域説興，言龍特異。然《淮南子》論形兆之化育，謂五土之氣，是生五澒；澒生金，金生龍；龍入藏生泉，泉之埃上爲雲；陰陽相薄爲雷，激揚爲電。其説絶奇。今西域之稱硝石、水銀、金、鐵、雷、電，與龍同物，又有合於《淮南》之旨。則龍之靈能致雲雨，固不可易也。國家祇祀勤民，邁越前古，暘雨小愆，輒并走群望，於龍祀尤謹。而近畿密雲縣北石匣之潭，時巡木蘭所經行地，高宗、仁宗皆嘗行事祠下，屢獲嘉應，褒崇祝號，形諸詠歌，其祀又加謹焉。厥後行不時至，吏惰弗視，廟宫傾圮，明神罔栖。

光緒二年夏，畿内大旱，臣某實承詔修葺是祠。詔下浹辰，甘雨滂沛，萎起枯滋，萌隸歡泳。大哉！至誠之化，瀆神效職。《易》稱龍德曰「自强不息」，《詩》美右序以「懷濡百神」爲言，意在斯乎！祠旁故有行在所，天子念物力鉅艱，命且勿治。獨奉神唯謹。臣某德薄能鮮，與蒙嘉祐，敢有不承。役成，因記始末，俾覽者考吾前説，知祀事之明；考吾後説，知皇靈振疊之不測也。役凡三閲月，用白金四千八百有奇，經始於閏月某甲子，落成於七月某甲子。督是役者，北河主簿周士培也。其年某月李某記。

【校】

〔傾圮〕原誤作「傾圯」。

廬州會館記 代

道光庚子辛丑間，先光禄公在京師始爲館，以居吾郡人，月程其藝能以上下其薪芻，郡人賴之。及被詔治義師郡中，郡中士大夫輒追隨兵間，感勵振訊，武達文通，某因藉群力，薄收績效，翳先公之遺。然自是吾郡士大夫馳驅疆埸餘廿年，京師之館，寖廢不理。同治中，某移督畿輔，僚吏之在官者，將率之在軍者，吾郡人爲多。於是合謀同辭，并試院構屋以栖來試之士。已，又相與即故館作而新之。規制既增益矣，某懼其久且替也，乃以金三千，别市屋若干區，僦人以居，資其屋食以權歲入之息，猶先公志也。夫天下之事，莫難於創。已創矣，無以拓之，不足以嗣而守也。已創矣，又從而拓之矣，嗣而守之者非其人，無以知始創者之勤，則猶不足以久焉。先公之創是館也，其故籍猶有存者，其文曰：「某年月日李某典衣被若干得若干緡錢以助。」其勤蓋如此。光緒二年秋九月合肥李某記。

蔡篆青詩集序 代

吾嘗謂古之閎偉卓絶非常之士，内有以自足，而才周於用，凡發而見於世者，視其中所蘊蓄，蓋皆若百圍之木之一脱葉而已，不足侈然專之而以爲號名也，况於文藝之末乎？蔡篆青先生，吾先人行也，某少長繼游從。先生誼甚高，行甚清，自少名能詩閭里，年八十餘矣，爲之不倦。滋益勤，所爲滋益多，都其詩爲四卷，遣子走三千里，奉書及詩抵某，屬爲序。蓋先生之於詩，治之久且篤矣，顧乃不自喜，告某曰：「吾詩遇物寄興耳，不能窺古作者堂奥也。」嗚呼！此所謂不侈然專之以爲號名者歟！

先生居浮槎山下，浮槎者，吾郡佳山水處，昔歐陽永叔爲《浮槎記》，謂山林之樂，貴富者不能兼，故「有以自足而高世」。先生殆即其人。獨某德薄能鮮，羈牽名位，勞役而不休，與其鄉之父老分張久矣。讀先生詩，恍然置身浮槎、巢湖間，坐茂蔭而聽潺湲也。

安徽通志序 代

方志之作尚矣，網羅散佚，撰集舊聞，爲史者資焉。故箸録家以入史部，然傳者蓋寡。吾嘗考求鄉邦文獻，見前史有《廬江七賢傳》，訪其書不得，以爲綿世既遠。及觀《明史》，列江南諸府志，今亦未之見也。獨宋羅願名有史才，其爲《新安志》，頗自喜，而今尚存，餘無傳者。蓋不獨一方然也。漢之疆也，劉向言域分，朱贛條風俗，班氏資以爲志，《漢書》行而向、贛之説亡。蜀之啓土，楊戲、陳術之徒各箸書論益部人物，陳氏資以爲傳，《三國志》行而戲、術之書亡。自是以來，言方志者博矣，其見於晉、隋、唐史者，百不一二存焉。由宋迄明，十不一二存焉。是豈執簡之士，類非羅願者徒與？意亦限於方隅，固不足以傳世而行遠與？

安徽故無通志，國初，江南左布政司寄治江寧，而巡撫以掺江駐節池州。安慶不爲行省。康熙中，巡撫還鎮安慶，又改江南左布政使爲安徽布政使矣，而使司猶在江寧。逮乾隆間，始移司來治。故雍正七年詔天下布政司纂修通志，而安徽猶以統於江南，不别爲志。及道光初，長沙陶文毅公撫皖，乃創爲之。洪秀全反，盜據安慶者九年，官私文籍掃地盡矣。亂定數年，前中丞英公、方伯吴公謀議於衆，遂疏請開局招文學續前志爲書，經始於同治某年，而今中丞裕公、方伯紹公繼爲之。越幾年爲光緒三年，書成。增損舊文，附益新事，義例至爲精審，信乎其具史才可傳以久者也。當用兵之後，井邑墟，人民流，文物聲明不承其故，而摭拾殘遺，傳載盛美之爲急，豈弟以紀方隅之故實，爲後世史官之要删，大亦誘進邦人，使咸有述也。

安慶跨江淮爲境，名山峻嶽，藴蓄精英，人文之興，著自前史。入國朝，瑰人傑士，後先映蔚。經師若婺源江氏、休寧戴氏，文章若桐城方、劉、姚氏，皆所謂特立於一時，而不泯没於後代者。其他名德碩望，入而闇修，出而經緯六合，不可勝紀。自先大夫治軍淮上，某因藉餘烈，賢俊景從。咸同之際，奇謀偉略之士，蹈百死而戡大難，載在國史，聲績懋焉。夫國家全盛，以儒術振拔於時，事變多故，則宏濟以武節，此皆非見稱説於一鄉，而徼幸於或傳或不傳之數者比也。士之耻爲鄉人者，可以慨然而興矣。

【輯評】

方存之評：雅潔有蘊藉。

又評「是豈執節之士」二句：用筆甚妙。

慎庵圖記

馬君始冠，其世父字之曰慎甫，因以名所居庵，而命工畫者圖焉。同治乙丑，余見於挂車山下，君方居父憂，出此圖屬爲記。余諾之而不果爲，不惟文字不足相發，内顧家教，余方深愧馬君也。及是，馬君又以請，蓋距挂車始别十有二年矣，而余再持大憂。始先君子嘗所用教汝綸者二言，曰有恒，曰恕施。小子志之，名其堂曰「二箴」，今冉冉卅七年，百無一成，而二親相繼見背。昔時歸覲則面勅，在遠則緘書告戒，以爲此常然。今乃謦欬邈不復接，追思先訓，曾不少得其仿佛，而所謂「二箴堂」者，亦傀焉不可以居。展此圖，能無愴於懷耶！

鮑太夫人墓表

太夫人姓鮑氏，世爲湖南長沙人，年若干，嫁爲贈光禄大夫王公諱某之室，後贈公卒若干年而太夫人以疾卒於京師，春秋七十有五。太夫人有子曰先謙，字益吾，成同治四年進士，入翰林爲編修，始奉太夫人就養京師。於是太夫人年老矣，猶日厲其子以文學自立，於後報國家。其子謹受命，乃閉門謝知友，大肆力於學。雖屢有使命校士行省，使已，復閉門力學。過其門者，不知其爲京朝官也。久之，學大進，爲文清勁有氣。尤習於國家故事，撰箸乾嘉以來聖主賢臣詔令章奏，神功偉烈，爲書累數百卷。太夫人於是大樂。自今天子嗣即位，太后再臨朝，務博覽廣包，開通言路，不偏聽爲治。在廷諸臣爭言事，已而言者益多，經筵臺諫氣益厲，高者一歲九遷。後進小生，聞風慕嚮，各往往上章論事。或未深曉事利鈍，一切排抵恣意，取直聲爲快，至樹立標志，號曰「清議」。自樞輔大臣，外及封疆將帥，下至州縣吏，皆拱手承事之唯謹。益吾於是時爲經筵講官，間獨以爲此非國家之福也。於是拜疏稱：「莠言亂政，宜稍裁抑之。」疏奏，薦紳間傳其語，多竊罵益吾。太夫人聞之，乃獨自喜，以爲有子。於是人知益吾所表見於世，乃其母有以成之也。

益吾以文學平進至某官，太夫人累封太恭人，遇覃恩晉封太夫人。太夫人生四子一女。其子曰先和、先惠、先恭者皆早卒，益吾其弟三子也。太夫人既卒，益吾譜其年爲狀，以書抵汝綸曰：「先謙不幸嬰大故，將以今年五月扶喪歸葬於長沙某鄉某原，惟先母逆境之艱，稟德之厚，不可以無述，子宜無辭。」汝綸按其狀，則太夫人在隱約相贈公，多他人所難，皆略不箸，蓋觀其後之成其子者如此，足以知其初矣。乃論而列之，俾鑱於墓上。光緒八年十月，桐城吴汝綸表。

記太史公所録左氏義後

太史公録《左氏》書可謂多矣，然往往雜采他説，與經傳小異。至其事同者，其辭亦頗有變易。又或一事分散數篇，而辭各不同，蓋古人之言無取相沿襲也。往時，吾縣方侍郎極稱《左氏·齊無知弑襄公篇》，以爲使太史公爲之，且將增益數十百言。余考之《左氏》大篇，史公蔽以數言者亦衆矣，文如金玉錦繡，施用各有宜稱，豈可以繁約多少高下之與！班氏之録《史記》，其文能變易者蓋寡，好事者猶列其辭異同爲書，承學之士有取焉。若太史公書變易《左氏》，尤可觀省，非班《書》比也。今依十二公年月，掇拾《史記》爲三卷，藏於家。昔者嘗怪子長能竄易《尚書》及五帝德帝繫姓之文成一家言，獨至《戰國策》則一因仍舊文，多至九十餘事，何至乖異如是！及糾察《國策》中若趙武靈王、平原、春申君、范睢、蔡澤、魯仲連、蘇秦、荆軻諸篇，皆取太史公叙論之語而并載之，而曾子固亦稱《崇文總目》有高誘注者僅八篇，乃知劉向所校《戰國策》亡久矣，後之人反取《太史公書》充入之，非史公盡取材於《戰國策》，决也。惜乎！吾不得知言之士與論此耳。光緒十年十一月，汝綸記。

【校】

〔何至乖異如是〕「至」當作「自」。

【輯評】

《八家文鈔》：特識。

二許集序

當乾隆時，吾縣有二許先生者，伯曰鹿柴，季曰深稼，兄弟競秀，并有文譽。嘗受學於吾家生甫先生，又頗漸染於方靈臯侍郎，其爲文考經證史，叙述志意，往往可喜。當時不大箸，逮茲百有餘年，子孫世守不失，蓋其家法承傳者遠也。二先生世居黄華，黄華者吾縣之南幽麗勝絶處也。群山盤互，萼跗駢植，許氏居之成聚，其長老子弟率皆秀發能文，有聲於鄉邑。去年，雲卿孝廉過冀州，出二先生書示余，使爲序，固辭不能，其别也又累以書請，今雲卿選全椒教諭，將南歸，又爲書促之。余嘗愛黄華山水，往往喜從許氏諸老人游，相與訪求里鄙遺事，因以遍覽奇勝。蓋吾縣山水名天下，其維首自潛之天柱，及龍眠、駢枝、東騫，歧出傍騖；其南折也，蜿蜒迤邐拗怒而墮乎江，未抵江廿里，爲黄華，瞻顧依韋，如不欲去。余嘗憑高而望大江，旋抱如玦，右顧天柱，卓立雲外，意山川盤鬱之氣，蓋未艾也。今尚有隱君子如二先生者嘯歌偃仰於是間者乎？雲卿之官，過故里爲吾訪之。他日吾歸，徜徉山水間，坐石衣，掇溪毛，憑吊今古，尚庶幾其一遇也。光緒十四年九月。

【輯評】

《八家文鈔》：中幅鬱然特起，千載常新。

記姚姬傳平點漢書後

邑子方伯元既刻姚姬傳先生《點定漢書》，余又取温明叔、張廉卿二君所藏本附益之。

區區求古人於此，豪傑之士所不爲也。雖然，欲開示始學，莫有過於此者矣。班氏所載奏疏辭賦，張、方二本無評點，而温本有之，今亦各附每傳之後。光緒十六年十一月，汝綸記。

書滄州王希岐所箸切韵書後

《五方元音》，俗書也，吾未之見。而北方學者，家有其書。《四庫提要》譏其并部分爲十二，并字母爲廿，純用方音，不究古義，如覃、鹽、咸之并入天，庚、青、蒸之并入龍，皆變亂韵部。今希岐改還卅六母之舊，自爲精當。獨《切韵指南》内外十六攝，今希岐定爲十二攝，似尚沿十二部之説。而月晡二攝又皆新增。其曾、通含於梗攝，宕含於江攝，臻含於深，咸含於山，遇含於止，恐亦難免紀文達「變亂韵部」之誚。昔陸法言自序其書云：「魏著作謂法言向來論難疑處悉盡，何不隨口記之。法言即燭下握筆略記綱紀，博問英辨，始得精華。」今希岐冥搜默討，用功甚勤，隨口握筆，有同陸氏，儻再博問英辨，於審音之暇更增考古之功，其於切韵之學思過半矣。

記古文四象後

右曾文正所選《古文四象》，都五卷。往時汝綸從文正所，寫藏其目次，公手定本有圈識，有平議，皆未及鈔録。其後公全集出，雖《鳴原堂論文》皆在，此書獨無有。當時撰年譜人亦不知有是書，意元書故在，終當續出。今曾忠襄、惠敏二公皆久薨逝，汝綸數數從曾氏侯伯二邸求公是書，書藏湘鄉里弟，不可得。謹依舊所藏目次，繕寫成册。其評議圈識，俟他日手定本復出，庶獲補完。

自吾鄉姚姬傳氏以陰陽論文，至公而言益奇，剖析益精，於是有「四象」之說。又於四類中各析爲二類，則由四而八焉。蓋文之變不可窮也如是。至乃聚二千年之作，一一稱量而審定之，以爲某篇屬太陽，某篇屬少陰，此則前古無有，真天下瓌偉大觀也。顧非老於文事者驟聞其語，未嘗不相與驚惑。文之精微，父不能喻之子，兄不能喻之弟，但以俟知者知耳，此揚雄氏所以有待於後世之子雲也。公此編故自謂失之高古，夫高古何失？世無知言君子，則大聲不入里耳，自其宜矣。文者天地之精華，自孔氏以來，已預識天之不喪斯文。後之世變，雖不可測知，天苟不喪中國之文，後君子讀公此書，必有心知而篤好之者。是猶起姚氏、曾氏相諾唯於一堂也，豈不大幸矣哉！公又嘗欲分古近體詩亦爲四屬，而别增「機神」一類，其後蓋未成書。獨於所鈔十八家五言古詩，嘗刻四類字朱印本，詩之下曰「氣勢」、「識度」、「情韵」皆與文同，曰「工律」則與文異，而無「機神」之説蓋仍用四類也。今并繕寫附著卷中，讀者可以隅反也。

【輯評】《八家文鈔》：此公晚年文字，老勁殊不可及。

辨程瑶田九穀考

程瑶田所箸《九穀考》，世多宗信之。余頃細繹其説，文辭曼衍多枝葉，大恉以今之所謂高粱者爲古之稷，以今之所謂穀、所謂小米者爲古之粱。而譏唐蘇恭以穄爲稷，啓後世之誤。又謂秦漢舊書，多溷粱於稷，惟許、鄭二家爲可據。是説也，吾甚惑之。以高粱爲稷，從古無此説，獨瑶田一人私定之。究其所以敢於專輒者，則以《説文》謂稷之黏者爲秫，適合於今人呼高粱爲秫之稱。吾謂高粱爲秫，土俗謬稱，豈可據爲典要？《説文》謂秫爲稷之黏者，今不論黏不黏，通呼爲秫，此豈得援《説文》爲證？蘇恭以穄爲稷，今北人猶沿之，通呼穄爲稷。程氏謂北方穄、稷音相邇，穄奪稷名，承謁日久。同一土俗謬稱，於稷、穄則譏之，於高粱爲秫則信之，是予奪自爲矛盾也。

吾意高粱古時未有。王楨《農書》：「蜀黍，一名高粱，一名蜀秫。」《博物志》：「地節三年種蜀黍，其後七年多蛇。」此殆中國初得蜀黍種之，故以蛇怪爲蜀黍所致。《農書》言種來自蜀，其説蓋信。武帝時蜀始化服，至宣帝，地節中乃有蜀産之穀流入中夏，故名蜀黍、蜀秫。而程氏引《爾雅·釋山》「獨者，蜀」，《釋獸》「雞，大者蜀」及戎葵爲蜀葵之説爲證。使蜀黍、蜀秫之名三代已有，則程氏以古訓解之爲當，若漢代始有，必不用古義爲名，則蜀爲巴蜀之地無疑。今蜀黍之名，漢晉始見，《爾雅·釋文》「秬，黑黍」或曰「今蜀黍」，明古無此物，故名之曰「今蜀黍」。物起近代，而名用古詁，必不然矣。程氏又謂，詢之蜀人云：彼土宜稻，不食高粱。以此定種非蜀産，尤非其理。《水經注》九真太守任延始教耕犂，知耕以來六百餘年，火耨耕藝，法與華同，交土如此，蜀可推知。今二千餘年之後，見彼食稻，乃謂前無蜀黍。豈非夏虫語冰之比哉！

稷之視粱，則粱上而稷下，若乃賤者食稷、沐稷、醴粱等説，則皆以稷多易得爲言，不必以稷爲麤惡。穀以稷爲長，故祭祀主稷，謂之粢盛。粢，稷也，而古之農官，謂之爲稷，若使稷爲麤惡之穀，則祭品、官名，安得舍美好而專取麤惡哉！高粱至今於穀爲賤，其不爲五穀之長甚明。《月令》之「首種」，《淮南》之「首稼」，謂之爲稷可也，謂爲先種之高粱不可也。程氏詢之耕農，謂高粱先種，高誘謂百穀惟稷先種，足見後漢時高粱尚未盛行。若循其本言之，則首種首稼，自主一歲中先收穫者爲言，當從蔡中郎「宿麥」之説，不得據首種二字爲高粱即稷之證也。

以穄爲稷，始於蘇恭，程氏斥爲誤解，當矣。至謂《吕覽》、《淮南》，秦漢舊書，言稷不言粱，言粱不言稷，意皆以粱、稷爲一物。自班固、氾勝之、鄭衆、服虔、孫炎、郭璞之徒，皆冒稷爲粟，惟《説文》於黍、稷、粱三事尤瞭然，而鄭君説九穀稷、粱兼收，與《説文》相表裏云云。此則一人私言，門户之見，未足深信也。

夫黍稷與粱，淆溷難辨，其誤殆始於陶弘景。陶生南方，少見此三穀，故不能區分而明辨之。《爾雅·釋文》言相承以稷爲粟，《本草》稷米在下品，别有粟米在中品，又似二物。此陶氏博收之誤。陸所云：《本草》皆陶氏别録所增，非古《本草》也。陶既列粟米矣，又列青粱、白粱、黄粱，又列黍、丹黍，而下品又有稷，不知其所謂粟米，當是何穀。陶説諸穀不明，遂啓蘇恭以穄爲稷之誤。陶以前諸儒則皆以稷爲粟，未有異説。即陶亦云粟米或呼爲粢米，是猶舊説之未變者。蓋粟非穀之一種，乃穀之大名耳。以稷爲粟，猶《説文》以粱爲米，此有何誤？而程顧以爲冒名耶！秦漢以來，稷、粱不并舉，似本一物，則當據秦漢舊説，以定稷、粱之種類，不當自立新説，而謂秦漢以來千餘年説之并誤也。豈有《吕覽》、《淮南》、班孟堅、氾勝之之徒并不識稷、粱二穀之理？又豈有自周秦以來衆不能明，獨許、鄭二君能明之理？此尊許、鄭亦太過矣！故曰門户之見也。許、鄭學雖贍博，以視班孟堅，則不如遠甚，又况《吕覽》、《淮南》去古未遠，何至不辨五穀，反不及一程瑶田乎？然則諸書稷、粱不并舉者，實以粱不能外稷而別爲一類，故《三倉》云：「粱，好粟也。」《左氏傳》云：「粱則無矣，麤則有之。」以粱對麤爲文。而《國語》「膏粱之性」注云：「粱，食之精者。」王逸訓《楚詞》之「芘粱」，亦謂粱爲菰米之美稱。據此，則粱特稷中之精好者耳。若韋昭訓稷爲粱，則粱乃粢之譌，轉寫失之，非直以稷爲粱也。《禮經》稷、粱并舉，非謂穀有二類，乃謂用其麤者，又用其精者，所謂貴多品耳。賈讓言「故種禾麥，更爲秔稻」，秔不能別於稻。《魏都賦》言「水樹粳稌，陸蒔黍稷」，粳不能別於稌。《詩》云「黍稷稻粱」者，粱不能別於稷。皆屬辭之同類者也，豈得因諸經稷、粱并見，遂謂秦漢舊書不并見者之悖經而失實耶？《内則》言「黍稷稻粱，白黍黄粱」，粱者白粱，《三倉》所謂好粟也。黄粱者，氾書所謂黏粟也。且許、鄭亦非與秦漢舊説有異也，許若不同舊説，必見於《五經異義》，雖元書久佚，義疏家必遞引之，鄭、許爲異爲同，亦必備列之，不應不見一語。班氏謂「稷者陰陽中和之氣，而用尤多，故爲五穀之長」。許、鄭皆同其説。氾勝之書謂粱是秫粟，即《説文》所云「秫爲黏稷」也。許之説粱，但云米名，而互備其義於秫，謂稷之黏者爲粱耳。以氾書證許説，非有異也。《内則》「粱秫惟所欲」，秫粱并言者，凡黏皆爲秫，故陶淵明種稻亦云種秫。《内則》之秫即稻秫。言固各有當也。鄭司農説九穀：黍、稷、秫、稻、麻、大小豆、大小麥。後鄭變秫言粱，粱即秫也。二鄭義同。先鄭注鍾氏丹秫爲赤粟，後鄭因仍其説。亦即孫炎「秫爲黏粟」之義。不然，先鄭説九穀無粱，其説六穀又有粱，何自相乖戾如此？後鄭説六穀依先鄭，其説九穀則不依先鄭，又何自相乖戾如此？許、鄭説稷、粱，并未創爲新説。而程氏欲援許、鄭以自堅其高粱爲稷之謬論，遂妄謂黍、稷、稻皆無米名。不知鄭所謂「六米」者皆何等米也！以禾專屬之粱，則所謂「取成周之禾」者爲專取粱，不知《説文》所云黍禾屬者，亦謂黍爲粱屬耶？謂明粢不得爲祭穀用稷之專名，則顯與甸師注粢稷爲長之義悖矣。謂飯用不黏，故有摶黍之儀，則與《説文》禾屬而黏之詁悖矣。程自謂目驗田野，親詢野老。而於《管子》「日至百日黍秫之始」，不知北人有黍穀一種與粟同時種植之事，又其考之不詳者。然皆非論稷、粱之要義，不必深辨。

【校】

〔陶弘景〕「弘」原作「宏」。

〔種植〕「植」原作「埴」。

跋所書柳子厚詩

柳州五言佳處在長篇，世徒賞其短章，以配韋蘇州，未爲知言。又稱柳多以五言，不知其七言古詩，清深高邁，足與韓公相敵如此。惜其所作殊少，不足衣被後世耳。兹盡録之，付兄女芝瑛暇時諷詠，可增長筆力，謝庭詠絮，不足專美也。

題董文敏選録史記真迹

董書重於世三百年矣，人得其佛經荒誕書寫本尚傳刻珍貴之，况此所録爲六藝後之弟一書乎！真海内尤物也！文敏在明世，文學未爲至高，能篤好《太史書》，至手寫成巨帙，視今士束書不讀，其相去遼遠矣。卷末所列明人《史記》本，不及歸熙父。至今日則歸書獨重於世，而卷中所列諸公之書，已若存若亡，書之高下，閲世久而論乃定。淺識者顧求名一哄之市，不亦悲乎！光緒庚子十二月，桐城吴汝綸記。時帝在西安。

遵旨籌議摺 代

奏爲遵旨籌議事。竊臣前奉去年十二月初十日諭旨：「飭軍機大臣、大學士、六部、九卿、出使各國大臣、各省督撫，各就現在情形，參酌中西政要，舉凡朝章國政，植養民生，學校科舉，軍政財政，當因當革，當省當并，或取諸人，或求諸己，如何而國勢始興，如何而人才始茂，如何而度支始裕，如何而武備始修，各舉所知，各抒所見，通限兩箇月詳悉條奏以聞。等因。欽此。」仰見殷憂啓聖奮發爲雄之至意。

臣爲國家承辦交涉四十餘年，日以變法求才爲事。無如中國政治，自秦漢至今，前後沿襲二千餘年，安其所習，毁所不見，積重難返，馴至釀成去年之禍。今和議幸成，若非改弦更張，勢難久自撑拄。古人一成一旅，尚能再造中興，今雖挫衄之餘，苟能上下一心，曠然大變，猶可及時有爲，行之十年廿年，必當漸收成效。或言因循已久，百度傾頹，驟謀振興，無從措手。不知事勢有輕重，設施有緩急，固不能横騖别驅，舉數十年難竟之功，責效於一旦，尤不能急遽無序，慕諸强國已成之績，倒行而逆施。但使區畫得宜，廟謨堅定，辦成一事，再辦他事，革去一弊，再革他弊，不必遽求速效，固已日起有功，環伺諸邦，亦且刮目相待。

抑臣又有請者：竊願朝廷先定國是，而後一切要政乃可次弟舉也。中外歷次和約，多定於用兵之後，不無損失利權。但無深智沉勇，不量彼己短長，甘蹈景延廣、韓侂胄覆轍，萬口和附，謬詡清流，誤國實非淺鮮。昔漢文貽書匈奴，自謂「漢過不先」。今迭起禍端，均由中國臣民挑釁，浮議淺謀，以君國爲孤注，言之痛心。前大學士曾國藩奏稱：「道光時朝和夕戰，遂至外患漸深。同治時守定和議，絶無改更，用能相安無事。請堅持一心，曲全鄰好。」此誠老成持重之見。今已形見勢絀，若再舉棋不定，後患何可勝言！又國家興立一事，往往與任事之臣謀之，采局外之論而忽敗之。初意斷決而行之，不逾時又改圖易慮而遽廢之。凡皆國是不定之咎。應請嗣後盡祛疑貳，持久不變，以弘遠謨，天下幸甚！

諭旨垂詢諸政，驟難遍以疏舉，謹就微臣閲歷所得，揆度今日時勢所能施行，條列上陳，用備采擇。

一曰養人才。國之强弱，視乎人才，人才之興，在乎作養。今日之積弱不振，不在兵敗，不在餉竭，而在吾國人才不足與外國相抵。及今再不作養，永無人才足用之時。

養人才之法，首在興學，今中國失學已久，外國化電聲光之微眇，格致製造之奥邃，内治、外交、兵謀、商政、公法、國律之權變，無一不出於學，無學不適於用，凡皆中國所無。今欲逐事研求，非廣立學校不可。開辦之始不能盡如西制。又中國舊學不能廢棄不講，應仍於京師設立總學堂，分請中西教習。學堂功課分專攻、兼習爲二端，其專攻則深造之，其兼習則淺涉之。中學專攻經史百家明體達用之業，而兼習西國經世有用已譯之書，以收救急治標之效。西學則專攻語言文字普通粗略之業，而兼習中國蒙塾入門易解之書，以培大學專門之基。中西均分别學問階級，作爲生員、舉人、進士，予以仕宦途徑，以資鼓勵。其外省州縣，一時尚難普遍興學，惟省會、大郡、通商口岸，均令先立學堂，與京師總學教法一律。州、縣勸募立學，紳民集資立學，均予優加奬叙。其在京翰林部曹，在外候補州縣，均令分班分日赴學與教習討論政治學術，使廣見聞。其餘聰明才俊之士講求西學已有門徑、散在各省者，應請一切破除黨論，收召録用，以示海涵天覆，愛惜人才之意。如此則賢智爭自濯磨，人才不可勝用矣。

次則譯書。西國書籍繁富，其中政術法令尤爲切要。中國所譯有限，又多專門藝術，不得師授未易驟通。嗣後應多譯行政立制、興化富國、公法律令各書，俾有志西學者得資考覽。又西國精要之書，日本多已譒譯，東文易於西文，誠使中文通暢諸生肄習東文，數月之間即能通譯日本已譯之西書，尤爲事半功倍。譯書既多，頒在各學，易使講貫成才，備緩急之用，是又育才之捷徑也。

次則閱報。東西各國，無事不有報會，無人不閱報紙，不出户庭，而五洲國勢人才無不羅列目前。以此通國士民，盡識時務。其上等報館，往往爲政府所取裁。中國沿海，售報已久，内地閱者尚稀。近則上下以禁報爲事，耳目益形閉塞。報館文章雖未盡善，其人大率通敏多聞，熟習西事，議論有餘，縱或時有刺譏，方在朝廷好察邇言之時，宜師子産不毁鄉校之意。中國辨理外交六十餘年，民智未開，國論未定，良由閱報人少，故步自封。今若大舉興革，則翰林掌院、六曹長官、風憲大僚，均不能不略通外事。興學譯書，但爲造就後生而設，至若官高年長，惟有流覽報紙，可以拓充見聞，擬請嗣後自京師外省都會要津，悉聽廣開報館，官爲主持，務令銷流暢旺。上自公卿百執，下逮庠序生徒，人人皆限令閱報。庶冀風氣一變，錮蔽稍開，裨益實大。

次則游歷。西國專門之學，中土尚無傳授，各國名家，皆效用本國，未能遠來。生徒普通小學卒業之後，自應出洋求師，就各國專門學堂，分塗肄學。自餘近支王公及大臣負才望者，貴游子弟之有志進取者，皆令携帶譯人游歷各國，願留學者官給資費。俄與日本變政之初，皆以游學爲先務，今亦略宜仿行。

凡此四端，皆養人才之大略也。

二曰理財政。近年經費入不敷出，税釐大款，皆劃抵國債，此次賠費甚巨，杼柚已空。整頓一切，動需大宗帑項，實屬無從措辦。但事在必行，豈能束手坐廢。西人每謂中國爲五洲最富之邦，徒以經理失宜，地多棄利，人多中飽。今難遍行綜核，先其所急約有三端：

鈔票。宋元舊法，我朝順治時嘗行之。咸豐間行使未久而輒廢者，病在無實銀爲質，而欲以方寸之紙爲幣。今西國暢行銀票，大率如錢莊之用錢帖，推行無弊，足以濟金銀之窮，而權國用之贏絀。至於開設銀行，鼓鑄銀圓，中國亦已興辦，而不盡合法，尚應漸次改良。鈔票本與銀行相維，惟西國銀行與銀票部自分而爲二，則銀行未整頓時不妨先行鈔法。又西人謂我歲入至微，無以充一國之用。外國有營業税、印花税、房税、人税等目，今國用無措，似可於以上諸法，周諮博訪，擇其一二而審行之。如營業税，今京師、天津，外兵畫界分守，略已施行。客軍退後，踵而行之，亦因勢利導之一法。南方釐金西人每病其煩苛，異日加税裁釐之後，繁盛都會亦可推行營業税，以資濟要需，此有益於國計者也。

富國本謀，足民爲急，植養民生，以經畫絲、茶、棉三業爲最要。今養蠶、繅絲、製茶、紡布，南人已仿用西法，應加意保護推廣。絲茶中國大利，不宜坐視敗失。中國棉花視他國獨少棄質，日本買華棉出口，紡爲紗綫復入口，售之華人，獲利甚厚。我若紡織大興，利益不致外溢，此有益於民生者也。

路礦大利，近雖多爲洋人所奪，中國物衆地大，紳富欲集資開辦，仍自綽有餘地。但使文法稍寬，不加拘制，工業競起，利歸國家，收效雖遲，爲益實大。其外國已占之路礦，中國必應均攤股本，與之均權共利。譬如成本千萬，中外各入五百萬，此事關繫絶重，中國財力雖十分艱窘，亦必勉力籌措，不得斂手讓人，此又兩益於國計民生，主客强弱所專注者也。

至若裕國大源，尤以節用爲本，其道必始自宫庭。此次車駕蒙塵，道路勤苦，微臣每一念及，寢饋難安。伏願聖明無忘此變。昔周宣中興，更爲儉宫室小寢廟，衛文復國，衣冠布素，前世以爲美談。今當奉爲師法。此外常例度支，不無浮濫，請飭部臣詳議，删汰撙節。其八旗、緑營各兵餉，乘此變通裁革，尤能杜塞漏卮。

凡此皆理財政之大略也。

三曰飭軍備。國無軍備無以自立。外國兵學極重，船炮槍彈，尤爲兵家利器。臣前在天津建設製造各局及武備、水師各學堂，意謂風氣縱未大開，軍國不可無備。去年之變，皆已掃地無餘。今外國又有禁運軍火之議，餉源涸竭，無力大舉，但軍旅國之大事，不可聽任廢弛，無論如何支絀，治兵之費必不可省。又內地盜賊，無兵禽治，外釁即由此復開，安危關係尤重。今於萬難籌畫之中，勉籌三事：

一爲陸軍。就各省現有兵力，扼要駐防，彈壓地面，有事豫備徵調，無事督率操練。雖與西國兵制不符，猶有昔人作内政寄軍令遺意。但舊營訓練不精，實由將才缺乏。西國將帥必由學堂造成，不似古時英雄可以崛起草澤。擬勻撥要款，再立天津武備學堂，用資造就。其前時肄業生徒，今皆流離星散，擬設法收召，和局定後，送入日本學堂，俾造詣益精，儲備將帥之選，此籌辦陸軍之策。

一爲海軍。中國海面盡爲各國兵船所據。吾國現止兩船，不能成軍。惟在船將弁，皆係學堂高等生徒，教練多年，一旦散棄，人才可惜。自應留此二船，以當海軍學堂之用。令諸生練習風濤，講求駕駛，精研海戰權略，以爲傳衍接續之機，異日財力稍充，仍可就此拓大，不致無人可用，此豫留海軍之策。

一爲製造軍火。外國軍火不來，吾國不能不自行製備。天津各局雖毁，南中製造尚足應用，近年槍械日精，本不應仰給他人，恃爲長策。在局員匠，經此次逼迫，儻能動心忍性，增益不能，未始非工藝振興之朕兆。外洋軍火，年限屆滿仍必運購流通。學堂人才漸多，亦不難自製新器。惟三數年內，務令各局製造足用，以應急需。此激厲製造之策。

凡此三端，皆飭軍備之大略也。

他如科舉不改，士皆專心八股，無暇他學，最足敗壞人才。但近年諸臣議改之法，似亦未能盡善。考試得人，全在考官，若考官難求，考試又無善法，不如因和議停考五年之說，令各直省一律暫停五年，俟學校畢興，并科舉於學堂，尚爲不失中策。

又如官制當有并省，律例當有删定，一法不備，不能振興。但當俟人才足用，乃可徐議及此。今皆不遽瀆陳。

謹條列三事，析爲十目，仰懇睿裁核定。果遵實事求是之諭，即此三事十目已非倉卒所能就功。托付一不得人，勢必敷衍具文，有名無實。然欲指付必堪其事，又須有閎達命世之材爲之主持提挈，乃能綱舉目張。微臣老矣，環顧斯世，似尚少勝任愉快之賢。惟有仰懇宵旰側席旁求，中外大臣亦均以人事君，庶冀集益廣思，弘濟多難。臣無任翹跂盼禱之至！

所有微臣遵旨籌議緣由，謹具摺陳奏，伏乞聖鑒。再，總税務司赫德在中國年久，熟習情形，條陳多可采用，理合隨摺代呈。謹奏。

【校】

〔税釐大款〕、〔南方釐金〕「釐」原誤爲「氂」。

尾崎字説

尾崎先生名濟，請字於余，余字之曰止齋。《毛詩傳》「濟」之訓爲「止」。夫成事之謂濟，兵行而又益之之謂濟，而吾於尾崎獨有取於「止」者，何也？日本自明治維新以來，士大夫人人有進取之志，其國之盛强，人才之勃興，軍律之所往必勝，皆始基於此。此吾國人所愧謝不逮者也。而尾崎君居吾國都，所事獨賢勞，尤昕夕不少休。雖然，吾懼其進而不已，而勢且至已成而又益之，而後將不勝其敝也。故以「止」之義進焉。《易》曰「知進而不知退」，爲亢者言之也。故曰「升而不已必困」，物不可以終動，止之。士之立德，國之立政，蓋皆不越乎此。此文武張弛之説也。尾崎君將别，爲之説以餞其行。

抱一齋記

西村君構齋於居而問名於余，余聞君好道家言，名之曰抱一齋。君聞大喜，爲余言：其國有名僧曰抱一上人者，死且百年，人至今敬慕之不忘，今齋名同此僧，宜有説也。余謂西村：中國之教，儒爲上，道次之，釋又次之。「抱一」之文始老子，老子道家宗，吾子好道，有取焉宜也。上人學佛，佛之説與道絶異，乃不用佛説爲號，獨取道家言，其殆逃釋入道者類耶？逃釋入道，國之人且敬慕之百年，又況其進而益上者乎？吾因此有甚望於吾子矣。或曰釋氏自有所謂「一」者，西村國人多通佛理，其歸也試爲我訪之。光緒廿七年二月清國退士吴汝綸記，時日本明治之卅三年也。

跋西師意所箸書

金城先生爲書十章，名之曰《古意新情》，凡所以激厲吾國人者至深切，其云：八股文雖廢而人心之八股未易改。何其言之湛至而警絶也！國家新挫於兵，掃地赤立，先生所決策期之百年不倦，此非法之難行，意亦行法之難其人也。嶽瀆英靈儻猶不遽歇絶乎，當必有起而荷負鉅艱，得先生之言而力而見之行事者。雖國耻未遽雪，其於救亡振敗，或庶幾焉。斯則衰朽小儒所延跂而禱祝者矣。

西師意實學指鍼序

是書詳記英、俄、德、美之地積、人口、財政、軍法，使吾國士大夫考鄰敵之富盛，而思所以自振拔，其用意故以懃矣。至稱述閣龍、牛董、芙蘭克林、華德之徒，諷切微至，吾曹從事學業者，其愧憤感發宜如何？天下治亂，匹夫與有責焉。種火積薪之下，而怪寢其上者之不能焦毛髮、灼肌膚以救焚，不其惑矣！周公多才藝，孔子多能，夫是以兼夷狄、驅猛獸，我戰則克，斯吾儒之所謂大聖也。遼乎邈哉！光緒壬寅二月汝綸記。

李文忠公事略

李文忠公薨後，門下士慮各行省請建專祠不得公事實，屬汝綸代撰事略，分寄各省以備采擇。其後，各省皆自别撰，考核加詳備，拙稿不足復存。今來日本，兒子自行篋檢出付印。念文忠事迹關國家掌故，又海内外所願共聞見也，聽其印行，爲識其緣起如此。壬寅九月吴汝綸記。

直督臚陳事迹疏

奏爲臚陳故督臣忠勤功績，恭摺仰祈聖鑒事。竊臣伏讀九月廿七日上諭云云，續奉本月初三日上諭云云，仰見聖恩稠疊，賞延於世，臣等同聲感激。諭旨飭將生平戰功政績，宣付史館立傳。微臣自同治元年隨李鴻章治軍上海，迄今兹親視易簀，始終四十年，相從最久，見聞較確，敬爲我皇太后、皇上據實上陳。

李鴻章自少受業曾國藩之門，由翰林起家。咸豐三年，奉旨隨同工部侍郎吕賢基辦理安徽團防。及江忠源巡撫安徽，曾國藩貽書忠源，稱李鴻章能辦大事。其後崎嶇兵間，無可藉手。經曾國藩奏請留營襄辦，受朝廷特達之知，由福建延建邵遺缺道，超授江蘇巡撫。是時江浙淪陷，李鴻章新集八千人，起上海一隅，羸形鋭進，所向無前。克復蘇州，肅清全省，遂出境攻拔嘉興，協剿湖州，扼守高溧，爲金陵聲援，使全功速蒇，膺一等肅毅伯之封。未幾曾國藩督兵剿捻，賴李鴻章籌餉後路。署理兩江總督，不以原籍安徽爲嫌。其時曾國藩所用湘軍，凱撤略盡，李鴻章盡發所部淮軍，隨從征剿。一面遣部將潘鼎新率偏師航海赴津，建瓴南下，近畿恃以無恐。及受命督師，與曾國藩更出遞入，兵事餉事聯爲一家。又始終堅持防守運河，制賊飄突之策，卒使任、賴授首，東捻肅清。未幾西捻東竄，震驚畿輔。於是群帥麇集，號令紛歧，詔書責望益切。李鴻章馳驅角逐，逼賊東趨，仍主防運圈制之策，殲賊於徒駭、黄、運之交，張總愚兵敗投水，西捻肅清。遂拜協辦大學士之命。凡李鴻章平定江蘇，剿辦東西二捻，其戰功具見《欽定方略》，大要如此。

初起上海時，曾國藩以謂自古東南用兵，鎮江爲必爭之地，上海孤軍難立，誡令駐軍鎮江，詔旨亦屢以爲言。李鴻章則謂上海餉源所出，已軍又上海所請，不可背棄，以孤衆望，軍固有遥爲聲勢、置之死地而後生者。卒從上海逆入，雖有君、師之命而不敢苟同也。及剿捻防運，至主客異議，終持不變，以有成功。曾國藩陳奏平捻之功，推李鴻章之定謀。以此國藩平日最稱李鴻章有大才，言「未見古來英雄，見胡林翼、李鴻章」，意古英雄不過如此。然猶以李鴻章未遇逆境爲疑。及見其剿辦西捻，迭奉嚴旨而夷然順受，果毅不撓，於是又歎其進德之猛。其師友相策勵，大率類是。

自中原罷兵，李鴻章始赴楚督本任。已而援黔未行，援陝未久，而卒移督直隸，兼辦海防。自是以大學士坐鎮畿輔，辦理内政外交，以一身繫天下安危者卅餘年。

其内政分民事、兵備、財政爲三端。民事如辦理河工，每歲籌款數十萬，賑救災民，每歲籌款數十萬，皆前此直督所未有，李鴻章行之卅年如一日。賑災則兼顧山西、河南，治河則兼籌河南、山東，不分畛域，不辭勞瘁。微臣皆曾參與其間，目所親見。同治十二年京察，諭旨稱其「盡心民事」，殆無愧詞。兵備則全師西法，自在上海，所部各營即令練習西器，設局製造軍火。及至天津，愈益拓充，又開辦水師、武備、管輪、電報各學堂，他省立法，多取師於津郡。又修築旅順、威海臺壘船澳，西人過者，輒指目以相驚詫。其苦心經營，尤在海軍。海軍當時餉項支絀，李鴻章逐年節縮，購備鐵甲二艘，軍將駛至日本，日本人相驚失色也。海軍之立，醇賢親王手記其事，謂將漸次推廣，始克成軍。微臣與定章程，具聞閎議。賢王殂謝，壯圖中輟。海軍既尚未成，陸軍雖習西器，而學堂未廣，將弁無學，止可彈壓内匪，不足驟當大敵。李鴻章歷年奏牘，固屢言之。恭忠親王、醇賢親王先後當國，皆推誠相與，倚信不疑，國是賴以堅定。甲午之役，論者以李鴻章主和爲非，攘臂言戰，遂至國勢動摇，而所育之人才，所扼之地勢，所備之利器，均付一擲，此最李鴻章所腐心切齒者也。前卅年皆倚信之而安，一不信而危。其於兵謀利鈍，卓有遠見如此。至其經畫財政，則興辦招商輪船，以挽中國已失之利；開采唐山煤井，以創自古未興之利；近築津榆鐵路；遠開漠河金鑛；

電綫遍乎行省；紗廠毁而又興。凡皆時論所譏排，而國收久遠之利。以上三端，皆李鴻章内治之彰較者也。

其外交之策則尤擅專長，而辦理外交亦最久。同治十年，日本初議通商；十二年，議秘魯招工；光緒二年，烟臺定約；六年，巴西通商；廿一年，馬關議和；此次聯軍定盟。凡爲全權者六，皆獨力主持。同治三年，派兵防禦臺灣；光緒六年，伊犂爭界改約；八年，朝鮮定亂；九年，法越肇釁；廿年，日本敗盟。凡外交而涉兵端者五，皆艱難定議。綜計甲午以前數十年來，中外一有嫌隙，經李鴻章維持其際，無不立爲解釋。由此各國推重，五洲辦外交與李鴻章齊名者不能三數人。往時，美國舊民主格蘭忒遍游歐亞，謂天下賢相三人，其一德國畢士馬克，其一英國格蘭斯登，其一則中國李鴻章也。馬關和定，未幾，奉命使俄，遂歷聘德、法、英、美，所至君相無不尊崇加禮，國人以一見爲榮。其至德國，德人并其君同爲塑像，德君爲立像，李鴻章爲坐像，其敬愛如此。緣李鴻章管事既久，外國婦孺無不知其姓名，以此國威新挫，而邦交益固。凡此皆李鴻章外交之彰較者也。

歷聘歸朝，遂入譯署，合署章京，喜得師法。已又命勘黄河，命爲商務大臣，命督兩廣。蓋朝廷知李鴻章年近八旬，而神明强固，大疑大計，一於李鴻章决之。及去年之變，有詔召入京師，行至上海而道阻不能前進。北禍益急，聯軍大集，兩宫倉卒蒙塵，天下望李鴻章如大旱望雨，朝廷亦有「旋乾轉坤」之諭。逮李鴻章既入敵軍，通國皆隱然有恃。由是千磨百折，卒定和議。遠方聞者或未盡滿意，而李鴻章實已心肝崩碎，遂至一疾不起。各國公使及水陸兵官來吊唁者四十餘人，同聲致詞，皆云數月前議約，該大臣所爲，皆他人不能爲之事。足見外國具有公論。

伏查李鴻章爲曾國藩入室弟子，其謀國忠誠，決策英斷，不摇浮議，不顧毁譽，兩人亦略相倫等。其任事勇鋭，赴機捷速，不爲小廉曲讓，則李鴻章有獨至孤詣。至其外交之學，曾國藩有未逮也。自少至老，歷常變夷險，未嘗一日言退。雖間嬰疾病，不輕乞假。嘗言曾國藩晚年求退，爲無益之請，受國大任死而後已，朝廷豈肯放歸？馬關遇刺，定和而還，論者未已，所親勸令乞歸，答言：「李鴻章於國實有不能恝置之誼，今事敗求退，欲安歸咎！」人以此知李鴻章之忠勤愛國，非淺識所能窺測。其英風壯采，邁往不屑，同時輩流無足當意。而宅心仁恕，遇故舊曲有恩紀。平吴所得賊糧，平捻所餘軍米，悉以散之居民。其事君小心，得一語之褒，矜寵見於言色，間奉嚴旨，絶無怨尤，其天性也。而朝廷禮遇亦過絶倫輩。今李鴻章荷封贈優恤，子孫并沐殊恩，九京已無遺憾。獨臣等追隨既久，遽失依歸，有不能已於懷者。用敢臚陳東南戰迹、直隸内治外交梗概，乞付史館，以備采擇。謹奏。

【輯評】《八家文鈔》：「其於兵謀利鈍卓有遠見如此」句勢如鐵鑄山立。

山東請建專祠事略

故大學士李鴻章兩次剿捻，皆在東境。其後定約烟臺，勘議河工，事迹尤著。先是親王僧格林沁戰殁，李鴻章即派部將劉銘傳、周盛波等隨曾國藩赴東剿辦。遣潘鼎新一軍航海至津，南趣東省，赴機尤爲神速。未幾，捻分東西二股，竄擾秦、豫，曾國藩議扼運河，防衛山東。及李鴻章受事，東捻竄擾運東，於是有反守河運制賊西竄之議，以運防爲外圈，膠萊河爲内圈。雖至主客異心，防守不齊，而李鴻章始終堅持蹙賊狹地聚而殲之之定計，百折不變，卒能擊散賊黨於安丘、濰縣之交。由是任柱授首，賴文光逃死就擒，而東捻肅清。曾國藩奏平捻之績，推服李鴻章之定謀者此也。方議休息士衆，而西捻東竄，急詔徵援。其時統兵大臣如左宗棠、都興阿、崇厚、英翰、丁寶楨、李鶴年等并被命進剿，號令不一。逮賊逾運東，李鴻章仍守防運之策，以運河爲外圈，以馬頰河爲内圈，卒殲賊於徒駭、黄、運之交。由是捻首張總愚赴水自沉，西捻肅清，中原大定。其剿辦東捻駐軍濟寧，剿辦西捻駐軍德州，皆山東瀕運衝要地，士民至今能指其戰處。

其後雲南馬加理案起，英使威妥瑪要挾不遂，下旗出都赴上海，將遂歸國。李鴻章堅請留行，奉旨授全權大臣，馳赴烟臺，與威妥瑪會議。是時俄、德、美、法、日、澳六國駐京公使，及英、德兵船，均會集烟臺，李鴻章往來談讌，閱其兵船操練，并召諸使及其水師將領大會樂飲，情誼款洽，各使協助，始克成議。議定而英人卒未能多得利益，其國議不願照行，此役尤有裨大局。

至勘議河事，其時李鴻章老矣，猶能督率工員，考察利病，參酌西法，折衷定議。其所條論，至今遵守。

凡此皆李鴻章績在山東，耳目衆著。向來將兵大臣，不明外交，明外交者，不明河事。李鴻章究通西法，於外交尤有專長，其用兵創習西國槍炮，其治河亦多采西説，用能隨用收效，所至有功。云云。

江蘇專祠事略

江蘇爲李鴻章發迹立功之地，流傳故事最多。

當時故大學士曾國藩既克安慶，遂分三道東征。曾國荃圍攻金陵，左宗棠進兵浙江，李鴻章規復蘇州，而蘇州之功獨先成。自誓師上海，至克復省城，凡廿閱月，李鴻章用兵戰勝攻取，所向無前，迭克名城，水陸分道進逼蘇州，使據賊聞風膽落，輸誠送款，不折一兵，不費一鏃，而堅城遂拔，爲平定金陵之先聲。厥功最偉，蘇人至今謳歌不衰。

至其駕馭洋將，創習洋軍火，則他帥所無，李鴻章别具能事。先是滬兵孱懦，會防西兵，任意凌侮。李鴻章所募淮軍，僅六千五百人，一至上海，耳目改觀。然西將猶迭催剿，李鴻章絶不爲動。會蘇杭賊衆大舉圍攻，麇集松滬之交，西兵坐觀成敗。李鴻章激勵將士出死力禦敵，虹橋之戰、北新厓之戰，皆以數千新集之師，破賊數萬。西人自是不敢輕官兵。滬上舊有常勝一軍，用西人爲將弁。及調援金陵，洋將白齊文滋事譁變，立即撤换將領，改定章條，收回兵柄。其後戈登接統此軍，輒令程學啓挾與同行。常州既克，立與戈登定議凱撤，巴夏禮等雖欲從旁阻撓而不能得。後十餘年，戈登復至中國，會有法越之役，戈登猶欲襄助治軍，則舊時恩誼有以結之之效也。

中國用洋槍炮自淮軍始。李鴻章初至上海，見各國兵强由於器利，即令諸將練習，而程學啓用之尤精。李鴻章屢勸曾國荃、左宗棠改用西械，旋開三局製造，一令英人馬格里主辦，一令副將韓殿甲主辦，一令蘇松太道丁日昌主辦。最後購得大機器鐵廠，遂於上海設立江南機器總局。中國各省開辦製造自此始也。

其盡心民事，自蘇、常未克，已疏請裁減蘇、松、太浮糧，克蘇城後，又奏請通減全省浮糧，豁免全省攤款，以清官累。撫吳三年，所至捐施織具，賑濟災民，所得賊糧悉以散給貧户，設局招墾常鎮荒田，籌發穀種農具。其惠政及民又如此。

伏查李鴻章師事曾國藩，又從事曾國藩幕府。曾國藩性情堅重，謀定不變，其疏劾李元度，李鴻章嘗以去就力爭。曾國藩前後幕僚，多知名之士，其能爭議是非者，李鴻章一人而已。及被薦撫蘇，曾國藩議令駐軍鎮江，爲金陵聲援，李鴻章則徑從上海進兵，不曲從師議。蘇省肅清，累詔催令會攻金陵，李鴻章以曾國荃功在垂成，不肯遽往分功。曾國藩奏稱「李鴻章無避嫌之意，有讓功之心」者，此也。其任事不分畛域，蘇城克後即出境攻克嘉興，會克湖州，論者以比胡林翼之東征安慶云。

浙江專祠事略

李鴻章勇於任事，不分畛域，用兵江蘇，能以其餘威拔浙東西生民於水火。始克金山衛，即貽書左宗棠，謂金山與平湖、乍浦、嘉善接壤，異日水陸進攻，擬就近酌委牧令。宗棠然之。是時諭旨亦言「左宗棠駐師衢州，難以兼顧，金山對岸即係餘姚，著李鴻章酌量進兵，通籌大局」。旋經派常勝軍克復餘姚。及寧紹臺道史致諤由滬航海赴任，李鴻章即令洋將華爾督常勝軍隨往。其時杭州據賊大股蟻集慈谿，窺伺寧郡。華爾督軍進攻，中槍傷亡，而慈谿竟以克復。其後史致諤會合中外各軍，攻克上虞，收復新嵊，及法國兵官勒伯勒東、達爾弟福先後進攻紹興，奮勇陣亡，遂奏留英國水師總兵呫樂德克，卒用英法兵力收復紹興，并攻拔諸暨、蕭山等城，皆賴李鴻章就近指揮，籌餉接濟、派隊協防之力。此分兵協剿之功，著於浙東者也。

自蘇州未克，攻取松嘉交界之楓涇鎮，遂派編修劉秉璋、常鎮道潘鼎新越境進剿嘉善城外十五里之西塘，圍攻蘇州。時嘉善援賊屢經擊退。及蘇州復後，常州猶未克也，李鴻章籌畫進取之方，即令程學啓會同劉秉璋、潘鼎新各軍，由平望、乍浦兜剿浙西之賊，旋經收復平湖、乍浦、海鹽及澉浦鎮，盡撤浙賊屏藩。及程學啓攻克平望，嘉善踞賊望風乞降，遂進兵攻嘉興。程學啓身受重傷，而嘉興亦竟攻克。甫克嘉興，又令李朝斌水師往剿瀕湖賊壘，進規湖州。令潘鼎新由平望進扎南潯、震澤，以扼賊衝。令郭松林等由宜興進取長興。水陸并進，以與浙軍爲犄角。其時迭奉諭旨，會攻金陵，而李鴻章以湖州未克，權衡緩急，不遽往也。會浙軍蔣益澧屢函請潘鼎新速攻湖州東面之晟舍，以解浙軍之圍，而劉銘傳、郭松林等分路進剿，卒與浙軍會克湖州，進拔泗州，并克安徽之廣德，而後浙省之門户以完。此李鴻章分兵協剿之功，著在浙西者也。左宗棠兵力所不及，李鴻章通籌兼顧如此，曾國藩貽書稱李鴻章之功所云「不特全吴生靈出水火而登衽席，即東南大局，胥賴餘威以臻底定，儒生事業，近古未有」，非溢美也。

福建專祠事略

李鴻章功在福建者凡二事：前則助左宗棠剿賊漳州，後則助沈葆楨禦倭臺灣，至今爲閩人稱説。

方粤賊李世賢、汪海洋之竄閩也，陷據漳州府城，勢焰張甚。諭旨飭李鴻章抽撥炮隊援閩，旋准左宗棠咨函商榷，遂遣福建陸路提督郭松林、遇缺題奏提督楊鼎勳率淮軍八千人，由滬航海至厦門登岸。是時粤東亦來乞援，李鴻章以議定援閩，謝不應也。郭松林等軍既至厦門，即分道進逼漳南，迭獲大捷，蕩平城外賊壘，乘勝鼓勇登城，遂與浙軍會克漳州。未及少休，又率衆疾赴漳浦，破賊於崎嶇山嶺之間。饋運不繼，士卒以紅芋充饑。賊勢披靡，夜薄城下，鼓衆顯攻城西南，而潛軍攻其東北，遂克漳浦，而雲霄踞賊聞風亦遁。左宗棠既報全閩肅清，聞山東捻逆披猖，謂郭松林、楊鼎勳所部多勇敢之士，所習皆洋槍炮隊，於是奏請調回蘇州，以備征剿，而稱其軍爲援閩得力之軍。此李鴻章遣軍助左宗棠平閩之功一也。

其後日本尋釁臺灣，由琅璠攻據牡丹番社，朝旨授沈葆楨爲欽差總理臺防大臣。李鴻章謂沈葆楨無兵不威，因函告葆楨，以提督唐定奎所部銘軍駐防徐州之六千五百人東渡援臺，協濟新式洋槍炮、藥彈、水雷，攻守器具甚備。而迭函誡沈葆楨慎固邊防，勿遽開釁，勸其忍辱負重，堅持定見。沈葆楨屢欲與戰，李鴻章屢書諷止，卒能定議罷兵。論者以謂忍小忿而圖遠略，賢於用兵遠甚。自是購鐵艦、籌海防之議始起。而沈葆楨在臺灣築安平炮臺，剿獅頭番社，皆用唐定奎兵力。閩撫且强留唐軍，會沈葆楨内渡爲江督，乃奏遣唐軍西還，疏中極歎唐軍爲勁旅。今臺灣雖淪異域,而當時赴機援應,實能消弭兵端。此李鴻章遣軍助沈葆楨定臺灣之功二也。

河南專祠事略

李鴻章督師剿捻,河南并無戰功。然蹙賊東西,不使蹂躪中州,其保衛之功,視戰勝爲尤鉅。

先是曾國藩視師時,捻逆盤旋豫境,於是有東防運河,西防賈魯河、沙河之議,欲殲賊於陳宋之間。李鴻章受事,自徐州西行,取道歸德,進駐周口,其時賊已竄鄂。李鴻章定議蹙賊於鄂皖邊界山深水複之區,不令出擾豫境。函商鄂皖撫臣及各軍統將,設法兜圍。會賊由隨棗東竄信陽,劉銘傳、周盛波夾擊獲勝,仍逼賊入鄂。未幾,賊復出鄂東竄,李鴻章親督諸將追剿,直抵濟寧,使賊喘息不停,狂奔渡運,自是豫無捻患。猶恐該逆復圖西竄,因與劉銘傳、潘鼎新等定蹙賊東萊之計,集數省兵力,分守袤長千里之運堤,以爲外圈,進扼膠萊河、濰河三百里之防以爲内圈,豫境愈益安枕。迨賊突濰防,朝旨慮運堤難堵,雖曾國藩首畫圈賊之策,至是亦屢勸勿再守運。李鴻章始終不撤運防,賊亦抵死不能逾運一步,中州腹地幸脱積年兵燹之苦，皆李鴻章堅持防運之力。所謂保衛之功視戰勝尤鉅者，此也。是後，光緒三、四年，河南賑災，十三、四年，鄭州河決，李鴻章雖遠在天津，皆竭慮代謀，視同身事，亦汴人所感念不忘者。其代謀賑災也，與侍郎袁保恒、前後撫臣李慶翱、涂宗瀛等往返商榷，無日無書。爲之籌撥銀米、籌通運路、籌遠近采買、籌招徠商賈、籌輪船轉輸，事事經畫周至。於時晉災極重，直隸亦告饑歉，李鴻章兼籌三省荒政，以全力謀晉，於豫亦殫盡血誠。借撥臺灣林維源捐款五十萬，晉豫交爭，李鴻章以豫省全數奏借在前，議以三萬給晉，餘悉給豫，天下服其公允。當是時，英國香港總督，歐美官商，亞洲則日本、暹羅、巫來由各國，新加坡、小吕宋、檳榔嶼、麻六甲各島，無不集款助賑。勸募之廣，從古未有，皆李鴻章一人號召鼓舞之所致也。其代謀鄭工也，爲之議借洋債，借銀還銀，不論鎊價。爲之開辦捐例，爲之協濟物料，爲之定購小鐵路雙軌以便運土，爲之定購塞門德土以固修築。辦工延緩，則爲之商榷搶辦；臨汛張皇，則爲之奏請停工保款。自欽差辦工大臣、河南巡撫、前後河臣，無不待李鴻章爲之決策，電奏電旨，絡繹傳達，卒底成功，皆李鴻章遥爲主持之所致也。綜論平捻功績，保全豫境實大。賑災治河，恤鄰捍患，運籌千里之外，亦與平捻同功云。

上海專祠事略

上海爲李鴻章用兵發軔之地，淮軍餉源所自出，根本重地，不肯輕離。曾國藩議令李鴻章移駐鎮江，重以屢次詔諭，終不敢曲徇。地勢背水，戰士人人死中求生，是以戰勝攻取，所向披靡。戰績始末，備載平定粤匪方略及公私記載。撫臣請建蘇州專祠，亦已陳述梗概。惟淮軍始出禦敵，李鴻章必躬親督戰，記載或未及詳。同治元年五月虹橋之戰，八月北新涇之戰，九月四江口之戰，李鴻章皆履軍喋血，以有成功。貽書曾國藩，國藩答書云：「五月、九月兩戰，皆當極危之秋，賢帥親臨督戰，奏此奇捷，國藩從軍十載，未嘗臨陣手殲一賊，讀來書爲之大愧，已而大快。」曾國藩又嘗推李鴻章調度有方，崑新大捷賀書云：「向嘗疑上海非用武之地，今乃知勝算非人所及。」其推許如此。圍攻崑山及進規蘇州，屢出親巡各軍，輒復回駐上海。後又親攻蘇城，既經克復，有旨詢問能否駐蘇，蓋至是始離上海也。

初至上海，英法催迫進兵，輒拒絶不聽，英法將弁反敬憚加禮，滬人驚爲未有。曾國藩稱李鴻章以剛大作忠義之氣，以精思竊製造之術，有鞭撻龍蛇視若嬰兒之風。蓋李鴻章到滬，改用外國兵械，設局製造開花炮彈，攻剿得力，因講求械器秘奥。同治二年，奏設外國學館，謂不專求語言文字，務在探討外國兵刑食貨張弛治忽之大，以及測算之學、格致之理、製器尚象之法，必能盡閲未譯之書，乃能探賾索隱，通微合漠。識者韙之。同治三年，諭飭火器營派官兵到蘇學習製造。是時曾國藩嘗派人赴英美各國探訪船廠機器實價。四年，李鴻章於上海購得機器鐵廠一座，建立江南製造總局，曾國藩采辦之機器，亦即歸并此局。其後左宗棠在閩設立船廠，則聞風繼起者也。曾國藩所稱「以精思竊製造之術」者如此。嗣後移鎮北洋，規畫之迹見於上海者，又有招商輪船、電報、紡織三端，臣宣懷皆躬與在事，知之尤詳。

同治十一年，始議輪船商局，衆情惶惑，謂奪河船生計。李鴻章則謂咸豐時沙船二千餘艘，今僅四百艘，洋輪奪利已久，今倡辦華輪，爲國體、商情、財源、兵勢展拓基局，若不破群議爲之，致盛舉中輟，百年後永無振興之機，非小故也。於是奏借官本，倡率興辦，購造船隻，建設津滬棧房碼頭，籌備保險股分，酌撥江浙海運米穀。自此，内江外海權利漸次收回。而洋輪猶盡力傾擠，幸有海運官米扶濟，卒能買并旗昌公司，洋輪局勢始克堅定。又以船多貨少，耗費虧累，復經變章整頓，先後撥還各行省官本一百九十萬金，即由取還官本内提撥百萬，訂造鐵甲兵船。其後該局屢遇傾危，李鴻章必百端維護。此成績之在輪船招商者，一也。

電綫之利，遍於五洲，中國久未興辦。光緒五年，李鴻章於大沽北塘海口建築炮臺，始試設電報以通天津，傳達號令。六年，遂奏設南北洋電報綫，自天津循運河，逾江抵鎮江，以達上海，計長三千里。籌借官本，仍招股集資，分年拔本。天津設立電報總局，上海設立分局。未幾，英、法、德、美各使臣請在上海設立萬國電報公司，英人并請添設南洋海綫。於是始議接辦沿海陸綫，過浙閩抵粵，計長六千里，與粵綫相接，以保中國權利。而造端自上海始。是時粵督曾國荃亦因英商議設水綫，遂飭粵商自設陸綫。自是以來，左宗棠展辦長江至漢口之綫，張樹聲展辦廣州、龍州之綫。粵綫後又造至南雄，而商電自九江逾庾嶺會之，以爲沿海陸綫之輔。其後東則自瀋陽設綫以達朝鮮仁川，南則滇越邊界與越南之法綫相接，西聯暹羅、印度之英綫，北則海蘭泡、琿春、恰克圖并接聯俄綫。而中國内地電綫，自光緒六年以後，經營十餘年，布滿各行省，而以自津至滬爲濫觴。先是丹國大北公司海綫引至上海，其南綫由南洋各島以達歐洲，其北綫由海參崴以貫俄國亞歐二洲之陸綫，而英國大東公司海綫亦引至上海。英、丹合約盡籠中國電利，及中國遍設陸綫，則英丹在滬粵已設之陸綫，李鴻章皆令臣宣懷爭議毀拆，由是中國境内權利，始盡收回，而皆以上海爲匯歸之地。此成績之在電報者，二也。

試辦機器紡織，始於光緒八年，招集商股，在上海設局開辦，延聘美國織工携中國綿花赴英、美各廠，就綿性改製機器，酌定十年不准另行設局。光緒十八年，復招商添本，漸見興盛，忽被火焚毁，剩存物業不及二成。李鴻章以布縷爲民間日用所必需，勢難中止，臣宣懷方任津海關道，奏飭於津河封凍時赴滬，重新整理，一面設法拓充。於是招徠新股，就舊址設立總廠，另行分設十廠，共辦紗機卅二萬錠，布機四千張，雖粗布、斜紋布外，中國綿花尚不合用，而民間銷路此二項爲多，持久不廢，終開中國大利。此成績之在紡織者，三也。

以上三事，皆官督商辦，李鴻章提倡保護，不遺餘力，其中委曲纖悉，必往復商榷歸於至當，而後即安。其精思鋭力，實非他人所及。臣宣懷於此三事，皆親承委任，與聞甘苦，用敢縷晰上陳。

天津專祠節略

李鴻章削平内亂，即以防禦外侮爲事，移督直隸廿餘年，辦理外交最久，而忍辱負重，殫竭血誠，尤以防海設備爲己任。其始國是未紛，内與恭忠親王、文祥、沈桂芬等朝夕謀議，外與曾國藩、沈葆楨、丁日昌等戮力振作。及醇賢親王當國，尤傾心倚任。賢王薨殂，壯圖中輟，謀畫未盡如意。其堅苦締造，撐拄艱危，有非時賢所能共喻者。

其辦理外交也，數十年來，國家交涉大計，往往定於一手。待遇遠客，談笑詼嘲，陰陽闔開，而利害所在，尺寸不移。同治十三年，日本侵擾臺灣番社，舉沈葆楨往與相持，仍派隊航海駐臺，以防其變。英使威妥瑪爭雲南馬加利之案，至下旗出都，徑赴上海，變禍岌岌。李鴻章親赴烟臺，極力挽救。既定條約，英人至以未得利益爲嫌。交收伊犂之役，奏稱崇厚誠失之輕率，弟係給與全權，若先允後翻，難保不開邊釁，兵釁一開，恐僅照現議而不可得。其持重如此。法越肇釁，爭持累歲，和戰之計數更，水陸之嚴屢戒，而敵兵迄未一犯北洋。又與法使戈可當議定越滇商約，遂發進口加稅、出口減稅之端。而《馬關條約》定於挫衄之餘，雖明讓甚多，仍未暗受虧損，以此各國外交家無不心折李鴻章，以爲獨擅外交能事。

顧李鴻章意所專注，尤在海防。其辦理海防也，竭全力以赴之，排群議以謀之，造端宏大，勉爲其難。自同治十三年執政大臣文祥等奏陳練兵、簡器、造船、籌餉、用人、持久六事，有旨籌議切實辦法。李鴻章奏稱：「舍變法求才，別無下手之方。目前固須力保和局，即將來器精防固，亦不宜自我開釁。」其尊主庇民之長策，實已素定。其籌餉條內「請罷西征，專力海防」，當時未行其議，然固經國大業。唐征淮西，韋純請赦河北，王安石詠其事，以爲「倉卒兩伐尤難皆」者，正此類也。其「請弛禁内地鶯粟，以塞漏卮」，最爲時論所駭，惟醇賢親王實同斯議。其用人條内「請變通考試功令，設立西學」，至今謀國者無以易也。是時中外定議，每歲撥款四百萬爲海防經費，先創北洋水師，購買鐵甲兵船，其後經費卒分於西征，各省報解殊鮮，部議又時時改撥，則籌餉、持久二事皆不能實踐。李鴻章猶獨力興辦，自光緒元年定議後，五年之久，僅能購蚊船八艘。六年以後，議購鐵甲，僅得的款一百五十萬，於是先購快船二艘，派丁汝昌督帶閩廠在英學習回華之生徒赴英驗收。船成之日，出使大臣曾紀澤親升龍旗，英官賀者卅餘人。駕駛回華，李鴻章放洋親試，名其船爲超勇、揚威，中國之有碰快船，自此始也。至十一年而後，定遠、鎮遠二鐵甲及濟遠鋼甲快船始購造來華。其船價至取之招商局提回之成本，并防餉積存所得之利息，淮鹽、川鹽之捐釐，而部撥四百萬之本款反成畫餅。以故初議購買鐵甲六艘，後復減爲四艘，至是而僅購二艘，遂以無費而止。逾年卒創建海軍，軍聲頗振。提督丁汝昌不時督駕鐵甲快船，遠出巡海，醇賢親王輒寄聲勞問不絕也。

自未購鐵甲之先，即以造就人才爲本。同治十一年，與曾國藩會奏，選派幼童百廿人赴美肄業，以廿年爲期。未幾又選派游擊卞長勝等赴德肄習水陸軍械伎藝，又與船政大臣會奏，選派閩廠生徒分赴英法官廠學堂鐵甲兵船學習。至光緒五年，購到蚊船，而學徒劉步蟾等已由英學成回華，足備管帶兵船之選。其後赴美幼童中道撤歸，美舊民主格蘭忒寄書執政諫阻而不能得，李鴻章則大戚之。而奏派閩廠出洋之學生，前者回國後者繼往，成才獨多。其在天津，光緒六年奏設水師學堂，十一年奏設武備學堂，皆延聘外國著名將弁來爲教授。嘗請英俄水師兵官在津沽者會考水師學堂生徒，僉稱歐洲學堂留備練船指授之學，此堂皆已預課，交口稱贊。而醇賢親王巡閱北洋，嘗親至武備學堂查考課程，還奏學堂規制嚴肅，必得實用，將才可日出不窮。其後水陸各營多自立學堂，兵學駸駸興盛矣。

其製造軍械，則分設東西二局。東局在城東賈沽，製造火藥、子彈、槍炮、水雷等件；西局在城西海光寺，製造行軍器具，兼造開花子彈。嘗造成行軍橋船、螺輪等，皆不藉師傳，自成利器。至中國不能自製者，則取之外洋。每聞西國出一新式槍炮，必設法購置，用備不虞。卒以限於財力，自光緒十四年以後，未增一船，而户部亦慎節餉需，至奏立年限不准續購船械。甲午朝鮮之役，日本船炮皆係新式，我軍皆五六年前舊物，不惟衆寡異勢，亦且新舊懸殊。事後日本人亦自言：中國海軍之敗，實由船炮不敵，非人材之咎。是敵國具有公論也。又如險固地形，無不仿照西法，建築堅壘，購置巨炮，以資扼守，而威海、旅順尤精心結撰，旅順則疏浚西澳，建設船塢，造置庫廠，分築炮臺。威海則南北各口築炮臺十餘座，遍山石骨，縋鑿幽險，施工極難，營構累歲。及其既成，西人過威旅者，無不指語驚異。凡李鴻章之辦理海防，於前議執政條奏六事中所謂練兵、簡器、造船、用人，無不切實講求，冀收成效。惟籌餉一事，非李鴻章所能主持。顧念餉源耗竭，於財政最爲加意。籌辦招商輪船，開采唐山煤礦，主辦漠河金廠，皆創興大利，績效顯著，與防務相爲表裏。其所爲堅苦撐拄，大略如此。

世士好爲異論，有謂曾國藩、胡林翼皆以求賢爲急，李鴻章不能爲國得人者，臣竊以爲非也。居今日而不知外交，不通西學，不得謂之人才。近今讀書自好之士，每耻談洋務，此等無益國家，固有識之所棄。其通達外事如郭嵩燾、丁日昌、劉銘傳、李鳳苞、馬建忠諸人，李鴻章皆多方薦引，當時或不欲收用，或用之不盡其才。其餘新進後生，但有遠心通識，無不長養成就。又往往借才異地，前後所用如李勱協、日意格、金登幹、漢納根、哥嘉、葛雷森、琅威理、哈孫、式百齡、畢德、福世達等，皆盡其力能，文武有立。至中國有用之才，當時適不多見，不得謂李鴻章爲失士也。

或謂船炮皆當自製，外購爲絶大漏卮。臣又以爲非也。中國新學未開，實無自製之能。同治十三年議覆籌器條内，言外國造槍炮機器，須價數十萬，由洋購運鋼鐵又太昂貴，應俟中土能開煤鐵，再添機器仿造。議覆造船條内，言中國造船之費，倍於外洋購船之價，今急欲成軍，以在外國定造爲省，中國船廠仍量加開拓。當時議者欲裁閩廠，李鴻章具奏力爭，則固不廢自造。惟中土不能製造，自外國購料選師來華工作，不徒所費倍蓰，亦豈得詡爲自製？閩廠經費歲減，至於不能支持，尚何能爭勝求進？今船炮各國所寶，而著名工廠不過英、德數家，其餘各國無不購之於人，何獨無學之中國必以自製爲美？斯不可解之論矣。

或又謂國家以防務專委李鴻章，及至有事，無一足恃。臣又以爲非也。辦防必先籌餉，餉權不屬，無從措手。李鴻章嘗疏言：必樞臣、部臣、疆臣同心經營，方有成效。誠有味乎其言之也。任之以虛名，而欲責之以實用，斯亦稍苛矣。

或又謂海軍統將委用非材，臣亦以爲非也。丁汝昌百戰宿將，又嘗赴英收船，駕駛回華，海軍管帶官皆閩廠學徒，未歷行陣，必從舊將中爲求統帥，無逾丁汝昌者。汝昌殉難之後，倭將與之對敵者至裒輯丁汝昌遺事，聯爲大卷，爲之弁言，深致敬閔，則固不得謂非材矣。

或又謂淮軍陸路以暮氣致敗。臣又以爲非也。自光緒三年，李鴻章已令水軍仿照德國炮隊，配馬演習，固將易舊爲新。其後卞長勝等赴德學習，則講求陸師爲多。及開武備學堂，專教陸隊，其議發自淮將周盛波、盛傳兄弟。其規模器量，殆非他軍所有。而李鴻章則嘗奏稱：統兵將領皆已擢顯職，年力就衰，後起材武之士，全賴學堂甄拔。輕重固自分明。其後學堂既無財力拓充，淮軍又屢經裁撤，所留僅萬餘人，不敷分布，豈能驟當大敵？若各路新招烏合，有同兒戲，又非淮軍之咎也。

此五説者，既皆失實，蓋棺論定，亦無俟辨明。國勢積弱不振，强鄰四面環伺，李鴻章老於兵事，雖一日不敢弛備，其外交則常持和節。甲午之役，日本兵勢已成，臣在朝鮮親所聞見，知其必出於戰，而李鴻章猶望鄰國之和解，非其見事過遲，良由深知彼己，不敢輕擲孤注。時論既不相諒，李鴻章始終無一言自明，一聽世人之訾毁。其孤忠耿耿，真有古大臣强力忍詢之風。臣某從事最久，相知最深，用敢臚陳事實，稍釋時論之誣，上備史館采擇。

【校】

〔嘗請俄水師〕「嘗」原誤爲「當」。

【輯評】

賀濤評：甲午敗後，濤嘗請先生紀海軍始末，言其創立之艱，而惜其輕於一擲，先生諾之而未及爲。讀此文可知大略。

《八家文鈔》：文勢至爲閎駿，忠文身後，先生爲之辨謗最力，無如此文之詳盡者。

京師請建專祠呈稿

呈爲故相功德在民，籲懇奏建京師專祠，以順輿情而崇報享事。竊查去年外國聯軍入京，士民倉卒遇變，天荆地棘，九死一生。王爺銜命入城，首先犯難。故相李文忠公鴻章航海繼至，道途水陸所經，皆敵軍占領之地，動遭檢制，措手無方。既至，如陷重圍，卒仗王爺提挈綱維，故相不辭勞瘁，掉三寸筆舌，以與七八强國數萬勝兵相持，綿歷歲時，千辛萬苦，卒能使聯軍撤退，地面交還，宫廟再安，市廛復舊。此皆故相熟悉外交，能謀善斷，用能上暨王爺和衷共濟，相與有成。某等與士民商旅，仰托帡幪，實有起死回生之慶。故相又飭開市肆以通有無，運銀米以資流轉，飭中外兵丁詰奸除暴，聯絡中外官商施粥散米，片言禁誡，戎夏帖然。一令頒行，奔走恐後，故處破巢之下，竟忘毁室之憂。

今故相告終，在王爺失此臂助，諒難爲懷。某等從危急存亡之秋，受勞來旋定之恩，各懷詩人「終不可諼」之感。謪旨飭令原籍及立功省分建立專祠，伏查京城内外無漢大臣祠宇，良由漢大臣原籍既不在京，京師又非立功之地，是以故事無有。惟去年之亂爲我朝二百餘年未有之變，王爺與故相持危定難，恢復京輦，亦我朝二百餘年未見之功。故相以勞定國，以死勤事，又始終不離京城，自非尋常勛績可與比例。不揣冒昧，籲懇王爺俯准奏請，破格恩施，准於京師地面建立該故相專祠，列入祀典。春秋官爲致祭，都人士女，亦得歲時馨香俎豆，稍答再造之恩。實於盛朝酬庸報功、激勵忠勤之愷澤不無裨補。謹聯名具呈，伏求訓示祗遵。

補遺

詩序論一

男闓生謹案：以下十二篇，集刻已竣始搜求得之者，今補入外集之末。其《五諸侯考》一篇，則先公在時已憶之而不得。此外失文尚有《禘祫議》、《讀墨子》、《劉猛將軍考》，附記其目，以比韓文之《詩序議》云。

漢初言《詩》者四家，師異指殊，轉相傳授。而故訓之興，則自韓嬰、轅固生、申公、毛公始。先是師弟相承，雖未著於文字，然一詩必有一詩之義，其爲某事，言某人，亦必明揭其指以相示，使後之爲故訓者皆得據以爲説，則所謂序者是也。齊、魯、韓三家皆有序，今惟《韓詩》之序散見於《後漢書》注、《文選》注諸書，齊、魯無傳。先儒謂劉向習《魯詩》，《新序》、《列女傳》所引蔡人妻作《芣苢》、周南大夫妻作《汝濆》等説，實本魯《序》，則《齊詩》有序又可例推。鄭浹漈以三家惟韓有序者非也。

唯毛《序》之作，或以爲子夏，或以爲孔子，或以爲國史之舊，而皆無明文可考。愚謂毛

《序》若信孔子及國史之舊，則故與經并傳，三家《詩》豈有不承於孔子者，何至紛紛異解？且彼以爲國史者，謂非國史無以知美刺之實也。然則韓《序》「《關雎》，刺時也」，「《芣苢》，傷夫有惡疾也」，「《黍離》，伯封作」云云，彼何以知之？豈韓《序》亦國史作耶？又如魯《序》之説載在《新序》、《列女傳》者，彼又何以知之？魯《序》又國史作耶？此説之不可通者也。以爲孔子作者，謂《序》似《易·繫辭》也，不知《易》之有《繫詞》，唯信其出於孔子，故漢初傳《易》者分門裂户，不聞於《繫辭》有異也。今《毛詩》之《序》，其毛氏一家之説耶？抑亦四家之説無有異焉者耶？此又説之不可通者也。至以爲子夏作者，其説始於《隋志》，然按《隋志》亦弟謂「先儒相承」云云爾，無確實可憑之説也。韓昌黎首疑之，謂漢之學者欲顯其傳，因藉之子夏。其説蓋近是。後之儒者雖極尊信《小序》，皆不能明證爲子夏作也。考《唐·藝文志》謂「《韓詩》卜商《序》」，晁説之亦云「説《韓詩》者謂其《序》子夏所作」。蓋《詩》之教傳於子夏，三家皆承其學，故當時經師作序皆爭托焉，以溯其淵源所自，不獨一《毛詩》然也。然則《序》也者，漢初傳《詩》者之説，其非真出子夏抑又明矣。

《後漢書》又以毛《序》作於衛宏，論者謂《序》首一語爲「古序」，以下申説爲宏所續。考韓、魯《序》皆止一語，毛不應獨異。蓋「古序」者，即毛公以前師弟相承之大指，而《毛傳》據以爲説者也。「續序」若贅疣，文氣不相承屬，即有事迹備見於《左傳》、《國語》、《儀禮》、《孟子》諸書而「續序」能詳其説者，亦皆不如「古序」之隱括，甚且有「古序」牴牾不合者。以爲衛宏所作，蓋確然無疑。然「古序」既本師傳，初非有未終之義、未竟之文待後人之補綴，宏乃擅以己意攙入，如出一人之手，不應淆亂古書若此。余嘗推求其故，蓋毛公傳《詩》，注經不注《序》，宏因援據師説，參以己見，以爲《序》注而附于各序之下，其後誤入序文，則轉寫譌耳。玩其詞意，類皆詁明序旨，其於「古序」下時以「言」字承之，明爲釋序之文。而《野有死麕》之序，孔氏謂「本或以『天下大亂』以下爲注」，《桓》之「續序」云「《桓》，志武也」，《釋文》云「本或以此句爲注」，尤屬確證。然則今所謂「續序」者，非續《序》也，續《毛傳》而爲《序》注也。至鄭康成又從而爲之注，而衛宏之注，蓋已與序混而爲一。范蔚宗不知其本實《序》注，遂謂宏作《毛詩序》，此後儒疑議所由起也。「續序」繆誤，不可枚舉，序意多爲之晦，今還爲《序》注之舊，而「古序」復見真面矣。至朱子所云「首句已不得《詩》意而肆爲妄説」者，則漢初傳《詩》之誤，不得以此疑「古序」亦出後人也。

言《毛詩》源流者，謂傳於高行子。高行子即《孟子》及《緇衣・序》所稱之高子，受《詩》於子夏，乃毛氏再傳之祖也。其解《小弁》、《緜衣》之詩，已支離穿鑿如此矣，況後此傳之愈遠而愈失其真哉！

予向謂序首每結以「也」字，文氣自爲完束，下文復承以「言」字，明釋《序》而非釋詩。「古序」、「續序」非出一手，顯然可辨。楊君伯衡深非其説，且歷引《六經》傳記中連用「也」字及用「言」字申説者，舉以相難。愚案：連用「也」字多非解一事。間有言一事者，文氣必急相貫注，斷無起用「也」字劃住，下復縷縷贅述者。書中用「言」字乃訓詁體，其舉某事，即用「言」字，於本事下則爲詁釋本事，其本事已經詁釋下復再用「言」字申明，則爲申釋所詁之詞。持此例以求古書，百不一爽。以《詩序》論之，如《風》之《草螽》、《燕燕》等凡五篇，《雅》之《出車》、《杕杜》等凡數十篇，《頌》自《清廟》、《絲衣》、《酌》、《桓》、《賚》、《般》、《駉》、《那》數篇外皆無「續序」。此數十百篇之序，有兩句者，有三句者，皆於末句始以「也」字結之，其首句即結以「也」字者，下皆無文，此可見古序之舊。至序中用「言」字者，如《栢舟·序》，乃是釋詩，他於首句下始用「言」字，定屬訓釋首句，無可疑者。此雖説經末義，然即本文體例判別真僞，亦是一法。自記。

【校】

〔且有古序抵牾不合者〕吴闓生云「古」上脱「與」字。

詩序論二

《毛詩》之序，本自爲一編，自鄭康成、孔穎達皆以置諸篇首爲毛氏所分，後儒均依其説。

余嘗考之諸書，而有以決其非毛氏所分也。

案《漢書·藝文志》「《毛詩經》廿九卷，《毛詩故訓傳》卅卷」，是毛氏之傳，已自與經別。孔穎達云：「馬融注《周禮》，謂欲省學者兩讀，故具載本文。」然則後漢以來，始就經爲注也。今案引經附傳，不知始於何人。據《藝文志》所載，經、傳率皆別行，則前漢之世，無以傳入經者可考也。《詩序》亦傳也，毛不自以傳附經，豈獨以序附經哉！《漢志》、《毛傳》較經獨多一卷，孔氏不知所并何卷。夫經、傳雖自別行，卷數不應亦異，經廿九卷，則傳亦廿九卷止耳，餘一卷必序也。蓋《詩序》雖先儒授受之舊，然毛以前實未著於文字，陸德明所謂「口以相傳」者是也。毛既自爲《詩傳》，因取先儒口傳之序亦筆之書，後人謂毛公作序者以此，此《詩序》一篇所以不附經後而附於傳也。不然，所謂卅卷將并何卷數之哉？

或曰：序在篇首舊矣，自鄭箋時已然。孔氏亦云分諸篇首，義理易明。今案，孔《疏》解經、傳，例舉本文首末。今其解序，每篇必冠以章句，終於序末，如解《葛覃》必云「《葛覃》三章，章六句，至以婦道」之類，止《關雎》不冠章句，是舊唯《關雎》序在篇首，餘序自在章句之下矣。曰「章句毛所分也，序在章句之下」，蓋毛氏之舊。今所傳古注本列鄭氏章句，其毛與鄭異者，以「故言」別之。「故言」，毛說也，是毛氏已分章句，鄭稍改易耳。毛以序自爲一編，即分章句諸序之首，使篇章畫然不亂。後人引序入經，猶仍其舊，故孔疏云「定本章句在篇後」，凡孔氏所引定本，皆非己所釋之本。今云定本在篇後，則孔氏所釋之本章句仍在篇首，明矣。其《關雎·序》不冠以章句者，蓋《關雎·大序》統論全《詩》，不僅爲一篇之序，故獨在章句之前，亦毛氏之舊也。獨怪定本既絀章句於篇後，而序仍冠篇首，失其舊次，遂使後人奉序如詩題而不敢議耳。

然則序在篇首，既非毛氏所分，則分之當自誰始？曰：孔氏云就經爲注，始於後漢，則引經附傳，當亦始於後漢，但不必自馬融始耳。然則此序之分，亦在後漢之世，其衛宏之徒歟？宏注序，亦就序爲注，故後與序混，蓋宏既分序於篇首，其注又誤入序文，此范蔚宗輩所由以序爲宏作也。

元評：説來乃爾，鑿鑿可據。男闓生謹案：元評皆王父先徵君之筆。

讀盤庚

予讀《尚書·盤庚》三篇，見其詞温厚和平，藹然淪浹心體，未嘗不歎先王憂民之深，牖民之切，而其易亂爲治，有由然也。盤庚承陽甲後，當耿圮時，固不得不遷之勢。然民間沉溺墊隘，蕩析離居，人心渙散，又惑於利害之浮言，若不反復告諭，化其安土重遷之心，而遽欲奠攸居、綏有衆、常舊服而正法度，此必不能。惟盤庚諄諄開導，不以政令，而以話言，雖民之怨誹逆命，而略無怒戾之意形於語言之間，如是而民雖至愚，亦未有不爲之心動者，浮言安得不息，傲上從康之心安得而不化耶？蘇氏謂「先王動民而民不懼，勞民而民不怨，盤庚德之衰也」，予謂不然。孟子曰：「以佚道使民，雖勞不怨。」遷殷之舉，非所謂佚道使民者耶？然則其怨何也？史稱商自仲丁至陽甲「比九世亂，諸侯莫朝」。盤庚立於商道衰微之時，人心背叛之後，成湯、太甲之澤既衰，而仲丁、陽甲之暴實著，方慮勝殘去殺之不暇，而遽責以動而不懼，勞而不怨，不亦迂乎？蘇氏所論，蓋三代盛時，承平數百年之久，民之漸劘于仁政既深，而非所論于盤庚之初，諸侯「莫朝之後」者也。嘗論平王遷洛而周以漸衰，盤庚遷殷而商以復興者，何也？

岐豐之地，土厚水深，其民從教，文、武、成、康基王業於此，盛德至善，入人無窮。洛邑雖成王欲遷之地，而前王之化及於此者蓋淺，故自遷之後，先王政教，蕩然無存。耿之爲地，既土弱水淺，沃饒近利，而亳都又成湯開基之地，其法易修，其政易行，其業易復，故自遷之後，復湯舊績，諸侯來朝，而盤庚爲中興聖主。然則殷周之遷，一則棄祖宗基迹之舊，一則復祖宗基迹之舊，此其所以迹同勢異，而興亡盛衰之所由判也。《盤庚》之書分爲三篇，王氏謂上篇告群臣，中篇告庶民，下篇告百官族姓。夫「百官族姓」，群臣統之矣，非於群臣之外又有所謂「百官族姓」也。若中篇所謂「我先神后之勞爾先」，「古我先后，既勞乃祖乃父」云云，即上所謂「古我先王，曁乃祖乃父，胥及逸勤」、「世選爾勞」者也，安所辨爲告庶民耶？予謂三篇大抵皆爲世家大族「伏小人之攸箴」而「胥動浮言」者言之，初無臣庶官族之判也。至篇中「高后崇降罪疾」及「乃祖乃父告我高后」等語，雖一時戒懼之詞應爾，其亦商人信鬼之徵也夫。

【校】

〔岐豐之地〕「岐」原誤爲「歧」。

讀項羽本紀

項梁用范增計立楚懷王孫心，及漢元年，項羽殺之。蘇氏曰：「項氏之興也，以立楚懷王孫心。而諸侯之叛之也，以弑義帝。項羽殺卿子冠軍，則弑義帝之兆也。」予讀太史公《項羽本紀》，竊謂項氏之亡，不亡於弑義帝，而亡於立義帝。義帝之死，不死於羽殺卿子冠軍，而死於立卿子冠軍。

夫黜陟者，人君臨天下之器也。黜陟明，斯人心歸附，國家和輯，强臣斂迹，引分相安，而君身賴以自固。黜陟不明，則人心不服，國家擾亂，跋扈之臣，皆挾其怨望之心，以深構不測之禍，而君身亦無以自全。是故明君杜背亂之端，必於謹賞罰始。安陽之役，宋義與羽論擊秦兵，其計已失。至謂羽曰：「披堅執鋭，義不如公，坐而運策，公不如義。」何其愚也！彼其料項梁之敗，特其言之偶中者耳。義帝遽拔之項羽之上，以爲上將，此義之所以死也。嘗論項羽鴻門之會，以勍敵當前，而失之交臂；安陽之役，以同寮之誼，偶有違言，遂悍然推刃相加者，何也？鴻門之會，高祖以甘言紿之，故雖身蹈危機，而終以免禍。安陽之役，宋義以大言驕之，故雖辯論小失，亦終不相容。由此觀之，羽爲人固耻居人下者也。昔楚子文以伐陳之功使子玉爲令尹，叔伯疑之，子文曰：「吾以靖國也。」然則令尹之使，子文非重任子玉，乃所以陰制子玉也。今項羽之功什倍於伐陳，而恃功之心甚於子玉，義帝乃以至愚之宋義置乎其上，黜陟於是失當矣。黜陟既失，背亂必興，矧耻居人下之項羽哉？吾故曰義帝之死，死於立卿子冠軍時也。

雖然，義帝之立宋義，誠見弑之兆矣。至項氏之立義帝後日益盛，及弑義帝後日益衰，義帝一身繫項氏存亡如此，亦得謂「亡於立義帝」耶？曰：諸侯之叛，項氏之所以亡也。義帝之弑，諸侯之所以叛也。義帝之立，義帝之所以弑也。古之起大事發大難者，必有鎮天下之威，號召天下之權，使英雄豪傑翕然景從，奉令承教，如身之使臂，臂之使指。增之勸立義帝也，爲義帝耶？彼固民間一牧豎耳，昏庸愚懦而不足有爲者也。居九五之尊，而使一時智勇之將舉屈首而臣事之，此正居高易危，即無項羽，亦萬無可以自安之理。江中之弑，不待智者知也，增顧不逆睹之歟？吾有以知其非爲義帝也。爲項氏耶？則固藉以爲名，終將去之者也。夫起事可倚，成事易除者，必其可挾以令天下，以彼之威，致吾之威，以彼之權，行吾之權。今義帝既立，而即以宋義置羽上，入關之役，獨使高帝而不使羽，是項氏不能挾義帝以令天下矣。不能挾義帝以令天下，勢必弑義帝以自安。義帝一弑，諸侯藉共主之名，勢必以弑君之罪討羽。增能使項氏立義帝，不能使義帝爲項氏用，不能使義帝爲項氏用，即不能使羽不殺帝而諸侯之不叛羽。是義帝之立，無益於項氏，而徒予以篡弑之名，而開其召叛之隙，項氏雖欲不亡，夫焉得而不亡！夫狐埋之而狐搰之，是以無成功。奕者舉棋不定，不勝其耦。知弑義帝而諸侯必叛楚，則夫立義帝之所以亡項氏也，豈顧問哉！

嗟乎！義帝以本無上人之才，而使乘上人之位，項羽以不忍下人之心，而使居下人之勢，是使婢作夫人，而猛虎受制於犬羊也。義帝之死，項羽之亡，不皆范增之奇計哉！

漢王劫五諸侯兵考

漢二年三月，史載漢王「劫五諸侯兵」東伐楚。應劭曰：五諸侯雍、塞、翟、殷、韓也。如淳不數殷、韓，易以魏、河南；韋昭數韓，易雍以魏；顏監則不數三秦，據此年十月常山、河南、韓降，三月魏、殷降，而以此五國當之。小司馬又謂韓王昌拒漢，漢使韓信擊破之，是韓兵未下而已破散也，韓不在此數，爰左顏監而右如淳。聚訟呶呶，迄無定論，大抵皆主降漢者爲言耳。

愚案：當時諸侯與漢王并駕中原，裂地而王，勢均分匹，非聲罪討賊，迫以大義，使之不得不從，而欲左提右挈，指揮如意，其勢不能，故明其爲「劫」，見非漢王之能用諸侯，實諸侯之不能不爲漢王用也。蓋即所云「願從諸侯王擊楚之殺義帝者」一語，其劫之之意明甚。

先是天下諸侯，楚漢而外，凡十七國。漢元年五月，膠東屬齊；六月，濟北屬齊；七月，塞降漢，國降屬爲渭南、河上郡，翟降屬爲上郡；遼東亦以是月屬燕；九月，河南降，屬爲河南郡；二年二月，殷降，屬爲河内郡。至三月伐楚時，諸侯已亡七國，僅衡山、臨江、九江、趙、代、齊、雍、燕、魏、韓，凡十國尚存耳。於是韓、魏亦降於漢，從伐楚，并塞、翟、殷、河南既除之國，凡六國降漢。諸儒主降漢爲説者，坐是不得五諸侯，乃各以私意去取其間，以牽合五諸侯之數。如淳遺韓，韋昭遺河南，惟應氏數雍，似非專主降漢，然劭意本誤以雍爲漢屬國。諸家駁之者率云雍時已敗，其兵不可用，而不知漢方圍雍未下，則固不得而劫之也。若小司馬之去韓，其謬尤甚。謂拒漢之時，韓猶鄭昌。據漢表，元年七月，項王立鄭昌爲韓王，十月，漢已更立韓王孫信，九月，昌與申陽并降，伐楚時距昌降已五閲月矣。此時之韓，非楚所立之韓，乃漢所立之韓也。然則師古數韓，無可議者，吾獨怪其更數常山耳。先是項王徙趙王歇爲代王，以趙將張耳爲常山王，漢元年九月，耳降漢，十月，歇復王趙，以陳餘爲代王。常山即趙地也，歇既復，以常山爲趙，則常山國除久矣。師古之言曰：「時雖未得常山地，據《功臣表》張耳棄國與大臣降漢，則亦有士卒也。」夫耳既棄國降人，豈復得爲諸侯？《表》云：「與大臣歸漢。」豈云與士卒歸漢乎？是皆牽於降漢之説，爲此臆度附會之議，而不知《漢表》所云屬某國，爲某郡，皆已亡之國，不特常山不在此數，凡降漢諸國，自韓、魏外，皆不得與也。夫五諸侯之數本自易明，諸儒必執已亡之國當之，不惟抹摋「劫」字深意，其亦不知當時天下諸侯之大勢矣，何惑之甚也？

然則五諸侯之説宜何從？曰：是時天下諸侯凡十國，漢圍雍廢丘，雍不得與，師古輩皆知之矣。據《高帝紀》：「羽雖聞漢東，既擊齊，欲遂破之而後擊漢。」是漢伐楚時，楚方與齊相持未下，齊固非漢所得「劫」也。臨江、衡山、九江皆分楚而王，《史記》：「令衡山、臨江殺義帝江中。」《漢書》：「羽使九江王布殺義帝於郴。」師古曰：「據《史記·黥布傳》，四月，陰令九江王等擊義帝。八月，布使將追殺之郴。」與《漢書》合。是衡山、臨江與布同受羽命，而殺之者布也。夫衡山、臨江、九江既同受命弑義帝，伐楚之師以討殺義帝爲名，則三國之罪在所不宥，其非漢所「劫」明矣。自雍、齊、衡山、臨江、九江外，僅趙、代、燕、韓、魏五諸侯耳。然則五諸侯之説，斷可識矣。

案《張耳傳》：漢二年，東擊楚，使告趙欲與俱陳餘以殺張耳請，漢求類耳者斬其頭遺餘，乃遣兵助漢。時餘爲代王，留傅趙，趙、代雖二國，餘一人實主持之。趙既從伐楚，而代之從趙又不待智者而知矣。至於韓、魏，《漢表》皆明云「從漢伐楚」，是諸侯之從漢者已有四國，而漢之所可劫者又止餘一燕矣。燕之從漢雖無明文，然舍燕更無諸侯從漢，則燕在此數又何疑乎？或曰據《韓信傳》，信滅趙，得廣武君，用其策，奉書使燕，「燕從風而靡」，是趙未破時，燕固未降漢也，況伐楚時乎？曰：不然，《高帝紀》明云：「諸侯見漢敗，皆亡去。」蓋先雖從漢伐楚，及漢兵既敗，又叛漢即楚也。趙、魏之事，皆其明徵。如謂燕自滅趙時始降漢，將趙、魏至國滅時猶未降漢乎？必不然矣。或曰《信傳》又云「齊、趙、魏皆反與楚和」，是齊時亦從漢，傳有明文，而必易齊以燕，果何據乎？曰：此非余之易齊以燕，齊固不在此數也。楚方圍齊，漢既不得劫齊，又據《田儋傳》：羽燒夷齊城郭，所過屠破，田横收齊散兵得數萬人，擊羽城陽。漢王帥諸侯入彭城，羽乃釋齊而歸擊漢。是齊非漢入彭城爲楚虜矣。而謂僅此區區數萬人復分以從漢，有是情乎？若謂齊之擊楚，漢實使之，而所謂「劫五諸侯兵」東伐楚者，乃統領節制，又非一犄一角之謂也。況齊兵新敗，燕方盛强，遼東方爲所并，舍燕之强而劫新造之齊，雖至愚亦不爲是。然則所謂齊「反與楚和」者，蓋是時楚漢并爭，諸侯不此則彼，齊先擊楚，心即歸漢，至是和楚，即爲反漢，必謂爲從漢伐楚，不亦誣乎？或又曰，子既以降漢之國不得復爲諸侯，韓、魏亦皆降漢，獨可列於諸侯乎？且又何以謂之「劫」也？曰：諸國之降漢者，《表》皆云「屬漢爲某郡」，是其國已除也。今韓爲漢所立，與他降國本異。魏雖降漢，而《表》獨云「降爲王」，是亦身降而國不除，亦與他降國之「屬爲某郡」者異也。其皆列於諸侯，果何嫌而何疑乎？至韓、魏雖降漢，而得謂之「劫」，又不足疑者。時五諸侯均伐楚，而《表》獨於韓、魏皆云「從漢伐楚」者，就所劫之中而分别言之也。蓋諸侯非漢所能用，故有待於「劫」，獨韓、魏二國本皆從漢，《紀》雖統謂之「劫」，《表》則不得不別其爲從漢者也。《紀》所謂「劫」，統五諸侯而言之也。有從漢之國而統謂之「劫」者，舉其多者爲詞也。不然，五諸侯俱從漢伐楚，《表》何以獨言韓、魏耶？

夫五諸侯之數，本自易明，諸儒必以降漢之國當之，坐是不得其實。余故熟籌天下諸侯之大勢，詳考《史記》、《漢書》而叙論之，以備一說。

元評：援據詳明，詞筆精悍，可謂有辨才矣。男闓生謹案：先公戊戌年日記有云：「《項羽本紀》漢王部五諸侯兵，少時嘗爲之考。先徵君謂『有辨才』，今失其稿，亦全不記當時所說。李生景濂問五諸侯宜從何說，告之曰：『三秦、九江、臨江皆項氏黨，齊方與項戰，常山、河南、殷皆已降，國除爲郡，此五諸侯謂韓王信、魏王豹、趙王歇、代王陳餘、燕王臧荼也。』識於此以俟覆考。」時先公已全忘此文，而所說前後若合符節。謹附記以備證明焉。

與楊伯衡論卷耳序書

前聆尊論，謂《詩·卷耳序》云后妃「當輔佐君子，求賢審官，知臣下之勤勞」，而歸本於「后妃之志」，通明無礙。《集傳》定爲后妃懷文王之詞，何意？愚案：「古序」止云「后妃之志」，《毛傳》「思君子官賢人，置周之列位」，蓋傳會《左氏傳》以牽合序意。「續序」不明序意，但申毛解增入又當「輔佐君子」云云。鄭、孔輩不知「古序」、「續序」非出一手，竟似毛公據「續序」作傳者，而「古序」之意以晦。考朱子初説，亦從毛氏。後作《集傳》始改從今説。後儒以爲朱子之新論，而不知其實本「古序」之意而發明其旨者也。《小序辨説》云：「此詩之序，首句得之，餘皆傅會鑿説。」論最精覈。今讀「續序」者不敢疑議，率謂其説本《左氏傳》，豈《左氏傳》本有所謂「后妃輔佐君子」云云者哉？明豐坊僞《子貢傳》、《申培詩説》解此詩，并云「文王遣使求賢，閔其行役之艱，而勞之以詩」，竊意此依《左氏》爲説者也。今以豐坊之説解《左氏》，以《集傳》解「古序」，以「續序」解《毛傳》，而諸説燦若列眉矣。弟毛氏之説，不惟重失序旨，揆之詩亦大相刺謬。「嗟我懷人」，其言之親昵，非后妃所施於使臣，《辨説》中論之甚詳。且后妃職内事，理陰教，安得與聞官人賞勞之事？後儒知其説不可通，從而爲之辭曰：后妃正小君之位，將以助成王化，則官人賞勞之事，亦深宫所宜儆戒。此説於「古序」「志」字亦似有合，不知后妃所以助成王化者，不過内事治，陰教章，無阻其刑于之化，以成其正家之休，而治國平天下舉基此耳，非必與謀朝政，釐慮臣工，而後始爲助成王化也。即如其説可以解序之所謂「志」，而終無以解詩之所謂「我」。此緣篤信毛氏，舍經就傳，委曲求全，害辭害意而不自知者。足下顧奉爲不刊之論乎？

且後儒之難《集傳》者，不過謂後三章登山飲酒，不可以言后妃耳。不知《集傳》明以爲托言，非遂謂后妃之實有其事。錢天錫所云「思之變境」者近是。蓋志者心之所之，一室之内忽采物，忽登高，忽飲酒，忽僕馬俱病，無非思之深，念之切，幻於意之所結，而貞靜專一，哀而不傷，皆可於此仿佛遇之，此其所以爲「后妃之志」也。《集傳》之意，果何嫌而何疑乎？

足下所以信毛氏者，殆以《左傳》爲明證，朱子不宜别解。夫古人引書，多非正義，不過引證己説，據以解經，不可爲訓。孟子之説《靈臺》，謂民忘其勞，自托神助。今説《靈臺》詩者，能宗其解乎？《戴記》引「明發不寐，有懷二人」爲文王之詩，今之説《小宛》詩者信以爲歌文王乎？荀子言《詩》之祖也，所引《詩》每非本義。《韓詩外傳》説《詩》之家也，其解《詩》多鄙俚可笑之言。今之説《詩》能一一據爲定論乎？即以《左氏》言之，《兔罝》之詩，言武夫能爲公侯干城腹心也，而《左氏》以爲天下有道則公侯能爲民干城而制其腹心。《常棣》之詩，《春秋傳》以爲召穆公思周德之類，糾合宗族于成周而作，而《國語》以謂周文公之詩。内外《傳》并出丘明之手，且并載富辰之言，猶牴牾若此，後之説《詩》者宜何從？然則援《左氏》「能官人」一言爲此詩正解，其亦固矣。必欲依以爲説，亦當如豐坊之解，以言文王不以言后妃，庶爲無病。

蓋從《左氏》即不可復牽合「古序」，從「古序」即不可復牽合《左氏》。今毛氏穿鑿於前，「續序」傅會於後，使「古序」之精義滅没于支離謬戾之曲説。後世讀《詩》者不能深明「古序」、「續序」之異，於其不通者强爲之通，于其不合者强爲之合，雖自以爲宗《小序》，而實爲《小序》之蠹。大抵觀書當洞見源流，若《三百篇·小序》尤宜明分兩橛：「古序」在毛公之前，《毛傳》據之而作者也。「續序」自在毛公之後，據《毛傳》而作者也。安可爲鄭、孔一輩所愚哉？

元評：議論不頗，極有辨才。

書鄭康成詩二南譜後

《大序》於《召南》言「先王之所以教」，鄭氏以指大王、王季，而不知其即謂文王。故《譜》稱：文王施先公之教於己所職之國。然實未嘗以先公、文王分屬二《南》也。其云「得聖人之化謂之《周南》，得賢人之化謂之《召南》」，先儒蓋群非之。余謂鄭本意以周公聖人、召公賢人，詩既分繫二公，二公又實爲文王施化，故主二公爲言。下即云「言二公之德教自岐而行於南」固可證，亦未嘗以聖賢分屬先公、文王也。自孔氏以所謂聖化爲文王之化，賢化爲先王之化，强置優劣於其間，而《譜》説乃大爲後世病。考《儀禮》注「大王、王季躬行《召南》之教，至文王而行《周南》之教」，與孔説同，或即孔氏所據。然鄭氏先嘗從張恭祖受《韓詩》，賈公彦云：「鄭君注《禮》之時，未見《毛詩》。」則《儀禮》注云云，或者其《韓詩》之説，固非《詩譜》意也。孔氏注《詩譜》，又謂「《周南》之后妃，《召南》之夫人，皆指太姒」，尤爲大謬。案《譜》本文云：后妃夫人興助其君子，皆可以成功。據「皆」之一字，鄭固明以爲二人矣。凡此皆孔氏之誤，鄭氏猶無此説，而説者乃以厚誣《詩序》而痛爲詆斥，是不可以不辨。

與楊伯衡論方劉二集書

伯衡足下，辱示《與王篠池書》，文氣疏暢，知足下留心於古人之文者深也。前座上論文，盛推海峰，而左袒望溪才弱之説，某竊心疑焉，而未敢有所枝梧。歸，挑燈重展方、劉二集，伏而讀之，竊意足下之盛推海峰者，才耳，弟海峰信以才鳴矣，望溪亦何嘗無才也！

夫文章以氣爲主，才由氣見者也。而要必由其學之淺深，以覘其才之厚薄。學邃者，其氣之深靜，使人饜飫之久，如與中正有德者處，故其文常醇以厚，而學掩才。學之未至，則其氣亦稍自矜縱，驟而見之，即如珍羞好色，羅列目前，故其文常閎以肆，而才掩學。若昌黎所云「先醇後肆」者，蓋謂既醇之後，即縱所欲言，皆不失其爲醇耳，非謂先能醇厚而後始求閎肆也。今必以閎肆爲宗，而謂醇厚之文爲才之不贍，抑亦過矣。

夫才，由氣見者也。今之所謂才，非古之所謂才也，好馳騁之爲才。今之所謂氣，非古之所謂氣也，能縱横之爲氣。以其能縱横好馳騁者求之古人所爲醇厚之文，無當也。即求之古人所爲閎肆者，亦無當也。然而資力所進，於閎肆之文，尚可一二幾其彷佛，至醇厚則非極深邃之功，必不可到。

然則望溪與海峰斷可識已。大抵望溪之文，貫串乎六經子史百家傳記之書，而得力於經者尤深，故氣韵一出於經。海峰之文，亦貫串乎六經子史百家傳記之書，而得力於史者尤深，故氣韵一出於史。方之古作者，於先秦則望溪近《左氏内外傳》，而海峰近《戰國策》；於西漢則望溪近董江都，而海峰近賈長沙；於八家則望溪近歐曾而海峰近東坡。就二子而上下之，則望溪西漢之遺，而海峰宋人之流亞也。

夫文章之道，絢爛之後歸於老確。望溪老確矣，海峰猶絢爛也。意望溪初必能爲海峰之閎肆，其後學愈精，才愈老，而氣愈厚，遂成爲望溪之文。海峰亦欲爲望溪之醇厚，然其學不如望溪之粹，其才其氣不如望溪之能斂，故遂成爲海峰之文。

某所得於望溪、海峰之文者如此。以足下留心于古人之文也，故敘而陳之，倘有所商論，更辱教焉，幸甚！某再拜。

【輯評】

劉咸炘評：此評確。

又評「望溪之文貫串乎六經」句：未能貫串子史百家也，望溪固不讀雜家也。

又評「方之古之作者」句：比擬則可耳。

北游紀略序 代

桐城黄君良楝所爲《北游紀略》一卷，其自叙述少因諸生游太學，乾隆十七年御試得官及爲縣績狀，被蜚語論罷迹始末甚備。

當是時，天下承平，仕進之途未雜，鴻儒鉅生，比肩朝列，而桐城大姓張氏、姚氏，用科目起家，在臺閣者同時至數十人，號爲極盛。君獨以寒畯孤起，年且五十，徒步走三千里，入太學求舉。無攀連之親於朝，無徒黨姻婭汲引於鄉，始至，治醫自給耳。卒從太學諸生試文字，受高宗皇帝一日之知，遂釋褐著仕籍，斯以奇矣。及爲縣令赤城、清逋，决疑獄，檢觭悍，卒先後論劾都司、守備以下凡六人，政聲流聞。是時中朝于文襄公最爲知君，而桐城方恪敏公總督直隸，尤重君能。既調武清，衆謂君且大用，乃卒以給過使厨傳不辨，中謗議去官。歟乎！遇不遇之際，夫豈人力所能爲哉！君既罷，追爲是紀，辭質事核，舉所爲進退顯晦屈伸之迹，一委於不可知之命。無幾微愠憾關於心，古之所謂知道者，君儻其人耶！始君在太學，爲國子祭酒觀保所知，坐監滿三年，祭酒疏請留君，副都御史雷公鋐曰保留大典期滿當御試，奏可。及試，詔問經史滯義，大臣監試者皆不能知，君則操紙筆立書，有若宿構。既進，上大奇賞之。已而諸公愕問，君曰：「前吾未試時偶涉獵及此耳。」太學生御試入選用知縣，故事無有，自君始，蓋異數云。同治十三年，君耳孫爾祉以是紀示余，俾爲之序，故序之。

【校】

〔少因諸生〕「因」原作「困」，形近之訛。〔清逋〕「逋」下當脱「賦」字。

代李相自陳衰疾難膺重寄摺

男闓生謹案：曾、李奏議大率出先公之手，具有本集行世，不復搜輯。獨此疏家有存稿，而李公奏稿中不載，謹附録於此。

奏爲自陳衰疾，難膺重寄，恭摺仰祈聖鑒事。

竊臣春間召對，曾經預陳任重年衰，俟倭事議結後，懇恩開缺，未蒙聖慈俯允。昨因使畢復命，復面奏衰疾情形，温旨慰勞有加，下忱未能遽罄，退朝悚感，五夜傍徨。繼復自念受恩至深，肝膽不避，私衷委折，得以上聞。

臣年已七十有三，精力早形頽敗。本年馬關被刺，暫經醫治收口，彈子并未取出，筋骨爲之損折，脉絡時覺拘攣。徒以生性好强，對客猶自支厲，實則傷痕入骨，氣體頓羸。加以未來之時變方殷，中外之責望滋重，以久大艱危之任，荷之以衰遲孤立之躬，撫己量能，深虞不稱。中國因循積弱，攝乎强鄰環伺之間，應待稍失機宜，外侮立即紛至。去年倭人尋釁，遂至潰敗難支，中外臣僚百口譏謗。聖主知國不改制，將才軍律，兵械餉章，無一可以應敵。曲亮微臣以獨力支持，無能稍刷國耻，不加咎責，仍復策效將來，臣獨何心，能無感憤！目前大創之後，諸臣爭謀變法，中國應辦之件可冀次弟舉行。此皆臣卅年來禱祠求之，唯恐不得者。一旦乾綱獨斷，在廷百執，爭自濯磨，臣實樂觀厥成，聞風增氣，稍可裨助萬一，豈肯退縮不前。無如年力衰頹，加復因傷被疾，心長日短，願力難償，即令攘臂其間，亦復無能爲役。籌思至再，與其勉竭駑鈍，無補涓埃，不如避位讓賢，稍寬疚累。合無仰懇天恩俯准賞開大學士、北洋大臣、直隸總督各缺，俾得寬假時日，調理舊傷，逾格恩施，感且不朽。

伏念臣爲國效命，受知四朝，眷注獨隆，倚畀尤重，與國家休戚一體。犬馬戀主，誠有不能恝然自遂之情。今雖老病乞休，方在國家多事之秋，豈敢自耽安逸，貽憂君父。儻蒙聖慈，諒臣苦衷，允臣私請，臣仍不敢遽回本籍，偃息林園，應請以散員留寓京邸，遇有重要事件，臣雖馬力已窮，難供驅策，稍有一知半解，仍可仰備顧問。庶冀稍贊高深，藉伸微臣不忘君國之夙分。

所有微臣難膺重寄，請開各缺緣由，謹繕摺具陳。伏乞皇上聖鑒訓示。謹奏。

【輯評】

賀濤評：氣體似《潮州謝表》。

祠堂祝文三首

肅肅我祖，婺源是家；北遷枝別，乃系滎華。昆弟維十，子孫千億；歷載五百，歷世二十。維世之綿，維德之延；嗟爾小子，無念爾先。維祖維妣，陟降庭止；嘗我酒醴，以介繁祉；克昌厥後，式佑式啓。右正殿。

觵觵烈祖，既蓄乃通。爰始徂遷，隱曜弗彰。五世而昌，子衿青青。星子惠州，始仕有聲。潞安之烈，迪功之傑。夔州有子，維侍御史。或賓或祀，垂德及裔。在明顛覆，多以節逸。危身扞人，維鄉飲君。位不稱功，累世有文。子孫爲儒，交於聞人。聞人維何，瞻學有辭。望溪之友，海峰之師。孰揚其波，孰振其華。或不身榮，以世厥家。在仕有績，於學有立。子孫其繩，引之無斁。右顯揚祠。

烏乎！維靈之生，歷是百艱；殁而不朽，其精貫天。於後食報，在其子孫。在國有旌，在宗有聞。絜兹魚菽，芼以蘋蘩。有冽在尊，有馨在筵。傳之世世，以永不諼。烏乎！是足以報矣，靈其式存。右節孝祠。

祭汶上府君文

維光緒二十一年八月二十一日，將奉我母弟汶上府君之喪南歸桐城。汝綸抱恨孤存就位，敬以羊豕少牢之奠，昭告於府君之靈。

烏乎！吾弟安往？吾弟安往？前月吾在京師，得吾弟電報，謂病不退，已乞休，望兄速來商家事，以知是弟自爲之語，然且疑已無吾弟，而家人故爲緩詞以寬我也。水陸間關，兼旬乃達，及吾至而弟已淹逝十有四日矣。弟不少待吾，吾與何人共商家事邪？使初得報即倍道疾馳，晝夜兼進，猶及生死一訣也。吾自迂緩，成此與天地無窮極之大恨，將安歸尤？吾抱此恨偷息人間，弟抱此恨長閟一棺，終古不得合并。九天之上，九地之下，有道路可復會吾弟，雖狼虎在前，湯火在後，吾其往也。

今年吾北歸，弟露坐吾車，送我十餘里，戀戀不忍别。吾促，弟言忘也，堅促弟下車。男闓生謹案：此文得傳鈔本，二句中疑有誤。既下，獨上高丘望我，我驅車徑去不顧。使早知此别爲永訣，後無再見之日，吾奈何不稍緩須臾，與吾弟盤桓歧路乎！

今之來也，山川如故也，城郭如故也，人民如故也；入縣宅，内外男女，下逮房室器用，飛潛動植之物，無一不如故也，顧獨不見吾弟一人，吾何能忍此于懷邪！吾兄弟四人，伯季既先即世，獨吾與弟相與爲二人耳。歲時一來相守，晨夕相喣煦，以子遺相慰勞也。今弟又舍我去，吾持此單獨形骸，將安適歸！弟往年舉止意度，時時似先君，自今以往，不惟先君語笑不可得親承，即求其舉止意度之近似者無由復遇矣。

已矣！冤苦窮極，無可言説矣！吾弟有靈，當默佑孤兒，使克成立，以承吾弟之志事，吾願足矣，無復餘望矣。天乎！誰知我心乎！尚饗！

録歐陽公詩本義跋

毛公説《詩》，往往通知作者微恉，鄭氏非其倫也。然經之道至博，非一家之言所能盡，齊、魯、韓之説佚矣，毛氏獨行，其是且非莫由參考，其失者葢嘗四五。而後之儒師爲毛學者，又往往竄益其書，義疏家不能折中至善，率依阿其詞，甚乃委曲附會，以成其失。學者以其近古，震而驚之，莫有明白是正之者。其故源於經師但尋章句，不足究知古人之文章。而漢唐以來，號爲能文章者固灼然明其是非，又鄙夷章句而不暇以爲也。獨歐陽公以文章大師，平議箋傳，所爲《詩本義》指摘毛、鄭謬誤，如鑿精米而揚穅秕，一以古人屬辭之法爲凖，雖時有泥於序説或疏於古訓，未盡宜當者，要不過什一二而已。其説譏議鄭氏尤多，而毛説之乖失亦不少貸也。今以朱字録其一二於書眉，以爲治此經之一助。光緒十二年二月汝綸記。

題王晉卿注墨子

男闓生謹案：此下二篇皆得自傳鈔，恐有譌脱，未敢定云。

今《墨子》出《道藏》，而王君晉卿好其書。余讀之，苦其缺脱錯互，其可讀者，其文多剽輕猥近，又頗雜漢後人語。劉向所校書輒删除復重，今《墨子書》復重異甚，要向所未見墨子之道見擯於孟子，而名於後世，至與禹、仲尼并稱。韓退之、王介甫皆嘗有取於墨，意其言必深博沉奧以有立，而顧若是。自戰國時有《墨經》，有别墨，當時稱墨子之言以爲「不辨」。爲其學者有腹䵍、孟勝、田襄子、五侯、相夫氏、苦獲、已齒、相里勤、鄧陵子之屬迭傳，其所謂「鉅子」者，今皆不見於書。顧反捃拾《尸子》、《韓非》、《吕覽》以附益其言，稱魯陽文君、楚惠王、子夏之徒以自引重。自太史公不能言墨子年世，若所與游名人貴公具在書如此，史公豈得不見之？且其言抑何辨也？吾意是書真出《墨子》者少，《墨子》亡久矣。《漢志》：《墨子》七十二篇。至唐楊倞時乃三十五篇，而杜佑言兵家拒守已不稱《墨》。

有宋逮明，其存者十三篇耳，而有經有論，與今書絶不類。退之、介甫所讀《墨》，蓋此也。宋《館閣書目》有《墨子》六十一篇，亡九篇，陳振孫言其脱誤不屬，然不言復重。世愈遠，古書愈益少，宋之《墨》不應特多於唐，此好事者依附而妄增益之，晰也。今《道藏》本五十三篇，而亡者八篇，多復重，其信爲宋館閣書以不，吾無以明之。書之正僞難辨矣，退之讀《鶡冠子》，取其辭，而柳子厚以爲駁書。吾爲是説，蓋不復强晉卿使同己也。

男闓生謹案：先公晚年頗嗜《墨子》，手寫諸篇又詳爲之解釋，此文蓋猶初時之説。

【校】

〔漢志墨子七十二篇〕「七十二」《漢書·藝文志》作「七十一」。〔有墨子六十一篇亡九篇〕此處「六十一」、「九」之數與前「《墨子》七十二篇」不合。

都司白君墓誌銘

咸豐三載，都司清苑白含章字可貞，從故大學士侯琦善出師湖北援揚州，與粵賊搏於寶山，力戰死之。上聞，褒恤如例。易州張生延楨與白氏世姻也，以狀來乞銘。銘曰：

大鑪鑄人，如金受冶。孰錚有聲，厥惟健者。胡每不祥，而摧於剛。匪剛匪壽，匪邦于光。觥觥白君，古豪杰徒。釋書而射，以善射著。爰始擢用，不食於家。自微而鉅，以次膺譽。洊升守備，洎國多故。道光中年，海氛成霾。英人蹶張，大艘岌來。君躍而登，抚辯雄哉。辯協謀矣，英無尤矣。君之才辯，時譽歸矣。相侯琦公，款夷面覿。夷語驕蹇，公噤不復。君乃大憤，以爲國辱。有刀在脇，欲剸其腹。公慮挑釁，止之以目。嗣涉夷事，屏君弗與。君嘿發憤，涕下如雨。洎官都司，益矢夙心。甘爲國殤，以救蒸林。洪秀全反，蔓西刓南。君聞悼歎，中寢而興。持丈二殳，冀清醜凶。淮海維揚，控大江東。猝與賊遌，賊憯愈汹。肉薄城隅，墮炮而終。臣身雖終，臣鬼則雄。天陰叫號，助國抗稜。疇歸君喪，綬昌易昌，皆君猶子，闡君之光。帝褒精忠，下詔太常。君行高世，詎惟大節。摭君遺事，又孰與匹。或殺運丁，僉譁幾殆。君往諭止，家昜人誠。或許不執，誣致之死。君立平反，户謳豈弟。天誘其成，鑒此堅定。失足滄澥，分死而生。瞑發輪艘，轉殆爲平。胡佑不卒，委命堅城。嗟乎！君初赴軍，婚始及月。臨出訣婦，以二親説。女代我職，雖死猶活。君志卒讐，婦代有終。以逮君子，子順婦貞，維君是從。娶張續石，子曰際昌。君今瘞矣，有煒幽宫。我銘以質，凡百職事。下徹九幽，與天罔極。

光緒二十四年夏五月，桐城吴汝綸撰。

【輯評】《八家文鈔》：此篇集本失載，其奇古非他人所能及也。

對制科策

臣聞古者聖王之治天下也，必先自治其身心性命之微，不使有一毫不合於道。蓋以百官之衆，萬民之遠，國勢之安危强弱，欲使各就其理，必不能以不學之身治也。學既成矣，於是有三考六計之法以馭其臣，有比閭族鄙之制以聯其民，有搜苗獮狩之典以振其勢，故其時化成而政飭，民和而兵强。後世人主不尚實學，而一切使臣之道，臨民之方，治兵之策，亦皆苟且因循之，爲張皇補苴之事，其本不端，其要不舉，此漢唐之所以異於三代也。欽惟皇帝陛下潛心典學，勤求吏治，而又當民生未安、邊陲未靖之時，用是臨軒發策，破格求言，猥以崇學察吏、安民講武詢及臣等。臣雖愚昧，竊自揆拜獻先資之義，有不容自已於言者。顧不能爲諧媚之辭，以希冀榮寵。幸當聖主廣開言路之時，寬其罪戾，導之使言，敢惟是拘格式，較字畫，掇拾陳言，虚爲頌禱，將何以仰副陛下求言之意乎！

伏讀制策有曰：執中之訓，爲道統所自開，而因溯理學源流之正。臣謹案，執中之旨，先儒言之甚詳，堯、舜、禹、湯、文、武所守，止此一道。雖言理亦或兼數二者，究未嘗相離。周秦以後，正學不明，董仲舒、王通、韓愈之徒，皆未能得其奧。宋諸儒出，闡明心性，至精至微。逮乎元明，許衡、吴澄、許謙、薛瑄、蔡清、胡居仁輩出處成就，章章可考，皆宋儒遺澤也。然王守仁論學異於朱子，而功烈冠乎前明。若口談心性而行污名辱者，蓋亦往往而有。臣竊以爲當今爲學之患，在好爲高論而實行不敦，聽其言皆程朱復生，措之事則毫無實用。不知程朱教人未嘗躐等，亦非遺日用倫常之實而高語精微，其所以闡明心性者，皆以著吾道之大源而非以爲下學用功之始也。蓋生乎宋儒之前，於道患不能知；生乎宋儒之後，則不患不能知，惟患不能行。今陛下方在聖功養正之初，危微精一之辨似不必遽求。第程子對哲宗所謂防未萌之欲，與朱子對孝宗所謂爲學莫先求放心者，誠宜豫養其端，而「窮理之要在於讀書」之言，尤不可不加之意也。抑又有請者，陛下欲崇正學，莫若首重太學，選諸臣能如宋胡瑗者以爲之師，仿其經義治事之例，而實行之，其立教之本，則以朱子白鹿洞規爲法，勿第較時藝工拙，此亦敷教明倫之旨也。

制策又以安民必先察吏，而因求漢代委寄守令之法，臣維自古循吏惟漢爲盛，推求其故，蓋由漢世進取之塗，多由郡縣吏。朝廷獨擇郡守，守得自置令長，刺史位守下，得舉劾守，守以上無大吏。縣令而下乃有丞、有尉。其在鄉里者又有三老、嗇夫、游徼，皆以佐縣令。爲治詳於下而略於上。詳於下則佐理有人，略於上則無虞牽制，此居官者所以能行法外之意，而爲唐宋所不逮也。今取士之塗出於科舉，一日釋褐，即令膺民社之寄，所用非所習，所習非所用，如是而求稱職，勢必不能。而其由他塗進者，更無論矣。此源之不清，一也。考察之法責在大吏，大吏以私喜怒爲舉劾，則善惡莫辨，而進退失宜。此源之不清，二也。而其尤病者，則在官俸之太薄，法令之太繁，與佐貳之不任事。俸薄而無以自給，勢必展轉以取償於民；法繁則賢者欲有所爲，往往觸法，而不肖者巧文避罪，上之人亦無由進退之；至於佐貳之不任事，則縣令亦安能以一人治之！臣請令催科專責之丞，捕盜專責之尉，驛傳專責之驛丞，而又有巡檢以主古者三老、嗇夫之職，庶使縣令之賢者得以盡心教養，而不肖者亦無所藉口。縣令於民視守爲最親，縣令治則守無不治矣。今縱不能如漢之委任郡守，而縣令而下有屬官者獨不能仿漢法而變之乎？

制策又以保甲權輿《周官》，而核其擾民安民之異。臣竊謂三代而上治天下在井田；三代而下治天下在保甲。井田治地，保甲治人，其義一也。今之議者輒欲復井田，不知井田不可復。而所謂「出入相友，守望相助，疾病相扶持」，其義悉具於保甲。是故有保甲而井田未嘗亡也。周制有里宰、酇長、鄙師之官，實保甲所由昉，而漢鄉亭之制因之。其時充斯任者，皆士大夫。後世以爲賤役，而爲之者皆輿臺皂隸之人，而周漢之制亡矣。夫保甲之法，首在弭盜，而其效不止於弭盜已也。凡經界之正，田産之制，賦役之均，訟獄之息，鄉校之興，社倉之修，武備之習，無不以保甲爲之。經我朝列聖諄諄諭旨，無不以力行保甲爲急務。顧或以王安石行之擾民爲戒，不知安石特借保甲爲聚斂，而無安民弭盜之功，是非保甲之擾民，乃安石之擾民耳。不然，王守仁何以行之而利哉？此亦如青苗社倉，立意無殊，而朱子與安石行之各異。蓋有治人無治法，實古今不易之論也。陛下誠擇一二賢守令，專委以保甲之任，使之巡行鄉野，董率勸導，而又訪求耆老，斟酌利弊，選擇賢能以爲之長，不假手胥吏，不虛徵圖策，如是而猶有不行，臣不信也。

制策又以整飭營伍，鼓勵戎行，必使兵歸實用，餉不虛糜。此楊時所謂仁義之師，不外節制之説也。陛下及此言也，臣以爲四方盜賊不足平矣。夫餉之虛糜，以老弱惰窳之卒多而精鋭之卒少也。向使天下兵額盡皆精鋭，則邊陲宜久肅清，何至仍厪聖慮哉？然而將臣不加淘汰者，以爲足以壯聲威耳，不知羸卒之所耗者，皆精卒之餉也。以羸卒耗精卒之餉，轉使精者亦羸矣。夫兵貴精不貴多，此至論也。然欲悉選精鋭，其道不外乎訓練。唐李靖，明王驥、戚繼光等言練兵之法甚詳，斟酌行之，在乎將得其人而已。夫當國用匱乏、饋餉莫繼之時，所爲養兵之法，不可不急爲籌畫也。古者兵寓於農，無縻餉之兵。自管子以國爲軍，鄙爲農，已開以農養兵之始，嗣後惟唐之府兵，得三代農兵之遺意。夫兵以衛民，今聚數百萬游手無用之徒，皆仰給于農，是以兵厲農也，無已，則有淘汰之一法，而其責則操乎將臣。陛下誠欲兵歸實用，餉不虛糜，舍任將其何由？雖然，臣尤慮此已汰之卒，既不歸兵，又不能驟，使之歸農，難散易聚，其將何以處？此臣竊見北方地曠而荒，其民好惰，南方當凋敝之餘，四野污萊，田疇不闢，其有田無主者蓋亦不可勝數，意者屯田之法或可施行。庶兵食益足而又以弭患於無形歟！亦籌國計民瘼者所不廢也。

臣仰承清問，謹效其愚昧之見，敢臚列而敬陳之，抑臣竊以爲此四者之中，尤以崇學爲本。陛下春秋鼎盛，誠能日就月將，緝熙光明，將見吏治民生可不勞而理，而所以壯皇靈而致昇平之福，皆於是乎在矣。至於邊陲未靖，臣尤願陛下時廑戒慎，毋忘艱難，天下幸甚！

【輯評】

《八家文鈔》：此乙丑廷試對策，行狀所謂「不用當時體，倭文端欲置一甲，而某公抑置三甲」

者也。文稿久佚，集本亦不載，今從其家搜得，以關先生出處大節，故特著之。風簷寸晷中，弘贍如此，豈常人所易及哉。

又評「於是有三考六計之法」句云：　制策所問四事，今以講學爲主，而餘三事胥納於其中，不惟義理允洽，而文字亦有條不紊，此所謂義法也。

又評「將何以仰副陛下求言之意乎」云：　以上總冒，並申明不循制科格式。

又評「俸薄而無以自給」云：　議論極似大蘇。

又評「天下幸甚」云：　以上歸本君德作收，與起處相映。

佚文存目

明堂考案《日記》云：「明堂制度自漢以來疑莫能明，吾少時作《明堂考》，頗見賞於曾文正。今其稿已佚。」

三正辨《日記》云：「三正遞改，自殷世始，夏時古前世通行。孔子獨稱夏者，舉其最後爲説。諸儒謂唐、虞以上皆已三正迭用者，亦非。五帝，今不可詳考。若唐、虞授時巡岳，見於《尚書》皆是用夏正，則唐、虞無改正之説，可知以前亦不改正。余曾有《三正辨》一篇，徵引頗爲詳博。今其稿失去，不復記憶矣。」

禘祫議

劉猛將軍考在冀州作。

【附録一】吴汝綸相關生平傳記資料

清史稿本傳

趙爾巽等

吴汝綸，字摯父，桐城人，少貧力學，嘗得雞卵一，易松脂以照讀。好文出天性，早著文名。同治四年進士，用内閣中書。曾國藩奇其文，留佐幕府，久乃益奇之，嘗以漢禰衡相擬。旋調直隸參李鴻章幕。時中外大政，常决於國藩、鴻章二人，其奏疏多出汝綸手。尋出補深州，丁外内艱，服除補冀州。其治以教育爲先，不憚貴勢。籍深州諸村已廢學田爲豪民侵奪者，千四百餘畝入書院，資膏火，聚一州三縣高材生親教課之，民忘其吏，推爲大師。會以憂去，豪民至交通御史以壞村學，劾奏還其田。及莅冀州，仍鋭意興學，深、冀二州文教斐然冠畿輔。又開冀、衡六十里之渠，泄積水於滏以溉田畝、便商旅。時時求其士之賢有文者，禮先之，得十許人，月一會書院，議所施爲興革於民便不便，率不依常格。稱疾乞休。

鴻章素重其人，延主蓮池講席，其爲教，一主平文，以爲「文者天地之至精至粹，吾國所獨優。語其實用，則歐美新學尚焉，博物、格致、機械之用，必取資於彼，得其長，乃能共競。舊法完且好，吾猶將革新之，况其窳敗不可復用」！其勤勤導誘後生，常以是爲説。嘗樂與西士游，而日本之慕文章者亦踔海來請業。會朝旨開大學堂於京師，管學大臣張百熙奏薦汝綸加五品卿銜，總教務，辭不獲，則請赴日本考學制。既至其國，上自君相及教育名家、婦孺學子皆備禮接款，求請題詠，更番踵至。旋返國，先乞假省墓，興辦本邑小學堂，規制粗立，遽以疾卒，年六十四。

汝綸爲學由訓詁以通文辭，無古今，無中外，唯是之求。自群經子史、周秦故籍以下逮近世方、姚諸文集，無不博求慎取，窮其原而竟其委。於經則《易》、《書》、《詩》、《禮》、《左氏》、《穀梁》、四子書，旁及小學音韻，各有詮釋；於史則《史記》、《漢書》、《三國志》、《新五代史》、《資治通鑑》、《國語》、《國策》皆有點校，尤邃於《史記》，盡發太史公立言微旨；於子則《老》、《莊》、《荀》、《韓》、《管》、《墨》、《吕覽》、《淮南》、《法言》、《太玄》各有評隲，而最取其精者；於集則《楚辭》、《文選》，漢魏以來各大家詩文，皆有點勘之本，凡所啓發，皆能得其深微，整齊百代，别白高下，而一以貫之。盡取古人不傳之藴，昭然揭示，俾學者易於研求，且以識夫作文之軌範，雖萬變不窮而千載如出一轍。

其論文，嘗謂：「千秋蓋世之勳業皆尋常耳，獨文章之事，緯地經天，代不數人，人不數篇，唯此爲難」。又謂「中國之文，非徒習其字形而已，綴字爲文，而氣行乎其間，寄聲音神采於文外。雖古之聖賢豪傑去吾世邈矣，一涉其書，而其人之精神意氣若儼立乎吾目中。務欲因聲求氣，凡所爲抗隊、詘折、斷續、斂侈、緩急、長短、申縮、抑揚頓挫之節，一循乎機勢之自然，以漸於精微奥窔之域。乃有以化裁而致於用，悉舉學問與事業合而爲一，而尤以淪民智自强亟時病爲兢兢」云。著有《易説》二卷、《寫定尚書》

一卷、《尚書故》三卷、《夏小正私箋》一卷、《文集》四卷、《詩集》一卷、《深州風土記》二十二卷及點勘諸書，皆行於世。

汝綸門下最著者爲賀濤，而同時有蕭穆，亦以通考據名。穆字敬孚，縣學生，其學博綜群籍，喜談掌故，於顧炎武、全祖望諸家之書尤熟。復多見舊槧，考其異同，朱墨雜下，遇孤本多方勸刻，所校印凡百餘種，有《敬孚類藁》十六卷。濤字松坡，武强人，光緒十二年進士，官刑部主事，以目疾去官。初汝綸牧深州，見濤所爲《反離騷》，大奇之，遂盡授以所學，復使受學於張裕釗。濤謹守兩家師說，於姚鼐義理、考據、詞章三者不可偏廢之説尤必以詞章爲貫澈始終，日與學者討論義法不厭。與同年生劉孚京俱治古文，濤言宜先以八家立門户，而上窺秦、漢，孚京言宜先以秦、漢爲根柢，而下攬八家，其門徑大略相同。濤有文集四卷。孚京，字鎬仲，南昌人，有文集六卷。

清史本傳（節録）

清史館協修門人李景濂謹撰

吴汝綸，字摯甫，安徽桐城人也。其先蓋吴太伯之後，唐中宗朝，有右臺監察御史少微譜其族，自太伯以下，凡六十一世。漢長沙文王芮，太伯之三十一世孫。光武中，大司馬廣平忠侯漢，太伯之四十世孫也。漢五傳至文質，居饒州餘干之文采山。又八傳至晉散騎常侍猛，初仕爲豫章西安令，因家豫章。又九傳至良，仕歙令，因家歙之問政山。良者，少微之祖也。少微與武功富嘉謨友善，爲文原本經典，雄邁高麗，一變徐庾宗派，天下號爲富吴體。解官，後退居新安休寧縣石舌山蓮華池。子鞏，仕至中書舍人，亦以文學知名。鞏有三子，長子宥，宋都統制玠、新安郡王璘者，宥之十五世孫也。次子密，少子競。競長子叔沆，始家婺源。桐城之吴，蓋本婺源而世不詳。或曰北宋時有居永興諱瑋者，嘗任金壇令，建清修亭以聽事，姚闢、王存皆作詩美之。遷江寧太守，居於蘇州之閶門，其後世宦游婺源，因占籍爲婺源人。

明洪武初，吴氏自婺源一遷鄱陽，一遷桐城。遷桐城者，居峽山之高甸，有二子分其枝系，長曰榮華，次曰保慶。榮華四世有兄弟十人，長爲文富，生子長曰寅，始游邑庠。有四子曰澄、清、海、漣，出居先塊。清能讀父書。至八世有星子縣丞桓，清之孫也。九世有惠州巡檢銓，澄之曾孫也。三爲文達，葬豸沖，生子四：宓、容、寘、守。宓治家嚴正，生三子：洪、濴、灤。是後枝葉蕃衍。居先塊者，以海之後爲盛。守豸沖者，以洪、濴、灤及守第三子涇之後爲盛。其大較也。

洪曾孫承恩，號平川，仕明，爲河陰令，調新野令、晉潞安別駕，均有惠政，父老請祀。名宦潘陽朱恬爍高其行，嘗贈以詩，具載《明詩綜》。承恩從弟承家，幼穎異，以孝聞，仕爲兖州魯王府迪功郎。濴曾孫承顔，仕至夔州府經歷。有子長曰善謙，字伯亨，萬曆己酉舉人。初爲浙江台州府推官，却鹽政歲羨千金不受，亭决疑獄，一朝釋輕繫二百餘人，擢南直廣東道監察御史，抗疏劾魏璫黨羽，謇諤不稍避。比魏璫敗，臺省交章，善謙獨於擊奸之中不失爲熹廟地。嘗巡三吴，不阿總憲某意以骫法，爲所銜，去官，行橐蕭然，唯圖書數篋。孫時逢，淹貫經史，居南京，與搢紳耆舊往來唱和，結寰中社，有遺集十餘種。時逢孫直，字生甫，乾隆丙辰舉人，覃思讀書，廢寢與食，爲文希微要眇，感喟悲凉，爲縣人劉大櫆之師，而與方苞爲中表，苞嘗歎服，以爲不可及。著有《并遷文集》，集中文皆有大櫆識語，而大櫆集不載。承家曾孫曰時隆，字爾昌，值明季流寇之難，危身以扞鄉里，爲七姓所祀。國初，以學行徵，年已八十，辭不就。長子彦達，彦達長子大陞，著《字辨》、《四書講義》，選《左》、《國》以下文名曰《善誘編》，尤篤於禮制，與宗人直以文字往還。大陞次子苾，苾幼子泰和，泰和第三子廷森。

廷森子元甲，字育泉，咸豐元年以諸生徵舉孝廉方正，大學士曾國藩高其學行，嘗客而館之於家，以教其子。娶馬氏，克配成德，及卒，武昌張裕釗皆爲之志。生四子，汝綸其仲也，道光庚子九月二十日生。道高學博而有文章，尤以經世濟變爲亟。性至孝，於兄弟友愛無與比。少貧，得一雞卵不肯食，以易松脂照讀。弱冠，成同治乙丑進士，官内閣中書。大學士曾國藩奇其文，留佐幕府，益大奇之，嘗以漢禰衡相擬。從國藩自江南來直隸，國藩還江南，因留直隸，佐大學士李鴻章幕府。是時中外大疑大計，一決於國藩、鴻章二人，其奏疏多出汝綸手。國藩既殂，鴻章孤立以當外交之衝，尤爲疑謗所叢。汝綸與爲終始，不避艱險，前後以其身關天下之重者垂三十年。然性剛直，不能與俗爲委蛇，惟國藩深與相知，鴻章雖賓禮之，顧不能用也。在鴻章幕府未久，即出爲深州直隸州知州，依徵糧册以均徭役，籍已廢義學田豪民所攘有者千四百餘畝，以興書院，修復孔子廟樂舞。一年以憂去。居憂六年，再起，攝天津府。八月，又爲冀州，在冀州八年，興學如在深州時。招新城王樹枏、武强賀濤、通州范當世爲之師，且自教督之，一時得人號稱極盛，深州則賀濤，冀州則李剛己、趙衡，其尤也。又開渠六十里，泄冀衡之積水以通滏滏，立保甲聯莊義倉諸法，皆手創教條，不因前故，而孚之以誠信，故民始謗而終勸趨之。引疾乞休，鴻章留主講直隸蓮池書院，且以自助。在蓮池十年，專力以興教化，并中西爲一治，日以精神相灌澼而鑄鎔之，風氣曠然大變，學者自遠方麕至。有自日本來學者，坐諸生下，帖帖唯謹。是時狃忕承平已久，士大夫聞見壅塞，徒務軟熟進取，不知中外大勢，而環海諸國，已駸駸内嚮，若決潮水不可遏止。汝綸以爲，欲救世變，必先講求西學，造成英偉奇崛之人才，使之深通中外之變，淬厲發揚，以備緩急一旦之用。時既莫之聽，而中朝蒙蔽尤甚，卒肇庚子義和拳之變。時汝綸方於保定創立東、西文學堂，延英教士貝格耨等爲師，選院中高才生使肄習之，皆故事所未有，群情固已駴怪。未幾變作，當亂之初作也，勢猶微甚，汝綸力言當道宜盡力捕治，而直隸總督裕禄、布政使廷雍等皆庸才，素不滿汝綸所爲，且陰袒亂民以阿附政府意旨，以此亂勢日熾。汝綸不得已，避地去。亂民既焚燬城南北諸教堂，且殲貝格耨全家，復合黨徒數千人，蜂擁入書院，挺矛露刃，譁噪叫讙，遍搜汝綸不得，執其弟子二人以去。比汝綸輾轉至深州，國事益大壞，外國聯軍破天津，入京師，放兵四劫略地，垂至州矣，賴汝綸集人吏畫策爲防，州以無事。

鴻章北來主持和議，汝綸乃至京師。和議既成，鴻章旋歿。汝綸浩然思欲南歸，士人非弟子者魏鍾瀚等千二百人上書留之，不顧。會管學大臣、吏部尚書張百熙疏薦詔以五品卿銜充京師大學堂總教習，汝綸力辭，百熙匍匐跪請，未決。百熙雖管學事，大學士榮祿實陰主之，其疏薦汝綸，亦出榮祿意。百熙諷汝綸往謁榮祿，汝綸不應，榮祿怫然。而大學初立，前無因襲，議論紛紜，莫衷一是。於是汝綸自請往日本訪詢學制，歸以報命，藉答百熙之意，至總教習之職，則未允就也。百熙亦以爲然。遂以五月踔海東渡，至則冒盛暑考覽日本各校，日輒十數區，自講堂教室，以至一椽一桷之微，自圖籍儀器，以至一名一物之細，靡不詳覽精研。與其邦教育名家往復詰難，曲盡祕奥，手録成帙。日夕應客以百十數，雞鳴而起，旰而食，夜分不寢以爲常。嘗獨携一譯人訪宮中顧問田中不二磨，中塗所乘人力車傾跌，鼻傷，血流如注，昏不知人，掖至旁近醫院，用冷水療洗，血止即馳車至田中宅，與談辨甚詳，又過教育家辻新次等數人乃歸，其勤如此。在日本三月，傾一國士望，皆賓事之。婦孺走卒，爭以一望見爲榮。日主明治亦特延見示敬。又於其間與漢學家商榷經史，流連觴詠，酣嬉跌宕，窮游讌之樂。日本賢俊辟易驚歎，以爲天人也。是時，出使日本大臣蔡鈞諂事權貴，虐待留學生，至嗾日警於使館中捕逮吳敬恒等，汝綸以其辱國體，面與力爭。蔡鈞大恚，電告政府，誣汝綸率留學生謀革命。慶親王奕劻、大學士榮祿等既不慊汝綸，至欲藉端誅之以泄憤。百熙皇恐，急電召汝綸歸，汝綸恬如也。九月歸國，因先還皖，日本人多疑汝綸無意復出者。汝綸子闓生方留學日本，亦以書諫阻。汝綸答書曰：「吾此次東游日本，君臣上下期望如此，今若徑歸不出，使鄰國輕吾朝廷，於義不可。吾歸家小住，解凍北上，若不用而後歸未晚也。」還皖後，攜日本教師一人，創立本縣學堂。復至安慶與父老會商學事，除夕乃抵家，遽以積勞中寒疾卒，光緒癸卯正月十二日也。

桐城自姚郎中鼐推闡其鄉先生方苞、劉大櫆之遺緒，以爲古文辭名天下，天下翕然宗之，號爲桐城派。上元梅曾亮其著也。國藩私淑姚氏，益恢而大之，運以漢賦之氣。其弟子裕釗，篤古至深，雖雄奇不逮，而恢詭足與相埒。汝綸亦師事國藩，而所詣尤爲精邃。其學以潔身不爲利爲本，無古今，無中外，唯是之求。淵涵渟泓，渾無涯涘，上與元氣者侔，而下與萬彙相昭列。自六經諸子百家傳記，以逮國朝著述，與夫儒先遺聞緒論、斷簡零章，無不博求而慎取也。自譯行海外之奇書，新出之政聞，與其人士之居於是或過而與相接者，無不廣覽而周諮也。自其少時，爲文已辨博英偉，氣逸發不可控銜。而當同治初元，海内方爭以守舊屏絶新知相高異，已怵然於變法圖强之不可緩，大聲疾呼，鮮與爲應，而爲之益力，雖重被謗譏不恤，其後徐乃大白。其創開風化之功，乃綜集中國數千年固有之學術，糅而化之，以與未來之新學相應和，於晚近數十年間，崒然卓立而無與并，其規模遠大，實姚、梅、曾、張諸家之所未有。既兼苞新舊，殫精冥會，豁達洞開，而匯於一，一以文之醇疵高下裁決千秋作者。用是著述閎富，而爲文益醇而肆。以爲歐美之學，號爲文明，明有餘而文則不足，吾國周孔之教，獨以文勝，後世失治，由君相不文，不知往昔聖哲精神所寄，無由化裁通變以爲民用。得吾國聖哲之精神，驅使歐美富强之具，盡取彼長，以輔吾短，世運乃益大昌。歐美僅以富强自雄，而詬病吾國文學，以爲無用，其治術所由未臻於美粹者亦以此。嘗與其弟子李剛己輩宴語曰：「天下何事最難？」剛己默然，久之尚未有以應，汝綸曰：「以吾度之，千秋蓋世之勛業，皆尋常耳。獨文章之事，緯地經天，代不數人，人不數篇，惟此爲難。」故其爲教也，一主乎文，以爲中國之文，非徒習其字形而已，綴字爲文，而氣行乎其間，寄聲音神采於文外，雖古之聖賢豪傑去吾世邈遠矣，一涉其書，而其人之精神意氣，若儼立在吾目中。務欲因聲求氣，凡所爲抗隊、詘折、斷續、斂侈、緩急、長短、申縮、抑揚、頓挫之節，一循乎機勢之自然，以漸達於精微奥窔之域，乃有以化裁而致於用。悉舉學問與事功膠合爲一，而尤以瀹民智、自强、亟時病爲兢兢云。

居恒手一卷不釋，購書數萬卷，皆手自厘定，自群經子史、周秦故籍以下，逮近世方、姚、曾、張諸文集，無不窮其原而竟其委。於經則《毛詩》、《三禮》、《左氏》、《穀梁》、四子書，旁及小學音韻，各有詮釋點勘，而《易》、《書》二經皆勒有成書。其説《書》用近世漢學家體製，考求訓詁，一以《史記》爲主，《史記》所無，亦不蹈襲段、孫一言半義。其訓詁精鑿，如「綏」之爲「告」，「迪」之爲「逃」，「惠」之爲「謂」，「自」之爲「於」，「丕」之爲「兹」，皆古人未言，亦無字書可證，獨以精心覃思，參合古書，考求文義得之。《易》用宋元人説經體，亦以訓詁文字爲主，自漢至今，無所不采，亦無所不掃。以爲太史公、揚子雲皆謂伏羲作八卦，文王重爲六十四卦，而後儒妄謂伏羲已重爲六十四卦，或謂神農重卦，皆不足深辨。《周禮》言《三易》「經卦皆八，別皆六十四」，證以《淮南》伏羲爲六十四變，周室增以六爻，知「別」即「變」也，八卦既立，即可變爲六十四，然卦畫仍止三爻，至文王增爲六爻，則成爲六十四卦矣。「變」非「卦」也，卦之用也，猶六十四卦可變爲四千九十六卦然，《周易》雖具其體，而卦仍止六十四。卦辭、爻辭皆文王作，誤爻辭爲周公作者，始於馬融、陸績，徒以「王亨岐山」、「箕子明夷」二事爲文王後事，不知「王」謂殷王，何不可「亨岐山」之有？ 箕子不用於紂者久，不必至囚奴時始可言「明夷」也。自太史談受《易》楊何，而諄諄以正《易傳》爲言，蓋《易傳》之失正久矣。揚子雲謂「孔子錯其象而彖其辭」，則彖象孔子之易名，非文王之易名。「知者觀其彖辭則思過半」謂觀孔子之彖辭，以此知繫辭之作於後儒。其以爻象并言者，爻言其動，彖言其不動，乃《易》本有之彖。易本有彖，故孔子爲之彖辭。猶《易》本有象，而孔子爲之繫象。孔子之彖，有爲後人附益者，其章解句釋，有同小象，異乎君子引而不發之旨。彖釋諸卦，「元亨利貞」之義，多與卦辭不合。「升」之名卦，以陽升爲詞，而彖謂柔以時升，非柔危剛勝之義。益彖謂「木道乃行」，而五行分配八卦，乃漢儒營於巫祝之謬説。《大象》自爲一篇，不可附經，似決爲孔子所作，然《論語》載「君子思不出其位」爲曾子語，而艮之《大象》襲之，則亦未必果盡出於孔子也。《小象》續彖而作，不欲與彖相亂，因附於《象》篇之後而後人名之爲《小象》。《小象》釋諸卦「貞」義，有訓定、訓當、訓占、訓精誠、訓心、訓固、訓就之不同，未如彖之專主正字爲訓，則彖文附益，又在《小象》之後。《文言》惟「乾元者，始而亨者也」以下乾、坤二卦爲一篇，爲孔子之《文言》，其前釋四德，歐陽公謂取之左氏，其説殆信。其引「子曰」云云，與再釋六爻牴牾重複，亦皆七十子後所增。《文言》不惟釋彖，其於《小象》、《乾》五之「大人聚」、坤初之「馴致其道」，皆疏通證明之，是其附益亦在《小象》之後。據孔疏，知彖象連經，始於王弼。

據《魏志》高貴鄉公之問博士淳于俊，知鄭康成惟不别爲彖、象作注，而合其注於經，而經、傳固别行，與王弼本絶異。《史記》言孔子「序《彖》、《繫》、《象》、《説卦》、《文言》」，無篇數。《漢志》言「孔氏爲之《彖》、《象》、《繫辭》、《文言》、《序卦》之屬十篇」，《史記》所云「繫象」爲今《大象》，所云「説卦」爲今《繫辭》中所引諸爻。然則《易》中孔子作者無幾，班氏雖云十篇，然但云孔氏，不云孔子，蓋十篇中不盡孔子之文，如《繫辭》、《文言》稱引「子曰」，是其明證，謂其出於孔氏，則可謂爲孔子所作則妄矣。鄭氏十篇之目未審，今别定爲《大象》、《彖》、《小象》、《繫辭》三篇、《文言》、《説卦》、《序卦》、《雜卦》，其《繫辭》三篇，上下《繫》各爲一篇，分出「大衍」至「所以斷也」别爲一篇，以釋《大有》上九續解六三之後，文義乃有要歸。而「天一」至「地十」，依《漢志》在「天數五」之上。「大衍」一篇專明揲蓍求卦之事，所云「象兩」、「象三」、「象四時」、「象閏」、「當期」、「當萬物」，皆漢儒迂説。且謂卦由蓍生，與《下繫》所云「仰觀俯察始作八卦」者不合。而聖人則圖書之説，久爲儒者所詬病，尤者至謂「崇高莫大乎富貴」，此鄙俗人之言也。《説卦》以方位配八卦，亦漢世淫巫瞽史之繆術。邵子《先天圖》本自《説卦》，後儒知辨邵子，而於《説卦》不敢置喙，是耳食也。所稱諸卦爲某爲某，不見於經，則其意不爲經設，故歐公以爲筮人之占書。《序卦》略如他書之後序，宜退在《雜卦》之後，而子雲所謂「孔子錯其象」，或即指《雜卦》歟？漢人説經多怪妄，事苟不經，雖説出三代不足信，何關付受久近乎？卦變灼然見於經，《彖》則言卦變尤詳，荀、虞卦變，當有所授，但此乃觀象之學，諸儒用以解説文辭，遂至牽率支離，是其失也。孟京卦氣以陰陽進退明《易》道之消息，不得謂非《易》之旨趣，故子雲準《易》作《玄》，全用卦氣，然亦觀象之學，於文辭無與，辭則各指所之，未可執象以求辭，所取之象，所謂假物以喻意者，亦與卦畫之象有辨，不得强合而混同之。其爲説至奥賾，顧猶以爲「自度不能爲文，乃遁而説經」，文之難也如是！於史則《史記》、《漢書》、《三國志》、《新五代史》、《資治通鑑》、《國語》、《國策》皆有點勘，《晉書》以下至《陳書》，皆嘗選集傳目。而尤邃於《史記》，盡發太史公立言微旨，所評騭校勘者數本，晚年欲整齊各本厘定成書，著録至《孟嘗君傳》而止。而大端固已盡具各本中，世所傳《史記平點》是也。又嘗彙録《史記》與《左氏》異同，以爲太史公變易《左氏》最可觀省，且證明劉向所校《戰國策》亡已久，今之《國策》，反取《太史公書》充入之，非其舊也。於子則《老》、《莊》、《荀》、《韓》、《管》、《墨》、《楚辭》、《吕覽》、《淮南》、《法言》、《太玄》，各有點勘，而最取其精者。於集則《文選》、《漢魏百三家》、《唐宋八家》及李白、杜甫、李觀、李賀、李商隱、杜牧、李翱、皇甫湜、孫樵、許渾、韓偓、黄庭堅、晁冲之、陸游、金元好問，明歸有光，國朝方、姚、梅、曾、張諸集，《全唐文》、《唐文粹》、《宋文鑑》、《唐詩鼓吹》、《王士禛古詩選》、姚曾所選詩文，皆有點勘之本。初，國藩謂六經外有七書，曰《史記》、《漢書》、《莊子》、《韓文》、《文選》、《説文》、《通鑑》，汝綸益以姚選《古文辭類纂》、曾選《十八家詩鈔》二書，而尤以姚選古文二千年高文略具，爲學者必讀之書，當與六經并傳不朽，不習則中學絶矣。每深痛世人欲編造俚文以便初學爲廢棄中學之漸，又擇姚選之精者都二百七十九首，備朝夕諷誦。其於曾選，以爲創立典志、叙記二門，非大手筆不能爲，顧尚不及姚選。至曾選《四象古文》，則謂「二千年之作，一一稱量而審定之，以爲某篇屬太陽，某篇屬少陰，前古無有，真天下瑰瑋大觀」。求其元書不可得，因依寫藏目次校定刊行。論詩之書，嘗取方東樹《昭昧詹言》，以爲中多前輩論文精語，啓發人智，「不在《歸評史記》下，或謂示人以陋，此大言欺人耳，陋不陋在學問深淺，學淺雖諏經考史，談道論性，未嘗不陋；學深雖評騭文字，記注瑣語，亦自可貴」。而圈點開示始學，愈於評騭，故於詩文所録諸家，評點至多，而所自爲者尤精。後生從學者皆移録其圈點，矜爲祕寶。蓋前人評點，率不過偶於文事有所發明，以資識别，至歸、方加善矣，而不能遍及群書，且亦時有未盡精審者，汝綸則整齊百代所有，别白高下而一以貫之，凡所啓發，皆密合著書本旨，盡取古人不傳之藴，而昭晰揭示之，以炳諸日星，俾學者易於研求，且以識夫作文之軌範雖萬變不窮，而千載如出一轍。實曠世未有之盛業，非他家所敢望而及也。

其欲瀹民智以自强也，以爲今日士大夫必以精研西學爲第一義。欲通其學，必先習其文，而得師與經費二端爲難。且誠欲造就人才，以收實效，必使各行省府縣，縣各有學，學校林立，乃望真才日出，而延歐美專家名師一人，歲費至金七千有奇，惟有仿國初利瑪竇、南懷仁、湯若望、熊三拔之例，用教士爲教師，授以西文、西語、算數、天文，不學邪蘇天主教法，不用禮拜贊美教例，與其使臣定議，明頒詔旨，宣示天下，則爲費廉。而學者魚鱗雜襲而起，由是而深求之，格致專門之師亦將漸出，或擇尤資送，使學於各國，必較今時爲深入。顧有師無款將如何？蓋非籌議畝捐不可。所惡於加賦者，爲其虐民也，今取民之財以培民之子弟，視其家塾延師，所省殆不啻百倍，名爲取之，其實與之，亦何憚而不爲。不行此策，則所謂興西學者，恐亦所謂「歲爲此語，以至於亡」者也。其言絶痛，而當道不之采。又以日本興學已著成效，西書精者皆有譯本，日文視西文爲易學，因欲由日本譯書以通西學。在保定時，創立東西文學堂，皆以亂廢。亂定，仍力營東文學堂於京師。創設報館、譯書局。興學詔下，詒書順天學政陸寶忠，謂宜先立師範學堂，取成學之士，延外國教習，教以圖算格致普通之學，期年旬月，可冀速成，成以散之鄉縣，以次爲中小學教師，庶冀推行漸廣，不以求師爲難。既遍考日本學制，益謂宜先取吾國高才生教以西學，如日本明治初年各藩送貢進士入大學故事。以爲《漢志》所云八歲入小學、十五入大學，此以學年分大小，今西國所謂小學、大學者也。所云諸侯歲貢小學之賢者於天子，此以學地分大小，今吾國所謂京師大學、州縣小學者也。二者不得合并爲一事，州縣雖小，百里之内，必多能入大學之人，美國大學數十區者以此，造育之道，京師鄉縣一而已。惟大學程度既高，一時無師，不能遍立，至中小二學，縣中不能不并立。中學取向來年少才俊者教之，讀中、西已譯之書，俟衆知西學之有用，或并求能作西語，則可覓内地傳教之西人學之。西國小學，不過讀書、作字、算術、體操、唱歌數者而已。此宜一村一里便立一學，初立之時，可用向來秀才爲師，加以粗淺算學，尚不難覓。日本仿西國公學，其中學校所列普通學凡十四科，頗病其門類太多，時刻太少，課程太淺，嘗以問文部大臣菊池大麓，菊池云：「方今各國學校均奉德國爲師，德之中學校尚無善法，中國初興學校，於各國未得善法之中學校可暫置後圖。」因以其言爲善，然欲立中學校之意，則未始暫忘。中學校之外，用功最簡、收效最捷者，無如專門學校，若農工商業，皆國家富强之基，必不可緩。大學當分理、工、文、農、法五科，醫學宜專立一學，不必入大學分科。若初興大學，欲先立專科，則政治、法律之外，礦山、鐵道、税關、郵政數事爲最急，海陸軍法、炮工、船廠次之。其略見於言論者如此。所蓄不施，宏規無由盡睹，是後淺學之徒，乃爭攘臂扼捥以言學務矣，此尤宜爲天下痛者也。

所著書曰《易説》二卷，曰《尚書故》三卷，曰《寫定尚書》一卷，曰《夏小正私箋》一卷，曰《太史公所録左氏義》三卷，曰《古文辭類纂校勘記》二卷，曰《深州風土記》廿二卷，曰《節本天演論》一卷，曰《李文忠公事略》一卷，所編輯者曰《古文選》六卷，曰《古今詩選》四卷，曰《韻學》一卷，曰《東游叢録》四卷，曰《冀州公事章程》一卷，曰《李文忠公全集》一百六十五卷。其所著述，身後由闓生編輯成書者曰《文集》四卷，曰《詩集》一卷，曰《尺牘》四卷，《尺牘補遺》一卷，《諭兒書》一卷，曰《日記》十四卷。其點勘群經子史、漢魏以來各家詩文集總爲《群書點勘》，凡數百卷。兹録其《記寫定尚書後》二首、《深州風土記叙録》一首以存梗概，并附著與陸學使所列學堂書目，俾後之勤心學務者有以通其意而折衷焉。（下略《記寫定尚書後》二首、《深州風土記叙録》。）

《學堂書目》：小學堂七八歲入。此學一鄉一家所必設，即諭旨所稱蒙養學堂，非一縣設立之小學堂。經：《論語》、《孟子》。《大學》、《中庸》二書勿遽讀。子史：《韓非》、《難一》、《難二》、《難三》、《難四》。《國策小品》。選每章百餘字，或數十字讀之。詩。唐人五七言絶句，如「床前明月光」、「松下問童子」、「少小離鄉老大回」、「獨在異鄉爲異客」之類，凡意深者勿讀。漢魏樂府，如「日出東南隅」、「孔雀東南飛」之類，難解者勿讀。元、白歌行，張、王樂府皆取其易上口者。學寫字。西學，狄考文所撰《心算法》、《筆算法》、《西算啓蒙問答》、《地理問答》等類。中學堂十二三歲入。經：《左傳》、《公羊》、《穀梁傳》、《禮記》。資性鈍者皆選讀。《左傳》或即用曾文正《經史百家雜鈔·叙記門》所選諸篇，左氏高文大篇粗具於此。《禮記》選讀其全篇成文者，村塾删本不可用。《大學》、《中庸》入《禮記》中。史：《曾選通鑑諸篇》、在《叙記門》附《左傳》後。陳文恭公所編《綱鑑正史約》，此書簡而不陋，又有句讀，村塾袁了凡、王鳳洲《綱鑑》及《易知録》不可用。日本人所編《清國史略》。亦簡明。文：姚姬傳氏所選《古文辭類纂》。先讀論辨中歐、曾、蘇、王諸論及奏議下編兩蘇諸策，後讀韓、柳諸論及漢人奏疏對策。詩：王阮亭《古詩選》、用聞人氏箋本，雖解釋未精當，要便初學。五言先讀曹、陶，七言先讀杜、蘇。姚氏《今體詩選》。五言先讀王、孟，七言先讀杜。王、姚二選金陵有合刻者，苦其難讀，教者應并閱方植之《昭昧詹言》爲之講授。學作詩文。西學，《天文圖説》、《地理全志》、《地學淺釋》、《省身指掌》、《動物學》、《植物學》、《百鳥圖説》、《百獸圖説》、《化學衛生論》、《孩童衛生論》、《居宅衛生論》、《萬國史記》、《泰西新史攬要》、《幾何》前六卷、《形學備旨》、《化學鑑原》、《運規約旨》、《萬國輿圖》、《西學啓蒙》十六種、《防海新論》、《臨陣管見》、《東方交涉記》、《大英國志》、《俄史輯譯》、《法國志略》、《米利堅志》、《日本國志》、《德國聯邦志略》、《萬國公法》、《公法便覽》、《公法會通》、《格物入門》、《儒門醫學》、《西醫舉隅》、《學繪圖》、學一國語言文字。大學堂十六七八歲入。經：《詩》、《書》、《易》、《周禮》、《儀禮》。姿性鈍者去《儀禮》，更鈍去《周易》，更鈍去《周禮》。史：《史記》、《漢書》、姿性鈍者選讀各數十篇，或十餘篇。《通鑑》、姿性鈍者閲《通鑑輯覽》，講授胡文忠公所輯《讀史兵略》。《大清通禮》、《簡本會典》、《蔣氏東華録》、《聖武記》、《湘軍志》、《淮軍平捻記》、《先正事略》、《中興將帥傳》、朱仲武撰。《海國圖志》、《通商約章類纂》、《正續瀛寰志略》。文：《古文辭類纂》。讀序、跋、書、説、贈序、雜記諸門。詩：《王姚詩選》。五古讀阮公、二謝，七古讀李、韓、黄諸公，五律讀杜，七律讀小李杜及宋詩。西學：本年新譯《萬國史要》、《西國哲學史》、《世界文明史》、《西國事物起原》、《海上權力史》、《歐洲外交史》、《世界國勢要覽》、《博物教科書》、《植物教科書》，以上皆新譯日本書。《談天》、《幾何》後四卷、《重學》、《各國交涉公法論》、《法國律例》、《英律全書》、《西國律例便覽》、《西醫内科全書》、《西藥大成》、《天演論》、《佐治芻言》、《原富》。南洋初付刻。中國專門學廿歲以後入。經：《十三經注疏》、《易》、李鼎祚《集解》、歐陽公《易童子問》、《程傳》、《漢上易傳》。《書》、吴文正公《纂言》、閻氏《尚書疏證》、孫氏《今古文注疏》。《詩》、歐陽公《詩本義》、吕氏《讀詩記》、陳碩甫《毛詩傳疏》。《儀禮》、朱子《經傳通解》、《欽定義疏》、胡竹邨《儀禮正義》。《周禮》、王荆公《周官新義》、《欽定義疏》。《禮記》衛正叔《集解》、《欽定義疏》、《夏氏訓纂》。《左傳》、顧氏《杜解補正》、顧氏《春秋大事表》、李氏《賈服注輯述》。《公羊》、孔氏《通義》。《穀梁》、鍾氏《補注》。《爾雅》、郝氏《義疏》。《論語》、《古注集箋》、朱子《集注》。《孟子》、朱子《集注》、焦氏《正義》。《大戴禮》、孔氏《補注》。《逸周書》、盧氏校本。《説文》段氏《注》、朱氏《通訓定聲》。《廣雅》王氏《疏證》。韵學《廣韵》、《集韵》、吴才老《韵補》、顧氏唐韵正、《佩文廣韵匯編》。群經。秦氏《五禮通考》、王氏《經義述聞》。史：《後漢書》、《三國志》、《新唐書》、《新五代史》、《明史》、《通鑑紀事本末》、李燾《續通鑑長編》、畢氏《續通鑑》、《明紀》、《宋名臣言行録》、《貞觀政要》、《唐鑑》《國朝開國方略》、《三朝實録》、《十朝東華録》、《國朝名人碑傳集》、《三通》、《大清會典》、《兩漢紀》、《唐六典》、《開元禮》、《唐律疏議》、《明律》、《大清律》。子：《老子》、《莊子》、《荀子》、《楚辭》、《韓非子》、《吕覽》、《管子》、《淮南子》、《法言》、《太玄》。集：《文選》《古文辭類纂》讀碑誌、詞賦、哀祭。曾文正公《經史百家雜鈔》、《十八家詩鈔》、《王姚詩選》增杜、韓五言古，韓致堯、元遺山七律。韓集、柳集、李習之集、歐集、王集、曾集、三蘇集、歸太僕集、以上文。曹子建集、陶集、杜集、李太白集、李義山集、杜牧之集、黄集、陸放翁集、元遺山集、以上詩。韓、柳、歐、蘇等詩已具文集中。陸宣公奏議、程朱陸王集。

右所列諸書，一人已不能盡通，學者各執一門可也。此外書雖多，不讀之不爲陋也。西國專門之學則各有師授，雖有已譯各書，不能强列。

論曰：大哉！子思之言曰：「考諸三王而不謬，建諸天地而不悖，質諸鬼神而無疑，百世以俟聖人而不惑。」後之人苟有能與於是者，皆起孔子於一堂與相唯諾者也。三代而上，聖與聖比肩而立。孔子之功在六經，孟子固以爲集大成，時中之聖矣。至如伯夷、伊尹、柳下惠三人者，孟子所不願學，亦皆目之爲聖。而孔子言「十室之邑，必有忠信如丘，不如丘之好學」，使其好學，則皆孔子矣。孟子亦曰「人皆可以爲堯舜」，荀子曰「塗之人可以爲禹」，天地至大；古今至遥，人處其中，其由明而誠，盡性以至於命，而與天地相參者，固任有志者所自爲，造物者未嘗立一塗以限之。漢之司馬遷作《史記》以繼《春秋》,《春秋》是非二百四十二年之事,遷復推而廣之,上始五帝,下終漢武,貫穿數千載。自孔子没而微言絶,文義之不析,微言之不明,而遷書且爲謗書,豈其是非之本謬於孔子哉?甚矣夫,人之不學也!班固撰《漢書》,獨取孟軻、荀況、董仲舒、司馬遷、劉向、揚雄數人繼孔子後。孔子不語怪神,仲舒、向、雄皆信五行後起之説,固亦著之爲志,斯達者之一蔽已。雄以《法言》擬《論語》、《太玄》擬《易》,諸儒或譏其非聖人而作經,其門人侯芭獨以《太玄》勝《周易》。雄作《劇秦美新》,示誅絶於莽,亦以仲尼《春秋》自況。後世知言如唐李翺,顧猶以爲不至於理,不在於教勸,則其識未足以知雄之至也。韓愈論漢朝文,獨推太史公、司馬相如、劉向、揚雄爲最,而不及仲舒,其識視固尤卓。其作《進學解》,悉取《書》、《易》、《詩》、《春秋》、《左氏》以自況,其文又嘗謂世無孔子,不當在弟子之列,所自信者至矣。而有宋諸賢顧目爲先儒韓愈,并先賢而不敢稱,一若自孔子後,世遂不復有聖,自孔子弟子外,世亦不復有賢者夫。豈孔子垂教萬世之本旨乎?是後學者溺於所聞,拘墟自守而不敢稍有逾越,有豪傑特立之世且相與聚而怪之。學術之隳,世風之下,有由然矣。近世聖哲乃崛起於歐美,不惟前後相望不絶而已。後者且益蕲勝乎前,國運乃浡興不可遏,夫非學之驗歟?時至清季,外國之新學交灌并入,國學殆廢絶不講。汝綸遠紹旁搜,好學不倦,實總古今百代之學而集其大成,以下開夫後千百年聰明才達之倫,而上與古聖先賢精微相孚契。俾真理日出,新學舊學得以轉相發明,引而益上,無幾微槎枒之不合,由是措之政治,施之教化,隨其才智之高下,皆能有益於人類,以臻世運郅隆之極軌,而人道乃屹然與天地并昭,其悲憫爲獨至。所著《易説》、《尚書故》，自太史公、揚子雲外，蓋莫與并。其文章高視千載，詩則兼綜諸大家之長而一範之以文律。四言詩上追《雅》、《頌》，自韓退之外莫有逮者。而尤多經世閎旨，雖孟子所謂「聖人復起不易吾言」者，何以尚兹。斯蓋千古學術廢興絶續之樞機，非獨一代人文之所繫已也。

吴先生行狀

門人賀濤

先生諱汝綸，字摯甫，姓吴氏，安徽桐城人。曾祖諱太和，候選府經歷。祖諱廷森。父諱元甲，以諸生舉孝廉方正，武昌張廉卿先生嘗銘其墓，所謂吴徵君者也。母氏馬，其卒也，張先生又有馬太淑人祔葬之志。自先生貴，封贈兩世，如其官。

先生幼喜讀書，少長以文章見知於曾文正公，遂從曾公受學。同治甲子舉於鄉，乙丑成進士，文端公倭仁見其廷試策而奇之，拔置一甲。先是今湖廣總督南皮張公以第三人及第，其策不用當時體，先生所爲策其體亦異。某公曰：「此有所效而爲之者，抑置三甲，以中書用。」曾公督兩江，奏調先生至金陵，移督直隸，又調先生北來，補深州直隸州知州。以父憂歸，又丁母憂。服除，署天津府知府，補冀州。

先生之言曰：「不可於上，守吾法；不可於法，利吾民；不可於民，行吾志與學。」故其爲政，可博美名取上考而實無裨於民且擾之者，一不厝意。逆民之情，實則利之，則毅然而行，雖觸上官之怒，不顧也。初治深，布政使錢敏肅公令復廢倉積穀，州縣趨爲之，先生爲言其弊，以爲擾民，獨置不復。州舊有義學二百四十餘區，其學田豪民攘有之，前知州多注意於此，屢變其法而弊不除。先生曰：「上務其名，民私其利，不責實之過也。」乃廢義學，没入其田千四百餘畝，歸之書院，又爲書院追償二十年逋負五千金，厚給師生，廣（筆者案：或當作「庋」）置書籍，而書院以興。道光初，議均減徭役，知州張杰以爲宜用攤丁法均之田畝，乃三分所轄村而更取之。同治十二年，謁東陵，吏以故事白，先生曰：「均徭於畝，張杰之議善矣。村户改變不常，而班分而更取，仍以故籍爲率，猶之不均也。」於是統境内田畝，依徵糧册而一均之，而均徭之，法遂簡易而無弊，垂爲永式焉。其在冀開冀、衡六十里之渠，泄積水於滏，變沮洳斥鹵之田爲膏腴者且十萬畝。時財用匱竭，官錢不易得，先生既上言大府以請，苟可出力以助吾謀者，無不通以書，情感勢劫，與相違復牘牒書問日數十發，卒得白金十萬兩，而功以成。功之未成，先生與人書曰：「百計哀求，情同無賴。」既成，則又曰：「吾於事百無一能，至於籌款，可謂有作金之術矣。」其於書院如在深州時，故二州人士皆知務實學。先生在冀久，成材尤多，兩書院遂爲畿輔冠。冀之役法，合若干村爲一官村，官村歲出錢若干，官取之官村，官村村取之，村户取之，官不問也，已有不均之患。村之豐嗇，户之貧富，今昔不同，而官與官村之遞相科斂者，不改其舊，而民之苦樂遂至敻絶。先生一以深州均徭之法均之，民以爲便。在深代游公智開，在冀代李公秉衡，皆世所稱廉能吏也，而今之稱道先生所爲者不容口，於二公之治顧忽焉若忘，以先生所施皆實政也。

先生既受學曾公，曾公國士目之，與聞大謀，輒爲草奏。李文忠公代曾公總督直隸，尤倚重焉。與外國互市通好之始，中國人不知外事，動輒召侮受欺，李公出而外交之道始明。其後交際事繁，有疑難必取決於李公。故外交之政，皆所建立，而仿效西法，歲有興改，其造端發難，惟先生是諮，而以章奏屬之。張靖達公、劉壯肅公亦皆虚懷接納，訪以救時所急。中國建築鐵路，劉公發其端，先生實勸之，其疏，先生所屬稿也。先生數與諸公議天下事，既行其言矣，顧不樂仕進，在冀八年，引疾乞退。李公繫時安危，故先生竭誠贊畫，知無不言。數爲李公辯謗，遭口語，而未嘗有所求。嘗一入幕府，已而辭不往。李公以先生天下才，説從計聽，其居官所請無不允，屢欲薦之，而先生辭，不强。故先生入仕二十年，未嘗遷官增秩，而品服如初。及乞退，李公問其故，先生曰：「無仕宦才。」李公笑曰：「才則有餘，性剛不能與俗諧耳。」先生笑不言，遂聽其去官，而留主蓮池書院。其倚辦於先生者如前。李公失勢，先生爲盡力有加於初。故祭李公文有曰：「不佞在門，或仕或止，迹疏意親，謂公知己。」嗚乎！賢者之相與，固不易測度哉！

先生之學，無所不研究，而以能濟時變爲歸宿。於古人書，率以文衡之，以謂文者，精神志趣寄焉，不得其精神志趣，則辭之輕重緩急離合失其宜，而不能得其要領，或悖其旨而旁趨。又嘗言：「古人著書，未有無所爲而漫言道理者。」故治群經子史，必因文以求其意。於古今衆説，無所不采，亦無所不掃。文法司馬子長，旁逮諸家，以極其變。其論事之文，無高論膚説，不爲苟快意之詞，必使言之可行，行之可久。海外諸國，近百年中日出其所得新理施之政事，遂致富强，挾其術東來，相逼日甚，中國相沿之政俗，不足以當之，非講求其術，殆無以自立。三十年前，先生固嘗以新學倡天下矣。近更旁搜廣取，窮險闢幽，大暢厥旨，而文益博奧醇懿。侯官嚴幼陵先生，博學能古文，精通外國語言文字，所譯西書，自譯書以來蓋未有能及之者，而必就質於先生，先生每爲審正，輒退而服曰：「非所及也！」其教人，既以古學進之，又必語以當世之務，奪其舊習。故自外交事起，士大夫毀所不見，以無所挾之驕，不自量之憤，爲進退失據之説，謂之正論，散布於朝野上下間，使當事者有所牽，率不敢恣所爲，民氣亦因之不靖，禍亂屢生。而從先生游者，則類能通知世變，不爲時論所淆，而以息囂龐啓愚昧爲己任。於古學亦能破除庸陋，以所獨得發爲文章。先生於學者引掖獎薦，既出於至誠，故學者多樂從，而愛慕之意久而彌篤。在保定十餘年，深、冀人歲時往謁，不絶於塗。嘗有急需，一州人醵金以進，先生不能却也。

光緒二十六年，外釁開，諸國兵并至，京師不守，先生避地至深。李公受命與諸國議和，以書招先生，先生遂至京師。和議成，天子憂世變之靡有屆也，大新庶政，與天下更始，而以作育人材爲先。詔天下用西國法立學，建大學堂於京師，以統攝之，而命吏部尚書長沙張公爲管學大臣。於是張公聘先生爲大學堂總教習，先生辭，固請，不可。直隸薦紳魏鍾瀚等千二百人上書先生，請就張公之聘，猶未應也。張公欲遂其事，遽聞於朝，天子許之，命以五品京堂充大學堂總教習。先生既受命，思報張公之知遇，而慮學校初立，其法未能盡善也。日本用西法久，學制尤明備，自請赴日本考求之。既至，自長崎、神户、大阪與東、西京，所有之學校無不往也；自文部大臣以及教師學徒，與凡以教育名家者，無不晤語也；

自大學下至村町之學，其學地、學舍與於學事之人、學所應具之器物，無不博稽而詳察也；教授之法、論學之旨，則必深求其所以然之故，求而不得，思之至困，日行數十里，日接數十人，而文部聽講，尤必日至不少間。舉見聞之涉乎學制者，編以爲《東游叢録》，既備既精。在日本凡百日而歸，便道還桐城。至數日，又如安慶謀立桐城小學堂，議定乃還，還數日而病，病數日而卒，二十九年正月十二日也，春秋六十有四。

先生聲播中外，歐美名流皆喜與過從，推爲東方一人。日本人尤信慕，學者或航海西來，執弟子禮受業。其居中國者，無不造門請見，贈珍物，通殷勤，而乞詩文，以夸示其國。及先生東渡，傾一國人無貴賤男女，皆以得一見爲幸，更進迭來，或伺候言動，以登報紙，有譏其國人趨謁不時使不得休息，爲不愛客者。其國君亦延見致敬愛。而有識之徒則爭出所有自效，曰：「吾國維新之初，號稱多才，無先生比者。」見所纂録，則又以爲「吾國人自爲論次，不能如此精審」。先生之始至，其士大夫及中國人之居游是邦者，結會相迎，謂之歡迎會。及其卒，則又相與吊祭，爲追悼會云。

先生友于兄弟。伯兄病，屏去僕役，躬執煩辱。季弟病羸，服食藥餌，必具必精，苟可以娱其意，竭財力爲之，得閑則守視不去，積十餘年不怠。叔弟官山東，亦多病，先生時在保定，歲走千里往省之，爲經紀其公私所應爲者。兄弟没，孤寡皆依焉。

配汪氏，封淑人，女四人，長適直隸候補知縣薛翼運，次適舉人汪應張，次適翰林院編修湖南學政柯劭忞，次適直隸候補知縣王光鸞。側室歐氏，子闓生，年少有軼才，游學日本，學且成矣，聞先生疾乃歸。女一。

所著書有《寫定尚書》一卷，《尚書故》若干卷，《易説》若干卷，《深州風土記》二十卷，《詩文集》若干卷，《日記》若干卷，《東游叢録》四卷。所讀書皆章乙句絶，其文詞之美者，以丹黄識别之，而評騭其醇疵高下，其考證校勘，亦雜識其中，書數萬卷，皆有手迹。

先生雖不樂久宦，未嘗以忘世爲高。李公事業，嘗以所學濟之。又將佐張公以新教法，雖未獲竟其志，聲光所被，已足增重國家，激厲士氣。而所采録，法明義闡，尤可據以措施，厥功偉矣！其吏治於法不必書，而紀二州政績必詳且盡者，二州人皆以爲先生私我，輒欲私報之，故備書焉，以慰我二州人之私也。門人賀濤謹撰。

先府君哀狀 光緒二十九年

府君體素弱，而善自攝養，從不輕有疾病。去歲，奉旨派充京師大學堂總教習，請於管學大臣，至日本訪詢學制。勤劬將事，東報嘗稱其精力過絶數人，勞瘁至甚，不能將息。歸國後，請假歸里一視，沿途感觸海上風寒，因以致疾，延至正月初七日，病勢沉重，至省城延西醫到家診治，無效，至十二日卯刻，竟棄人世而長逝矣。嗚呼哀哉！不孝方游學日本，相距萬里，十五日得電信稱府君疾重，踉蹌奔還，至上海已聞噩耗，當即變服匍匐歸里，距府君之逝已十日矣。生不能養，死不能送，曾不得盡人子一日之職，嗚呼哀哉！

府君懿行碩學，爲天下所共聞見，獨東游之役，其盡瘁徇職以致殞身報國之迹，交游間或未得盡知，有不得不含痛縷述，以達公鑒者。府君初膺張尚書知薦，雖再三辭讓，其後既被聖旨，乃毅然欲有以自任，以酬恩遇，故自請爲出海之行，計其時前死纔數月耳。以六十垂白之年，行萬里絶海之域，溽暑炎蒸之際，勞瘁百端。初至，查視學校，每日輒十數區，自講堂教室，以至一椽一桷之微，自圖籍儀器，以至一名一物之細，凡構造之精，陳列之備，無不詳加察覽，曲與研究。炎天赤日之下，步行數十里，各校講師更番應客，而府君曾無休時。從者皆意怠神疲，不能自振，府君亦憊甚，左右或言先生憊甚矣，府君奮然曰：「吾爲國家至此，殫精考核，正在此時，不可不自敦率！」乃益振勵將事。在東京日夕應客以百十數，皆一一親與筆談，日盡數百紙，無一語不及教育事者。所接亦多教育名家，反復詰難，曲盡其藴。客退，輒撮記精要，手録成册。每至過午不食，夜分不寢，以爲常。日本報館主筆屢用驚歎，而府君精力實以此盡矣。嘗獨携一譯人，往訪該國宫中顧問田中不二麿，（田中嘗爲日本巡訪歐美各國學制，日本教育多其手定。）相距甚遠，府君又不肯乘馬車，獨以人力車往，中塗路滑，車子傾跌，府君傷鼻，血流如注，昏不知人。譯人大驚，扶掖至近傍醫院，用冷水療洗，血止，即馳車至田中之宅，與談辨詳甚。又過教育家和新次等數人，乃歸。歸後數日，傷處猶隱痛也。其勤事不顧身，大率如此。在文部省聽講教育旨趣，親携紙筆，與二三學徒，每日冒暑往聽二三小時，曾不倦怠，片語隻字，躬自紀録。其勤懇之狀、忱篤之衷，文部高等官相與私歎，以爲所未嘗睹。具見東京日報。臨行，過西京大學，與其總教木下廣次深談，木下大服，退語人曰：「吴先生精思卓識，曠絶一世，日本維新之時，斷無如此人才。大清教育之隆，可翹企也。」其名流推服，大都如是。蓋府君聲在日本既久，方其始至，名公貴人，學士大夫，下至女子厮養，無不踵門參謁，以一見中國大儒爲幸。既相接，無不傾倒至甚。所以增重國光者，實非微淺。去後，在舟中諭兒書云「東游三月，未若舟中之閑適者」，其始終勤瘁，未嘗一息休暇可見也。

歸國之時，日報頗傳口語，日本人多疑府君南歸無意復出者。不孝作家書時，亦言大人春秋高矣，從此優游湖山，未爲失計。府君復書云：「吾此次東游日本，君臣上下，期望殷切如此，今若不出，使鄰國疑吾朝廷，於義不可。吾歸家小住，解凍即遄上報命，若不用而後歸，未晚也。」歸里以後，又爲本縣開辦小學堂事，盡慮籌畫，寢食胥廢。歸家百不暇問，即至會城，及十二月二十九日還家度歲，遂以積勞致疾，以至不起，嗚呼哀哉！

伏思府君平素神明純固，交游多謂宜登上壽，倉卒遘患，遂至夭閼天年，追原其故，實以委身王事，不自顧惜，精力疲竭，失於調養，年齒垂暮，遂不復救。揆之人臣致身之義，蓋無愧色。自授職大學以來，雖未嘗一日莅事，而其殫精以圖學事，殆莫有過者。日本一行，不獨爲國家光寵，其所訪查教育事宜，及日記筆談，皆已勒爲成書，凡歐美學校精理大端畢具。東報嘗稱其編集精詳，雖彼邦自著莫能逮，今天下方開學堂，其所陳足備采擇。艱難死事，不爲無功。獨蒙朝廷特知，未及以身任職，臨死猶引爲憾事。綜其夙志遺謨，至可哀痛，尚望達官貴顯有生平之素者，將其在東勞績及積勞致殞之由，臚陳當軸，俾得上達天聰，則孤露餘生，感且不朽。苫塊昏迷，語無倫次，謹縷述概略，大率載在東報，爲彼都所熟稱，决不敢臆撰一語以自誣其死父。仁人君子，幸矜憐而垂鑒焉。棘人吴闓生泣述。

先府君事略

先君諱某字某，安徽桐城縣人。道光庚子年九月二十日生。以弟一人入學爲諸生，中同治甲子科第九名舉人，乙丑科第八名進士，生平於制科無再試者。家門世有陰德，先王父尤以道義高鄉里。

先君性至孝，於兄弟友愛無與比。幼苦貧，刻勵向學，得雞卵一枚，不肯食，易松脂以照讀書。少長，以文章見知於湘鄉曾文正公，公奇其才，以爲「漢之禰衡」。舉進士，佐文正公幕府。十年，文正移江南，先君留官直隸，因佐合肥李文忠公幕府。當是時，叛亂初定，外國駸駸内嚮，海宇洞開，風會既一變，驚奇譎幻之端，皆前古所未嘗有。而在廷官吏，多狃習常故，鮮宏通遠識之材能深察未然，與時勢相推移以矯制更俗扶進國運者。中外大疑大計，壹决於曾、李兩相，李公尤特立以當外交之衝。先君左右其間，事無大小，無不盡慮，二公亦深相倚重，舉時務機要，悉以資之。故先君以一身關天下之大者，垂三十年。今刊行曾、李奏議，大抵出先君之手。

先君既參贊當世大政，出其緒餘以爲官一州郡，所至卓著名績。歷任署天津府知府，補深州直隸州知州，冀州直隸州知州。在冀州尤久。冀故辟左下邑，先君振興文教，英彦蔚起，遂爲畿輔之望。地污下，田斥鹵不治，多水潦患，先君爲開渠六十餘里，導積水入滏，建閘以啓閉之。由是田始可耕，商旅鱗萃，民用饒給。其始不便，謗議紛集，效久而彌念之。先君在官，盡心民事，興學開渠，其最著云。好客，延進後輩，惟恐不及，士爭歸向。通州范先生當世，才高能文，先君致之官所，傾宦橐待之，恣所爲不問，范先生以此取重名於天下。至於友朋危難，輒鋭身救之，不顧計禍福利害也。又善御下，有劇盜名聞遠近，前政不能制，歸命先君，嘗得其死力，以此捕治盜賊，無不效者。然性恬退，不樂仕宦，於衆所慕趨榮途，避去若浼。唯文正公最知先君，文正薨，先君益孤立無所恃，以故居官二十年，同位多躋顯要，或膺方面重寄，立名字於京朝，而先君不進一階，不加一秩，久之，卒謝病去。

李文忠嘗再三欲薦先君，先君不屑就也。罷冀州後，遂欲南歸，李公切辭留之曰：「我老，國家艱危至此，公何更忍棄我！我死，乃聽公歸耳。」先君憐其意，不復言去。顧以性坦直，不能阿世取榮，思欲就閑處以教育後進自任，乃留居保定，主講蓮池書院，自是迄終世，先君之志事專在於教化矣。

罷官十餘年，深、冀之民始終仰之如慈父母，歲時過從相續。先君不營生計，有事，深、冀之人輒醵資集數千金以待急需，如此者前後凡數四。先君雖不受，而諸人之行未之有改。

在保定十年，以新學倡導士子，風氣豁開，積習梳薙，士多以英偉識時務著聲。後來興事創業者，咸出其門。先後立英文、日本文學堂，延英、日名人以爲教授。於時，外國學爲衆所未聞，俗論多震駭之者，先君不爲動。未幾，亂民禍起，日以仇殺外人爲事，學悉壞散，先君又建言大府，宜急捕治亂民，毋使熾。大府方蕰亂，不能用。先君亦以此不容於衆，挈家出走，幾不得免。先君雖在難，倉皇顛沛，然意氣泰然，諷誦自若，無驚遽之色也。嘗避地深州，法軍略地至深，已及郊矣，州人大震，欲舉城夜遁，先君召集人吏，籌退敵之策，親巡街市以鎮撫之，卒以無事。後數月，李文忠來持和議，先君乃還京師。時文忠猶欲薦先君，密使所親示意，先君盛言其不可，勸者曰：「君自論病耳，今將勒君使下藥當奈何？」先君答曰：「今代高醫，無如相國，以相國所不能而謂下走能之乎？吾以太平時辭官，若以危亂時起復，何顛悖若是？相國愛我，使我處一講席，或南或北，當令諸生略識時務，萬一爲國家收用，不致愚謬誤國，是我所庶幾，出仕非所能也。」無何，和議成，文忠亦薨逝，于是先君決意歸。士人非弟子者魏鍾瀚等千二百人上書，卧轍攀留，徑置不顧。壬寅春，天子懲往事之過，發憤圖强，參考中外良法，詔行省府州縣咸立學堂，首於京師創立大學堂爲之倡。管學大臣吏部尚書張百熙以爲學堂之立，首在主持之得人，親枉駕過先君客邸，堅請出相助，不可，則扶服以請，先君猶不應。張公不待許諾，直奏聞之於上，得俞旨賞加五品卿銜，充大學堂總教習。先君聞命，猶爲書告張公力辭，殊無意應也。

是時，中國初用西法立學，苦不得要領，獨日本變法已久，其全國皆設學堂，兼用中西教法，斟酌盡善。先君乃白張公，請往日本訪詢學制，歸復命以爲藉。張公喜諾。歲五月，約裝東渡。先君喜結納外國人與歐美名士，上下議論，意氣懃懃懇懇，見者無不傾倒。英美人林樂知、李提摩太之屬，皆慕交先君，美教士路崇德嘗語人曰：「吾見中國人多矣，學識襟抱，未有萬一及吳先生者，真東方第一人也。」日本同文之國，於先君尤親厚，門人中島裁之絶海來從問學。日本人之在中國者，無道路遠近，必踵門求謁，丐書詩文通款洽爲榮。及東游計定，其舉國人士，無不驚喜相告，以爲兩邦幸，名卿貴人，官吏百執，學徒婦女，下至灶門廝養之徒，莫不爭延頸踵懷，慕望相屬。至止之日，長崎、神户、大坂、東西京名流集會將迎者數千人，皆設盛筵爲酬酢，傾一國士望以賓事先君。先君一以和恕接之，言論懇直無矯飾，見者無不意饜以去，咸推服欣誦不容口。先君官不過大夫，非盟聘專使，無覲見國君之例，日主明治，特延見示敬。在東京，每雞鳴而起，宵旰不暇寢食，考核學事，文書山積，日夕應客以百十數，皆一一親與筆談，反復詰難詳盡。又於其間與舊學家商搉經史，詩人墨客，流連文酒之會，巡察諸學規制，縱覽園林名勝山水佳麗之地，酣嬉極意，窮游讌之樂而公事畢舉。凡東游三月，門不絶屨，車無停軌，日本賢隽，望風辟易，驚歎以爲天人也。及既辭歸，舉國人無不惝然若有大失者。

將歸，請於管學大臣，便道一過故里，因携日本教師一人以南，爲鄉縣立小學堂。既歸，不暇問家事，即至會城，召父老謀立學，盡極勞瘁。議甫就，臘盡始還家門，中塗冒大風雪，得寒疾，素不用中土醫藥，疾亟，自安慶召西醫到家診視，已不可治，光緒二十九年正月十二日晨朝遂卒，享年六十四歲。先君精神强固，老而不衰，健步强飯，如三四十歲人，倉卒遘患，遂致不起，蓋非盡其天年也。不孝羈游日本，聞先君卒乃歸，先君逝已十日，既棺斂矣，哀哉！

先君以孝友文章聞天下，官深州時，迎事王父母，兄弟怡怡，色養無間。伯父病，先君服役左右，屏絶婢僕。及季父以羸疾養痾冀州，家亦少豐，於是盡財力所及調護之，噢咻撫視，累十年無一日怠忽，遠近嗟歎。叔父官山東縣令，亦苦羸疾，冬春間尤劇，先君在蓮池，每歲晏輒跋涉千里省弟治所，舉公私事悉爲料理，終其任不變。叔父力疾從官，忘其身之勞也。

其爲學，於古今中外，無不通貫，尤以瀹民智自强急時病爲宗。蓋自漢以來二千餘年，號稱儒者不可勝數，而真能與於學問之事者，無幾人也。晚近世變益亟，環海强國，競富盛新術，吾徒竊守舊俗，尤不足與相抗。先君以爲，自古求道者必有賴於文，而其效必有以利濟乎當世，不知文事，不足以明前人之意旨而通變以爲世用。自群經子史，下逮百家之書，一以文之醇疵高下裁之，千秋作者，莫逃其衡鑒。於西人新學新理，尤兢兢，嘗欲取彼長技，化裁損挹，以大行於天下。既不獲見諸實事，乃一以發之乎其文章，欲存厥端緒，以下開夫千百年後聰明材達之倫，庶幾有能繼起而行吾志者。故先君之文，巋焉關一世之安危，非他家之所敢望。所著《書》、《易》經説，於千古疑滯，條理咸晰，而文體尤崇絶，門人邯鄲李景濂讀之，歎曰：「古今惟司馬子長、韓退之吾不敢知，能此者無第三人矣！」侯官嚴先生復，以精通西學爲中國第一，所譯書皆謁先君審定，退而服曰：「某沈潛西籍數十年，於彼中玄奧，不能悉了也，先生往往一二語已洞其要，中外學術一貫，固如是乎？」門人安平弓汝恒盡棄他業，專心輿地之學三十年，著《古今地理沿革表》數十卷，自以貫串經傳，於古無兩，讀先君所論地理書，乃咋舌自失，謂盡生平所未知。其博涉旁通皆此類。嘗以謂學術之與事功，不可區分爲二。近百年來，唯曾文正公能用其所學，樹偉績於當世，門下如郭、薛、張、黎，咸得其一體。然曾公享年不永，不能究極未來之事變。方今之世，新舊乘除、存亡絶續之交也，立乎新舊乘除、存亡絶續之交，以樞紐天下之安危，能隨機肆應，與列强上下相角逐，使知中國有人，斂手而不敢動者，唯李文忠一人。雖不必以學力與殊方機智之儔相爭衡，其所獨得者蓋出天性也。李公死，天下幾無人矣。近時士大夫熟睹禍至之無日，亦嘗相與痛憤太息憂之，然而莫之效者。非必濟亂之材無其人，績學之功不足也。變既日亟，後之世必非不學無術、偏長淺涉小智之徒所能勉强支拄者，非舉中外學術融會於一冶，以陶鑄而裁成之，未足言人才矣。顧能操其柄而責之效者，固曠世所希覯耳。故先君晚年所營度汲汲若不及者，尤以興學造新人才當世變爲亟。壽不盡其年，時不副其志，朝廷大臣方虚懷相畀，士流多仰首以托，命者一旦不幸，遂至摧折以死，意者天之不可知邪？抑固命也？烏乎！其酷矣夫！

先君服御簡薄，生平於事物無所好，獨好聚書，雖貧匱，輒出重金購書，藏書數萬卷，皆手自厘定，居恒手一卷不釋。所著書已刻者，有《寫定尚書》一卷，《深州風土記》二十卷，《東游叢録》四卷，其餘《經説》、《詩文》、《尺牘》、《日記》若干卷，厘定群書若干種，多爲學經世之要，先君禁傳播文字，故交游間罕得見者。不孝將謀刊刻行世，以竢後聖君子。二十九年二月，不孝男吴闓生謹述。

在官履歷：　具官某年若干歲，安徽桐城縣人，由附生中式同治甲子科第九名舉人，乙丑科會試中式第八名貢士，以内閣中書用。同治八年前總督曾奏保，奉旨「著以直隸州留於直隸補用，欽此」。九年補深州，十年六月到任。十二年三月十四日丁父憂。光緒元年接丁母憂。三年九月十四日服闋，指捐原省，五年五月赴部驗放到省，九月奉委代理天津府。六年二月卸事。七年三月補冀州，閏七月初十日到任。須至履歷者。

吴摯甫先生行狀

門人姚永概

曾祖太和，候選府經歷。

祖庭森。

父元甲，縣附生，咸豐元年孝廉方正。

先生諱汝綸，字摯甫，世居桐城之南鄉。吴氏自元明之交由徽州遷桐城，凡數派，各自爲宗。先生之宗，以所居名曰高店。高店之吴，分二支，曰寶慶，曰榮華，先生之支曰榮華。寶慶多科甲仕官，榮華則有生甫先生者，先生族祖也，以古文名於京師，與方侍郎苞同時，餘則不顯。父徵君居鄉里，孝友任恤，勇於作事，不顧藉利害，先生猶其風類也。弱冠中同治甲子科舉人，乙丑成進士，以内閣中書用。曾文正公見先生文於方先生宗誠所，大奇之，又聞徵君善教，遂延教其孫，而奏留先生於幕府十餘年。文正公薨，李文忠公繼之，復致禮焉。世傳曾、李奏議多出先生手。當文正公辦天津教案時，從容謂先生曰：「吾大臣任國事，不當計毀譽。子年少，名甫立，盍稍避乎？」先生笑不應。及李公用事，其所經畫，皆前古未嘗有。而當外交之衝，操縱應付，尤驚駭世俗，非庸人所易知。先生佐佑其間，竭思慮自效，不肯諉謝。故二公深相倚重，大疑大計，悉取資之。

嘗補深州直隸州知州，丁父憂，繼丁母憂，服闋，署天津府知府，復補冀州直隸州知州。乾隆時，方恪敏公爲總督，下教建立義倉，世傳《畿輔義倉圖》者是也。方公薨，倉儲寖壞，咸豐兵燹以後，乃盡耗矣。同治十年，錢敏肅公爲布政使，復修方公倉制。先生在深州，獨進曰：「不可復也，又且擾民。」錢公曰：「何謂也？」先生曰：「方公當國家全盛，上下交足，名器貴重，故給七品以次即爭納粟。今富人亡慮皆四五品矣，安肯爲勸？其積也必箕斂，甚者威之。其儲也責之倉正，耗減取償焉。其散而復斂也，敦率之不還，若息不足，必勾攝而敲扑之。故曰不可復也。又且擾民。」錢公曰：「子之言然。」深州獨止不復。其在冀也，開渠六十餘里，泄積水於滏，商旅既便，田得河流泄鹼氣，斥鹵變爲肥沃，又少水潦患，民大便之。而先生在二州，尤以興學育才爲汲汲。深州故有賢牧張杰，括境内廢廟田得五千四百四十餘畝，增立義學至二百四十五區，然久之遂爲豪民私攘而學廢。先生以爲學散在四境，官難遍知，又無良師長董之，名爲村村有學，實乃連數村無識字之民。於是言於上官，請檢視學廢者没入其田於書院，厚給師生，買經史圖籍，恣高材者覽觀，生徒問業，四面而至。其於冀也亦然。又聘王樹枏、賀濤、范當世爲之師，三人者，文學皆天下選也。然先生去深，豪民攘田者間入京師，交通御史，劾奏先生破壞義學，下總督遣官按治，頗復給還。而兩州之士，自此彬彬嚮文學，其尤著者南宫進士李剛己、武邑進士吴鐙、舉人趙衡，凡十餘人，爲畿輔冠云。

先生在冀數年，一旦謝病去，李公聘主蓮池書院。先生博極古今中外之學，於事物無所嗜，獨喜蓄書，日手一卷不輟。評論得失，一以文辭高下爲準。蓋先生浸淫於古者深，以爲文章者實吾國歷聖相禪之至寶也。苟具閎博精偉之識，其爲文未有不燦然可觀。獨古人之文，或其辭高，或拘束時忌，微言孤旨，往往匿於篇章之中，非好學深思者不能發也。然豈果空談不足周世用哉！深於文者識必通，方今海寓新學，日出不窮，吾苟能兼收并畜，皆足助我化裁損益之道。彼深拒固絶者，震駭以爲不可幾及，皆由識之不足，其於文事，或未深造也。先生以是爲學，即以是爲教所與游，皆一時豪傑。至於西國名士，日本儒者，每過保定，必謁吴先生，進有所叩，退無不欣然推服，以爲東方一人也。

庚子之亂，先生避地深州，深州人士日夜追隨不去。其後法兵卒至，先生爲籌應待之策，州卒無事。乃修補故所嘗纂《深州風土記》，於《兵事》一篇，三致意焉。居數月，李文忠公奉命修和議，先生入京師。文忠公薨，先生決策南旋。直隸搢紳魏鍾瀚等千二百人上書請留，不顧。會朝廷詔開學堂，命吏部尚書張公百熙爲管學大臣，親過先生客邸，請相助。不可。則扶服固請，仍不可。張公則徑入告，得俞旨賞加五品卿銜，派充大學堂總教習。先生不得已於張公，則請往日本考察學制，以報其意。遂以壬寅五月東渡。日本故習先生名，長崎、神户、大阪、東西京，所至集會歡迎，一言一動，傳録報紙相誇尚，傾其賢豪。先生雞鳴而起，夜中始休，親歷各學考詢，又之文部聽講，間則與彼教育家往還筆談，有餘隙則求詩字、商經史者麕至，先生隨宜應之，人人意滿。先生居日本三月，深知彼國教育，自幼稚園以至大學院，階級井然，教者易施，而受者易領悟也。吾國欲興學堂，勢非由蒙養立其基不可。然獨苦於無師，勢非各行省府州縣遍立師範學堂不可。循此而計之，二十餘年乃有人才起，供國家之用。而世變已極，豈可更曠日久遠，俟之二十年以後？然則爲今兹計，亟擇年力合格而中學已就之才，分入各科專門，三五年即視其所成而任以事，此又貴乎力破故例，以求實用，不可但給以舉人進士等虚榮已也。既以是復於張公，又集録所得爲《東游叢録》，以歸餉國人。初東游時即請於張公，一過故里，至是携日本教師一人歸桐城，集父老創立縣學堂，欲實驗其説云。乃以光緒二十九年正月十二日卒於里第，春秋六十有四。

先生居官，俸禄所入，悉以給昆弟朋友飲食，被御至簡薄，未嘗狐裘。平居早起，喜周行原野，至七八里，然後歸而治事。雖爲曾、李二公所知，不肯受薦舉，其官直隸州知州，乃中書所應得也。

子一人闓生，有文行，能世其家。先生所著，尚有《寫定尚書》、《尚書故》、《易説》、詩、銘、碑、論、雜文、筆記、評論諸書，闓生偕門人方編次刊行。先君子與先生爲故交，至葬，先生錫之銘，去卒僅三十許日。闓生少嘗奉先生命從余游，來請撰述。伏念先生歷官行事，道術文章，信於天下，見尊於外國，實爲國家光榮。謹就闓生所述，参以見聞，稍加撰次，以待名公卿上聞，付史館垂編録。謹狀。

在安慶寄邦人書

日本早川新次

小生去秋隨吴先生到安慶，從事桐城縣學堂，今兹所經營者，報名入學生千名内外，已考取七十人，陰曆正月二十日開校。不幸先生病逝，諸事阻滯，悼恨何限！

先生歸國後，謀設桐城縣學，會諸紳於安慶，説以教育之切要，力排紛議，定學堂資本。安徽巡撫亦贊成之，借安慶舊武備學堂爲校舍。先生乘暇歸桐城舊宅掃父祖墓，十二月初旬，再來安慶，爲開校準備。餘暇應故友之請，著序文、碑文四五篇，有《李文忠公神道碑》、《墓誌銘》等。十二月二十八日，先生離學堂，冒風雪乘小汽船至樅陽鎮，又冒風雪歸家，小生等力勸留住學堂，先生必欲歸家度歲，此發病之近因也。先生由安慶至本宅，凡百清里。其前半過樅陽湖，平波渺然；後半山路崎嶇，方今晴暖，寒風尚烈，而鄉曲所用竹轎，不能遮障寒風。先生六十四歲之高齡，自以壯健，風雪中行此長路，固平生精悍之氣象，亦由懷舊之情深也。

先生之家室在保定，一男子今在早稻田大學。桐城唯兄弟遺族，兄弟皆久逝。此次開宗族會議，定其兄之嗣子，先生卒前八日之事也。正月九日下午，突有先生兄子某，遣使送書，報先生病狀，且言先生不信漢醫，專望西醫之診視，乞伴米國醫偕來。小生不敢暇，即與米醫交涉。十日晨發安慶，夜半到吴氏宅，直抵病床詢問。見其容態，已非現世之人，驚其病勢之急激，知非等閑之病。親戚輩具述疝氣之亢進，腹部膨脹如石，熱度高，米醫不能確定病名，小生疑爲腸膜炎也。是夜及次日，米醫種種治療，病勢益惡，先生遂自覺難起，招小生及門人李光炯至枕邊，握小生之手，撫胃腸心臟之上，爲長歎息，托以學堂後事，及三四要件。小生酬知己之恩，正在此時，與米醫議良策，奈傳教兼通醫術之人内科非所長。先生病勢益惡，至十二日早朝，呼吸全絶，小生之遺憾，殆無可喻，兼又不通言語，真有斷腸切齒之思。

先生于衛生醫術，生平注意，小生譯學堂章程中「禁室内咳唾」一條，先生加筆云：「此各國所兢兢也。」又屬譯文部省發布《學校清潔法》一節「大掃除至少每年一度施行」，先生改云：「至少兩三次。」又前時寄書保定家人，言：「中國房舍不適通風采光之法，强小兒終日讀書習字其中，乃小兒早逝之一大原因。」警告親戚小兒，宜以爲戒。今兹之病，斥一切漢醫不用，辯漢醫之不足信，特由安慶奉迎西醫。聞生等一行到宅，甚爲欣喜，豈料米醫毫無效驗。米醫云：「若在上海或日本，得與他醫協議良法。」小生亦覺此地有日本醫士一人，或可奏功，遺憾何極！

先生生平以日記爲一課程，苟當記憶之事，無不紀載，文尤簡雅。所作詩文間亦記載，數十年來不廢。前時印行之《東游叢録》，日記之一節也。小生此來請其親戚，得覽先生之日記，正月元日記云：「祭祖先之後，家人爭以茶點相奉。下午，身體不適。」蓋由此日發病。此後每日續記不輟，至六日絶筆。其六日所記，乃學堂資本所冀得洲田，記載極周密。此皆病中之筆，無病人之狀。越六日而先生遂逝，其病情之急激可知也。

先生自言二十四五歲師事曾文正，與李文忠亦於此時相知。先生一生超逸勢利之外，氣節高潔，而精悍之氣象見於日用常行之間。一有憤激則聲如鳴鞭，貫人心臟，足見英豪之性格。且先生方今中國儒林中最有開化之思想者。去歲游我國數月，考查我國學校制度、財政、衛生、軍事、商工業等，蓄滿腔之經緯歸來，務振鄉里之教育。來月將到北京大學，考查所得逐一報告，且伸己之素志，不用則毅然勇退，以歸鄉里，從事南方之教育。今後十年二十年之事業，胸中具有規畫。不謂疾病之魔力，遽促先生於死。蓋先生一身之遺憾，比之小生等，不知幾百倍也。我國文部大臣，兩大學長，其餘在朝在野爲先生爲中國歡迎東游盡忠以資其便利之諸君子，得先生之凶問，寧不悼歎痛惜！顧先生之所考察，其大端已由書柬幾度報告管學大臣，其意見殆可實行。又《東游叢録》及先生之日記皆刊刻行世，凡諸公之厚意，皆紀載其中以爲念。謹舉先生臨終之狀以告諸君。清國安徽省安慶府桐城學堂早川新次頓首。

祭桐城先生文

李剛己

維光緒某年月日，爲桐城先生既卒之十有八日，門下士李剛己、常堉璋、鄧毓怡、籍忠寅、趙宗抃、韓德銘、梁建章、吴鼎昌、武錫珏、杜之堂、尚秉和、閻志廉、李景濂、李景澔、葉崇質、崔謹、谷鍾秀、馬錫蕃、馬鑑瀅、王振垚、王篤恭、劉培極、吴籛孫、弓汝勤、徐德源、劉春堂、高步瀛、劉壽山、楊潤芳、劉焕章、劉吟皋、高彭齡、趙榮章、趙纘曾、趙炳麟、王餘慶、賀葆經、郭增廓、劉汝棨、步以崚、李廣濂、王儀型、馬鍾杰、冉楷、韓殿琦、齊立震、劉祖培、趙顯曾、劉春霖、張以南、李鴻林、廉泉、楊士賢、馬鎮桐、李駿聲、黎炳文、邢襄，設位於保定蓮池校士館先生舊時莅講之堂，哭而致祭曰：

於戲！昭代盛文，方劉濫觴。降姚迤曾，斯道益光。我公後起，遂無對者。排盪百川，日夜東瀉。萬代茫茫，鎔於一冶。自昔幽冀，賢哲代産。鉅製閎文，紛騰載典。宋氏以還，道窮運蹇。千歲寂寥，占風不返。衆雌無雄，其又奚卵？洎公之至，大啓門庭。手携皓日，燭我昏冥。刪條落蔓，鑿牖掊扃。蟄蟲欲蘇，震以雷霆。山澤雨霽，萬彙萌生。非公之力，終古晦盲。方公始至，己丑之歲。下逮癸巳，士風愈厲。四遠來學，絲聯繦繼。是時寰海，内外熙和。日會多士，俯仰嘯歌。商經榷史，進退百家。《咸》《韶》窈渺，破彼淫哇。名園鬱鬱，盛自乾嘉。連岡跨谷，樓觀巍峨。古藤老木，華蔓樛加。蛟龍鬱起，簫霓拂霞。炎風吹水，獵我蒲荷。激紅蕩緑，猗靡清波。林泉既勝，徒友既多。追從游衍，爲樂無涯。歲月幾何，人事遽變。虺蛇嘘毒，遍於郊甸。樓閣潭潭，盡付煨炭。花木毁傷，徒黨漂散。公亦旋去，萬端冰泮。撫念盛衰，悼懷理亂。誰爲戎首，搆此多難？公既去此，爰客京師。國家興學，以公尸之。不獲固辭，遂與逶迤。問道東海，一攬靡遺。擷其精華，揆其糠粃。方期歸國，次第推施。高揭斗柄，以正四時。如何半駕，斬轡摧羈？吾黨之痛，天下之憂。昔聞公去，憂心如結。百計牽挽，公志愈決。送公西郊，慘愴不悦。顧惟兩地，密如庭闑。猶指後期，以慰離索。及公東游，山海遼絶。念公旋歸，曾非久別。百事紛紜，待公剖折。豈謂人生，倏忽變滅。西郊一散，竟成永訣。傷心遠望，涕淚交揮。山川變色，日月無輝。茫乎安適，忽乎何依？悠悠天地，莫足以歸。載陳醴酒，載薦芳菲。望公不見，徒增我悲。於戲尚饗！

吴先生墓表

賀濤

海西諸國以新學强，其政制藝術皆出於學。吾國學不加修，仿行其法，久之不效，而見逼日甚。庚子亂後，天子鋭圖自强，興革庶政，而以學育才，詔用西國法，立大學於京師，府縣以次建設，命吏部尚書長沙張公爲管學大臣。張公爲大學求師，薦桐城吴先生於朝，命以五品京堂爲大學總教習。望治向學識時務之士，皆謂新政之行，必先立學，而立學莫急得師，聞先生教習大學，則相與鼓舞忭慰，如政已成。先生往日本考求學制歸，未及至大學而卒，則又相與堙鬱歎悼，如學未立。先生之學，不名一家，博采無我，自信則不知有人，研討往籍，攻堅發幽，文從意顯，饜乎人人之心。論世事主變法之説，三十年前吾國不知外事之時，固已究考西學，因事托意，發爲文章。西書日多，學益博奥精邃。尤屬意詞章，所著述不標體格，而必以太史氏、韓氏之法行之。於古書既因文以通其意，又謂西書體例，近於漢人之纂著，惜吾國之譯書者弇鄙不文，不能傳載其意，故嘗以詞章之説教人。世運既變，學術隨遷，新舊乘除，就此遺彼，甚或兩傷，弊且中於國事，先生則糅而和之，破其拘攣，斂其浮誕，相得而不相奪。立學之始，得先生爲之師，學收其效，法乃可更，而先生遽卒，此固運會盛衰之所繫，而望治向學識時務之士所同悲者也。

先生諱汝綸，字摯甫。初見知於曾文正公、李文忠公，嘗佐其幕。二公謀國偉略，皆與知之，爲草章奏，而與李公交最久。咸、同以來，西國東漸之勢日盛，事變紛起，情僞百出，古所未有，鄙儒疑怪，舞筆鼓舌。李公獨執國柄，中外叢責，先生左右其間，決疑發難，輒引其端而持其後，前後歷三十年，李公卒能忍尤肩鉅，支拄困危。

先生性剛，不能屈意於人，故不樂久宦。既釋褐，知深、冀二州，未幾棄去。而在二州所設施，皆有百年之利，世號爲良吏者所不肯爲。善待士，在冀得士尤多，每有興作，所得士竭智能、憊精力，日夜馳騖不倦，深人亦來受役與均。先生曰：「有事諸君勸趨，而吏此者反安坐享其成，吾甚愧之！」去冀，主講蓮池書院，二州人歲時請問不絶，有疑必咨焉。於先生事則分任其勞，嘗醵金以赴先生之急，先生力却之，不發視。冀人在保定者即以其金應先生所需，事已乃白，先生無如何，與濤書，自言受之有愧。濤復書曰：「先生施德於二州，皆視爲固然，未嘗言報，今稍進人事，而先生乃沾沾於辭受取與間，是外我二州人也。」先生亦不復言。庚子之變，避地至深。會法兵將釋憾於深，大府令州刺史急避，刺史去，代者未來，而法兵且至，人心驚惶。先生日行街市，以鎮安之。授吾民之從西教者以辭，使説法將，而法兵竟退。冀人亦數以禦患解紛之策來問，先生爲籌畫甚詳。二州既免於難，感愛先生益深。

先生在官，日以課士勸學爲事。退而教授，益思作養人才，效用於時。其教人必使博知世變，易舊所守，故從游之士，言論志趣與世俗異。又爲延外國師，習外國語文，由是謗議四起，當路亦與齟齬。及亂民造仇外之説，遂將不利吾黨。先生夷然不顧，難作，幾不免而從游者亦瀕於危。

先生既受張公之聘，以謂諸國學制，歲更月修，久而後定，仿其規範而不能得其精意，恐難見功，故有日本之行。日人素信慕先生，及見先生之來，喜吾國有意圖新，又感先生之勤於所事而虚己以求也，自文部大臣及以教育名家與凡有事於學之人，爭思有以自效，其立學以來文牘，外人所不得見者，皆出之以備觀采。先生周咨博考，洪纖靡遺，不得於心，則往復質辨，期達厥旨，法難盡從，使度吾可行改以就我，疲神苦形，至輟餐寢。留百日，竟得其要領以歸。其歸以九月某日，便道旋里，明年正月十二日卒於家，光緒二十九年也，年六十有四。

著有《寫定尚書》、《尚書故》若干卷，《易説》若干卷，《深州風土記》二十卷，《詩文集》若干卷，《日記》若干卷，《東游叢録》四卷。

曾祖諱太和，妣氏某。祖諱廷森，妣氏某。父諱元甲，以諸生舉孝廉方正，曾文正稱其文學，客而館之，妣氏馬。自先生貴，封贈兩世如其官。兄弟四人，先生其仲也，兄弟皆倚焉，財用恣所取不問。有疾，必自守視，服食藥餌不假人手，久而不怠。兄弟殁，其妻子在先生所如前。配汪氏，女四人，長適直隸候補知縣薛翼運；次適舉人汪應張；次適翰林院編修湖南學政柯劭忞，績學工詩，先生稱之；次適直隸候補知縣王光鸞。側室歐氏，子闓生，年少有軼才，能文章，通世務，解外國語文，濤嘗謂：「新學舊學皆當屬之斯人者也。」女一。

闓生以書來，將以某日月葬先生於某所，乞爲表墓之文。先生志事無待表揚，闓生所爲《事略》，言學術甚精，亦濤所不逮。而不敢以不文辭者，輯纂言行，弟子職也。姑即所見及者述之，盡其職云爾。表揚之事，非所敢任也。

吴先生墓誌銘

南皮張宗瑛

光緒二十八年，天子還自西安，懲毖往故，思興革庶政，用振勵我國家。詔采取西國成規，立學校於天下。於是桐城吴先生用管學大臣長沙張文達公百熙薦，以故直隸冀州直隸州知州加五品卿銜，總理大學京師。當是時，先生名聲益震襮，既受詔，則東游日本，考求學制，歷百餘日而歸。歸未至大學，明年正月十二日卒於家，年六十四。事聞，朝野惆悼，士大夫坐哭走吊，搤掔湮鬱，若疾痛在己身。海東西諸國聞之，皆變色，相與言曰：「中國自强之機阻矣！」

先生諱某，字某，曾祖考諱某，候選府經歷，妣氏某。祖考諱某，妣氏某。考諱某，以縣學生舉孝廉方正，武昌張先生志其葬，稱爲吴徵君，妣氏馬。先生既貴，贈祖考以下如先生官。祖妣以下皆淑人。徵君故以文學鳴，先生胤烈毓光，聲流譽美，踵賢績祉，鬱爲芬華。曾文正公奇其才，登之門牆，饋學與術。同治三年舉於鄉，明年成進士，授内閣中書，改官直隸，除深州直隸州知州。以憂去官。服除，攝天津府事，遂爲冀州，職事修舉，甿隸威懷，數年，棄去，主講保定蓮池書院。在書院凡十年。

先生之學，精深淹貫，冶鎔巨細，不主一常，惟意之安，罔有彼己，不徇世論，大旨以濟時應變爲宗。研索故籍，冥搜默討，縋幽窮渺，大著衆白。嘗謂聖賢之道寄於文，古無無所爲而漫言道者。自群經子史，旁逮西人論議之書，一以文裁之，億狀殊形，莫逃衡鑒。爲文章，合司馬子長、揚子雲、韓退之而糅化之，慄魄讋魂，雲蒸熛怒，雷奮蟄起，僵仆昭蘇，原況、軻、非，遐方新語，奔赴駱驛，隸我指麾，驅使惟心，前無往古。晚更奄光閟響，遏博禦奇，强抑而發，精怪彌騁，觀者眩駭戰惑，莫測其淵涯。而先生則自言：「文非吾之至者。」

先生性剛，不諧於俗。既出曾文正公門，又依合肥李文忠公，直隸二公經國大謀，皆先生贊助。與李公居最久，李公尤倚重先生。而終李公督直隸廿有三年，先生卒未榮一銜、進一秩。

先生藏書數萬卷，皆手勘而躬校之。考證評騭，丹黄燦列。所爲書曰《寫定尚書》、曰《易説》、曰《尚書故》、曰《夏小正私箋》、曰《深州風土記》、曰《文集》、曰《詩集》、曰《尺牘》、曰《日記》、曰《東游叢録》、曰《文選》、曰《古詩選》、曰《韻學》、曰《古文詞類纂校勘記》、曰《太史公所録左氏義》、曰《群書點勘》，凡十六種，若干卷。卅年前先生即以新學詔天下，學者蔽所未見，則極力詆訾所爲，衆難群疑，謗以日至，亂民釁起，嫉者至欲假手以禍先生，先生單進孤往，不爲摇撼。國論用定，士智以開，訖今日新説大行，後進小生則又以先生保守文學爲迂謬。

夫人汪氏，封淑人，生女子四人。側室歐氏，生子一人，女子一人。子曰闓生，有軼才。女之婿曰直隸候補知縣薛翼運，舉人汪應張，貴州提學使柯劭忞，直隸候補知縣王光鸞，姚某。闔生將以某年月日葬先生某，原銘曰：

世弊運屯，文衰道窳。韓氏既徂，誰衷諸古。於先生作，如闕斯睹。挈我聖文，還歸鄒魯。周蕩原兮，讋不敢怒。下窺百家，群首爲俯。國立有本，譬室環堵。苟摧而崩，胡庇風雨。文章之長，我獨擅有。持視列邦，粲如繡組。衆昏罔知，乃肆擊掊。轔棄家珍，而饗瓿寶。不有先生，孰與枝柱？西人殘國，文是務去。文既滅絶，國隨而剖。如何我人，不知處所。抉藩延虎，委肉填俎。嗟嗟先生，未蕆功緒。曷起九京，用衛吾道。

吴先生墓誌銘 門人馬其昶

光緒二十六年，畿輔民肇亂構外釁，八國連兵内犯，京師不守。既和議成，朝廷喟然圖所以自立，更庶政，詔郡縣改書院，用西國法立學，而建大學堂於京師，命吏部尚書長沙張公爲管學大臣。於是張公奏薦桐城吴先生學行高，兼綜中西，可以師多士。天子俞其請，命以五品卿充大學堂總教習。先生堅辭不得，則請赴日本考學制。既至日本，自其國君相，下至教育名家，婦孺學子，皆備禮接款。海内外欽遲風采，而先生亦素以興學育才濟時變自詭，博搜精諮，窮日夜不怠息，思彼族所以驟盛，而度吾力之所能及與時所宜，必得當以稱天子明詔，塞知遇。歸，未及返命而卒，嗚呼！悲夫！

先生諱汝綸，字摯甫。祖庭森，縣學生。父元甲，以諸生舉咸豐元年孝廉方正，母馬太淑人。兩世皆以先生貴，贈如其官。徵君孝友博愛，養育宗親數十人，家日以貧。先生幼刻苦向學，嘗得一雞卵，不食，易松脂以照讀書。篤嗜古文詞，私淑同里姚姬傳先生。少長，受知曾文正公，文益宏肆高潔。以同治甲子舉於鄉，明年成進士，用内閣中書。曾公督兩江，奏調至金陵，移督直隸，隨調至北，補深州直隸州知州。連丁外内艱。服除，署天津府知府，補冀州。所至有迹。先生既師事曾公，與聞大謀、參章奏。曾公薨，李文忠公繼督直隸，尤倚重焉。初在官，凡有請必得。任冀州八年，方敘遷，一旦投劾去，李公留之，不可。則處以賓師，聘爲蓮池書院山長，機要疏牘，必就咨視草，自是十餘年不離直隸，遂與李公相終始。

先生爲政，於世所矜尚爲名高者一不屑，獨留意教化，經畫書院，苟力所能至，不憚貴勢。籍深州已廢學田爲豪民所攘奪者千四百餘畝，充書院經費，聚所屬之高材秀生，求賢師而教之。深、冀二州書院，遂爲畿輔冠。其在冀久，成材尤多。又時時求其士之賢有文者禮先之，凡得十許人，自謂每得一士，雖戰勝而得一國，不足喻其喜也。此十許人皆守高不喜親官府，先生强起之，與此十許人者月一會書院，凡所施爲便不便興革於民，必與此十許人者共之。開冀、衡六十里之渠，泄積水於滏以溉田，便商旅，費白金十萬兩，公私無一儲，百方斂輸，勢劫情化，功卒以成。民或初不便其所爲，既去而人思之。

先生爲人，簡易佚蕩，不矜持威儀爲曲謹。其宏奬好士出天性，始爲吏，繼爲師，一以文術誘進之。

以謂文者，天地古今之至粹，苟入之不深，其精神意脉一有失，則所載道與事舉無幸焉。其教，始學必本周秦古籍，由訓故以求通其文詞，而要以能知當時之變備緩急。其於西國新法，冥心孤探，得其旨要。歐美名流皆傾誠締結。日本學者踔海請業。遠近以文字求是正者，四面而至。又愈益以其暇禆助李公謀略。李公操國柄久，其防海、交鄰、購器，皆前古所未有，拘學恣意妒毁，先生憤國勢弱，李公牽於異議不克盡其能，爲之剖析疑謗。李公嘗失勢，先生尤爲之盡其實。先生入仕二十年，李公國士目之，而顧未嘗有所遷官增秩。其於李公，無分毫私也。

先生既不樂仕宦，隨李公媾和至都，李公薨，益浩然思歸。不得已於張公之薦，殊亦無意教授，獨欲考究學制得失，釐爲定法竢能者。其歸自日本也，自乞先返籍省墓，因興辦桐城小學堂，數月學堂成，北行待發，卧疾，遂不起，二十九年正月十二日也，春秋六十有四。

嗟乎！處數千年遞積遞敝之俗，非大有以奪其故習，其勢不足以振起。世方懲任事鋭往之失，以先生之所挾而揆時之須，其遂能有合耶？則不幸中駕而税，使夫朝野上下以逮殊鄰絶域之區，歔欷鬱悼，謂其人若存，其所爲何遽若是。因以爲斯世之不幸，而其於先生，猶未爲不幸也，此其尤可慨痛者已！

先生配汪氏，封淑人，前卒。側室歐氏，子闓生，有軼才，能世其業。女四人，長適直隸候補知縣薛翼運，次適舉人汪應張，次適翰林院編修湖南學政柯劭忞，次適直隸候補知縣王光鸞，幼女許聘姚氏。

所著書有《易説》、《書説》若干卷，《深州風土記》二十卷，《詩文集》若干卷，《日記》若干卷，《東游叢録》四卷，闓生將以某年月日營葬於某所，門人馬其昶爲銘。銘曰：

宋後儒賢，睨之亡如。何韜於道，而文士苴。嘲噱風發，其行則修。我昆我弟，萬古殊尤。真性結牢，鬼愉神泣。惟極於中，乃匪能及。寤姬鍥孔，高蹠遠睎。亦圖於新，造漠追微。競存强力，救我民痡。凡此二行，世謂二反。饌德鑱辭，九幽是烜。

吴先生墓碑銘

門人趙衡

清興二百數十年間，有一名世者，紹斯文之傳，曰吴先生，諱某，字摯甫。其學於吾國四千年學術流遷，既有以綰轂其終因，益推究之以及世變，而思所以制時更俗之方。西學東漸，他國已業以致富强，先生刺取其要領，發蹤指示，欲轉而餉遺吾國。既噤，不得見諸行事，乃一發之文，傳諸其人，以竢來者興起，膺艱鉅之任。文者承前嬗後，吾國古先帝王所以化成天下，而歷代聖人相傳之大寶也。由姬公而前，君相傳之以立政，由姬公而後，師儒傳之以立教。蓋自君師道分，天特鄭重於斯文之傳，或數百年乃生一人，或數百年并不得一人。終元汔明，曠不賡續，至國朝乃篤生先生云。先生始有知即穎異喜讀書，稍長，篤耆古文辭，毅然有志於古之作者。既成進士，官内閣中書，曾文正公奇其文，奏調外任，佐曾、李二公幕府。三歷州郡凡十餘年。去官都講書院講席，又十年。光緒二十八年，朝廷懲於外侮之日亟，發憤變法，謀新仿西制，首建大學堂於京師，州縣以次設立。管學大臣爲大學求師，薦先生文學第一，詔以五品卿，充大學堂總教習。先生辭不獲已，則東赴日本考察學制。居百日，輯所聞見爲《東游叢録》四卷，將歸，呈之管學，度吾國所宜，斟酌而施行之。既至國，未及受事，明年正月十二日遽以疾卒，年六十四。

始佐曾文正公於兩江，曾公移督直隸，先生一隨移佐曾。李文忠公代曾公總督直隸，先生又留佐李公。李公入閣，復自兩廣移督直隸，先生或仕或止，一留直隸，與李公相終始。同光以來，曾李二公最負天下重望，其所推轂，或起家至秉節鉞，獨先生交相倚重，有大疑大計，唯先生是咨。校二公薦牘，竟三十年絶迹，無先生名姓。其在深州，收四村義學學田四千四百餘畝，没入書院；又爲書院追償二十年逋負五千金，置書迎師，恣生徒問學；創設樂舞佾生八十八人，春秋歌舞祀孔子廟。均徭役，悉依田畝徵糧册。其所措注，類非守令循分盡職者所有事也。是時，曾公方整頓直隸吏治，允宜褒之，以勵其餘。曾公於先生師弟也，有連辟不舉。在冀州八年，其時督直隸者李公。李公於先生師友之間。穿渠四十里，泄積潦，變斥鹵爲膏腴且十萬畝，於書院如在深州。在冀州久，故成材尤多。任滿當遷，先生乞退，都講蓮池書院。李公竟不爲叙。古者著書，垂空文以自見於來者亡慮皆窮愁落魄不偶。先生知交師友，大者開府彊土千里，次亦不失古方伯之任，宙合恢恢，竟無所容。其同奏勳績，斬勢收聲，縛身於學，已於世若不兩相屬。幾老矣，乃得一張公之薦，名氏達於天聽。然先生不於張公感知己，自數生平知己必曰曾公、李公。曾公待先生薄，李公嘗言之矣。李公於曾公没後孑身負荷艱虞，當外交之衝，開新造大，古所未有，萬口叢責，幾難自明。先生數爲辨謗，至遭口語。李公再蹶再興，賓僚與勢，來去唯先生始終，爲不失故。最後李公奉命入敵軍媾和，窘急萬端，先生實左右之，衍利絶害，卒定大議。先生之於李公可謂厚矣，李公所謂厚者，果安在耶？即曰辭讓，李公不强知不與立。昔者孔子以譏文仲，若李公亦何以自解耶？蓋斯文之傳，至是又變於古。孔子厄而不死，先生合而不遇，此天位置先生之奇。張公知有未及，故欲以一時之功易其百世不朽之業也。

凡先生所爲書自校刊者曰：《寫定尚書》、《深州風土記》、《東游叢録》都若干卷。子闓生校刊於先生没後者曰：《易説》、《書説》、《文集》、《詩集》、《尺牘》、《日記》，都若干卷。

先生側室歐夫人所生，有軼才，兼通新舊學，能纘父緒，勤勤致孝。歐夫人生一丈夫子闓生，一女子許字姚姬傳先生之族孫曰永葆，未嫁。配汪夫人生四女子，適直隸候補知縣薛翼運；舉人汪應張；翰林院編修湖南學政柯紹忞，先生稱其詩；直隸知縣王光鸞。昆弟四人，先生於次，爲仲。祖廷森，縣學生。父元甲，以諸生舉孝廉方正。妣氏馬，其卒也，武昌張廉卿先生皆有文志葬。自先生貴，兩世封贈如其官。先生之葬以其卒之次年，實光緒三十年某月某日葬某所。武强賀松坡先生有文表墓，闓生又以狀來徵銘，銘曰：

假如先生，終事膠轕。庶有所樹，於戲艱哉！孔子以來，高文不遇。世運疾轉，有去亡反。新者乘故，文始羲皇。汔周降唐，宰世成務。往例已改，來者方起。其中有數，唯施不豐。道積厥躬，匪譴乃祚。篤於一人，而世則磷。亦瞑弗顧，吁嗟先生。其生不嬴，乃富名譽。厥聞四馳，彌戎彌夷。面内卬慕，出其卓卓。踔海來學，稛載以去。吾道既東，世莫予宗。遠耀其庶，天心所存。果不喪文，是必有付。松柏九九，後有千年。先生之墓。

吳先生墓誌銘

門人趙衡

光緒二十八年，京師始立大學堂，首以文學被詔爲總教習者，曰吳先生，諱汝綸，字摯甫。家世以篤學醇行，爲桐城望族。王父廷森，縣學生，贈某官。父元甲，縣學生，咸豐元年孝廉方正，曾文正稱其學行，客而館之，武昌張廉卿先生有文志其墓，題曰「吳徵君」者也，贈某官。妣氏馬，其卒也，張先生又有馬太淑人祔葬之文。是生先生一兄二弟。先生詔爲大學堂總教習，東赴日本，考察學制。既歸國，未及莅事，明年正月二十日年六十四卒於家。又幾年爲光緒三十幾年某月某日，葬某所。武强賀松坡先生爲文表墓。

先生自幼孳育家學，卓卓有立。稍長，厭孰其鄉先正方、姚諸先生之説，指度肘測，尺寸從心。既通籍，從曾文正公游學，益翔舞縱宕於閎大偉麗之境。熔異爲同，涵揉蘊蓄，充實有輝，蔽不聲章，卒大光於天下。先生之作，不範不削，若生之成，陽生陰育，萬有不震。旋圜折方，自我作聖，駴駭聽睹，電閃霆迅，不有於往來者取信。方其瑰放，春雷欝蟄，奮地驚出，僵起死生，昭蘇萬物，然而精粹要渺，與道大適，奇創之至，翻見平夷，如數米鹽，婦豎能解，於戲至矣！先生於斯文，其可謂造於斯極者矣。

始先生以同治、乙丑聯捷進士，官内閣中書，曾文正總督兩江，奏調至金陵，移督直隸，又調之北來，補深州知州。丁徵君憂歸，又丁太淑人憂，入李文忠公幕府。服闋，署天津府，補冀州。先後從宦二十年，吏績多可紀述，尤盡心造士興學，身自督飭之，官民親與爲師弟子。及去官，都講保定府蓮池書院。益循循大暢師道，來學者乃有自日本航海西來受學，局局從諸生後，恐不竟卒業。先生至日本，舉其國上下奔走往來填門，爭以得一見先生爲幸。其與於學事之人爭以其三十年來已試之效或不效，向不與外人道者，獨樂輸之先生，故先生名在海外，亦來學者有以揚之於先也。先生居東百日，則要領斯得，已復，編輯所聞見於日本者爲《東游叢録》四卷，付其從使代呈管學大臣，而身自便道歸里省墓。事既已，北上待發，遽遘疾以卒。吾國朝野向學識時變之士及日本嘗與通問者，同聲悼嗟，以爲吾國前塗之不幸，而京師大學亦自是竟不置總教習以人爲備。先生之學，於吾國四千年學術之紛，皆收集其成，而鑿空闢道歐美新學。三十年前吾國人初不知有外事，先生則嘗舉西書以示人，稱其體例有合吾《易》、《春秋》。及其後，輸來日多，譯言者弇鄙不文，不能傳載其誼，先生則咨嗟歎惜，以爲吾國文學之衰而時時教人從事於文。於吾國往籍，其是非純駁高下不同，悉以文辭等差之。嬴、劉以前，語有古今，亦從故訓，然不爲碎説枝辭。以文逆意，意得語順，説無不安。溝通漢宋，冶鑄華彝，終富具美，儲其菁華，大發爲文，輝輝煌煌，照耀來禩。凡先生所著書曰《寫定尚書》、《書説》、《易説》、《詩集》、《文集》、《深州風土記》、《東游叢録》、《尺牘》、《日記》都若干卷。配汪夫人，生四女子，皆適官人，弟三甥柯劭忞最賢，先生稱其詩。側室歐夫人生一丈夫子闓生，有軼才，能纘先緒，一女子，許字姚氏。銘曰：

清興二百有餘年，大江之南有一名世者，紹斯文之傳，歸形此土。其精神則亘地際天，下肸蠁於後人，而上與夫古作者爲蟬嫣。狐兔遠辟，樵牧毋前。敢告日星永昭，護乎兹阡。

送吳先生序

賀濤

意有所寄而爲文，而意之所寄，恒視其人所遭之時與所處之境。以盛德當末世，而易以興詩之刺譏，大氐因所遭際托諷詠以達其所懷。《春秋》繼《詩》而作，其意蓋與《詩》同，故孟子尚友古人，必論其世以知其人，而不泥乎《詩》《書》之迹。於《詩》曰「不以文害辭，不以辭害志」，於《書》曰「盡信《書》，不如無《書》」，不信者不信其辭也。諸子之書，荀卿以爲持之有故，而太史公於古之作者，必推其作之之由，其采之以爲史則曰「好學深思，心知其意」。曾文正公云：「太史公稱《莊子》多寓言，吾觀子長所爲《史記》，寓言亦居十之六七。」古人讀書及其所自爲書，其指趣類如此。韓退之非三代兩漢之書不敢觀，其取法三代兩漢也亦曰「師其意不師其辭」，故後之作者惟退之爲近古。近世之學者不然，爲理學之説者曰：某書體具而未極其至；某書務末而遺本；某書不合仲尼。起作者而面詰之不能自解免也，然而作者之意彼固未之知也。爲考據之説者曰：某文非古之訓；某名古無此稱。以事徵多抵捂，以時考失先後，起作者而面詰之不能自解免也，然而作者之意彼固未之知也。爲辭章之説者曰：事核而辭簡，三代之文也；體大而氣充，西漢之文也；意緐而語偶，東漢以後之文也。時代之論，古而有之，沿襲以爲説耳，作者之意彼固未之知也。夫不能心知其意，義拘詞泥而馳逐於膚末，自詡知言，無異乎？言理日益精，考古日益詳，文之義法益嚴以密，而名能文者且閲百十年而不一遇也。濤嘗聞桐城吴先生之言矣，曰「古人著書未有無所爲而漫言道理者」，由先生之言思之，自《易》以下皆有爲而作者也，自韓以上皆讀其書而知其所爲者也。先生以此意求之古人之書，其幽懷微恉，曠數千載無人知者。至是若出以相示，而書之正僞、淺深、離合亦遂就我衡鑑，莫得循其形。向所謂近世三家學者，既因先生之説奪其依據，勢不得不逡巡辟易而不復能執舊所操術，參與乎作者之列，其搜討廓清之力如此，用其搜討廓清之力以自治其文，而其文乃與退之前二千餘歲之作者相揖讓，而孤行於退之後，至今千餘歲之中而邈無儔焉。

先生官冀州，命濤主其書院講席，朝夕請業。方聞其所可得聞，而先生去官將都講蓮池書院，皇然如失所依歸。乃聚諸徒友撮録先生所平議於諸書者，且竭吾才而鑽仰焉。先生儻矜其用心之勤，異時趨謁，坐之諸生之末，口授其傳恉，或者得聞其不可得聞者乎？此固濤所不能驟幾而又不能不汲汲而求者也。

吴先生六十壽序

賀濤

風氣之所會，理勢之所必至，儒者以空言迎其機，通其蔽。操馭世之柄者，起而乘之，遂開世運。海西諸國之强由於變法，而其機實伏於民。民初苦暴政，以爲所遭固然，不知其可變也。福禄特爾、蒙特斯丘、羅索、尾刻詩、師米得、雅堂鼓、不登、可倍特之徒，著書言變法之事，人争傳誦，而其機遂不可遏。既發其端，執類以推，日改月興，猛進無已，遂成今日之治强。中國以積弱取外侮，思參西國政術用自振拔，而民樂其俗而不思變，士狃執故習，以放效人爲耻。而不變不足以自强，苟可以益我并無中外之可言，則以蔽於聞見而不達其理。故朝廷試行新法，常以自强之意布告天下，而天下不應。夫西國之變法迎其機而已，中國則必先通其蔽，其勢視西國爲難，其權尤當屬之儒者。

桐城吴先生嘗有救時之志，其説以瀹民智爲務，而必先去其古今中外之見。既棄官教授，乃以其説作爲文章，鈎深提要，理順而情公。學者既知，崇信其説，浸灌磨礲，久且奪其所守，士論改而民俗從，而國家鋭意革興乃得爲所欲爲，而無廢格阻遏之患。不然，奉而行之，仰而承之者，仍皆視爲故事，以塗飾耳目。雖朝修一政，夕更一令，舉凡可以自强者而并圖之，果何益之有哉？抑又有進者，海禁既弛，外交益廣，而事益繁，發應失宜，遂生瑕釁。即能自强，庸得宴然而相安乎？此亦救時之儒所宜引爲己任者也。

海西諸强大國，近數十年來益以武節相矜尚，而戰事反少於前，雖戰未嘗竟其力之所至，蓋由所謂公法者調匡而羈縶之也。公法之作始於虎哥，踵成其書，及書中所稱引若惠氏、俄氏、賓氏、發氏、海氏諸人，率以空言論述，無勢位以行其權。虎哥荷蘭人，又非强大之國，而諸國皆奉爲公師，遵其書如憲令而不敢顯違者。力鈞勢侔，爾我忌猜，而無共主以臨制之，惴惴焉恒恐禍至之無已時，故不得不授權公師，以空言相牽制。而《立約》篇中有主持公論之學，則又以時至事起，公法所不能攝者，使後之公師得據其所學出而排解之也。今諸國舉事嘗依托公法以爲名矣，而議其事者，抉摘是非爭馳鉛槧於四方，卒未有聞而懲戒以能主公論許之者，其學不足以當之也。自公法行於東方，吾國固宜有主持公論之權，而先生學綜中外，求是取衷，遠人慕交，名重異域。既以所學通吾士民之蔽，俾内治得所資。若遂廣其義以論外交，協事物之宜，防不可測度之禍，補舊法所未備，辨新約之失平。遠人既重先生之學，必且以公論之權相屬，而甘受吾説，不肯輕肆其陵侮之志。而彼諸國者亦且得所依據，各懷斂讓之意，以免斯民之困厄，開世運而復有以扶持之。其事爲今世所不可無，而其功遂爲古來所未有。

光緒二十五年，先生年登六十，濤以疾不得與於稱觴之列，謹以儒者救時之權，奉之先生，此乃濤憂世之愚衷，迫切出之，而爲斯世請命者也。先生雖深自謙，抑又烏得斥其言爲迂妄而却而不受哉！受業賀濤謹撰。

精養軒燕集序

日本文學博士重野安繹

詩咏《鹿鳴》陳燕饗嘉賓之意，此爲古禮。方今五洲通交，舟車比鄰，士大夫各問禁而觀光，雖事異乎古，其義則有取焉。歲壬寅，清國北京大學堂總教習吴先生與其提調官榮君、紹君，來游此邦。先生當世通儒碩望，意在考察我邦學制，以資其采擇。昔隋唐之盛，使聘往來，我學使大夫西游問道，兼傳文藝制度典章，蔚然以興，言則誦周公、孔子。爾來千餘載，雖代有污隆，其善鄰之誼未嘗廢替。先生之來，朝野爭傳，訪問相繼，日不暇給。

七月十一日吾同人六十餘人饗先生於上野精養軒，以效《鹿鳴》賓燕之義。上野在皇城東北，爲衆庶游覽之所，有博物、美術、圖書三館，有動物園，林木葱蒨，鐘魚時響。軒倚爽塏，俯蓮湖，望富岳於雲表。是日，霖雨全收，天宇開豁，南薰入座，憑欄眺矚，援筆唱和，賓主陶然。《鹿鳴》末章曰：「我有旨酒，以燕樂嘉賓之心。」雖不及，可以庶幾焉。抑禮法制度，代有因革，斟酌損益，實爲通變之誼。獨至道德名教則較然一軌，亘古靡貳。大國風化夙闡，聖賢迭出，治教之隆，照耀史册。我在其東鄰，同文同種，取善從美，更相補裨，所以善本鞏基之道，此焉存矣。往者何、徐、黎、李諸君，皇華星軺，遞來斯土，每春秋佳時，舉修禊登高之宴，詞林傳爲美談。莊周有云：「魚相忘於江湖，人相忘於道術。」循是而言，此會也，不獨尋舊盟結賓主歡，亦可以徵兩國親密道義相與之意也歟。於是乎言。

曾文正公奏留直隸補用摺 同治八年

奏爲酌保堪勝外任京員留直隸補用恭摺，仰祈聖鑒事，竊臣於正月十七日具陳直隸應辦事宜，摺内奏調數員，奉旨允准在案。茲查有内閣中書吴汝綸，同治四年安徽進士，自乙丑告假出京，即隨臣徐州、濟寧、周家口軍營襄辦營務，同治六年由銘軍克復黄陂案内經臣奏獎，奉旨賞加内閣侍讀銜。前年臣回任江南及此次量移直隸，該員始終追隨左右。臣與之朝夕討論，察看該員器識明敏，學問該洽，實有希古拔俗之志，若使之莅事臨民，必能湔除積習，造福一方。擬將該員改爲直牧同知，留於直隸補用。查近年吏部章程，非軍務省分不得調取人員。直隸現雖靜謐，而兵燹之餘，地方凋敝異常，非多得一二賢員不足以資補救，合無仰懇天恩准將内閣侍讀銜中書吴汝綸以直隸州同知留於直隸補用，並免繳指省分發銀，俾臣得收臂指之助。恭候命下，當即給咨送部引見，理合專摺具陳，伏乞皇太后、皇上聖鑒訓示，謹奏。

張文達公百熙奏舉大學堂總教習摺 光緒二十七年

奏爲敬舉大學堂總教習人才恭摺，仰祈聖鑒事，竊維大學堂之設，所以造就人才，而人才之出，尤以總教習得人爲第一要義，必得德望具備、品學兼優之人，方足以膺此選。臣博采輿論，參以舊聞，惟前直隸冀州知州吴汝綸學問純粹，時事洞明，淹貫古今，詳悉中外，足當大學堂總教習之任。臣素悉吴汝綸籍隸安徽，同治乙丑科進士，爲前大學士曾國藩門人，其爲學一以曾國藩爲宗。任冀州後，澹於榮利，不復進取。前大學士直隸總督李鴻章尤重之，延主保定蓮池書院多年，生徒化之，故北方學者以其門稱盛，允爲海内大師。以之充大學堂總教習，洵無愧色。合無仰懇天恩，即派前直隸冀州直隸州知州吴汝綸爲京師大學堂總教習之處，伏候聖裁。如蒙俞允，可否賞加卿銜，以示優異，出自逾格鴻慈。所有敬舉大學堂總教習人才緣由，理合繕摺具陳，伏乞皇太后、皇上聖鑒，謹奏。

正月初六日軍機大臣面奉諭旨，張百熙奏派大學堂總教習一摺，前直隸冀州直隸州知州吴汝綸著賞加五品卿銜，充大學堂總教習。欽此。

上桐城先生書

直隸紳士魏鍾瀚等一千二百人，謹上書桐城先生閣下：竊聞性之者不移，好之者不竭。伯樂善養馬，郭駝善藝樹。二人者，其性之也，非性之不能好之若是其至也。好之若是其至，則雖有時於事不適，於意不自得，而欲恝然置之，然終有不能置之者矣。先生善養才之伯樂、郭駝也，得英才而教之，先生之嗜好也。今欲決然南歸，是將恝然置之矣。鍾瀚等竊以爲未可，共圖匍匐都門，卧轍請命，獨恐卒然非所以爲敬，用敢先訴愚陋，惟先生憐而察之。

先生之來畿下垂廿年矣，畿下人士所以知講學者，實自先生知深、冀，主蓮池，播其種焉。今其萌漸發，而好學能文章與夫通曉時務，能以其學餉當世者且浸浸有人矣。試問先生未來以前能有是乎？更設言先生自今而去，後此能復若是乎？皆不能也。中國之失學久矣，河北尤甚。士抱其固陋之習，八比律賦外畢生不睹它籍，有稍稍涉考據詞章者，即群然駴之矣。若夫讀古書而知其意，講西學而觀其通，則二百年來寂然。先生來而藥其痞，發其盲，吾人所共睹也。鍾瀚等非先生交親，或言笑未一接，千人同辭，自有所見，豈阿其好者比乎？

方今朝廷行新政，廣學校，京師大學堂實爲一國學術之樞，主之之人通國所繫也。鍾瀚等於此正有慮焉。夫古學西學當并通，人喻之矣，然必爲之定其程焉。無其程，如日言之越而胡其途也。學者有二病，一曰重學古而輕知今，古之精意即今之良法，彼弗喻也；一曰歆利名而無志識，見國家之尚新學也，競驅於西藝、西語之學，其政治、法律概置不講。中國聖哲之傳、文章之道更就絶矣。教者一有所偏，二病必有所長。定其程而醫其病，舍先生而誰歸？故鍾瀚等聞先生去蓮池而張冶秋尚書留之京師主講大學，靡不奔走相慶，以爲天哀中國之失學，而欲使先生教人之術大其施也。歲之荒也賑以救之，今之人荒於學矣，而救荒之粟儲於先生。顧忍置而去之，聽其不活耶？或曰：「先生春秋高矣。中興諸賢凋謝已盡，昔之與先生游而知先生深者，年來惟李文忠公存耳，今亦没矣。國勢日蹙，人事日非，先生之歸，蓋有情不自已者。」然竊以謂孔子中國之至聖也，轍環列國，所如不合，以晏子之賢且擠排之，而孔子期於行道，不遽自謝。讀《孔子世家》，其歸而著書蓋年七十矣。裴司堷若藉氏、佛羅卜爾氏，西國之教育改良家也，自創學校數成數毁，守舊僧侶百策阻之，而二氏者奮其孤志，老衰不已焉。孔子以及二氏皆生衰季，冒艱阻，教人不倦，當世議之而其所成就何如也？今朝廷毅然圖新，國事猶可爲也。先生年甫六十，精力健王，未爲老也。中朝如張尚書諸公折節下心恐不得當，未可謂莫知先生也。朝野同喙，祝先生無去，大異於排之阻之者也。且孔子志於用世，猶知其不可而爲之。今先生主講大學，無官守，無言責，惟以傳道授學爲天下師，自如不羈，亦何所吝而不以其學餉學者乎？亦何所避而決然以去此乎？爲學者計，則先生之歸必不可；爲先生計，又有實不必歸之理。此鍾瀚等所以敢爲先生一言也。

夫使先生不北來，來而不誘人以講學，則此邦之人至今瞢然，於先生之去當無有言。先生既振起之，使不能自已矣，又將委而棄之，使中道廢然不復自拔。是猶食人者朝甘而夕苦之，不亦酷乎！是不能不還以請命於先生者矣。鍾瀚等自識辭旨，蒙鈍不足以動偉聽，而先生高蹈亦未必視下言爲作止，然私念集千人之智，或亦不無一當。又深恃先生教人出於性好，縱下言無當，猶當鑒其愚誠，一副其依慕之切，故敢一盡所言，懇悃迫切，意不自達，惟先生憐而察之。

順天府廩生魏鍾瀚，增生鄧紹熙，監生劉林藻，附生劉茳，附生張務本，五品銜鄧毓愷，童生微樾，拔貢劉鍾英，附生王式均、梁廣恩、王遵路，監生鄧汝煌，監生竇鳳元、鄧汝漳、宋林森，廩生李式箴，翰林院編修吕式榑，貢生王鳳圖，高邑教諭王玉麒，貢生李洪，附生孟振綱、宋敬一、孟繼然、張家麐、張家喆，舉人張敬銘、張敬熙、張鴻藻，廩生王執玉、劉鴻楷、吳爾均，附生鄧毓棻、温如壎、魏俊墀、吕秉津、申鳳文、王一驥、王應松、王夢松，進士劉林立，舉人張鴻藻，副貢劉炤桂，附生劉增祝、崔廷煦、段鴻、段西庚、白世澤、白鑑銘、劉玉芝、郝墨林、王卓如、徽鎔，廩生馬伯寅、張敬恕、馬仲寅、馬子言，監生董標、董格、鄧汝炘、鄧汝楫、竇汝楫，廩生邊松壽，蔭生邊增堉、邊桐壽，舉人高步瀛，訓導曹吉雲，監生曹開英，三品銜蔡菡，廩生蔡光第、王喆，監生張國貞，附生孫玉亭、孫玉豐，廩生翟儀，舉人曹寶珊、曹寶瓗，廩生李毓秀，附生張殿鰲，舉人張連甲、王元炘，附生謝景炘，廩生邢樹椿，翰林院庶吉士王玉森，即用知縣吳次仁，進士吕式枚，廩生王世臣，劉鶴年，候補知府汝欽，貢生蔣年，拔貢李璿，增生史希仁、王元杰、吳向臣、王炳文、鄭書元、王澤春，候補知府劉鍾瀛，候補直隸州鄧毓樟，增生劉霈森、吳次章、李自德、王保賢，廩生韓師古，童生馮玉中、葉雲標、郭宗濂，三品銜張榮甲，附生徐立山、張維明，舉人孔顯爵，附生王維賢、錢紀旬、孫寶鑑、常可貴，天津府廩生王用熊，增生劉嘉珍，附生劉鴻，五品銜于人麟，附生劉嘉璸、劉嘉琦，都司銜趙壽，千總趙光甲，候補知縣翟僑生，五品藍翎周紹紱，候補縣丞周開瀚，附生劉毓賓，五品銜袁大壽，童生張希賢，附生張希聖、張祥麟，候補知縣張墀，童生劉浴，附生姚鼐臣、姚鼎勳、鄭和平，舉人陳仲甫，附生鄭化平、鄭之照，候補知縣張壎，五品藍翎吕家本，優貢生吕介梅，廩生李松年，進士朱大誥，附生韓璽，直隸州知州李國熙，縣丞沙承德、李殿臣，附生朱爾康，附生朱鳳鳴、徐梧，候選知府華昌壽，候補知縣華怡春，知州銜華金榮，附生江濤，廩生江濱，候選縣丞張鳳翥，舉人朱爾梅、朱爾濂，附生徐世勳，候補知縣于人驥，三品銜都司毛鴻鈞，遊擊銜毛鴻圖，增生朱鳳梧、李大壯，副貢生邊大壽，廩生邊大春，附生侯維城，童生侯維忠，貢生張家鼒，廩生張家勳，附生張家治、張家傳、張家瑞、徐世昌，貢生邊壽春，附生朱鳳桐，增生李茂年、王適，舉人朱爾源、牛桂榮，廩生王子和，舉人陳仲寅，附生姚鼎勳、姚起祥，附生施元博，附生錢之昂，拔貢生陳曾機，附生陳曾桐、張晉，貢生鄭夢珠，廩生鄭得珠，附生張伯英、張仲英、劉增瑞，增生陳曾蔭，附生錢鉅、錢照，廩生錢爾職，舉人張熹，教諭張塏，五品銜張增，候補知縣劉浚，進士鄭春江，廩生孫家治，附生袁世昌，監生袁世祺，附生張煒，五品銜劉增祥，附生劉鳳桐，知州銜袁世永，增生吕昶，童生吕永，貢生吕家祥，廩生吕壽平，廩生劉增愷、余生道、裴景賢，廩生劉鳳梧，廩生王夢臣，監生楊樹琪，附生楊紹熙、賈以名、何可循、錢納滿、錢焕之，候補縣錢文波、錢尼師，舉人姚日焜，廩生姚日燻、李樹桐，四品銜候補直隷州知州貢生許克成，候補縣丞竇克勤、竇克儉，監生侯秉衡、侯秉權，附生尹之著，從九品儲一龍、王量，附生張宣、李自筌、武維和，三品銜即用知府石在鈞，候選訓導張暄，附貢生嚴仁在、陶豐，河間府廩生韓斗山，監生籍郙恩，拔貢生張劼，廩生郭時可，附生金廷均，童生戚玉鳴，五品銜王恩浚，增生韓帶山，廩生姚寶愚，監生籍邵恩，候選知縣王錫彤，廩生籍元模，五品銜選鹽大使李桐恩、時雅南、牛允升，廩生韓光瑶，增生程日齋，增生陳幼筠，拔貢生馬槐順，候選知縣舉人裘祖誠，附生牛偉名、裘祖同、裘祖炯，廩生嚴廣文，縣丞江濂，候補知縣高培，候選知縣宗覲臣，附生姚寶賢，童生陳起江、陳起榮，增生孫平、趙文清，增生王天功，鹽大使孫煜，五品銜冉作章，花翎同知銜籍澍，舉人張熹，翰林陳增榮，附生王寶環、邢金甌，五品銜韓林、夏雲逢，附生李銘玉，六品銜商浴和、商浴新、王興武，附生劉俊祺，進士邢壽昌，監生籍雲逢，廩生張壽江，附生陳紹章、陳潤林，把總銜張建侯，附生邊世蓀，附生陳焜，舉人牛潤章，候補縣丞孫鐵橋，六品鹽大使銜李化鵬，童生王雲紀，監生李芭，五品藍翎陳震，附生牛宇文，六品銜盧守基，附生方久，附生王鴻鈞，王在鈞，附生韓煦臣、王輔，附生張樹人，監生許業芳、魏光壽，六品頂戴劉德山，八品銜劉仁甫、紀其志、戚非長、戚玉珂、王立仁，光禄寺署正葉志德，監生白爲儀、金生潤，籍鄂恩，五品銜藍翎即用外委李國章，五品藍翎劉賀，供事姚葆咸，附生高樹枬，六品藍翎把總銜李光第，世襲雲騎尉何紹先，廩生高梓園、趙文卿，監生紀禹湘、李式經、丁孟符，附貢生薛用寅，州同銜附貢生王世昌，縣丞銜韓贊卿、韓贊亭，五品頂載韓錫九、劉肇基，童生姚秉顏，朱鏜、鄒生智、于堃，四品銜汪昭晟，附生劉鳳岐、劉得水、張澤臣，增生李孟州，監生籍元樞，供事戴景鑫，廩生邊竺二，三四品銜藍翎吴觀濤，附生張之泮，翰林院孔目潘金印，保定府附生錢選青，增生石春煦，廩生韓式楷，張國第，附生翟家麟、王蘭亭，童生趙鏡芙、馬慕莽、王少亭，廩生王德涵、張雅堂、李潤之，增生田輝祖、金大鏞、靳瀛旭、俞筌志，廩生房子宣，附生于介眉，舉人齊樹楷，附生孔慶餘、王祖祝、滿萃珍，候補州判姜繼成，九品銜文爾賢，廩生張第榮，附生凌煦，附生郎松壽，附生王雲浦，候補知縣王作霖、鍾心谷，監生凌照、王戩穀，拔貢生劉崇本，增生劉亨謙，候選知縣賀嗣賢，監生倪寶琪、倪寶珍，舉人王桐、賀家麐，廩生李慶銘，童生李慶鐸，監生李登鰲、汪家象、徐有功，花翎五品銜記名千總葛得勝，六品銜鄧義忠，監生范天申，附生趙雲青，童生張書麟，候補知縣張德山，鴻臚寺序班常國璋，遵化州廩生梁直臣，廩生尹維藩，監生李皋農、蔣經田，永平府大城訓導附貢生張福堂，童生張執，花翎五品銜劉人杰，監生黄溯沂，教諭舉人趙文楷，候選典史齊義和，深州附生賀葆忠，五品銜賈體仁，童生賈振芳、周冠三，監生高德往，監生何士尹，附生賀葆經，監生李汝霖，冀州六品銜李文登，童生馬登川，監生王雨庭，六品銜趙松南，五品藍翎李國慶，趙州候選知縣江仁鑄，附生陳明琛，候補典史王泳，縣丞銜竇廣廉，童生吴次于，監生常繼業、尤清道，童生馬學禮、李應岱，宣化府廩生王序賓，附生李雲青，五品藍翎王蘭芬，同知銜鄧錦庭，附生朱乃賡，鹽大使銜周焕章，增生劉增塏，童生劉增蔭，六品頂戴牛裕如，監生張宏本，鴻臚寺序班李世麟，童生馬希升，附生馬希謙，六品頂戴馬希泰，監生張錫三，真定府附貢生劉邦俊，監生徐銘，大名府附生王聖功，即用直隸州知州李清和、甄居正，童生邢壽元，順德府州同銜王哲，監生葉爾琛、沈俊聲，廣平府附生佘翥英，奉天錦州縣丞銜孫儒楷，謹上。 男闓生謹案： 此書見於壬寅二月《順天時報》，題云「千二百人上書」，今檢元稿，題名未足此數，蓋其後復有增益，今不可考矣。又案：北方學者大氐出先公門下，此書蓋恐涉黨私之嫌，無一及門著籍者在其中，而尚能糾集大衆如此之多，兹所以難也。

張文達公致曾敬詒京卿書

摯公事不唯弟佩教有素，且爲學堂計，爲士流計，爲中國開化計，籌之爛熟，乃上聞於朝。蓋無論孰與斯役，鮮有不卧轍攀轅者。區區私衷，欽慕猶其末耳。去年屠梅君京卿以政務處借箸渥荷上知，嗣堅留長安，上於薦者頗拂然。今摯老已奉朝命，若再有難辭，是不翅刻弟於廷也。即歸志萬決，亦乞暫留一年，略與布置一切章程。待酌就大概，仍由摯公核定。摯公通才碩望，處事近情。尚希賢昆仲委婉達之，至爲感托！

袁尚書請留直隸主教書

摯甫先生執事：世凱守土東圻，得與彼都賢士大夫游，手訂學規，深恨德星遠隔，未得違覆，得中企望飢渴。及移近甸，知執事靈光巋然，仍主講席，以爲此非特三輔士民之幸，而下走抱經解甲，就都養弟子之班，宏濟艱難，指陳忠孝，蓋三錫之虚榮、十賚之殊寵，均不足喻其愉快也。京邸面接清談，得悉執事有圖南之志，當已堅致縶維，并托于晦若侍御、楊蓮府觀察再三挽駕。方今聖明在上，炳焕新猷，馮翊扶風，密邇京國。先生闡天人之奧，爲詩禮之宗，繼墜緒於河汾，紹前徽於洙泗，俎豆笙簧，裒然爲二十行省之首，豈不休歟！況先生夙宏教育之懷，文遢樂奔，向不惜苦口慇慇，挽澆漓而進康樂。昨接劉博泉侍郎三十六人曁貴高第王孝廉等公函，以執事浩志南旋，欲圖卧轍。世凱德薄能鮮，原不足與有爲，而先生念狂簡之斐然與夫薦紳先生致敬盡禮之意，當有不忍遽去者。尚祈曲鑒輿忱，毋閟金玉，幸甚！禱甚！昔胡文忠之於童子木也，要之以愚公移山、精衛銜石，世凱何敢比擬偉人？而執事通達萬天，舟梁一世，文章道德百倍童公。方今時勢光氣大開，衆喙争鳴，群流靡定，聖學之絶續實較危於胡曾中興之時。韓退之云：「扶樹道教有所明白。」先生即天爵自高，其忍袖手而不圖大道之行，東亞之興邪！匆匆寫意，不盡所懷。袁世凱頓首。

冀州開渠記

賀濤

滏水自西南來，至州北境折而東，横亘衡水。界中縣城俯其南，并岸而西四五里，左轉至州；城東地汙下廣五里，狹亦不減三里；北二十餘里隸於縣者名衡水；窪南十餘里隸於州者名海子，州東北之水潦滙焉。城西十餘里少北有泊名尉遲潭，水之來自西南者委之不能容，則溢而旁趨，與東北之水會。而城南之九龍口亦受州南之水挾以東注，衆水所瀦，遂爲巨浸。乾隆間方敏恪公道使入滏，立閘以爲閉縱。嘉慶、道光間猶稍疏瀹，後棄不修，閘亦圮壞，水遂奠而不行。而冀東衡南之地無阡壟畽畛而爲耒鏄所不加者，蓋十餘萬畝也。

桐城吳摯甫先生既知州事，欲開渠通滏，復方敏恪公舊迹，以惠一方。亦未嘗不慮民力之雕弊，官帑之匱竭而懼功之未易就也。後行部按巡其地，水方盛，縱横演迤於數十里，中念疲氓久罹重災，怛焉，憫傷不能自已。光緒十年二月興工，經始於下流遞進而南，抱城右旋，過九龍口迤西，達尉遲潭六十餘里。十月工畢，明年復深之，又明年廣之。廣七丈餘，底殺三之二，深丈餘，堤高五尺，厚倍之或三之。置橋八於舊閘處，設閘高二丈四尺六分，去一以爲廣，費銀十萬兩。司其事者，州人張君廷湘、張君增豔，縣人馬君景麟、劉君玉山，深州張君廷楨，武强賀君嘉枏，先生之甥蘇君必壽，諸君皆占畢之士，性樸而力勤。賦丈受役，縮盈汰冗，人毋刻休，材不寸棄。既訖功，有久治河者見之歎曰：「此役屬他人者，非三十萬金不能卒事也。」渠善淤，歲請銀二千兩於鹽運使，爲修濬之費。後又置銀萬兩取息助工，仍屬其事於州人與斯役者，使賀君定章，約以經法。水既有歸，田皆沃饒，今七八年所獲倍蓰所費。而夏秋水勝，舟楫往來，商旅稱便，州境遂富於初。

工之初興，人苦煩擾，或妨其私，怨讟并作，至是皆歌頌之。時國用空乏，行省鮮徛餘，大災要工猶不能贍。冀以僻左之地，故無河害，事非所急而遽事興作，仰給於官，議者頗疑事之不集。先生躬謁大府，退而上書，勢格則更端以進，違覆十反。制軍合肥相國李公故重先生，而先生仁民恤患迫於誠心者尤足感人，故終聽先生所爲，人不得而間之，而其功遂成。

吏治頹壞久矣，其號稱良能，率如職而止，或擇事有美名，易見功，絶無怨咎者張皇之，動人耳目而實無裨於民。至於利害所在，元元托命，而爲之甚難且易得過，不爲亦不虧所職，則漠然不以措意。官勤而事愈廢，政美而民愈困，豈非俗吏拘文法，而循吏多僞飾，爲勢所必至者哉？先生獨行志學，無所趨畏，苟利於民，雖簿書所不責，計課不以此殿，最無速功近效而不悦於人。甚或忤上官之指，亦必毅然爲之，以要其成。故所措施於州者，恒有百年之利。若責以吏事，參之時論，則較號稱良能舉高第而得顯名者或不逮也。濤懼先生所爲或不見諒於時，故推言之以明先生之志。至於新渠之利，效已驗白，無煩深論，謹述顛末，使後人毋忘其始，善持其終而已。而州人士心先生之心，造福鄉里，其功勤不可没，亦備列焉。武强賀濤記。

【附録二】桐城吴先生年譜

桐城吴先生年譜序

桐城吴摯甫先生主持北方文教三十有餘年，晚年主講蓮池書院尤久，士論翕然歸附。立志近接里閈，固已飫見習聞。蓋自海宇大通，新機勃發，創穹古數千年未有之奇局。政治、學術之蒸變，皆有瞬息萬里之勢，而近數十年來實爲新舊交乘之樞紐，加以國際風潮波沸雲湧，曾無軌轍之可循，學者狃於素習，莫不目駴耳回，碭焉失其所守。先生於五六十年前蚤已洞矚幾先，貫穿舊籍，得其指歸，而於新學新理之突進，復能廓其大。公之量，虚己以迎納之。新編譯册，研窮誦講不勝其勤，與東西國名流學子抵掌論交，傾懷輸寫。嘗默揣推遷之大勢，而毅然有以豫爲之謀，以爲異日開新之資地。其所推闡敷陳，班班具在，壹皆切實可立見諸施行，非徒爲大言望空駕説者比。蓋先生之宏謨偉抱所醖釀者如此，故卓然爲當代之大師，文明之先導。世入不察，徒以一代文章之宗匠目之，未足以盡先生也。

先生既没，遺書陸續刊行，獨年譜一編尚付闕如，先生門人從事編輯者數家，至今未出。立志有意於此，爰於暇日取先生詩文、尺牘、日記各編，擷其精微，綜其綱要，逐次排列，漸有端緒。又與先生子北江過從，得窺其家藏遺墨手稿未及刊布者，稍稍裒集，積久乃克告成。間有疑義，遣兒子崇元數從北江質問，務得當乃已。蓋先生生平所守，非僅一家之學説，所以通中外之郵，執古今之契者，爲用至宏而其端甚簡。得此而擴充之，庶幾有弘通特出之才，奮起以應未來之變。不支不懦，蔚爲通儒。則學術與世故相需而不至有泥古拘墟之誚，是先生衷懷所希冀而隱以策厲於無窮者也。世之讀先生書者，能慨然有與於是，則先生之蘄望爲不負矣。斯編也，雖目爲江海之酌蠡，崇丘之累土，其亦何説之辭？編輯既竟，爰發其大意如此。

中華民國三十二年夏五月，清苑郭立志序。

桐城吴先生年譜目録

清苑　郭立志　子心　編纂
男　崇元　君善　參校

桐城吳先生年譜卷一

道光二十年庚子　公年一歲

公諱汝綸，字摯甫，庚子九月二十日生於桐城南鄉高甸之劉莊。莊爲公考妣所購置也。同治戊辰《日記》：「今歲春，大人新置廳事，三間始落成。是宅本家人舊業，先祖愛其基址，貧無以購，家母出裝匳置之，誅茆植竹，居之垂四十年而廳事未作，至是始落成。」考諱元甲，字育泉，歲貢生，咸豐元年舉孝廉方正，以行義高鄉里。《喜詒甫生子》詩云：「昔我先君子，文行高巍巍。蕭條四壁中，天瑞生靈芝。長老作歌頌，以爲鄉鄙規。」妣馬氏，張濂亭有《吳育泉徵君墓志銘》、《吳母馬太淑人祔葬志》，叙述懿行甚備。公兄弟四人，公次居仲；兄汝經，字肫甫，長公六歲；弟汝繩，字詒甫，少公九歲；汝純，字熙甫，少公十三歲。惟詒甫筮仕山東，歷任汶上、陽信知縣。姊一人，適同邑蘇氏。公娶汪夫人，生女四人，適無錫舉人薛翼運，桐城舉人汪應張，貴州提學使翰林院侍讀膠州柯劭忞，直隸知縣同邑王光鸞。側室歐氏，生子一人，闓生；女一人，適桐城姚永保。孫一人，防；孫女五人，皆公卒後始生。曾孫三人，光熊、光燾、光熹。

二十一年辛丑　公年二歲

二十二年壬寅　公年三歲

二十三年癸卯　公年四歲

二十四年甲辰　公年五歲

二十五年乙巳　公年六歲

二十六年丙午　公年七歲

二十七年丁未　公年八歲

二十八年戊申　公年九歲

二十九年己酉　公年十歲

三十年庚戌　公年十一歲

洪秀全起廣西。

咸豐元年辛亥　公年十二歲

《日記》：「某十二歲，始爲論説之文。」《自記制義文後》云：「某生二十有二年矣，自束髮受書，家君教以制義之文，學之今十年，未工也。」

二年壬子　公年十三歲

三年癸丑　公年十四歲

桐城爲賊所陷，育泉公避亂山中，公隨侍讀書。時官軍自桐城潰，育泉公以從軍之後，館于樅陽，主人懼禍，爲變姓名。《家嚴慈六十雙壽徵言略》：「桐城陷賊凡十年，官軍每至，賫運糗糧，聯結義故，縣人輒推家君主之。」育泉公有詩云：「平生笑我非張禄，呼馬呼牛任自譁。」

四年甲寅　公年十五歲

洪秀全據金陵。

五年乙卯　公年十六歲

六年丙辰　公年十七歲

七年丁巳　公年十八歲

八年戊午　公年十九歲

九年己未　公年二十歲

十年庚申　公年二十一歲

英法軍入京，帝狩熱河。

是年春，公兄弟同游浮山，詒甫、熙甫皆有詩。《育泉公詩集》公有注云：「庚申春，某偕家兄、携繩弟、純弟登浮山，時兩弟均未讀，余戲令并作浮山詩。純高唱一絶，余與兄皆驚異。久之，繩成五言短古詩一首，頗得佳趣，朋輩皆激賞焉。」

庚申、辛酉兩年，桐城被寇最甚，公亦避地他所，《伍烈女傳》云：「庚申冬，粤賊由廬江竄樅陽，居民奔匿，百數十里爲一空。」《楊壽山先生墓銘》云：「庚申官軍臨桐城，援賊大至，劫殺益横，死者枕藉。」《左忠毅公畫象記》云：「庚申冬，以亂僦居公故宅，從左君質夫所，求公遺書而讀之。」

十一年辛酉　公年二十二歲

八月，官軍復安慶、桐城。

時鄉里被賊，公兄弟奉母避亂東鄉，家貧，擷野茹爲食，拾薪煮藥奉親。育泉公爲鄉里辦賊，以軍事留西鄉，數月不相聞問。《章冠鳌傳》：「冠鳌既卒之二年，余避亂至東鄉，鄉人每津津談冠鳌事，有泣者曰：猶記章冠鳌殺賊突圍時也。」

同治元年壬戌　公年二十三歲

九月，育泉公應江西武寧翁小田大令延緒之招，課其子立德讀。歲暮還家，延緒旋病歿。《祭翁大家文》云：「大家之兄，昔官西江，賓筵我君，以其子從。」案：延緒以翰林院庶吉士散館爲江西武寧知縣，卒官。立德受學後亦成進士。見《翁大家墓碣銘》。

十月大病，昏不知人，經時乃愈。既愈，作《囈記》，文曰：「南華子者，不知何許人，嘗以病而狂惑，爲囈語。既愈，而以爲幻也。因有味於《莊子》之書，遂自號南華子。南華子自述其囈語曰：始吾家故貧，年二十無所知名，頗能爲文章，以貧故，冀投時好。其文不甚高，然竟以此取甲科，登金門，上玉堂，聲名通顯。得志而歸，車徒供帳，震耀鄉里。鄉里之人以爲榮，皆曰大丈夫當如此矣。而吾亦自念致身青雲之上，以爲父母妻子光榮，迴憶曩者貧賤無所知名，何啻霄壤！下視草茅寒素之士，亦不啻鴻鵠之於鷃雀也。於時頗自喜，其後官益尊，勢益盛，人之震耀而歆羨者益衆，而吾亦自顧而嘻，以爲富貴快一時之欲耳，千秋萬世，誰復知吾姓名者？乃發憤大肆力爲文章。斯時位望既崇，無所干求於時，一意以古之立言者自期，以蘄永於後世。舉向所爲投時好决科名之文，悉焚棄之。於是文日有名，天下之人交口推譽，以爲古之董仲舒、賈誼、司馬遷、韓愈之徒復出，而吾亦自以爲雖古作者不吾過也，於時益自得。顧念吾一身，前既貧且賤，又無所托以不朽，而後乃富厚極於一時，文章傳于後世，志得意滿，樂可知也。吾病時大概如此。已而病稍瘥，漸覺其身故在牀蓐間，又頗自疑，輒歎曰：吾非向所爲貴極富溢，又能以其文名一時者歟？豈病者歟？間舉病中語示人，皆大笑。久之病已，始知吾向之所爲如是者，吾之狂惑者爲之也，非其真也，幻也。於是乃爽然自失。然而方其病也，吾不自知其病也，恍惚如夢寐間，而吾又不自知其爲夢也。人世得失之遭，顯晦遲速之數，豈皆吾病類也？玉屏居士聞其言而歎曰：莊子云『必有大覺而後知此大夢』，甚哉！南華子之言之有似於《南華經》者也。遂爲之記。」

案：公家居近玉屏山，故嘗自號玉屏居士，此文用意甚奇，生平學問志業已豫定於此，而集中不載，因具録之。

二年癸亥　公年二十四歲

始應有司之試，與兄肫甫同案入學。縣試公第一，肫甫第二；府試肫甫第一，公第二；院試公仍第一。公生平於制科，一試輒中，無再應者。《游大觀亭故址記》：「今年應試皖城，始從方先生存之游其地，先生曰『必有記』，故記之。」

三年甲子　公年二十五歲

六月，官軍克金陵，十一月，江南舉行鄉試，中式第九名舉人。曾文正公《日記》：「五月二十七日，閱桐城吴某所爲古文，方存之薦來，以爲義理、考據、詞章三者皆可成就，余觀之信然。不獨爲桐城後起之英也。」

案：「不獨爲桐城後起之英」者，曾公知公之才非桐城宗派所能限也。又案：公《祭存之文》云「搜我篋藏，持獻相君」，知以文謁曾公，非公之本志，公之不干貴勢，方君之好賢薦士，皆可紀也。又，公未見曾公以前，學業已自成就，亦可徵之於此。

十二月二十四日，黎明，入貢院寫榜，闈墨極佳，無一卷爲庸手所能者。《祭方存之文》云：「同治之初，君客始旋。吾初私學，君聞謂賢。招携觀游，試使爲文。搜我篋藏，持獻相君。學匪禽犢，有愧在顔。東南清夷，仲冬科舉。已試强我，入謁相府。用下敬上，干冒是懼。我官中書，貧不自存。相君愛士，甄録在門。弘我道義，博我藝文。沾以微禄，使榮其親。始愧且懼，卒賴之緣。追維本初，非君曷因。」

案：是年五月，方存之已薦公於曾相，公訖未往一見，至鄉舉後始被强入謁，以曾公座主不得不見也。然亦訖無干請，至會試授職後始入幕府。據《曾公家訓》云「渠以本年連捷，得内閣中書，告假出京，余勸令不必遽爾進京當差，明年可至余幕中專心讀書，多作古文」云云。是入幕乃曾公所勸，公亦絶無干求也。賢者立身，難進易退蓋如此。又案：公生平無所師事，獨於曾、李二公稱師者，以鄉舉時曾爲江督，李則闈場監臨，皆所謂受知師也。又寶相國鋆爲乙丑座主，《尺牘》中稱師者惟此三人。至於詩文集中亦不稱爲師也。

四年乙丑　公年二十六歲

入京會試，中式第八名進士，以内閣中書用，遂入曾公幕。

案：賀松坡所作行狀云：「文端公倭仁見其廷試策而奇之，拔置一甲。先是，今湖廣總督南皮張公以第三人及第，其策不用當時體，先生所爲策，其體亦異。某公曰：『此有所效而爲之者，抑置三甲，以中書用。』案：先生廷對策典實充沛，非科場所有，今在徐世昌所纂《明清八大家文鈔》中。所謂不用當時體者，舊例殿試策字數行款及擡寫頌揚處，皆係預定格式，不能增減，公所爲文則直抒己見，不依此例，主試某公云：「前年已拔張之洞，今再拔此卷，則科場成例不能復維持矣。」遂抑置三甲。

曾公《日記》：「十月十五日，吴摯甫來久談。吴桐城人，本年進士，年僅二十六歲，而古文、經學、時文皆卓然不群，異材也。」

案：公初見曾公，曾公歎異其材，且問何從受學，公答以但稟庭訓，并無他師，曾公極爲欽仰，遂禮聘公考育泉公爲公子師。事載《曾公家訓》。其後因育泉公不樂久處，未幾遂辭去云。又案：是年八月，曾公駐徐州督師勦匪，公見曾公亦在徐也。蓋自是始入曾幕，然歲晏必歸省覲，故曾公十月二十四日《家訓》有「摯甫由徐赴金陵，余擬派差官送之」之語。明年正月二十四日，《家訓》又有「爾至安慶後可與方存之、吴摯甫同伴，由六安州坐船至周家口」之語。明年，公從曾公在濟寧，見《題玉露禪院》文。

五年丙寅　公年二十七歲

公在日本，答新聞記者問生平履歷云：「同治五年，山東、河南勦捻匪；六年回河南；案：河南疑當作江南，此文從日本報紙傳録，故疑有誤也。七年十一月，從曾公到京；八年在直隸；九年送曾文正公回江南，李文忠爲直隸總督；十年補深州知州；十二年二月丁外艱；光緒元年七月丁内艱，遂入李文忠幕府；二年復回籍起復；六年補冀州。」

曾公《日記》：「十月二十三日，二更後，與吴摯甫久談，教以説經之法，説話太多，舌端蹇滯。」案：是年三月，曾公由徐州至濟寧，六月由濟寧舟行至宿遷、桃源、清江、臨淮，八月至周家口，十月因病請開各缺，十一月奉旨令回江督任，六年正月回徐接篆，三月六日返金陵。公之蹤迹大約皆隨曾公。《題玉露禪院》云：「余始從曾文正公，在泲寧玉露禪院，既逾月，隨軍去。」「十二月初二日，閲吴摯甫所爲《明堂考》。」案：此文已佚，《日記》：「吾少時作《明堂考》，頗見賞於曾文正。」「十二月初八日，與吴摯甫一談，渠本日作《讀荀子一首》，甚有識量也。」

六年丁卯　公年二十八歲

四月請假歸里，六月復至金陵，以襄助軍務出力，由曾公奏獎，加内閣侍讀銜。

《日記》：六月初四日，清晨，簡料行李，送行者接踵而至。酉刻，拜二親出門，到船已及二更。同行者，兄肫甫，弟詒甫。是夜大風，不敢開帆，以老母臨行，堅囑慎風波也。初五日遲明，開行十餘里，風色順利。巳刻後，挂帆過竹子湖，午刻遂至湯家溝，未及一時，舟行三十餘里。前四月杪自金陵歸里，是湖淺不容舟，自湯溝至家，節節阻滯。五月中始得大雨，農田各已種穀，其先種旱糧者，至是亦犁去，復行栽秧，老農謂此後倘雨暘時若，則今歲唯旱穀不登，尚救得五六分收成也。今過此湖，見湖水斗長數尺，舟行快利，爲之欣然。初九日，舟至大通，作楊伯衡尊人《楊壽山先生墓志》。廿六日，戌刻抵金陵，家兄病甚。廿七日，入署謁曾相，告兄病狀，相國許在寓侍病。十一月十四日，侯相命校覆奏和約稿。十五日，侯相命作《靈谷寺龍神廟碑文》。十二月庚辰朔，《歷代都邑表》成。余見本朝言地輿之學者數家，大略皆以本朝爲主，而歷代散入之，檢閱頗難。因欲爲一書，各朝爲經，本朝爲緯，庶讀史時便於考覽。而都邑則歷代遞變，而山川關塞畺域形勢之所由定也，遂先爲記之。而東晉時十六國，五代時十國，以及各朝之末，奸雄割據，皆附入焉。作《都邑表》，起于十一月戊寅，成于是日。壬午，作《禹貢畺域表》，以《禹貢錐指》爲主，參之《地理今釋》、《方輿紀要》各書。《禹貢》以山川紀畺域，説者以爲地理之善例，故表《禹貢》不得不兼載山川。《冀州表》直隸省成。甲申，成《兖青表》，考訂《錐指》、《今釋》、《乾隆州縣志》各書，定冀州北界。乙酉，改冀、兖、青作表體例，唐孔氏從馬、鄭以來舊説，謂「青州跨海」，蔡《傳》以爲「據海」，余謂蔡《傳》是也。九州凡言海者三，青、徐、揚是也。徐、揚言海，皆屬據海，青獨跨海，何從而知之耶？河自碣石入海，碣石以南爲兖州。濟入海即今大小清河，濟南爲青州。自登萊至遼東，中隔兖州一州境，青乃越兖而有遼東。果何由而知之？余意碣石以北，遼東之地，皆冀州域。

《爾雅》幽州之醫無閭，分冀域也，必執醫無閭爲青域，於是不得不强經就傳矣。丙戌，《徐州表》成。丁亥，《揚州表》成。庚寅，偕黎蒓齋、薛叔耘同行至書坊，遍閲各肆舊書，歸作《荆州表》。辛卯，是日聞捻匪竄過六塘河，擾及揚州各屬，俟相調度，以彭宫保守上游江面，婁鎮雲慶自湖北移安慶，李提督朝斌駐守瓜洲。余謂：「賊自山東敗竄而來，其勢未盛，報者率稱萬餘人，此未必然。六塘守者言百餘匹，此亦未然。大約則守者之言較報者爲近理，其無萬餘人可决也。法宜急調水師入運河，防其渡運西竄皖鄂，而六塘則反守之。揚多支河，如此俟追兵至，可成擒矣。」夜成《豫州表》。壬辰，聞吴觀察毓蘭截擊敗匪，頗有擒斬，私幸料事頗合。及夜，則吴報生擒賊首賴汶洸矣。成《梁州表》。甲午望，雜考雍州黑水及積石三危諸山。乙未，《雍州表》成。癸卯夜，《導山表》成。

七年戊辰　公年二十九歲

正月丁巳，是月庚戌朔。考《禹貢》水道。己未，作《導水表》。癸亥，《導水表》成。《禹貢》九水，當時治水之大綱也，欲爲詳明簡括一表，稿未即定，俟他日更爲之。己巳，作《虞十二州爾雅九州表》。

二月己丑，是月己卯朔。考《毛詩》衛地。庚子，雜考《詩》地理。壬寅，命畫工爲寫小照，午後始成。乙巳，作《尚書地理表》成。《禹貢》别有表，此表以蔣相國《地理今釋》爲主。余爲地理表，各朝以一書爲主，如都邑，以《都邑考》、《宅京記》爲主，《禹貢》以《錐指》爲主，《爾雅》以《邵氏正義》爲主，《詩》以陳石父《疏》爲主，不敢自立異説也。

三月己酉朔，考《春秋》地理。乙亥作《朱星檻觀察之父六十壽文》。

四月乙酉，吴南平來，湖南老儒也。

四月辛丑，是月己卯朔。相國有上海之行。癸卯，與李勉林約同舟歸覲二親，甲辰巳刻上船，閏月壬子抵家。今歲春，家大人新置廳事三間，始落成。是宅本家人舊業，先祖愛其基址，貧無以購買，家母出裝匳置之，誅茆植竹，居之垂四十年，而廳事未作，至是始落成。案：四十年廳事未作，以貧故也。詒甫弟新娶婦，居室得以稍寬，辛丑爲詒甫弟生辰。詒甫以道光己酉閏四月生，生二十年未遇閏四月，今始遇之，老母以爲難遇，又係二十初度，故命家人舉酒爲觴。余既承老母之意，又以年年奔走，歸與兄弟處，蓋無幾時。是夕酣飲忘醉，家人樂甚。壬戌，擬買棹東下，老母留之一日。癸亥上船，熙甫弟同行。熙甫幼慧，長而荒于嬉，五經尚未卒業，遂决意隨余出，將欲從問讀書之大略，二親皆以爲然，遂携之東來。甲子，至大通，晤丁筠卿，惠茶墨，擬作一詩酬之。庚午，行至江寧鎮。辛未，阻風。壬申，未刻開船，夜二鼓抵金陵水西門，癸酉入城。五月朔丁丑，相國前贈吴南屏詩屬和者十餘人，余來，友人迫之，乃强爲一詩，即《謝丁筠卿惠茶墨題》也。甲午，擬復陳樸園信。樸園名喬樅，侯官人，陳壽祺恭甫之子也。官江西，著有《今文尚書考》。此稿擬上後，頗爲相國所賞，蓋相國之不遺小善，令人心感往往類此。

九月朔，閲張廉卿文。廉卿湖北武昌縣人，名裕釗，所爲文多勁悍生煉，無恬俗之病，近今能手也。十四日，携季弟熙甫歸，午後上船，相國約以十月初十日以前還金陵。十五六兩日，南風不能開帆。十七日早，風色稍平，遂棹舟行。十九日過裕溪，見彭侍郎索畫。案：索畫歸以奉親，今《梅花大軸》猶存。廿四日，過竹子湖，午後抵家。家君聞仍出門，大驚，老母在從姊處觀劇，七弟飯後往省。案：七弟即熙甫。是日老父談至雞鳴，始就枕。二十七日，雨中迎母歸。二大人略商家事，不名一錢，紛無頭緒也。

十月二日，晨起，將有去志。記臨歸時爵相約以十月初旬到金陵，故汲汲欲出，因老母眷眷，不敢遽言。三日，是日爲余兄生日，家人紛紛至二親前賀壽。李勉林專差送錢子密信來，言馬制軍以九月二十六日接篆，相國擬十月望日啓節，屬余以初十前到金陵。是日料理行裝，見老母悽然不忍別，約以北上後仍可附番船南旋省視，母止之曰：「汝每歸不過數日，吾不願汝有此歸也。」是夜老母有感冒之疾，頭痛發熱，侍床下至雞鳴。私計明日母病不愈，當作一書謝相國，不出門矣。四日，母病小愈，仍復强起，遂覓船。早飯後拜二親就道，兩弟送余河干，久立不去，蒼天若果默祚予，當使我稍得志而歸，吾父母猶如今日清健也。是日宿竹子湖，風色不順。五日，東北風大作，舟不能行，僅走十餘里，宿老洲灣。六日，晨行十餘里，出江至李勉林處，换炮船，行至丁家洲，是日共行九十里。七日行九十里，至三山峡對岸蘆洲中。北風大作，怒濤直上船頂，遂宿此洲。八日阻風洲中，進退不可，憂煎萬狀。九日，狂風視昨更大，江中無上水船矣。予剋期至金陵，僅餘一日，而爲路尚二百餘里，風色如此不順，豈老親不願有此行，絶裾而出，乃天所不許乎？使余有田足自食，侍親課弟，自有天倫之樂，胡爲千里依人，備嘗險阻，以求不可必之名位哉！十日，自洲中開行，一日夜行百五十里，十一日遂至金陵。十二日，雜訪諸同事，夜與張廉卿久談爲文之法。廉卿最愛古人淡遠處，其謂氣脉即主意貫注處，言最切當。又謂爲文大要四事，意、格、辭、氣而已。十四日，與方存翁一談，吴廣莽、吴清卿兩同年至，彭侍郎來，余索壽聯。十五日，與張廉卿、方存翁夜話，暢言文章，兼及經史。

十一月從曾公入都。《日記》：十一月四日别家兄出城到船，先是湘鄉相公奉命移直隸總督，以是日啓節，將朝京師，余從行。家兄肫甫前數日由張秋軍次南旋，抵金陵，留數日，送余，至是始别。舟行出下關，城中官無大小，皆遠送相國于此，蓋出城行二十餘里矣。就中官極尊者，合肥李相；年極高者，霍山吴侍郎；路極遠者，則西洋人馬格里也。十七日，自清江登陸，二十日至郯城，自是入山東境。廿三日至青它寺，廿五日至嶅陽，五十里，復行至新泰縣，二十里，自青它寺即見路西有一大山，至蒙陰大道，轉西而此山盡，相國謂是蒙山。至嶅陽，見路西一石山，土人稱青雲山，相國謂是嶅山。行篋無書，俟考。廿六日，出新泰城北望見一山，土人稱爲蓮花山，相國謂即新甫山。行六十五里，至羊叔子故里，俗所稱羊流店也。過羊流店，望見西北大山即徂徠山，山行四十里，至崔莊，是山始盡。泰山即直北，薄暮，相國同至郊野望岱，呼居人問諸山名目，竟無人能道者。二十七日，未及犁明就車，日初出即至泰安。是日偕栗誠公子、陳容齋司馬、高聚卿大令登泰山，始及山半，輿人畏晚欲返，余決意上山。至絶頂，下視諸峰環拱，重叠如笋衣。未入山時，北風甚勁，入山步行數里，天氣融暖如春秋佳日。至中天門，當上下之半，晴空飛雪，疑天勢將變，蓋陰崖積雪，因風飄蕩者也。到山顛，烟雲四合，噫氣怒號，人廪廪若有不敢久留之勢。下山則落日餘霞，依然晴霽，略無變態也。因是知杜詩望岱，語簡而景象湧現，該括無遺，真大手筆。汶水直岱南，自山下至絶頂，峰迴路轉，盤曲迂繞，而前望之局勢，迄不一改。汶水縈繞如帶，徂徠前立，真是兒孫矣。是游爲時太促，無鄉導，所過山名每不能識，歸寓借《泰安志》閲之，則余所到者，于山未及五之一，擬他日南還有暇，當爲十日之游，書以誌之。二十九日，行三十五里，至章夏，大道循河而北，河自汶水分出，下流入大清河，所謂葛乙河也。

十二月四日，至景州，宿開福寺中，僧房極修潔，寺有塔十一級，余與同人皆登之，塔隋物也。金陵報恩寺塔未建時，此塔爲天下第一。十三日入城，住賢良寺。十四日送相國至乾清門外，歸而日已旰矣。是月撰《家嚴慈六十雙壽徵言略》。

八年己巳　公年三十歲

正月元旦，寫《徵言略》一通。初五六兩日，擬作《李太夫人壽序》。十五日，相國入内廷賜宴。二十四日出都，二十七日抵保定。

二月二日，相侯接篆，十三日移入督院。先是到保定時，官相未行，遂寓蓮花池中，保定勝地也。凡居十七日，始移寓。

三月八日，相國來談。廿四日，相國來久談。

四月十四日，相國爲余奏改官直隸，擬以直隸州同知補用，不審能得俞旨否。

八月十六日，由保定啓程，十八日未刻入京，寓小安南營火神廟。二十七日，到吏部署驗到。九月四日引見，得旨以直隸州歸直隸補用。先是四月十六日，曾相奏保，吏部以格于定章，議上，請仿照明保成案，調取引見，候旨録用。及是，樞廷以同知直牧分進兩簽，上竟用直牧，此舉主爲上所倚重之力也。曾相原奏文云：「奏爲酌保堪勝外任京員留直隸補用，恭摺仰祈聖鑒事：竊臣於正月十七日具陳直隸應辦事宜摺内，奏調數員，奉旨允准在案。茲查有内閣中書吴某，同治四年安徽進士，自乙丑告假出京，即隨臣徐州、濟寧、周家口軍營，襄辦營務。同治六年由銘軍克復黄陂案内，經臣奏奬，奉旨賞加内閣侍讀銜。前年臣回任江南，及此次量移直隸，該員始終追隨左右，臣與之朝夕討論，察看該員器識明敏，學問該洽，實有希古拔俗之志，若使莅事臨民，必能湔除積習，造福一方。擬將該員改爲直牧同知，留於直隸補用。查近年吏部章程，非軍務省分，不得調取人員。直隸現雖静謐，而兵燹之餘，地方雕敝異常，非多得二三賢員不足以資補救。合無仰懇天恩，准將内閣侍讀銜中書吴某以直隸州同知留於直隸補用，并免繳指省分發銀，俾臣得收臂指之助，恭候命下，當即給咨送部引見，理合專摺具陳。伏乞皇太后、皇上聖鑒訓示。謹奏。」

九年庚午　公年三十一歲

曾公《日記》：「五月二十六日，接奉廷寄，派余赴天津查辦事件，因病未痊，躊躇不决，與吴摯甫一談。廿七日，思往天津查辦毆斃洋官之案，熟籌不得良策，至幕與吴摯甫一商。」

《日記》：五月廿三日，天津百姓毆死法國領事官豐大業，焚毁天主教堂及法國公館洋行，誤斃俄商三人，英美講堂六所。廿七日，曾相奉旨前赴天津查辦事件。六月初二日，三口通商大臣崇厚奉命充出使法國欽差大臣。初六日自省啓行，隨曾相赴津。是日宿高陽，初七日宿任丘，初八日宿大城，初九日宿靜海，初十日抵天津。十二日，英國參贊傅磊斯、譯官雅妥瑪來見曾相。十三日，美國領事官密佗士來見。十四日，總署寄來威使照會一件。先是百姓訛傳洋人教堂有迷拐幼孩、挖眼取心等事，故有此變。英國公使威妥瑪爲此照會，深辨其冤，反復數千言，意在煽誘各國也。十五日，道府縣三員均以辦理不善先行撤任，聽候查辦。十六日，英國領事官李蔚海來見，李近兼攝法領事者。十九日，羅淑亞到此，曾相迎至通商署中一見。二十日，俄國領事官孔氣來見。廿一日，羅使來一照會，欲將天津府張光藻、天津縣劉傑及陳國瑞三人擬抵，崇帥力請將府縣解送刑部。先是崇帥恨地方官特甚，必欲擠之死地，曾相謂府縣初無大過，不欲予以重咎。至是崇帥因羅使有此照會，力請奏下詔獄，曾相許之。七月十一日，諭旨將天津府縣改解津郡候質，不令入獄。先是六月廿九日，英使威妥瑪至津，七月初六日，羅使葬豐大業於津郡法領事署舊址。初九日，羅使入都，該使堅請殺府縣，曾相力持不允。其入都，蓋威使爲之謀也。總署得該使入都之信，故改解津郡。六月下旬，毛旭初尚書至，七月二十五日，丁雨生中丞至，二公來津，由崇帥奏稱曾相病篤，故奉旨會辦此案。七月下旬，定議責成地方文武切實拿犯，設立發審局鞫之。八月十三日，訊取已革府縣親供，奏咨該員等供稿，係余及劉雲生比部所手定，此事頗不悦於毛、丁兩公。案：姚永概所作《行狀》：「文正公辦天津教案時，從容謂先生曰：『吾大臣任國事，不當計毀譽。子年少，名甫立，盍少避乎？』先生笑不應。」蓋謂此類。十七日，毛公回京。十九日，接諭旨，仍令府縣解京。二十三日，定擬應正法之犯十五人，應辦軍徒各犯二十一人，府縣畏復下獄，更有奇禍，不敢起解。二十五日，李相至津。前六月下旬，李相奉旨統兵自陝入燕，移緩就急比在途而和議將成，有旨令李相兵勿入直境。八月初三日，聞兩江總督馬新貽倉卒被刺，曾相遂調任兩江，令李相馳赴天津接任直督，至是李相單騎至。二十九日，奏解天津府縣。九月初二日，丁中丞回蘇，與劉省三軍門同去，省三軍門亦因六月下旬樞廷頗議防禦，故諭令來營。及是事緒少定，劉公徑回皖中，此公近日頗希冀督撫，不能鬱鬱久居此也。曾相前辭江督，刻本《日記》「辭」作「調」，係誤字。奉旨令以病軀坐鎮，俟津案奏結，即赴新任。八月二十三日所奏結之犯，恐洋人猶以爲少，遂分作兩批奏結，現擬九月十三日續結第二批。十二日奉旨前任府縣定發黑龍江。

九月廿三日，相國入覲，余以私事未從。先是曾相擬奏余自隨，後李相謂曾公去歲奏保改外，專爲畿輔吏治立言，此時不便調往他處，遂不果行。而余自初聞南行之議，即致家書，言今歲定還覲省，及南調不果，於是李相議給一差，令送曾相至金陵，即便道過家度歲。故曾相入覲，余留天津候差札也。案：此曾、李二公爭欲得先生自助也。

十一月初一日，買船返保定，初七日抵寓。十五日與李佛生同行，十六日至河間，曾相在津郡，與余及佛生約於河間相見也。十九日，曾相至河間後遂同行。計自保定南行，過郡一，州縣六，至於運河，絶運南行，赴德州，過州二、縣一，至於河，亂河抵東阿，過汶上，入濟寧，舍車登舟，凡陸行十有二日，留河間待曾相者三日，東阿道中和曾劼剛公子《別李佛生》原韻詩。」

案：此下《日記》闕載。公送曾相至金陵後，當於歲杪回里省親度歲也。

十年辛未　公年三十二歲

補深州，迎養之官。

《日記》：二月十五日，奉二親挈眷累二十餘口上船。二十五日抵金陵。二十六日入城謁曾相，兼訪舊友。二十八日入城，宿幕府。

三月初一日，爲吾父壽辰。蓋自甲子以後，父母壽辰余皆奔走於外，不及奉觴上壽，今年諸兒諸婦乃群聚舟中，雖無以爲壽，吾親頗爲意適也。初八日，至鳳池書院，與廉卿留連竟日，𣏌論文字。初九日，謁曾相，作辭。金陵盤桓十有四日，數見曾相，泛論今古，所言多可牖啓人意氣者。二月二十九日以後，率以閑日一談，其言皆甚切至。是日出城。十一日出江，過燕子磯。十三日舟抵揚州，入城見莫子偲。

四月初一日，由清江陸至王營。初五日，宿郯州。初九日過鄒縣，謁孟廟。十六日，宿德州。廿一日抵天津。廿二日，謁伯相，致曾相意，言張翰泉事。伯相謂「此時不能爲力。俄國三萬金尚未領結，亦未抵償，法國教堂亦未修成，去年之案尚未結清，此時翰泉等安能即赦？翰泉素著循聲，又屬同鄉，苟可援手，豈復愛力，實知其勢不可行耳。有信寄翰泉時，可勸令耐心守候，勿遽望賜環也」。

五月廿一日拜客辭行。二十二日由天津啓程。廿三宿大城。廿四宿任丘。廿五食高陽，人定後抵省寓。

六月初六日出省。初九日抵治所。初十日接篆視事。

六月廿二日《上曾相書》云：「違侍後，行抵清江，察看運河淺阻，舟楫不通，遂奉二親舍舟登陸。四月二十一日行抵天津，寓舍難覓，眷口多病，在津勾留一月，五月二十六日始至保定。方伯催令赴任，以六月初十日到州受代，數月以來奔走塵土，行蹤無定，及到任之始，所請幕友未及偕來，幾於一身百役，用是叩違許久，未上一書，伏維福躬萬安。私用跂祝，吾師還鎮江南，神人豫悦，公私稱意，不問可知。伏望珍衛玉體，稍節勞勩。高年精力迥異前時，不宜過自勤苦也。直隸司道大員，下至州縣，言及吾師，無不感激依戀，南來舊人，固自應爾。乃至范廉訪、恒都轉、費觀察、恩太守等，或相從未久，或衆人相遇，與之聚談，如子弟之候問父兄，依依之情，溢於言表，皆若致憾於某別久，不能具悉起居者。下至鄉野老父，亦有問曾侯何在者。吾師在北，無赫赫之名，而去後之思如此，不獨久居門下者聞之欣慰也。承委以翰泉求還事，致命李相，據云津案未久，時有餘波，目前斷無賜環之望。翰泉既係同鄉，又有循績，苟可援手，無不盡力，知其無濟，不可妄爲。曾師辦理此事，本未過當，不必時抱歉衷。并令致書翰泉，屬其少安勿躁。某到保定，親詢翰泉家屬，知戍所尚不甚苦，該處將軍頗以優禮相待，惟風土殊異，懷思中國耳。直隸今年雨水極多，有七十八十老人皆謂生平未見之水。滹沱、豬龍兩河泛溢於深州、安平、饒陽之交，幾匯爲澤國，而雨勢未止。初登仕版，遽遭災歲，真屬莫知所措。此州民風敦樸，胥吏無甚黠猾者，紳士無出入請托者。某初到，詞訟稍繁，然民不刁健，判斷尚易。苟非飢歲，勉竭心力，撫循當不甚難。被災則貧民極多，無術綏輯矣。」

十月二十五日曾公復書云：「八月接誦惠書，具聆一一。以外出巡閱，刻無暇晷，裁畣稍稽，比審侍闈多祜。新履深州，政祉懋介，身執百務，勞勩倍常，至以爲念。承述所過見聞之狀，曲爲獎飾，自省在畿輔年餘，無一可信幽獨、可質交親，不過循塗守轍，涉筆畫諾。其禮賢一節，豪無實際，而李君更招慢士之譏，最後天津之役，物論沸騰，冒大不韙而僚屬猶殷殷存問，如來書所云者，則以體閣下愛僕之情，爲一體相温之語，聊佐寒喧，豈足爲去思之徵驗耶？翰泉求還，目下斷難設法，迭閲新聞紙內，彼族頗責羅使未能力持府縣抵償之議。李相蓋深知其難，故不復答翰意外之求。閣下既詢翰泉家屬，知戍所尚不甚苦，將軍復以優禮相待，即望以書告渠，勸其忍耐且住，勉效蘇子卿、洪忠宣久居絶域之所爲。若處之過於迫蹙，便覺度日如年，徒增鬱悶，而於事仍無濟，非自全之道也。直隸淫霖爲災，津郡附近各屬幾成澤國，爲近數十年所僅見，荃相截漕十萬，賑濟災黎，猶難遍及，旋疏請飭江浙兩省各辦米二萬石，改解折色十萬金，又函商鄂人於淮鹺內籌捐二十萬金，又謀及江浙官紳，捐棉衣二十餘萬件，當可補救一方，不致終成餓莩。深州向困於水，今年想更浩瀚，難于措手。一省辦賑，則宜多用好官，一州辦賑，則宜多用賢紳。閣下文學淵雅，識解邁倫，更能力矯視事太易之弊。目已察而猶恐未精，心已明而猶恐自是，不泄於邇，不忽於小，則紳富之氣易通，貧民之情易達，苟全無款可籌則已，如省中有餉可撥，本境有銀可捐，則得一錢一粟，必有實惠及民。古來良吏豈有異術，亦惟心誠求之，臨事不苟而已。官署歲入無多，只有節用之一法。僕平生好講儉字，而署内實失之奢靡，由不能檢察細務，閣下宜以爲鑒。米鹽薄物事事減損，宅門以内，食者少而用者舒，則不至妄行挪欠。即使一旦因公虧累，亦爲上下所共諒，神明所共鑒，彌縫終有時也。鄙人目光昏霧日甚，無術可以挽回，眩暈、疝氣諸症幸未復發，近惟兩足浮腫，步履稍覺不便。内子沈疴就痊，第以兩目無光，右脚比復痿痺，亦生理之極艱。大小兒正月生子，七月驚風殤亡，殊用鬱鬱。八月十三日出省補行大閱，先至揚州、淮、徐，後及鎮、常、蘇、松，十月十五回署，應俗之酬酢，鎮日紛擾，不特久疏文字，即公牘亦多所停閣。足下治公有暇，仍當從事書史，幸無廢學爲要。諸希心鑒，復頌台祺。不具。國藩頓首。」

十一年壬申　公年三十三歲

元旦，晨起拜牌謁廟，與同城往還，歸，一一親睡起，與兄弟慶賀，三鼓檢點行篋。初二日啓行，初三日人定時到省。初四日司道率屬爲中堂迎壽，吾與三屬送呈壽文，因入賀。初五日，晨起入院署賀壽，因晤幕府諸子。初六日，上司道署，入院，遂至會館一行。初七日，晨起見數客，遂出拜客，歸寓，午飯後再出拜數客，至書肆一游，夜歸，史光圃來談，三更睡。十三日，遲明就道，行七十里至祁州食，又行五十里，宿於定州東湖村人王培膏家。是晚，隨行車失道，不得行李，培膏爲此村紳户，留宿出肴進酒，兄弟怡怡，問之則五代不分居，蓋義門也。十四日晨行五十里，至晉州屬小村食，路過無極境内，木道河故瀆涸淤已久，忽於昨夜發水，蓋凝冰初釋，水勢驟涌，疑其爲滹沱决入者，記之俟考。食後行十餘里，改乘馬行百里，夜二鼓歸署，父母皆未就寢。十八日，已刻始起，朝二親，旋即午飯，閲公牘，有堂事，晚始退堂。去冬齊濸齋勸我學曾相，每日治事讀書，須立有定程，細事不必躬視，留精神以備大用。所言極中余病，惟不親細事，似爲未然。余自知疏闊，不能條理縝密，昨歲曾相書來，亦勸以檢察細務，尚當三復此四言。

二月二十三日《上李相書》云：「驚聞湘鄉相國竟已薨逝，駭愕無已。子瞻云『上以爲天下慟，而下以哭其私』，某以草茅後進，承曾相招之門下，扶植而裁成之，至六七年之久，私恩亦云至矣。甫别一年，遽成永訣，痛何可言！而又念當今元老，惟師門及曾相兩人，方之周、召，不復多讓。今曾相淪亡，吾師以一身任天下之重，前望後顧，無與共濟之人，所處倍難。念及此，又不僅某等區區私感山頹木壞之悲也。史副將回，具悉師指，即日遣該副將前往致吊，仰見篤念舊義崇重耆碩之意，曷任忭慰。光浦云：『劼剛意求師門一奏，鈞意以飾終之典，已極優渥，欲徐俟異日。』竊謂當今已無作史之才，雖間世偉人，一入庸手作傳，便至黯黮無光，以不能得其人精神氣象也。知曾相深者惟吾師一人，似宜速辦一疏，俾宣付史館，以爲百世實録。曾相之於胡文忠，亦是意也。至如乞恩録後，不足爲曾相重輕，固亦可緩，栗誠無論如何施恩，總以勿賞科第爲貴，此曾相意也。」

十一月十八日《上李相》云：「本年水災過廣，師門辦理賑務，殫極心力，非獨惠養蒼黔，所以爲國家培植元氣者至深且遠，聽於下風，曷任舞蹈。畿甸今歲盜賊較往年爲少，蓋窮民相率就賑，不復生心劫奪，已有明效。深、冀一帶有史副將練軍，搜捕積賊，極爲出力。入冬來，某親諭各村，輪流支更，一家被賊，合村齊起，務令各村自保本村，近尚安謐無事。此州舊俗：一村有鄉長一人，有月頭十二人。月頭率係殷富之家，分領人户，有條不紊，得保甲遺意，此善制也。州境義學凡二百餘座，皆乾嘉時所置。從前規制極善，近則百弊叢生。有豪民侵占學租，移作他用者；有劣師識字有限，每歲把持者；有移丘換畝，匿多爲少者；有捏造師生，指無爲有者。某擬稍加整頓，擇其地畝較多者留之，其地畝少者，則數處歸并一處，務令足給膏火，用書院考取之寒士爲之師。其廢壞難復者，即將學租查歸書院，義學散無統紀，不如書院之易於查察。凡子弟真欲讀書，未有送入義學者，書院則經費稍裕，必可造就人才，故私意區畫如此。惟此舉爲奸民所不利，不無怨謗耳。滹沱正流由深澤入安平，其枝流由束鹿入深州，本年改向南趨，係在束鹿境内。現在未刷河槽，應俟明年，方識水勢定向。」

又書云：「接奉鈞函，荷蒙訓廸，并以州境被水，垂注拳拳，忝竊一官，分應盡心民瘼，乃以牒報稽遲，上煩清問，惶悚莫名。此州歷來受滹沱潰決之患，前此河水南趨，州南各村被害甚劇。同治七年，河忽北徙，分爲二支，一支北入安平，一支東入饒陽，皆由深州經過。本年淫雨爲災，兩支之外，另闢一口，故被水村莊，較上年尤廣。某查閱境内河道，皆淺狹如溝，不能容納全河之水，水長即漫入平地，一望黏天；水退而地復發鹼，不生禾稼。急應開濬寬深，使容正溜，至今年新決之口，自東鹿入境，并未刷成河槽，游衍泛濫，毫無歸宿，急宜堵塞決口，以遏横流。惟核計工程，所費甚鉅，民力斷不能支。將來如議有把握，再行請款興修，寓工於賑。惟治水之法，必先自下游興工，州縣各有分地，不能越俎。聞目下天津迤南王家口一帶匯爲大湖，諸河受病皆由於此，尾閭不暢，患及腹心，勢所必至。師門多有異域材伎之士，可否委派通習算法、熟於測量者，前往查勘，先籌去路，并即周歷全河，逐處測量高下，就現在河身用西洋治河之法，隨宜疏浚，當冀安瀾。近年議治滹沱，每欲從上游逆挽，使南歸故道，此不識水性、不測地形之過，若使河流順軌，在北何異在南？若令四出横流，故道何殊新道？吾師奏留南漕賑濟災民，若用之瀕河之民，使各開河築堤，計無不踴躍從事，似屬工賑兼資，一舉兩得。芻蕘之見不識可采否？奉到聯捕章程，具見各上官留心捕務，惟分報四鄰，傳遍通省，一處遇劫，通省驚擾，驛馬郵夫，晝夜不停，疲敝難支，於事實無濟。散報與拿賊自是兩事，失案而不散報，散報而不拿賊，皆無憑考察。拿賊之法，全憑購線，不在散報。近來盜賊之多，由定例處分過嚴，使人諱盜不報，因得盜而不能治。今宜稍寬例限，使得各治境内之盜。内盜既除，外盜自不能入，似不必多立條教也。」

《日記》：十二月二十日，史光圃來談，與約至武邑境内訪唐碑。二十一日晨起，與史光圃擁騎十餘，步兵五十人，至武邑孫家村，碑爲唐儀鳳四年武邑人馬君起造石浮圖記，咸豐五年新出於水，閱今且二十年矣，無過問者。余令軍士運歸深州孔廟。孫家村與州接境，唐時已屬武邑矣。其旁尚有殘石十餘片，無字。二十二日，軍人將石至，與肫甫同至孔廟，相度安置，遂移存東廂孝子廟中，余所置樂器亦在此。

《深州風土記·金石門》云：「右浮圖爲石室而居象其中，記文在其右壁，浮圖旁有村，今猶名馬官屯，隸武邑。北行五里爲深州之三龍堂。同治十一年，知州吴某與保定練軍營官副將史濟源移置深州學宫。後十年某爲冀州，武邑人詣州乞還浮圖於武邑，深州靳不予也。記文完好，字畫尤絶精，海内傳寶之。」

是年整頓文廟樂舞。《呈報公牘》云：「竊考州縣各立孔廟，始於有唐貞觀三年，自後千有餘載。籩豆之加，佾舞之數，每代增益，備用天子之儀，逮乎我朝，尊崇尤至。《學政全書》内載文廟祭祀，不許沿用民間俗樂，凡樂器有未製備者，准地方官動項成造，揀選通曉音律、嫻於佾舞之人，召募生童專習，以供丁祭等語。蓋以孔子爲萬世禮樂之宗，非可以綿蕝之儀苟且將事，所以崇秩祀而隆文治也。深州近在郊畿，孔廟樂舞闕焉未備，每遇春秋丁祭，祀事簡率，俄頃而退，登降拜跪，官吏不能習其儀節，麾羽籥，士民不能識其器，其庠序生員無事可執，遂無一入廟之人，卑職心竊病之。自仲春釋奠之後，即議修復樂舞，查畿南州郡，惟定州廟學自道光季年前知州寶琳修復樂舞，至今未墜，因招延定州樂舞工以爲之師，募人肄習，名曰肄禮局。卑職仍率同僚佐日日考驗。未及一月，歌舞聲容已盡得定州之術。其鳳簫琴瑟塤篪等樂，則定州皆已失傳，無從訪問。往年嘗見瀏陽老儒邱之稑所著《律音彙考》、《丁祭禮樂備考》二書，乃綴緝《御製律吕正義》及《聖門禮樂統類》，附以心得，證以實用，纂述成書者，其餘律吕聲字，貫串今古制度，尺寸累黍不失，左圖右説，實事求是，號稱精審。南方孔廟禮樂，首推瀏陽，皆邱君倡之。往年曾文正公克復安慶、金陵，由瀏陽招致邱君生徒二人，有意修復禮樂，其後迄未果行。卑職既獲見邱氏之書，又嘗與其徒游處，習聞緒論，得其涯略。蓋鳳簫二十四管爲諸樂之綱領，律吕之大全，鳳簫之制不定，則諸器失度。而制器之法，必以周尺爲準，昔朱子門人潘仲善從會稽司馬侍郎家求得周尺，邱氏圖之於其書中。卑職嘗從獨山舉人莫友芝所，得古尺數等，以校邱氏之圖，則周尺長短不合，然制器之合乎中聲，則以邱氏之尺爲定。州治有生員王家範嫻習今樂，兼通勾股，因令其召募良工，截竹爲箾，分别律吕，先製鳳簫，其諸管長短分寸，悉依邱氏之圖。既成而吹之，宫商并協，由是塤篪諸器，皆依圖製造，音節高下，無不和諧。至如琴瑟之音，則邱氏皆就孔廟樂章著之爲譜，王家範略明指法，令其按譜操縵，教習生童。以上數者，皆定州無傳、考校而得者。諸生肄習，又盡一月之力，然後衆樂粗備，差可觀聽。計自四月開局，至七月竣事，中間購造樂器，給發火食，由卑職自行捐備。其聽斷詞訟，遇有贓罰，亦間以充入，共用京錢一千九百四十一串。肄成之後，八月丁祭，四鄰州縣耆儒老生爭集廟門，扶杖觀禮，皆若以爲異數。惟查向例，考取佾生，應以文理爲憑，亦無一定員額，此次肄習樂舞，係專校論音容鼓吹，雖或文理未優，但令性近樂律，亦皆取以入選。所有選募之八十八人，應請一律作爲佾生，并請照例優免本身地三十畝，謹將各生姓名及購造諸器，開單呈請查核。其禮生四人，專肄丁祭儀節，可否咨請賞給鴻臚寺叙班職銜之處？伏候鈞裁。此次肄習既成，仍責令每人轉教二人，於明春丁祭率同到學，由卑職考驗，酌選三十二人，作爲額外佾生，每人優免十五畝，并令入廟執事，以期嫻熟。倘佾生有事故出缺，即令額外之人挨次補充，每補一人，額外即添募一人。以後額内八十八人，額外三十二人，請即作爲定額。如此釐定章程，庶冀歷久不廢，是否有當，尚乞批示遵行。」

十二年癸酉　公年三十四歲

《日記》：癸酉正月元旦，黎明拜牌謁廟，遂與同官團拜。入隨二親祀先，遂與兄弟家人上二親壽。出賀親朋，老父亦出遍賀親朋，脚軟，余與家僕扶掖而往，五弟扶掖而還。案：五弟即詒甫。微窺慈旨，頗以不似去年之健爲憾。

正月《與李采臣廉訪書》云：「某承乏深州，毫無績效，外慚知己，内負生平。到官兩載，并遇河溢成災，流冗塞塗，撫綏無術。夏間捐置孔廟樂器，召募佾生，設局肄習，其琴瑟塤箎排簫等器，近世漸已失傳，稽之載籍，得其遺法，并可鼓吹，肄成之後，共用八十八人，請一律作爲佾生。及學使按臨，執乾隆舊例，謂止可用四十人，嫌姪處用人過多，堅執不許，不知所謂四十人者，乃當時六佾之數，外備四人更替耳，歌工樂工固皆不在此數也。折腰塵土，行止不得自由，令人生拂衣江湖之想。」

案：《深州風土記》叙此事云：「學使者侍郎夏公同善，以員額多非故事，持之牒禮部，部是州所請，其議始定。」

又云：「此所謂緣飾吏事者也。議即定，其於教育之義，庸有當乎？及某去官，選募不由伎能，數年之間而樂舞曠廢。」又案：先生治深事迹不詳，賀松坡所作行狀云：「初治深，布政使錢敏肅公令復義倉積穀，州縣趨爲之，先生爲言其弊，以爲擾民，獨置不復。州舊有義學二百四十餘區，其學田豪民攘有之，前知州多注意於此，屢變其法而弊不除。先生曰：『上務其名，民私其利，不責實之過也。』乃廢義學，没入其田千四百餘畝，歸之書院，又爲書院追償二十年逋負五千金，厚給師生，庋置書籍，而書院以興。道光初，議均減徭役，知州張杰以爲宜用攤丁法均之田畝，乃三分所轄村而更取之。同治十二年，謁東陵，吏以故事白，先生曰：『均徭於畝，張杰之議善矣。村户改變不常，而班分而更取，仍以故籍爲率，猶之不均也。』於是統境内田畝，依徵糧册而一均之，而均徭之，法遂簡易而無弊，卒爲永式焉。在深代游公智開，在冀代李公秉衡，皆世所稱廉能吏也，而今稱道先生所爲者不容口，於二公之治顧忽焉若忘，以先生所施皆實政也。」姚永概所爲行狀曰：「乾隆時，方恪敏公爲總督，下教建立義倉，世傳《畿輔義倉圖》是也。方公薨，倉儲壞。同治十年，錢敏肅公爲布政使，復修方公倉制。先生在深州，獨進曰：『不可復也，又且擾民。』錢公曰：『何謂也？』先生曰：『方公當國家全盛，上下交足，名器貴重，故給七品以次即爭納粟。今富人亡慮皆四五品矣，安肯爲勸？其積也必箕斂，甚者威之。其儲也，責之倉正耗減取償焉。其散而復斂也，敦率之不還，若息不足，必勾攝而敲扑之，故曰不可復也。又且擾民。』於是深州獨止不復。深州故有賢牧張杰，括境内廢廟田得五千四百四十餘畝，增立義學至二百四十五區，然久之遂爲豪民私攘而學廢。先生以爲學散在四境，官難遍知，又無良師長董之，名爲村村有學，實乃連數村無識字之民，於是言于上官，請檢視學廢者没入其田於書院，厚給師生，買經史圖籍，恣高材者覽觀。生徒問業四面而至。其於冀也亦然。又聘王樹楠、賀濤、范當世爲之師，三人者，文學皆天下選也。然先生去深，豪民攘田者間入京師，交通御史，劾奏先生，破壞義學，下總督遣官按治，頗復給還。而兩州之士自此彬彬嚮文學，其尤著者南宮進士李剛己、武邑進士吴鏜、舉人趙衡凡十餘人，爲畿輔冠云。」

案：王、范二君，皆先生到冀州後延聘學師以開文教者，賀君則先生官深州時所得士，後主冀州講席十餘年，深冀文化，賀君提倡之力尤多。先生在天津得嚴範孫侍郎，在冀州得賀松坡兄弟及閻鶴泉太史，志廉學行皆天下選。在冀則李剛己、吴鏜二君最著，剛己贈鏜詩曰：「吾土荒凉故蜀同，初開榛莽自文翁。廿年文學成通里，三輔英豪盡下風。顧我真成貂尾續，見君遂使馬群空。閉門尚草凌雲賦，未信詩書可救窮。」此詩能得先生造士大略，一時學子多誦之。

二月從李相謁陵。《日記》：二月十六日，檢料書籍，飯後始就車，是日行四十里，宿戲村。二十日至天津，合肥相國已啓節，二十二日犁明，謁合肥公於行次。昨夜人馬既疲，市中無草可以喂馬，緣民家恐馬兵紛紛强索也。既送合肥公登車，始遣逆旅主人買草秣馬，并令僕從晨餐，久乃就道，至通州已過午矣，直隸之從役謁陵者皆在焉。合肥公談及謁陵之役，輒嚬蹙唯恐不得一當，又言日内温《大學》，蓋默計職分内事以備召對也。事君之禮勤謹如此，絶不以功臣自待，此可爲法。二十三日，晨起送合肥公出門，而公已行，遂返寓。以不從合肥公入都，公命隨方伯稽查橋道，明日將行故也。二十四日，隨方伯查道，是日宿燕郊，有行宫，以日暮未游。謁方伯，請令地面官爲辦道官照料僱夫，以客官僱夫，其價十倍，而行幸在即，道尚多水，非添夫役不能集事，而夫價過貴，則承辦者决不肯添故也。方伯未見許。又聞薊州城外，道尤滲水，請方伯先發委員督修，許之。廿七日晨，行二十三里，至桃花寺行宫。寺僧引入禪房小坐，旋至行宫内，縱觀宫室之富麗，泉石之幽閑，及歷聖御筆之題詠。再行十七里，至馬神店食，食後隨方伯至朱華山，端慧太子園寢，過嶺至隆福寺，國朝所勑建也。旋與劉綸軒世恩，同游行宫，導者先引至皇后行宫，從東宫入至中宫，登樓小憩，導者云此聖上召見群臣之所也。至後園有翼然亭，歷聖題詠，謂仿歐公醉翁亭之制。又西有一亭，云後宫納凉之所，其下即太后宫，由皇上行宫西來，有一門曰問安門。太后之宫制度略如后宫。本年西太后居此。是日晤何遵化，聞方伯將入陵園。廿八日，聞方伯不入陵園，擬即返旆而西，余與何遵化同謁，遂請往視陵内道路，許之，遂行。至石門驛，入東便門，至萬年吉地一游，蓋兩太后壽藏也。西行至定陵，見寢殿之閎敞，階墀神道之潔鮮，爲諸陵之冠。其前朝天台山，其後坐山甚厚，山勢東趨，陵乃西向，其西起一峰，當陵旁，峰外則河水也。陵東障沙稍短，培而廣之，欲與西稱。由定陵東行四里爲裕陵，裕陵前有盤龍松數株，中一株高僅丈餘，枝葉横被數畝，望之尤奇特。其後坐山極正，東障極固，樹木茂盛，仰不見日。由裕陵東行三里，則爲孝陵，陵前兩沙如鉗，後倚一山曰祥瑞山，山氣圓足，不缺不倚。由陵前來者，行近陵矣，尚不見陵所在，藏峰聚氣，諸峰環繞。前行里許，有一案圓滿端正，適當陵南。又數里，正朝金星山，景陵在東，裕陵、定陵在西，此陵氣勢雄尊，真帝王葬地矣。由孝陵東行三里爲景陵，景陵後山及左右之山皆稱，佳氣葱鬱，與裕陵皆正對金星山。作遠案云：至景陵日已薄暮，不能久留。尚有孝東陵，在孝陵東，景陵西。又大紅門之外，有昭西陵，皆不獲往。自陵出道上望見昭西陵，略得形勢而已。邊牆五陵，而昭西陵獨在牆外，不解其故。出牆由昭西陵之東，繞金星山下西南行，出興隆口，乃諸陵水口也。河涸而山口當金星山西面，傍山足有淵，清澈深數丈，冬夏不涸，居人謂水中時有神氣云。出興隆口五里，還至石門驛，晚食，夜行二十五里，還馬神店。是日方伯竟未果行。

三月初一日，爲大人生辰，僕僕道路，不獲稱觴上壽，并不獲叩頭遥祝，罪戾無窮。初二日，犁明就道，行四十里，食於通州北關，復行四十里，至都下，舍於聚奎店。初三日，謁合肥公，立談數語遂出，飯後游廠肆，至暮始歸。初四日晨起再入廠肆，已刻始歸。飯後遂理裝就道，日晡抵定福莊，謁合肥公，略問召對事，晚出謁方伯歸。是夜三更就道，以明日鑾輿早出，大吏須接駕再行，吾輩則乘夜先往，以避擁擠也。

三月十四日，育泉公逝世。育泉公生於嘉慶十五年庚午三月初一日，享年六十四歲。

三月二十二日，《上李相書》云：「初五日燕郊拜違，初八日返深，家嚴病已危篤。下州荒僻，醫藥兩不就手，竟於十四日申刻奄棄諸孤。此由某罪惡盈貫，上禍所天，摧肝裂心，百身莫贖！丁憂禀牘，計已上達鈞覽，目下殯斂成服，草草辦畢，專俟新任受代，即當扶喪侍母，南還營葬。惟兩年承乏深州，荷吾師逾格優容，毫無報稱，所可告慰者，未肯朘削災黎，以飽囊橐。全家數十口，絕無負郭之田，服官以後，未嘗增置一金之産。此次南旋資斧，現尚一籌莫展，迢迢數千里，無計謀歸，曾經入官受禄，告貸又復無路。若全家留滯北方，父喪不能歸葬，此則斷斷不忍！賦命窮薄，遭此閔凶，反復思維，智盡能索。上負知愛之恩，銜哀叩謝，草土瞀亂，他無可言。」

九月十五日，《辭蘇撫張中丞樹聲之聘》，略云：「昨由劉俊卿觀察遣使賫送惠書，誦悉愛注勤拳，相厚之意，無有紀極。六月江行，荷蒙派撥輪船，老母免受風濤之恐，感紉次骨。來教諭以蘇省情形，謙冲過度，仰見大君子勵精圖治不自滿假之盛懷。朝廷眷顧南服，倚畀我公，良以財賦要區。表裏江海，非得老成碩望有文武威風如執事者，不足繼軌曾、李，鎮撫華夏。執事精心密運，日昃不遑，吏道蒸蒸，元氣甦復，文通武達，恢恢有餘。仍復謙懷下問，雖以至愚極陋如某等，亦且不鄙在遠，思欲網羅門下，令獻其抔土，裨益泰山，若惟恐其不至。某何人，曷克承兹矜寵！往時辱荷曾文正之知，謬參油幕，其實於世事多不通曉。文正之意，不過謂孺子可教而已。執事若采虚聲，强令厠居幕下。大懼才智謭劣，上負知己之求，加以斬焉衰絰，分應祇奉几筵。昔范希文居喪教授，尚爲賢哲所譏，况乃參謀帷幄？無論世人謗訕，方寸亦實不安。惟三年薄宦，不名一錢，老母就衰，無以爲養，不能不奔走衣食，亦勢之無可如何。小祥之後，仍須出營甘旨，目前營葬一節，迄未就緒，鄉里絶少葬師，買山亦無資斧，奉安兆域，未卜何時。塵俗糾紛，未能即赴寵召，尚希曲諒鄙衷，一俟窀穸有期，定即趨赴鈐轅，稍伸謝悃。」

九月十六日，《答汪毅山觀察辭河南之聘》云：「手示誦悉，前在北時，曾擬三年讀禮，不肯奔走衣食，此意已爲合肥所知，既不留滯北方，亦决不薄游梁宋。惟罷官以後，不名一錢，朝夕饘粥無以自給，不能不思長計，來年恐當求人耳。」

十月三日,《答黎蓴齋》云:「勉林來信,言閣下致渠書云『至甫臏入火阬』諒哉如吾蓴齋者,可謂知我矣。薄宦北土,往返資斧已破數千金,所尤抱痛者,牽率先子,羈魂異鄉,瞻望松楸,此恨何極!日來欲卜兆域,而不知其方,精此術者亦未獲一遇,禍福不足論,吾先君體魄,豈可奉入蟻泉之區邪!歸家後四壁蕭然,方憂飢寒之不暇,亦以此自慰,内可以令先子瞑目九京,外可以無愧於曾相。然衣食之謀,究竟不可置之度外,斬焉衰絰,將恃何術以爲生耶?」

十一月二十九日,《答李少邨》云:「弟接齊澹翁來信,傳述李相之言,招弟入幕。先子尚未安葬,不能遠離。自七月以來,江蘇張振帥三次函請,義難推謝。前於澹齋信函未到之時,敝處復書振帥,已許以小祥之後當即赴招,則明歲恐難到北,將來窀穸事畢,定即投奔李相,以報知己耳。」

十二月二十三日《覆李相》云:「奉到冬月望日賜諭,猥承垂注,感激涕零!某前稟繕發,迭接振軒三函見招,情誼懇至,復書許以期月之後,出而相從。賜諭飭令北行,侍教門下,既以稍酬知遇,亦可藉秉鈞誨,於仕於學,均望進階,私計可謂至便。雖堅辭振帥,渠亦不得以成約在前,便相鄙薄。惟先君葬地未得,不敢棄喪遠行,擬於來春竭力營求。倘能早卜宅兆,大事告竣,即當趨謁馬前,敬效奔走。若一時猝難就緒,則擬暫在南方栖遲,便於往來求索,庶親棺不至久停。某此後功名學識,一奉函丈爲依歸。趨侍日長,祇以親喪自盡,伺候稽時,悚皇何極!」

十三年甲戌　公年三十五歲

《日記》：五月初六日，辭母兄，攜五弟啓程，沿途稽留，三十日抵蘇州，中丞張振軒館我於深淨軒，軒爲宋牧仲撫吴時所修葺者，有園、有池、有荷、有竹、有樹、有石，據使院之勝境。

六月初一日，與幕下諸君往還，檢點書籍，與椒岑、鑑亭縱談竟日，未及部署他事。初二日，五弟入市，薄晚乃歸。晨讀韓文，與椒岑一談，午枕方酣，有驚覺者，見新聞紙刻載軍機密寄諭旨及沈幼丹星使密疏，此極可怪異者。案：中國官府所謂機密，外人無不偵知，此時新聞紙方始創行，其伎能固已如此。二十六日，到蘇州近一月，未定程課，每日游談時多，于載籍泛覽而已。

九月初五日，見都下某官與某中丞書，言停罷園工之事云：「七月十八日，政府親臣聞大内將于二十日園中演戲，十餘人聯銜陳疏，復慮閲之不盡，乃先請召見，不許，再三而後可。疏上，閲未數行，便云：『我停工何如，爾等尚可嘵舌！』恭邸云：『臣等所奏尚多，不止停工一事，請容臣宣誦。』遂將摺中所陳逐條讀講，反復指陳。上大怒曰：『此位讓爾何如！』文相伏地一慟，喘急幾絶，乃命先行扶出。醇邨案：「邨」當作「邸」。繼復泣諫，至微行一條，堅問何從傳聞，醇邸指實時地，乃佛然語塞，傳旨停工。至二十七日，召見醇邸，適赴南苑驗炮，遂召恭邸，復詢微行一事聞自何人，恭邸以臣子載澂對，故遷怒恭邸，並罪載澂也。」又某樞直言：「二十七日原旨中有『跋扈弄權，欺朕年幼，著革去一切差使，降爲庶人，交宗人府嚴行管束』等語。文相接旨，即陳片奏，將硃諭繳回，奉旨著不准行。復奏請暫閣一日，明日臣等有面奏要件。比入，犯顔力争。故諭中有『加恩』、『改爲』字樣。逾日復草革醇王諭，不知何人馳訴。忽傳旨召見王大臣下及閣學，時已過午，九卿皆已退直，惟御前及翁傅直入弘德殿，見兩宮垂涕於上，皇上長跪于下。謂十年以來，無恭邸何以有今日。皇帝少未更事，昨諭著即撤銷。」云云。案：此下《日記》、《尺牘》并闕。

光緒元年乙亥　公年三十六歲

七月十四日公妣馬太淑人卒。案：馬太淑人與育泉公同年十月十六日生，享年六十六歲。

光緒二年丙子　公年三十七歲

五月，由里中北上，至天津，入李相幕府。《日記》：五月二十日，將北游，哭告于先淑人之靈，别兄弟，挾書册，自家首路。肫甫、熙甫皆病不能行，詒甫送余十許里，不忍别。遣人還取馬，追余等而載之。馬未至，因兄弟步行，又十許里。惢觀衆山之可爲宅兆者，因以寫其離思。日且暮，同宿於李氏祠堂。二十一日，晨抵于官埠之市，見縣丞某氏，飯畢仍出游，至於抱龍山下，還，遇雨不能行，遂宿市上。二十二日，雨仍未止，再宿焉。二十三日，晨食後小霽，遂行。詒甫送余，佇立於山澗之濱，久而不去，至不相見乃已。是日抵天峰莽，莽爲吾族人曰君友者，當明之季世，捨宅而創爲之，其後張相國家以爲其祖墓之前湖，得是山而爲之束也，絶重此莽，有綽楔，後莽燬，老尼新之。前縣令史丙榮、吾宗絅莽先生及先君子，皆有文字記其事。今居是莽者曰泰山，老尼之外孫，余宗人也，年七十餘矣，而皃清腴，肌理潤澤，與余輩年三四十人相若，而視余尤加少焉，蓋勞佚、動静、進止之豐悴于人也甚矣。泰山敬服先君子，聞余讀書取科第，屢欲見之。而余奔走宦學，餘十年迄未相過，今年扶杖來余家，訪余不值，聞吾弟善讀書，固請見之。泰山瞽者，目不能視也，則手摩撫吾弟，自頂及肩，下執其捥而笑。及余至其居，則又執余手而笑，且曰：「吾子年少得科第，游于當世大人公卿間，此鄉人所稱，而吾以爲不足貴。要當益勵行治，不忝先大夫，乃爲難耳。」余聞而悚然，踧踖若芒刺負於背也。是日談至夜闌，所言多可以警余者。其菴自咸豐時爲賊所焚，今爲屋二重，棟宇殊壯，諸佛像皆雄偉，皆泰山所募建者。其徒服習其教，事佛甚謹，猪魚鴨雞屏不入厨，有不食鹽者。其山有怪石卓立雲表，端平而鋭上，如豐碑。高且千尋，其下數石疊承之若趺，其旁有方石，大連屋，遠視之若印，其他傾欹削立之狀，行其側懍懍若且墜厭者，是其怪奇傑特之氣，宜有異人生其間，泰山殆是耶？二十四日，自天峰菴渡水，循花山而東，折而南，登山之顛，訪所謂中山寺者，遇雨而行不止，下山食于民家，行二十里，宿于王氏。王氏有二子，嘗欲從予出游者，余至執禮殊恭。二十五日，至安慶，甫下車而大雨至，先是途間已數遇小雨，至此雨甚，連日夜不止。在安慶且十日，人事卒卒少佳趣。閏月朔日，當家奠，而余居旅舍，念兄弟上食告哀，痛何可言！有自家來者，言吾出門時，兄甚感別，越日舊疾復作，及詒甫歸，則兄病正劇也，四五日後乃稍稍復平。吾兄病三年矣，里無良醫，久不脱體，深以爲念。初六日，與方俊民同行，夜附輪船。初七日抵金陵，下船訪吳小軒軍門，聞其在江西。渡江抵營，詢之則在烏龍山。復南渡宿于江干旅舍。初八日，棹舟至烏龍山，留宿營中，觀其所作炮臺，其牆堅厚，而置炮之口不甚靈便。余疑其置炮太密，臨敵施放，必自相振撼，炮子交織於前，煙焰漲天，不能見敵船，而反爲敵所乘也。初九日自烏龍山還棹，抵下關，宿長龍船中。初十日，抵水西門。在金陵留七日，讀張廉卿近著文，視前益奇。留鳳池書院，與之盤桓連日，臨別尚依依也。十八日，自金陵開行，將至六合存李佛生，宿瓜步。十九日，至城下，見佛生，留一日。佛生榷六合税，新被劾罷，乃無鬱鬱意。然柳子厚云「長歌之悲，甚於痛哭」，佛生鋭意功名，今能自矯鎮如此，則南來數年閉門讀書之力也。二十一日，自六合開行，未出内河而暮，遂宿焉。二十二日，抵揚州，俊民入市，得書數種，皆精好，余甚妒之。二十三日，俊民告余：「昨見胡刻《通鑑》甚佳，子盍購之？」蓋余欲分俊民書，俊民靳不與，故以是言釋爭。余從其言，遂購之。案：俊民，即方守彝倫叔存之之子，俊民其初字也。是日仍宿揚州郭外。二十四日抵高郵，吊董策三。蓋董封翁以去年謝世，而余頃過金陵始知之。策三在蘇州，不值，見其弟捷三及其長子增禄。案：《文集》有《董君墓銘》，即策三請作。二十五日，抵寶應，見張振軒中丞。二十六日，中丞留飯，爲余言丁雨生與李子和事，多可笑者。持沈制軍《覆奏左相借洋債千萬兩疏議》，案：公手稿如此「持」下疑脱「示」字。持論甚正，而歸宿無甚把握，宜左相之駁議也，左奏未見，殊以爲憾。中丞又言，見邸鈔《李相奏深州義學事》。余在深二年，愧無績狀，惟查義學之廢者，并其産于書院，釐定章程，稍有裨益。到任時書院歲入三千餘串，卸任時乃六千餘串。李相批答，令將余所定章程刊入志書。不意三年之内，遂有遷變，蓋州縣前後更易，人各一心，此亦一是非，彼亦一是非，此老子所以謂「萬物爲芻狗」也。是日行抵平橋。二十七日抵清江。自閏月二十七日抵清江，盤桓三日。

六月朔，由清江買舟，泝運河西上。十三日抵濟寧，改登陸路。行五日至濟南康之寓舍，小住月餘。

案：康之公從兄集中有墓表。

七月二十四日，由濟南啓程，行三日至德州，留從人于德，單騎訪存之于棗强。八月初七日至天津，十一日入幕。

三年丁丑　公年三十八歲

因穆宗升祔典禮，作《祔祧議》、《升祔雜考》。《議》見《文集》，《雜考》見《日記》。

四年戊寅　公年三十九歲

五年己卯　公年四十歲

公自戊寅年，家居營葬，一年未出，至是事畢，携眷北上。三月十七日，行抵山東禹城縣從兄康之官所，留眷屬於禹城。閏月初六日至德州。五月赴部驗放。七月八日子闓生生於禹城。九月，署天津府知府。

案：此兩年中《日記》、《尺牘》并佚，以前後事推測之，行蹤大略如此。

六年庚辰　公年四十一歲

二月卸天津府事。三月十一日，兄肫甫卒。肫甫生道光十四年甲午，享年四十七歲。

二月十五日《與兄弟書》云：「花朝接陳二來信，内稱吾兄病勢甚重，令五弟回家一行。當擬將五弟留在北方，弟自遄返。逾一刻許，又接汝維送來七弟親書手迹，據云病勢十退八九，醫謂萬無一失。因又商定不歸，惟祝我兄病日痊除，方可免外間懸念。此病自係外感，誤作内傷，妄下補劑，遂致加重。湯、陳二公所用之劑，是否對症，至爲懸懸，尚請七弟寄信稍勤，是爲至要。頃于二月初三日交卸天津篆務，是日曾作書寄銀三百八十餘兩，不識何時收到。兹二兄如此大病，謹再措寄二百兩，暫敷調攝之用。交卸後，補署略無消息，囊中空空。」

三月《與熙甫弟書》云：「前因吾弟止勿南旋，誰料竟與伯兄永隔幽明，傷何如之！伯兄以窮愁抑鬱不得志，賫恨而死，諸弟皆多隱憾，死無以見先人於地下矣！二親殂謝，獨恃兄弟無故，尚有生人之趣，今伯兄遽棄諸弟，吾等將若之何！弟係病軀，千萬自保，勿過傷爲屬。兄意伯兄如此，吾三人不宜南北分隔，父母支下不能不全行出來。弟知吾意，可料理出門計，吾與五弟或同歸，或一人歸，均難在家久居，故先以見告。來書字迹，手戰不成筆畫，病耶？傷耶？」

五月十三日，《與兩弟書》云：「七弟謂家中不能無人，全眷不宜遽出，此乃爲兄規畫長算，出於愛兄之至誠。兄言不能緩者，亦全爲七弟不宜勞累，不欲久離而設。吾性愛讀書，於官不相宜，每念李、杜窮困而能辭榮，今人則姚、梅諸公亦能之，高山景行，不可及也。官直隸者，前有趙惠父，近日聞方存之亦已辭官，吾甚羡之，而我方移家北來，此豈吾心所安者？徒以事勢實偪處此耳，念之悵然。」

十一月，代劉銘傳中丞草《請建鐵路疏》。原文在《日記》中。孫防謹案：當時國論錮蔽異甚，一切新政大計，無敢倡言之者，公獨與劉中丞發抒此議。疏上，詔付李鴻章議復，學士張家驤首倡駁議，謂有三大弊，侍講張楷疏陳九不利，御史洪良品疏陳五害，都察院合疏爭之，李慈銘亦謂「開千古之未有法，四夷之不經，患甚於裁驛遞，禍烈於夷城池」云云。一時士習之愚可見。附記於此，足知開化之難也。

七年辛巳　公年四十二歲

三月補冀州。閏七月初十日，赴冀州任。十七日《與王晉卿書》云：「鄙抄《尚書》，實以《史記》爲主，史公所無，乃采後賢之説。竊謂古經簡奥，一由故訓難通，一由文章難解。馬、鄭諸儒，通訓詁不通文章，故往往迂僻可笑。若後之文士，不通訓詁，則又望文生訓，有似韓子所譏『郢書燕説』者。較是二者，其失維鈞，若漢之相如、子雲，文章極盛，小學尤精。蓋於諸經無不淹貫，惜《凡將》、《訓纂》諸製，後人不得見耳。子長文字與六經同風，又親問故于孔氏，蓋不徒習傳師説，兼有默討冥會獨得於古人者，惜不得此才解説全經，其采摭《尚書》，但自成其一家之言，故不能多載。然則其偶有解釋，其可寶貴，豈復尋常！自漢以來，經生家能通文章者，獨毛公一人，其説經獨多得言外之義。其釋《采芑》云『陳其盛美斯劣矣』，此文家之微言也，他説經者不解此義矣。文事之精者，不欲以經生自處，所謂『《爾雅》注蟲魚，定非磊落人』也。唐宋文人，於六經能抉摘隱奥矣，其所短則古訓失也。朱子於理學家獨爲知文，其説得失參半，又其文事未深，故古人微妙深遠之文，多以後世文字釋之，往往不愜人意。我朝儒者鄙棄其説，一以漢人爲歸，可謂閎偉矣。唯意見用事，於漢則委曲彌縫，於宋則吹毛求疵，又其甚者，據賈、馬、許、鄭而上譏遷《史》，蒙竊未之敢信。凡鄙意之於《尚書》，其説如此。又漢人最重家法，當時老師宿儒，各有承授，後生篤守，不遷於異説，是其長也。然豪傑之士如叔重、康成，則皆欲奄有衆長，不能墨守一先生之説。今世後學，實無專師，古書具在，乃不能觀其會通，而斤斤於漢儒之家法，此非子駿所謂『專己守殘而妒道真者』耶？尊論『不知訓詁不能得義理』，其説精矣。至不欲離訓詁與義理爲二，則本亭林之論，於鄙心尚有未安。乾嘉以來，訓詁大明，至以之説經，則往往泥於最古之詁，而忘於此經文勢不能合也。然則訓詁雖通，於文章尚不能得，又況周情孔思邪？故鄙意於學，謂義理、文章、訓詁，雖一源而分三端，兼之則爲極至之詣，孔孟以後不見其人。自餘則皆各得偏長，如謂訓詁與義理不可離，則漢之儒者人人孔孟矣，恐未然也。《尚書説》中鄙言，多係一室之見，所示各條，皆極精當，容再細讀。日來初到官，塵冗不及一一。」案此篇《文集》、《尺牘》中皆失載，近始自晉卿後人鈔得，具録於此。

二十五日《上李相書》云：「某自七月二十八日上船，此月初五日行抵鄭口。以道路泥濘車馬難覓，初八日始至州城。初十日接印視事，連日訪詢李守地方情形，承蒙傾懷見告。大約地瘠民貧，盜賊出没，梟鹽遍野，李守頌聲載塗，尤以治盜威名爲最。某吏材寡薄，承乏其後，大懼不能繼踵，有點門牆，惟有竭盡思慮，振刷精神，以期減免尤悔。來時經歷道路，及接事後因事下鄉，所見禾稼，尚稱中稔。至私鹽充斥，實亦了無善策，平毁鹽池，既屬勢所不能，化私爲公，亦屬窒礙。李守在此，寬小販而嚴禁大幫，最爲得法，某亦擬恪守蕭規。李守所用建勇，詗察巡邏，甚爲得力。某現與商留數人，擬試行仿辦，但趙廣漢鈎距之術，他人不能仿效，倘用之不善，其弊滋多，將來隨時察看，若無甚益處，仍即隨時遣散，免致畫虎不成。所幸楊西園所派哨勇，隊伍精整。該哨官夏殿邦，老於行伍，約束嚴明。目前南宫、新河、衡水各該縣令，均辦道差，州屬守土之官，出境者居其大半，地面尤爲吃重。現與該哨官議定，分隊住扎巡防，隨時策應。惟該哨兵力過單，地段過遠，饒陽、安平已由楊西園另檄他哨就近巡緝，似可無虞疏懈。南宫南與臨清接界，棗强東與故城景滄接界，均需不時梭巡，以期周密。年穀順成，盜賊較少，但能訪準的綫，禽治著名劇盜數人，便可靜謐無事，固亦無須多兵也。李守在此，革除錢糧包攬積習，章程尚稱妥洽，前與談及差徭不均，該守頗以有志未逮爲慊。某前在深州，派辦陵差，改按地畝攤派，百姓頗以爲便。今年陵差，亦宜改用按畝章程。深、冀風氣略同，惟深州改章，係到任一年以後，官民相信，今初到即行改章，未識能否踴躍耳。」

十月二十二日《與趙君堅》云：「此州書院經費缺少，苦無明師，近頗存幻想，欲屈王晉卿兄來此都講，不唯州人得師，即某亦藉叨教益。晉兄倘肯屈就，無論經費支絀，其山長脩脯，應由敝署足成四百金。至畿輔志局，晉兄分纂何門，仍可携來撰箸，於通志實不相妨。不識此外晉兄尚有别事否？務祈台端爲我探詢，爲我游説。倘晉兄見許，其黄壽翁處，亦請執事爲我先通關節，再由敝處切實函商。老弟足智多謀，饒有乃翁之風，想可成此盛舉。晉兄如何方可俯從，壽翁如何方可見聽，老弟必能得其要領，密以見告，即可恪遵，一心皈依，專恃季布一諾，是爲至感。」

十二月四日《與趙君堅》云：「鄙事迭費清神，感紉無極！壽翁來書，頗含怒意，此事小子無禮，豈敢妄有觸犯黃丈，黃丈天下事豈不容商量邪？來示縷述情勢，指授一一，某便當舉國以從，諸請卓裁主政，總勿令功敗垂成，是爲至懇。事成，吾唯子之賜，不成，吾唯子之怨。專求示一準信，勿再作可成、可不成之局。至懇至懇！」

二十三日《上李相》云：「前聘王晉卿，緣往返函商迄未決絶，故敢上瀆。及讀鈞示，知壽翁堅不放行，已作罷論，後又接趙世兄實來書，則前寄關聘渠爲轉交，諒已商明壽叟。書院山長無取過高，緣欲根氏稍深，究以帖括爲主。此州經費短絀，束脩已擬捐加，然膏火無資，來者仍屬有限。現請以五縣每歲捐款，酌提十年，可得千六百金，在各屬不甚爲難，在書院不無小補。又各縣所捐江南災賑，爲數止二百餘金，既無益於恤鄰，又無當於報德，亦擬歸入書院。二事另有禀牘，不識是否可行。深、冀一帶，賭風最盛，某於詞訟曾無罰贖之事，惟拿獲賭犯則於枷責之外，輒以罰懲科斷，冀稍補益書院，分文不入署中。緣奉檄禁止私罰，用敢附陳。此外則僧尼不守清規，廟產亦查歸書院。皆因齊民瘠苦，不能不爲此牽蘿補屋之計。今冬止得微雪一次，陽和早泄，來年恐再遇旱蝗。本年秋間，蝗孽已處處間見，入春縱下令搜掘，蝗子亦恐不能一律淨盡，私衷尤爲隱慮。」

八年壬午　公年四十三歲

二月六日《與趙君堅》云：「鄙州師席，深荷一言九鼎，終始成就，足徵眷愛逾等，感何可言！更聞以此見忌儕流，尤爲踧踖無已。惟丈夫作事，但冀稱心而出，不愧師友，衆人謗譽，固不關懷，想賢哲固早已及此。鄙州人士，雖云固陋，至聞晉卿大名，則皆傾懷悅服，近日掃除書院，敬待師尊。仍請執事迅爲勸駕，俾得早臨。」

十日《與劉薌林》云：「此州地瘠民窮，一無可爲。頃有鄙議，欲自磁州開漳入滏，以該州二河相距不過廿里，施工甚易。滏河來源本少，加以磁州、邯鄲等屬，節節截水澆地，涓滴不到下游。用是順德、冀、趙各屬，舟楫之利盡失，而鹽商受害尤甚。向來蘆綱專走滏河，今滏河無水，衆商改走運河，盤運耗費，比走滏河多至十倍。成本既重，銷售愈難，私梟愈益充斥，此鹽政之大患也。若行鄙策，則鹽商獲益不貲。有以下游水多，恐漳、滏合流，河身不能容水，持以相難者。不知開漳入滏，即於所開之處議建石閘，以資啓閉。水長之時，下游滏水亦自足用，無須藉漳，則閉閘以分二流；至水落之時，滏河乾涸，始開閘以資利涉。此於下游全無窒礙，不足疑慮。又有謂漳、衛入運，若截漳入滏，則運河無水，有碍漕運必爲上官所持，則某又有説以解之。開漳設閘，水長之時仍令漳水入運。計南漕過河，總在盛漲之日，黄河發水，漕船方能北渡。黄河未發盛漲，則漕船盡隔在河南，運河有水無水，與漕船無涉。一經漲發，則黄水足資浮送，亦無賴於漳。又況開漳歸滏，全係水落之時補其不足，此則於運河毫無妨礙也。正月謁見傅相，略言大概。傅相但言無費，鄙論則謂此項經費應須出自鹽商，鹽商能籌費則事必可成，不能籌則徒爲畫餅，既以此答傅相。因查往年鹽商曾經公稟修治滏河下游，係由通綱按引派捐，繳入運庫，先由運庫籌墊，撥濟要需，收捐歸款。其時議已奉准，因同治十一、十二等年，連歲大水，已有水運送，遂作罷論。當時僅治下游，尚係通綱籌款，今自磁州開通，則上下游一律暢行，其應通綱合籌，自不待言。且鹽務修河，派之通綱，不僅一次。查前修府河，亦係如此辦理。况某所籌滏河，實關蘆綱大局者耶。此事但得上官允可，則固鹽商所禱祀而求者，亮不致推委觀望，務求不惜齒牙餘論，慫恿衆商，俾成此舉，則沿河州縣十世之利也。至於水通之後，引水以灌鹽池，堵私之策，無妙於此者矣。」

三月李相以母憂開缺，粤督張樹聲署理直督。公於三月到津謁見新舊長官，四月回冀。《上張振軒制軍》云：「天津迎謁，屢荷温言，更賜宴間，召之密坐。舊意深軫於帷蓋，高情下逮於芻蕘，禮數獨寬，悚皇并至，初承明問，不知所云，退竭愚蒙，敢無一得。竊謂法、越初約，中國若爲弗聞，致有今日之役，事至而後爲謀，此鞭馬腹之説也。鐵路未開，電綫未設，徵兵調餉，動輒濡需，而侈口言防，無謀人之心而爲人所備，此至拙之計。將才未得，餉需無措，不惟水陸練兵若干支之説，徒托大言，即云兩廣、雲、貴未雨綢繆，亦適爲外人所竊笑耳。某私獨以爲中國目前之患，不在弱而在貧，自古及今未有富而不强者。今求自强而不知致富，是惡濕居下之類也。然則自救之策，應以開采雲南礦産爲弟一要義。果能籌借洋債，行文出使諸公，在外訪聘名師，更得讀書明時務有血性者主持其事，三年之後，必有成效可觀，賈人百萬不足計事也。礦産既出，即於開礦近處設立局廠，專學洋人煉冶之法，計亦不過數年，可以盡羿之道。由是閩、滬、天津各局所用銅鐵不必購自外洋，一皆取之滇産，而以其餘委輸海外，則中外大利盡歸於滇。製器練兵寬有餘地，轉弱爲强易如反掌。蓋不必待經營之成也，即甫經締造，而敵國窺吾志量，固已望風而沮，逆折萌芽矣。不得此術而紛紛議兵議防，徒亂人意而已。愚慮如此，未審有當萬一否？」

七月十七日《答張季直》云：「前在天津，過從屢數，千里聞聲，三年願見，忽復瞻對，快慰何如！離天津日於車中接手書，告知范君已襄助廉老，撰輯《湖北通志》，前議料應中寢，遂未奉復。兹接六月十日惠書，敬悉一一。吾子學瞻而性通，得當代大賢而師事之，洵海内瑰瑋雄雋士也。乃於下走引坡、谷爲比，此何敢當。吾意公當爲當代少陵，僕雖才謝王、李，而卜鄰求識，竊有微尚耳。銅士鄂《志》之役，自不宜辭。若肯惠顧，當令遨游張、吴之間，修志固不必朝夕追隨，即敝處之館亦豈肯終歲羈絆。鄙意如此調停，似屬一舉兩得。北方孤陋，知張叟當亦憐我也。」

八月三日《與吴小軒軍門》云：「昨得天津書，知高麗内亂，上軫廟堂，雄部已抗海深入。兵志所謂『先人』、『奪人』，此行殆庶。未審近來彼中何似，耽耽旁睨之徒，不致蹈瑕抵隙否？計旌麾所指，必當傳檄而定。聞丁、葉二公拔隊并進，是否并歸統轄？若各樹一幟，則并力一嚮，正未易言，幸今時海道捷速，内秉廟算，當無楊僕、荀彘之事耳。」

同日《與丁雨亭軍門》云：「一别三載，台端遠使西域，巡撫東藩，所至皆他人不能爲之事。勛望鼎盛，附在游好，深用私幸。海上水師，得名將練習，一洗從前孱弱之氣，不惟鐵艦足埒西鄰也。欽佩欽佩！頃得天津書，知朝鮮内亂，旌旆已横厲浿水，成軍伊始，發硎之刃，就此奇功，仰以張中朝遠撫之威，俯以練海軍生力之效，此行實禦侮全勢，翹盼捷音，將騰歌頌。」

又《與張季直》云：「昨聞王師東征，筱帥當執牛耳。高麗内亂，不難應時敉定，獨外患未易消弭，能者處此，必有歃血定從之才，口舌之功，終當在行陳之右。」

十二月三日《答張季直》云：「朝鮮論功，執事臨組不緤，對珪不分，真有古人風節。獨其臨事齟齬，欲尋赤松者，究果何由？得聞其梗概否？東藩人才稀少，國勢岌岌，不可終日。執事六策，皆膏肓箴石。吾見其來使上國者，大率儒緩柔懦。昨在保定與其大院君一談，其人尚有英氣，其才當十倍郎君耳。今東南二邊，頗費經畫，似中外老宿皆無良策。鄙意當得英鷙將帥，分往而徵二王入朝，因改兩國爲行省，變易政令，猶可有爲。惜吾達官中亦無堪辦此者。朝廷習於仁義，亦決不肯乘危邀利，然循此不變，終爲他人有耳。時局如此，非蟣蝨小臣所可妄測也。銅士既有《鄂志》之役，自難北來，執事謂其弟仲木，頴敏介潔，工駢文，能詩，聞之令人敬慕。廷試時能一至冀州，無論屈留與否，皆慰飢渴。近日李相、振帥同意聘請廉老都講蓮池，廉若不來，鄙人尚擬自媒，倘得此席，吾可以終老矣。廉老處弟亦有函勸駕，渠來亦吾所深願。此二策者將必有一可。」案：濂亭自是主講蓮池書院，明年四月到館。

九年癸未　公年四十四歲

是年始創開渠之議。《與李佛生》云：「今秋直隸大水，吾州三十年不見水患，現亦水圍城郭，數月不消。緣自州北至衡水，地勢汚下，現因衡水民埝決口倒灌，數十里匯爲巨浸，皆古時葛榮陂故地也，今則廬舍田墓燦若列星，水之吞噬無復乾土。州之西境，則新河民埝亦決，瀰漫四野，被災百餘村，雖經分別勘辦，而杯水車薪，何足全活災黎！」《與周玉山觀察》云：「伏查此州，自閘廢河淤之後，下游十餘里日就高仰。閘口築成堤埝，內水全無出路，內窪地面高於滏陽河底竟至丈餘。故區區愚見，決以浚渠泄水爲有益，既請官款數萬，尤欲慎重其事，必開浚寬深，乃望可以持久，而經費短絀，不能如其私意所期，此誠固陋之心所躊躇而却顧者也。尊示出入恃此一溝，終恐清濁相頂易淤，洵爲老謀卓見。尚幸滏水清流，向來平静，內窪瀦水，所以浸積生鹼，亦正坐清而不濁。現擬兩岸築埝，不令沙土隨流競下，淤塞或可稍遲。又滏流微弱如綫，常年一漲便消，横決甚少，水大之年會合他河，乃有潰漫之患。冀州并所屬新河、衡水、武邑三縣，民埝綿亘數百里。冀州埝工，視三縣尤爲堅固。本年諭令州縣一律加高培厚，滏水漲發，開閘引入新渠，不致決入窪地。若雨多水大，新渠與滏河并漲，究如來示內水消遲，滏落較速，終以開泄爲是。鄙慮所及，敬以上陳。邊事日棘，朝局一變，坐論者於邦交之道不量彼己，新進者鄙老成之謀以爲選懦，終恐無計收拾。公等力爲其難，傅相勢成孤注，蟣蝨小臣，徒恤嫠緯而已。」

十二月十四日《與張廉卿》云：「所籌之工，亦係古人成迹。冀州北境直抵衡水，地勢窪下，乃昔時葛榮陂也。乾隆時方敏恪公建石閘三孔，宣泄得利。嘉慶以後閘廢河淤。弟現擬將閘底移深，改爲一孔，而浚此四十里河渠，使可通舟楫，不惟沿渠得灌溉之饒，將使荒城漸成繁富。私計如此，不敢必其成效也。」

十二月二十三日《與蕭廉甫》云：「前接惠示，荷蒙執事於運憲前一一代陳，仰邀允諾，照稟籌墊，一面勸諭西河各商，按引攤捐。運憲此舉，真古之豪傑所爲，近時大吏所無也。身被恩澤者，宜如何感恩誦知己耶！抑非執事知契夙深，齒芬光被，某何人，安得結知上官如此！不惟小人敬拜仁言之賜，即冀屬生靈，亦當焚香頂禮，世世不忘，此非口筆夸詇也。昨接運憲來示，細詢此工能否收效、河水能否敷用、私販能否杜絶，語語均關切要。益佩運憲才智縝密，實事求是。因臚陳所見，略無飾詞致負知己，筆墨冗長，未能盡意，謹爲執事備陳一一。州北地形汚下，積水瀦停，致成鹼土，凡鹽鹼皆生於舊時河澤之區。往年敝州西路，迭被河決之患，鹼土最多，近時鹼性漸變，土可種植。而東北各村因衡水閘壞，填塞口門，水無去路，停積不流，遂至斥鹵彌望，方四十里，地不生毛。於是東北私鹽爲一州最多之處。州西各村，間有私池，仍多潛赴東北窪地，掘起鹼土者，此目前實在情形也。今所議開之河，專欲灌溉東北鹼土，内水一過遂出，外水一漲遂入，常有活水通流，決無生鹼之理。不徒淹浸私池之功，使四十里中鹼土得水，變爲沃壤，縱令私池不能盡淹，而無處掘取鹼土，雖有私池，亦屬無用。故前稟以爲拔本塞源之計。敝州西南，地多膏肓，其所以著名貧瘠，則徒在此數十里。斗大之州乃有方四十里不毛之地，安得而不窮困？至於滏水，來源本弱，原難敷用。然自非大旱，則每歲必有漲發之時。乘其盛漲引水入内，閉閘蓄留，灌溉略可足用，便商便民，無逾此者。至如私販，則各屬皆有，弟所敢保者冀州，不能使他屬盡絶也。此時由運憲墊發，將來勸辦商捐，則西河各商，弟所習知，良莠頗爲不齊，衆論未易符一，惟有運憲主持辦理，伊等决不敢抗。敝處此工，其益各商者實非淺鮮，各該商固所習知也。『造浮圖者當合其尖』，此事仍專恃我兄左右贊成，俾不惑於浮議，至爲懇禱。」

《上寶相國》云：「某廢學謀官，進退失據，徒勞之職，尤非所堪。顧念百口衣食，不能不竊禄自營，真魯直所云『食貧自以官爲業』者。所領之州，民窮多盜，土瘠不毛，郊畿之間最號難治。某才力棉薄，大懼不能勾當，貽笑同僚。私立課程以聽斷爲主，每月結正訟獄約在四五十起，庶冀窮民少清訟累，不爲胥役所魚肉。此外則盡心整頓書院，培養士人，欲化其樸陋之習。本年奉檄清釐差徭，某細加考究，冀州差徭不重，而民間殊以爲苦，則皆不均之病。現定爲按畝攤差，每畝制錢八文，鄰境士民皆謂爲至輕至平，輿情尚爲協服。至於清查盜源，則督令各村辦理聯莊，搜訪正人爲之分任，略師保甲之意，而去其無益煩碎之事，近數月來，閭閻亦尚安堵。才力所到，止此而已。」

十年甲申　公年四十五歲

正月《答程曦之》云：「傅相擬調不佞之説，不過一時戲言，足見相意期待良厚。惟自揣年衰智淺，不堪幕職，所以往歲曾蒙傅相面諭，仍令入幕，力辭不敢。今栖遲此州，意在吏隱，不復挂懷時政，亦無意於升遷。昔王弘中入掌制誥，不欲復治筆硯，欲求一道自效。弟素乏吏才，竊得一官，了無自效之處，豈敢謬附昔賢？然其不樂筆硯，則古今適有闇合。凡隨相節者，約有二端：一則志在利達，以幕僚爲借徑；一則自負材智，將欲有爲於時。某自揣性迂才拙，不適世用，州縣之職，已非所堪，雖有志樹立，其所施措，乃無以過於庸人。若令徼倖榮顯，不過一身富厚愈於今日耳，其聲名績效，無可表見，則寸衷懷辱，不可告人矣。向來不肯競進，尚屬自知之明，少時奮發有爲之妄見，消磨略盡，此其藏拙之意一也。又久涉世途，知窮達之有命，富貴之不足爲榮，營營者未必得，得矣而所獲不如所亡，甚或年命不延，禍福并域，久遠者不必論，自某釋褐以後，所見此等，不下數十百人。蘇詩有云『深恐造物怪多取』，有味乎其言之也。故某於仕塗，不求善地，不羡美仕，等貴賤於一量，委升沈於度外。其所以貪戀微禄者，徒以眷累衆多，衣食無以自給耳。爲貧而仕，分應辭尊居卑，又況骨相屯蹇，無載福之器；性情狷介，無逢時之術。倘仕進得志，必且不免禍殃，縱無遠識，獨奈何不知自謀，此其止足之分二也。又有大不可者，生長山野，不喜與貴人往來，平生游好，官至道員以上，便絶迹不通問訊，於朝貴要人，尤多所不可。與叔耘相處最久，叔耘則執政公卿封疆大吏，交章薦列。僕所遇者，前惟曾文正，後惟傅相而已。假令僕再入幕，不惟才力不如叔耘，即後來名位，亦安敢望叔耘哉！自處已審，雖有傅相徵召，亦惟自守所見，自行所志，不敢率爾奉令也。鈴閣之下，英俊輻凑，何至强不佞以所不能？傅相海涵地負，雖上方成命，吾料其必蒙容宥。萬一談論之餘，再及賤子，務求執事與翰卿、琴生諸公婉達鄙志，俾自遂其私，不勝屏營待命之至。或謂海上有警，遷延不赴，是爲避危而就安，避勞而就佚。竊料時局要歸，仍在和議，附托後車，亦無奔命之苦，此固决無危機，亦無勞役。明者皆能知之，無俟覼縷也。」

是時州判署中被盜，公督役捕盜不獲，憤鬱殊甚。濂亭在保定，有書慰藉云：「盜案不足爲意，誠以是乃无妄之災，如此等事，初不關任事者之賢否。今讀來書，憤悒滿紙，頗近宋學家迂氣，且猶不免與世俗人計較非譽。案：濂亭此言，因冀州前政李君以捕盜著聲，公之憤悒正以相形見絀也。我輩豪傑自命，正須擺落一切，置悠悠之口於不問。我自盡力捕盜，其得以否，非人所能必也。彈劾之權一聽之上官，而我不與焉，何愧憤之與有？惟浚河之役，足下既已首建其事，此則君子之所宜自盡者耳。足下明識十倍不肖，然一得之愚，傍觀之審，或萬分一可采，伏維垂察，幸甚。」旋以緝訪之勤，盜亦竟獲。

四月四日《與王晉卿書》云：「接讀三月二十八日手示，敬悉一一。弟本無百里之才，謬處勞人之職，不能鎮攝一城，傳笑寮友，内省負疚，慚不可言。執事儒風俠骨，代籌雪耻，感紉敬服，直以爲古之石交，非近今所嘗見也。劉永勝已承代招，不啻絳侯之得劇孟，頃已遵示作函，請姜晴川商借，即請飭交，并寄去劉永勝盤纏二十金，亦希轉給爲荷。王岐山爲至寧晉、藁城、趙州、高邑、臨城、元氏、晉州、束鹿、深州、安平、武强、衡水等處，并無消息。敝處各役分赴南宫、威縣、隆平、鉅鹿及山東臨清州、恩縣、邱縣、武城、德州等處，亦無消息。衡水所獲之劉二磨，供係李㹴子爲首，現將李㹴子獲案，訊無頭緒，此不足憑信者。昨有人查緝，謂是周家口來者，亦已遣人赴彼訪緝。又靜海捕役任國安，弟曾用過，近聞其屢獲巨盜，已由天津各道賞給職銜，雖遣人召募，恐未必來。此案逾許久，遍訪不得蹤迹，至爲憤悵。劉永勝倘爲破獲此案，其能名遠在數百里外，不僅照格給賞也。河工民夫多受累潛逃，目下外縣熟悉工程之夫，陸續到者千餘人。昨赴工查看，伊等條理整飭，人可挑工兩方，惜壩下不能多用工役，恐開壩放水時無工可以位置之耳。開壩之後，意欲多招，以期速蕆，已遣各夫頭分投招致，或不致裹足不前。貴縣有久領工作之夫，亦可代爲招攬，其來時脚價，由局給發，民夫每名三百，外來路遠，尚可從優。」案：此函《尺牘》及《續編》中皆不見，茲從晉卿家搜得補入，以見公勤勞吏治之一班。

四月二十三日《與潘藜閣》云：「判署盜案，目前尚無端緒。弟臨民不威，至不能鎮攝一城，有此大失，執事强詞慰藉，無以解我内慚，届限不獲，豈澳涊戀棧。來示謂漢代循吏，不過治盜得法。弟現正苦未得法門，召募遠縣幹捕，每苦遷地弗良。執事向來獲盜，皆由購綫得力，以盜求盜。今自失事以後，購求此輩。州境著名盜魁，李鑑堂所屢捕不獲者，皆已展轉募致，甘心盡力而分投出訪，許久仍無準信，甚哉破案之難也。弟到任時，山東武城、本省故城，連出搶署之案，皆未破獲；去年南宫城内被搶，亦未捕得真盜；山東曹州則去臘今正，兩搶府署。若各處無一破獲，賊膽愈熾，必將不可收拾矣。故弟立志誓獲正盜，以雪此耻，未識究能爭氣否。中法和議如何？尚希隨時示悉。」

案：公在冀州，嘗招撫大俠雷中正，一時盜賊爲之斂迹。其事尤膾炙人口，北江所作《雷中正傳》叙述甚詳，今附載於下。《傳》云：「雷中正，冀州大俠也，兄弟次爲三，故名三群。佼健能及奔馬，横行河岱間。李秉衡牧冀州，嘗欲懲之。秉衡以能治盜聞，值歲暮察知中正歸里，率衆往捕，圍其宅，中正奮迅脱去，秉衡不能得，幾爲所傷。一日秉衡父在海城里中，方篝燈夜坐，忽偉丈夫持刀搴簾入，斫几案有聲，大言曰：『我雷三群也，平生任俠不爲奸，而子數窘我，我固不畏，然若何無禮也？今來好視汝趣告而子，幸自戢，不者吾且擊殺汝。』李翁大驚，亟迹之，已杳，秉衡由是不敢迫。然中正故粤俠，奪富益貧，官吏横暴者尤痛嫉之，孤窮寡弱頗賴其助，威行數千里。不入冀境，自謂於冀人無迕，故尤以此怨秉衡也。秉衡既去，先大夫來任州事，聞其名，使人召之，中正大驚，仰天而歎曰：『嗚乎！僕乃江湖椎埋亡命之徒，所屠殺掠奪者衆矣，國法之所不貸，王政之所必誅，正名定罪，百死不足以蔽辜。今刺史吴公，天下之賢聖也，牧州三載，仁風懿澤浹於骨髓，閭里莫不聞，婦孺獷頑無不戴公爲慈父母，僕固愧而仰德久矣。負罪嬰釁，無路自新，思欲瞻近而無由，故分甘棄絶耳。而公曲逮之恩，乃竟波及於我，我何修而能得此！是誠僕千載一遇之機也，隕絶酬知正在今日。』即日束身歸命，先公得之大喜，撫慰備至，闢廳事傍舍使居之，易其名曰『中正』，蓋勖之也。中正亦感激圖效，從先公有年，所緝盜無不獲者。暇日無事，輒投石超距爲戲，衆皆敬之。叔父在山東，嘗齎帑數十萬入都，先公使中正偕。時盜氛方熾，同行皆惴恐，中正從容自若。逆旅，主人聞雷三群至，無不變色承命唯謹。每酒酣爲叔父説平生俠烈事，鬚髯翕張，輒風生四坐也。先公謝冀州，中正送至境，涕泣别去。旋病卒於家。又有李振邦者，亦巨盜，先公牧伏，頗立功績，與中正相亞。吕桂芳則終身服事先公甚謹，每行役必偕從，游日本、先公歸里薨逝，桂芳猶侍側云。先公《北行七哀》，其《戇僕》一章爲桂芳作也。其後項城袁公督北洋，求能緝盜者，聞中正名，使所親訪余，欲起用之，中正逝已久矣。吴闓生曰：予兒時侍先大夫官舍，出入嬉游，中正輒立廊廡間，左右挾持扶掖我，若恐其傾仆者，予頗狎易之，不知其俠也。已而聞人説中正軼事甚具，忽忽四十餘年，忘之久矣。坊肆間有作《雷三群傳》者而言之不詳，故綴以所聞。先公在冀引渠富民，大興教化，何嘗以武烈爲意，而其效固如此。《記》曰『我戰則克』，其斯之謂與？」

四月五日《答王鼎丞方伯》云：「某自量不諧時俗，乞得微禄，足食九人，材力淺薄，不能取名當道，内顧百口，尚有棧豆之戀，時時自悲。數年以來，殊無治狀，惟有書院籌增經費萬餘金，招名師教授，選其少年俊才，使在院肄業，士風稍振。去年被水，現籌得四萬餘金，開河建閘，泄水入滏，方在興役，尚未竣事。此工若成，可澹冀、衡兩屬沈菑。又北人苦徭役不均，某爲攤差於地，百姓頗以爲便。餘無可言者。近數年憂患之餘，心頹如翁，時事都不挂懷。少時頗欲究心文字，今冉冉將老，知已無能爲役。惟國朝人矜言訓詁，人人自以爲康成，家家自以爲叔重。某嘗略讀諸家之書，疑其可傳者殊少。暇日著《尚書故》一書，以史遷爲主，妄自以爲不在孫淵如以下，要亦敗帚自珍耳。」

六月十六日《答博野令孫筱坪》云：「頃在衡水工次，接到手書，具悉一一。敝處閘工，現已告竣，高至二丈六尺，觀者指謂直省最高之閘。惟閘門請製造局依洋式爲之，現尚未到。河工地段綿長，連倒三海，遠縣招工，來者寥寥，自春徂夏，中經雨水，至今未成。然亦未遽停工，秋泛在即，恐難持久，當俟秋後觀成耳。」

七月六日《與張廉卿》云：「敝處河工，以來夫過多，伏汛前不及竣事。中間以暑雨非時，正擬暫行停輟，旋見天時亢旱，恐今歲不成，明年便難議及，因復鼓衆進作，志在必成。盜案尚在密緝，不敢必能禽獲。諸煩遠注，慚不可言。目下境内蝗蝻迭起，凡去秋被水之處，往往皆有。旬日以來，日日逐村督捕。雖尚係初起，撲滅不難，而民間各惜禾稼，恐遭踐踏，不顧蟲災，專以諱匿爲計，雖嚴懲不改。以此疲於奔命，真有日不暇給之勢。屬縣棗强、衡水等處，并有此孽，他處聞亦多有，恐此物遂將成災，正用憂灼。」公在官盡心民事，捕蝗亦其一也，并見《詩集・答范肯堂》詩。又范贈詩云「前日驚呼走出門，田間蝗子大如蝶。君歸休但安坐，此邦亦不謂君惰面顔昔枯還未腴，何苦風塵日摧挫」等句，皆得當時意態。

十月十九日《與戴孝侯》云：「自津沽祖餞，别已數載，音問稀闊，而依依之懷良不可任。是後某偷禄偏州，而執事成功絶域，度量相越，豈可以道里計邪？清帥治軍有法，聲實并茂，良由執事爲之匡贊，此遠近所共知。目前以久經訓練之師，調回防海，自當堅若長城，曷任仰望！抑有疑於鄙心者，南宋以前，從無以和爲耻者。若不量彼己而妄思一逞，則當時咎之，史册譏之，此漢武所以不取狄山，季布所以欲斬樊噲，而景延廣、韓侂胄之徒所以貽羞後世也。今之清議可謂但知其一，而清帥亦頗臆決唱聲，究竟兵端一開，勝負姑置勿言，利害果孰輕重？明於謀國者似不宜忽天下之安危，但求成一身之名已也。現閩中敗挫，臺灣圍急，守此不變，豈可復支！而中外以爲得計，吾不知其何説也。李傅相規模閎遠，雖限於時勢，不能禦侮折衝，要其明於利鈍，老成持重，竊謂自曾文正以外罕見其匹。而新進小生，群起而擠排之，雖出其門者，亦皆入室操戈，以自附於清流，悠悠者不足言。蓋張振帥、潘琴帥尚不免於此，甚矣其惑也！蟣蝨小臣，出位妄論。恃惠子知我，倘有不然，尚希辱教爲幸。」

十月二十九日《與范銅士》云：「前歲接奉惠書，三年不報，非敢故爲疏闊。緣數年以來，處心積慮，必欲一枉高軒，而時會所值，至不能自決進退，用此含意未伸。及廉卿先生北來，則又私心自喜，以爲銅士在吾術中矣，不謂人事牽繫，尚復沈吟至今。案：公以官事不自得，時時有解組之志，所謂「沈吟至今」者謂此。蹤迹之合并以不，信有主之者耶？朋友道衰久矣！悠悠者追趣逐耆，以相取益。卯親酉疏，甚者爭爲朋黨，私立標幟，傾動時人，究乃人各一心，雖日與連欐而居，抵掌而談，而腹有山河，咫尺千里。若吾二人之南北睽隔，言論不一接於耳，風采不一接於目，而聲氣相感，興往情來，蓋不必足音跫然，而已若膠漆之不可離别，斯已奇矣。來歲倘能北來過訪濂亭，幸以鄜州爲北道主人，俾某獲遂數年夙願，私心快慰，豈有量耶！奉上白金五十，爲執事膏秣之資，遲速唯命。萬一鄂事未了，固亦不必亟亟北行，需之數年，不難更緩數月，幸勿因志稿未竣，擲還往物爲望。孤城寂寥，無與晤語，官事羈屑，都已廢書。廉卿近在三百里内，而不能請益，執事聞所聞而來，仍恐見所見而去耳。」

十一年乙酉　公年四十六歲

三月六日《上寶相國》云：「前歲胞弟汝繩入都，渥承訓誨，是後久違杖履，箋記闊疏。伏審動止康愉，餐居百適。招子房赤松之侶，開晉公緑野之堂，榮觀超然，襟懷彌邑。大謝所稱『兼懷濟物，不嬰垢氛』，昔聞其言，今見斯詣。某伏見往代遺迹，每當季末，則上多幸位，下有遺賢。獨近歲以來，一二元老方且弘濟爲懷，顧瞻百寮，乃絶無通曉時勢之選。釣名射利，附托清流，但望位望之飛騰，不顧典型之顛覆。涓涓不塞，馴致一變而無復之，如去年之局，乘除新舊，乃二百餘年希有之局也。往年從曾文正軍中，泛論人才，獨於太沖有微詞，某尚以爲頗雜恩怨。近歲入朝，聞其設施議論，不禁興『步兵廣武』之歎。其餘年少書生，以口舌得官者，更不足論。此輩布滿中外，安望撫綏四夷，控馭得理哉？吾師於此時灑然解釋重負，真奇福也。近聞法越之衅，似可漸息。倭又乘間要求，將來之變，更有大於此者。蟣蝨小臣，正多恤緯之慮耳。某承乏冀州，倏及五載，民貧地瘠，無可表見，惟於斷獄、弭盜二事，稍竭愚忱。前年滏水潰決，州境匯爲大湖，請於上官，得銀五萬餘兩，於境内開渠建閘，經營旬月，始克告成。州人樸陋少文，爲籌增書院經費，延請名師教授，比年以來，似收小效。惟缺分瘠苦，私虧歲增，私計殊難自了。貧者士之常，忝附弟子籍中，決不敢苟賤不廉，鑽營升調，以辱師門。吾師當國時，絶不敢以鄙狀上瀆，恐涉望援干澤之私。今乃絮聒及此，誠師弟子之情，湮鬱既久，發爲衷言，遂涉筆不能自休，不自知其詞之冗也。」

案：開渠一事最爲冀之巨役，賀松坡所作《行狀》云：「其在冀開冀、衡六十里之渠，泄積水於滏，變沮洳斥鹵之田爲膏腴者且十萬畝。時財用匱竭，官錢不易得，先生既上言大府以請，苟可出力以助吾謀者，無不通以書，情感勢劫，與相違，復牘牒書問日數十發，卒得白金十萬兩而功以成。功之未成，先生與人書曰：『百計哀求，情同無賴。』既成，則又曰：『吾於事百無一能，至於籌款，可謂有作金之術矣。』」又作《冀州開渠記》，具述其事略云：「滏水自西南來至州北境折而東，横亘衡水，界中縣城俯其南，并岸而西四五里左轉至州城東，地污下廣五里，狹亦不減三里。北二十里隸於縣者曰衡水，窪南十餘里隸於州者曰海子州，東北之水潦匯焉。城西十餘里，少北有泊名尉遲潭，水之來自西南者委之不能容，則溢而旁趨，與東北之水會，而城南之九龍口亦受州南之水挾以東注，衆水所瀦，遂爲巨浸。乾隆間方敏恪公導使入滏，立閘以爲閉縱。嘉慶、道光間猶稍疏瀹，後棄不修，閘亦圮壞，水遂奠而不行。而冀東、衡南之地無阡壟疃畛而爲耒鎛所不加者，蓋十餘萬畝也。桐城吴摯甫先生既知州事，欲開渠通滏，復方敏恪公舊迹以惠一方，亦未嘗不慮民力之凋弊，官帑之匱竭，而懼功之未易就也。後行部按巡其地，水方盛縱横，演迤於數十里中，念疲氓久罹重災，怛焉，閔傷不能自已。光緒十年二月，興工經始，於下流遞進而南抱城，右旋過九龍口，迤西達尉遲潭六十餘里。十月工畢，明年復深之，又明年廣之。廣七丈餘，底殺三之二，深丈餘，堤高五尺，厚倍之，或三之。置橋八於舊閘處，設閘高二丈四尺六分，去一以爲廣。費銀十萬兩。司其事者，州人張君廷湘、張君增鹽，縣人馬君景麟、劉君玉山，深州張君廷楨，武强賀君嘉楠，先生之甥蘇君必壽。諸君皆占畢之士，性樸而力勤，賦丈受役，縮盈汰冗，人毋刻休，材不寸棄。既訖工，有久治河者見之，歎曰：「此役屬他人者，非三十萬金不能卒事也。」渠善淤，歲請銀二千兩於鹽運使，爲修浚之費。後又置銀萬兩取息助工，仍屬其事於州人與斯役者，使賀君定章約以經法。水既有歸，田皆沃饒，今七八年所獲倍蓰所費，而夏秋水盛舟楫往來，商旅稱便，州境遂富於初。工之初興，人苦煩擾，或妨其私，怨讟并作，至是皆歌頌之。時國用空乏，行省鮮倚餘，大災要工猶不能贍，冀以僻左之地，故無河害，事非所急而遽事興作，仰給於官，議者頗疑事之不集。先生躬謁大府，退而上書，勢格則更端，以進違覆十反。制軍合肥，相國李公故重先生，而先生仁民恤患，迫於誠心者尤足感人，故終聽先生所爲，人不得而間之，而其功遂成。至於新渠之利，效已驗白，無煩深論。謹述顛末，使後人毋忘其始，善持其終而已，而州人士心先生之心造福鄉里，其功勤不可没，亦備列焉。

三月《與王逸梧同年》云：「往年委撰老伯母墓文，曾由馹遞寄長沙，并論及叙述閫德，昔人所難，不善爲之，易入塵俗，故不敢删拾年譜，而别出一義，冀稍脱凡近。迄未讀覆示，猶以爲道遠莫致，及去歲閲朝報，知台從業還都下，亦未奉到惠音。恐前稿中道浮沈，未經達尊覽，敝處亦未存稿，兹追憶繕録，敬呈左右。文既不足觀采，立議又頗涉憤世，無周身之防，不足出以示人，執事取其意旨，不須勒石墓道也。」案：王先謙字益吾，亦稱逸梧，湖南長沙人，乙丑進士，曾編《續皇清經解》、《續古文辭類纂》等書，公有《鮑太夫人墓表》在文外集。

四月《與張竺生》云：「中外大局，近聞似歸和議，此幸事也。今時上下俱窮，此次軒然大波，無論和戰，均以財用爲亟務。閻相開源節流條教，恐難盡推行，行之亦未必盡益。去冬無雪，今春無雨，吾輩州縣深恐年不順成，則撫綏無術，所謂憂國願年豐也。」是月范无錯始應聘至冀，公得之大喜。廉卿先生來書云：「近所得海内英俊之士，惟肯堂及賀松坡。松坡深感閣下遺我奇寶，今肯堂又得親承教益，尤爲喜幸。伏望一剷去賓主形迹，勖勵而教誨之，俾得有成，亦我公一大功德也。」又《復范肯堂書》云：「得手書，知已至冀州，喜慰無已。摯公才、學、識三者，十倍鄙人，足下得所依歸，望益鋭意精進以副鄙懷，幸甚！」然肯堂執贄受業，公則謙不敢承，惟以友誼待之。

十二年丙戌　公年四十七歲

七月六日《答張廉卿》云：「承示姚氏於文未能究極聲音之道，弟於此事更未悟入，往時文正公言『古人文皆可誦，近世作者如方、姚之徒可謂能矣』。顧誦之而不能成聲，蓋與執事之言若符契之合。近肯堂爲一文發明聲音之故，推本韶夏而究極言之，特爲奇妙。竊嘗以意求之，才無論剛柔，苟其氣之既昌，則所爲抗隊、曲折、斷續、斂侈、緩急、長短、申縮、抑揚、頓挫之節，一皆循乎機勢之自然，非必有意於其間，而故無之而不合，其不合者必其氣之未充者也。執事以爲然乎？漢《郊祀歌》今不能識其何聲，執事以爲皆司馬長卿所爲，皆諷刺之旨，則亦有可疑者。《青陽》、《朱明》等，《漢志》以爲鄒子樂者，固當爲鄒陽之辭。其《天馬》、《寶鼎》、《芝房》、《白麟》、《赤雁》諸篇，《漢志》皆記作歌歲年，又皆載之《武紀》中，吾疑此諸篇皆武帝自造，其餘或有枚皋、東方朔等所爲，未必盡出長卿。長卿卒在元狩五年，其後事長卿固不及見，《華爗爗》篇所云『施祐汾阿』，蓋是汾陰立祠後事。汾陰脽上立后土祠時，長卿卒已五年矣，凡此似皆不得歸之長卿。獨《練時日》篇與《甘泉賦》『屏玉女却虙妃』同指，惟《太元》侈言福應，而微及用兵；《天地》譏淫祠新聲；《日出入》譏求仙求馬；《天門開》類《大人賦》。此數篇者，疑非長卿不能爲。弟私意所測如此，敬以奉質，希教之，幸甚！」是歲州試得李剛己，公及范元錯皆擊節欣賞，目爲奇才，并告張廉卿，廉卿來書云：「尊處州考乃得聖童，聞之喜抃無已，我公龍虎精神之所感召，固宜有是。」其後剛己卒成其才，爲門牆第一手也。

七月十四日《答孫筱坪》云：「《永清縣志》雖係續撰，其舊志義例當可尋求，獨章實齋以文史擅名，而文字蕪陋，其體裁在近代志書中爲粗善，實亦不能佳也。弟前因深州修志，欲訪借一觀，其書既難得，鄙意亦不過爲物色。執事惠此續撰本，得睹章書都凡，足以副夙願矣。」

十三年丁亥　公年四十八歲

七月十七日《與王逸吾》云：「往歲論薦姚君，猥蒙示諭收録門下，案：姚君即叔節。并示及搜刻經解義例，竊願惠寄書目，少廣見聞。阮太傅原書雖未盡當人意，要爲閎博鉅觀，資益學林不少。獨其門户之見，使後來變本加厲。海内學者專搜細碎，不復涵泳本經，究通文法，此其失也。執事文章宗匠，取舍精審，此編出必當遠過阮公，未識經費何如？分校之士有幾？成書何日？刻手若何？遠在下風，無任馳仰。」

二十六日《與賀松坡》云：「吾與執事不得合并，此最憾事，雖作函百箋，曷益乎？本年冀州闕山長，州人專信向閣下，舉天下之宿儒碩學，無以易執事也。因憶往年成約，謂得缺在遠，必當相調，遂以此意面啓上官。久蒙許可，尚恐尊甫意不謂然，昨經肅箋奉商，亦已俯諾矣。繕禀上聞，計八月初可得批答，届時當即飛送。兹先遣書院紳士張增豔前往奉迎，大名諸生雖受教至渥，不欲他徙，但此事上下定議，不可中變，能於八月到此爲望。」

同日《與姚慕庭》云：「所論范宅姻事，前因執事及仲實屢有書見托，并言不嫌遠省，但計人才，故敢爲之導言。今范公來書，雖立言婉轉，要已允諾，其所以委曲言之者，實緣肯堂故劍情多，誓不更娶。前時范公屢令更娶，并托肯堂深友從旁諷諭，肯堂堅持初見，自爲夫人墓文，仍以不更娶爲詞，其父不能奪也。某欲成此舉，日夜説之萬端，又挾張廉卿同説之，亦不能奪。及去冬肯堂南歸後，弟適奉到手教，念無以報命，因冒昧通書於肯堂尊甫，頗挾縱横之策，逞游説之能。范封翁躊躇數月，乃復書見允，今若忽然中變，某不佞誠無言以復范公。范叟蓋一老儒，曾在福建撫院幕中，其父子兄弟間慈孝之誼，迭見於詩文中。其先世自明以來多達人，范文正之後裔也，其家清貧，然肯堂及其仲弟皆以文學知名公卿，其季弟文筆亦雅健，范公來書，乃其季弟手筆也。其兄弟競爽如此，殆非久貧者，目前雖窘，亦未必仰給前姻家。閣下見范公之信，種種致疑，竊謂上有公姑，下有前子，亦續弦之常事，且亦安得無公姑之家而與之議昏哉？范氏本無議昏之心，而某因執事諄屬，馳書勸之，既有諾矣，而尊處又若不甚見信，殊覺爲難。執事及仲實前書，專以此事見委，肯堂所聞知也，今若改議，亦苦難於置詞。鄙意議昏專以擇婿爲主，其他皆在所輕，執事初見最是。若左顧右盼，長慮却步，則必至淑女愆期，交臂而失佳士，今海内文筆如范肯堂者，某實罕見其對，恃執事前書相委之專爲之作合，自謂不負諈諉。執事閲人多矣，知人才之難得，尚望采納鄙言，旁人忌才嫉能，或多爲誹議，不足聽也。今范氏昆弟文采奕奕，其老翁亦隱德君子，其可議者但坐一貧字耳，貧非士君子所憂也。必不得已，則范公書中所云『拜認前姻以存舊誼』者，乃世俗之常例，賢者不必循之，此當可從中緩頰，其他則實有某所難中變者，敬求亮鑒。與執事交誼不後於范氏，范公肯采鄙言，料尊宅不致待我不如范也。」

是月弟詒甫補汶上縣。三十日《與詒甫書》云：「知吾弟遂已補官，喜不可言，此祖考降祥，非人力也。此後益當努力學治，勉爲賢吏，以仰承前休，俯彌乃兄之短。更望保養氣體，使骨力堅强，以耐勤苦。州縣之吏實不易爲，如《皇朝經世文編》及《牧令書》，宜稍稍讀之，略師前哲之遺法。得意之時，慎勿以矜喜之色對人，識者譏爲器小易盈，亦易致失意者之怨忌也。吾既深喜過望，又頗疑家運未必大興，得此喜便恐日中則昃，此雖過慮。亦望吾弟時存此心，相與兢兢業業，以持盛滿。」

十月八日《與康樂》云：「詒甫昨于八月十七日接印視事，愚兄弟往返函商，擬冀、汶二署，各出五百金，共成千金，寄南散放近親鄉里，稍體先人敬宗睦鄰之意。惟此事不易分散，恐兄難以支應，特著時成玉速即回南，請吾兄先將爾昌公支下極貧之户，查明開單，次貧之户亦按名開列。而高軍澗保之窮苦無業者，即非爾昌公支下，祇係高甸吴氏，亦必按極貧次貧開列附後。仍著時成玉速即送來，由愚兄弟按名酌分寄回，交兄照散，由外間定準，方免閣下爲難，不然恐洪莊屋亦難保矣。俟吾兄查清開册，即行兑銀回家，萬勿遲滯爲要。」

同日《唁李玉度兄弟》云：「接讀訃音，驚悉尊甫以今年七月仙逝。下走以南北睽隔，至十月乃知。親交淪謝，傷蠹累日，尊甫以一代人豪，遭遇不偶，晚節穹然羈旅，無人存問，最爲人世不平之事。乃復嘯詠自娱，襟抱浩浩，僕每内度，脱易地而處，殆不如遠甚。常愧棉力不能相濡，然亦不謂天遽奪之年，使之賫志以終古也。逝者瞑目無憾，茫茫四海，無人一薦孝章，此恨庸有已邪？嗣是唯望賢昆仲勉力自奮，從學謀宦，不墮清芬，侍奉太夫人，以終尊甫未竟之志而已，他復何言！附上奠儀百兩，以襄大事。適在扃門試士，恐河冰將合，馳此奉唁。」案：玉度兄弟，李佛生之子。

十一月六日《與詒甫》云：「吾弟到任未久，循聲卓著，良以爲喜。願常常自勉，無墮始基。至於休養精神，保重身體，亦不可不講。部中前催卓異引見，頃又催俸滿引見，兄意則將欲引退，不擬引見也。但私帳至今未清，又慮歸後無善處自托，家鄉恐不易居，尚待躊躇。州縣不宜久，上進則更不願，此則士各有志。若令我早歸田，稍理文字，將來或冀有聞於後，豈非計之最得者哉！」

十二月四日《上李相》云：「前月旌節還轅，當擬摳衣祇謁，以學使按臨期近，諸需簡料，未獲瞻依。州内冬令尚屬靜謐，得雪二次，宿麥藉得滋潤，春收可望。所開新河旁，斥鹵大半變腴，窮民各就近處墾種，共二十餘頃。其衡水所屬，長三十餘里，亦少隙地，遠鄉紛紛乘賤買河旁地者。斥鹵愈化愈少，月異而歲不同，差用上慰廑注。鄭州河決，宵旰憂勤，竊謂河徙與尋常漫決不同，趨嚮未定，來年或更有遷變。若欲以人力堤塞决口，則恐難與水爭。與其以全力堵於鄭州，不如專保淮、揚二郡膏沃之地。似聞曾宫保於彼處疏浚支河，若黄河下清口，則淮揚運河細若衣帶，單堤如綫，下流各屬匯爲大澤，支河安用？以愚見度之，似不如閉天妃閘，而自清江以東至雲梯關，築一道長埝，禦水南趨，空其北面不築，使水得游衍，南埝縱不能堅，尚可不至沖决，如此則淮、揚二郡尚可保全。較之堵塞鄭州大溜，及下游廣開支河，似爲得計。否則轉瞬春汛漲發，建瓴下注，四瀆合而爲一，千古奇變，其被災必且十倍今日。一室之見，是否有當，伏候采擇。」

同日《與景翰卿》云：「州境托庇粗平，監獄近已空無一人，殆數十年來未見之事，不過班管人多耳，此可謂囹圄半空也。上師相書，妄有論列，向來恥條陳時務，今見憂端宏大，謬竭愚慮，嫠不恤緯。執事視所言有不當者，可一開示，以廣見識。此州文報不通，未審當局近來如何擘畫，亦祈惠示一二。南中今年水旱兩荒，與五舍弟共籌五百金接濟鄉里。署中拮据，乃向來所未有，舍弟新得官，亦是自顧不暇。卓異催引見，花二十金止之，今又俸滿催引見，未審何以待之。弟不望升官，决意不入都也。」

二十三日《與張廉卿》云：「某近讀《楚辭》，以文正師謂《惜往日》爲僞作，實不易之定論。嘗私識別其類句，取文正所識參對之，乃大同小異，頗用自喜。因以私意辨之，知《遠游》乃後人仿司馬長卿《大人賦》而爲之者，洪、朱諸公乃謂長卿襲屈子，真顛倒之見。《悲回風》文亦後人吊屈子之文，皆非真屈子之言。真屈子容尚有亡佚之篇，《漢志》『屈原賦二十五篇』，與今絶異。如《招魂》不入二十五篇中，其誤殆始于王逸。愚又疑《九辨》、《九歌》皆依夏啓樂歌爲之，當係一人之作。古本《九辨》在前，《離騷》第一，《九辨》第二。王逸《九章注》云：『皆解(於)《九辨》中。』其東方朔、劉子政所擬，皆《九辨》，非《九章》。《九章》非一時之作，乃集録者從而爲之名，猶言《九篇》也。《九辨》、《九歌》皆不必爲九數，故《九歌》十一篇，而《九辨》則朱子更定篇章以合九數，非其書本然也。自潘安仁、杜子美皆稱《悲秋》爲宋玉，由王逸誤之。某爲此説，肯堂信以爲然，且云《九辨》若果宋玉，必不襲用屈子成句，是亦一顯證也。執事以爲不謬否？」

十四年戊子　公年四十九歲

作《孔剛介碑》成。二月四日《與孔亦愚書》云：「先公碑雖創成初稿，迄未收拾，中有必應修改者，未經改定，故未即奉上。弟文筆陋劣，又苦不自力學，少負空志，垂老而不能成。執事謬采虚聲，以闡揚先德見委，深愧無以副盛指。來書奬許過當，對之汗顔。」

三月九日《與詒甫》云：「吾決不引見，緣時時萌歸志，無意進取。又吾無上交之才，無左右游揚之人，無冒恥干求之術，雖引見亦無升官之望，徒多此一舉耳。」十九日《與詒甫》云：「聞買洞賓泉，兄實不喜。吾兄弟平日全無不合意見，唯吾兩弟時時欲買田宅，乃與兄大剌繆。吾料及吾身不致飢寒而死。若留與後人，則後有賢者，彼能自立；若皆不肖，雖有田亦豈能守？此妄見也。今吾弟得官未久，他務未遑，而惟置田之爲急，志氣亦殊不高，傳之鄉里又非美名。」「如兄弟并爲州縣而能不增産業，歸時仍係飢寒，則世間可貴之事莫大於此，何足患哉！孰與抽有限之錢，置不急之業，以求不潔之名，買無窮之累也哉！」

四月一日《與史光普》云：「頃讀手示，風采焕發，如親瞻近。凡文正舊人，十年以來，無不騰驤要地，其久次不遷者，獨使君與孤耳。新正於侯邸淹留十日，聞之羡甚。弟以風塵小吏，不敢時時扳援，祇去年侯節東還時一通問訊，嗣於陵差幕次，承侯遍加訪詢，獲在公所一見，立談數語。差竣赴京，一日專爲晉謁侯門，而侯又奉差出城矣。悵悵而返，亦未通啓侯，卑官不得不以形迹自處也。近日側聞曾、李之交，又似稍疏，未悉底藴。竊謂此兩人和衷共濟，天下之幸也。下走陸沈州縣，無由往來二公之門下，一陳陸賈之策，然私心炯炯也。狂論希祕之。」二十九日《與潘藝亭軍門》云：「蕭廉甫遂作古人，聞之驚悼無已！某昔在曾文正幕下，與廉甫起居相隨，其後離合不常，彼此關愛至切。環顧同寮中，相好如吾兩人者，蓋未有也。廉甫自負其才，而際遇不遂，以此憤憾傷生，有心同喟，其身後蕭然，無以爲斂。

某前時困乏，廉甫時時周濟，數年冀州，尚未能清結前款。去秋廉甫來書，欲爲其子納資赴選。某復書勸其舉辦，并允今春以五百金相助，前十餘日上忙征畢，因兑往五百金。計此函到時，廉甫已不及見矣。傷哉！接來函訃告，愧無以襄助，謹具賻金百兩附寄，請轉交是荷。」

五月二十六日《與張廉卿》云：「前爲《孔叙仲文序》，實爲漫率，執事指教，頓開愚蒙。頃爲《祭蕭太守文》，仍求指示。年長矣，豈望自進於此道？但有直諒之友，使不致執妄自誤，亦是一樂耳。」

六月十二日《與孫海岑》云：「方存翁遽已殂謝，吾桐城不能再見此人矣！鄉里後生喜謗前輩，蓋棺論定，如此翁之好學能文，虚懷下士，豈易得哉！擬作一文志吾哀，衰退廢學，久不能成。」《與張廉卿》云：「李佛生世兄和度，自京來此，取道天津，據述在京聞蓮池有定請豐潤之説，過津乃不聞此語。吾意此傳不妄，居數日，果接來示見告前事。目前深、冀二州讀書之士，意欲挽留在北，由此二州醵金爲壽，亦如蓮池之數。雖由省城下至外州縣，俗人以爲左遷，而大賢固不屑屑校論此等。緣恐從者南返，北士從此失師，不復能振起，非有他意也。執事倘見許，乞密賜一復示。二州人當自上書傳相乞留，續自具書幣造門請謁，於上游決無妨碍，於執事亦無輕重，不過於北方學者有無窮之益，而弟乃坐收漁人之利耳。江漢一席，遲速必爲君有，故鄉亦不須急謀歸計。用則施諸人，舍則傳諸其徒，自古君子皆然也。書所不能達者，敝友張采南兄名頡輔，壬午孝廉，久慕盛業，與肯堂至交，頃來冀帀月，與松坡諸君往還酬唱，亦最款洽。與聞論議，願面謁執事，一仰威儀，并口陳曲折，詢之可知其詳也。」

案：北江云：「豐潤爲張佩綸幼樵，時新贅於李氏。李相欲以蓮池一席畀之幼樵，遂將廉翁薦主江漢。蓮池諸生聞而大譁，幼樵亦不敢就，而廉翁已行，此席遂歸先君也。」考《濂亭尺牘》，是年六月初八日《與吴先生書》云：「頃得李傅相書，云接奎樂山中丞來函，以湖北江漢書院明歲講席需人，欲招弟返鄂爲之承乏。并稱弟如許諾，擬延張幼樵接主此席云云。觀此情詞不言可喻，弟衰年遠客，越鳥南枝，久縈夢想，今一旦得返鄉，并正復實獲我心，已函復傅相，請即與定約，而此間官寮人士同聲悵恨，物議頗爲紛然。書院諸生尤怊然若失，其雋異之士愈益眷言衰朽，徬徨莫釋。異日并擬散去，弟感此深情，良用敞惘，他日閣下必當來此一盡綢繆耳。」七月二十日《又書》云：「感閣下及二州人士拳拳，衰朽之雅又得與良友朝夕聚處，中心悦豫，豈復可言！惟前日已得鄂中督撫來函，并寄到關聘川資，諸事當經允許，未便旋又辭謝。且天下滔滔，吾輩故自無入而可。此後在鄂倘有齟齬或仍可迴轅北轍，依我故人耳。」濂亭回鄂後，復與香帥不合，移主襄陽鹿門書院，未幾，輾轉關中，流落以死，賢人末路，其可悲如此。

九月《與詒甫》云：「吾弟在汶，賢聲滂達四馳，實過乃兄甚遠。京城、天津及南方來者，無不具述頌譽。初官得此，實無價之寶也。吾近來每念兄弟并爲州縣，恐祖宗餘蔭，自我輩而盡。時欲利濟宗族鄉黨，求持守先澤減折咎責之道，惟有失財散積，庶幾近之。所志如此，不復計小小利害。來年春必應有賑救飢人之舉，乃與今年所爲相稱，無使人笑我兄弟爲惠之不終。此又冀力所不逮，專望於汶耳。」

十月初至天津，送别濂亭，并謁李相。時蓮池講席無人主持，李相極費躊躇，公因往年曾有夙約，遂面請辭冀州任，來爲主講，李相大喜，公即日於津寓具禀稱病乞休，講席遂定。

二十二日《與詒甫》云：「吾本淡於宦情，尚不擬即行告歸。今月初至天津，適保定蓮池書院尚未有人，因思他日告罷，未必得有佳館，不如仍理舊日成説，立談之間，遂已定計。遂於津郡具禀乞病，以就此席。上下驚歎以爲奇事，傾倒一城，此歐公所謂『不慣見事』者。古人謝病還山，僅一尋常小節耳，何足異哉？歸與七弟言之，七弟雖以家計爲憂，尚云『先君必當許可』。吾自覺此事十分合理，惟倉卒辦理，有不合吾弟之意者二端：一則弟意望我官場得意，升階騰上，不望我及早抽身；一則家境甚難，吾弟一力難支，吾今退閑，弟或膽怯。此二者吾籌之熟矣。以吾自揣才力，視今之州縣之有名者，未肯遽讓，即視今督撫司道，吾亦無甚愧焉。而久於州縣，則意頗不平。不平而不欲露，又不欲求人，則徒自抑鬱，終無能伸之日，何由升而愈上乎？若以我與古人較，則一州一縣八九年而未盡職，吾慚多矣。久居慚地而不知退，吾安得一日自安乎！所以七弟平時嫌我精神不旺，常若愁鬱者，此也。州縣尚不能任，吾敢更求進乎？吾自少時，心中不甚羡人榮貴，以爲一命之士與王公大人并無高下。善則一命猶榮，惡則九錫猶辱，平生不俯首，正坐此處把持得定耳。今人升官發財之術，吾盡知之，吾若欲得意，非棄吾所學而學焉，萬萬不可。吾老矣，安能改節事人哉！是弟所期望於我者，我適背道而馳，負吾弟久矣。至於家境之難，專以委之吾弟，此實私心所躊躇而不敢遽决者。嚮無蓮池一席，吾决不孟浪乞退。今蓮池歲得一千六百金，節縮用之，需汶上接濟，當亦有限。若令在官則每歲所虧反多，仰接濟者反鉅，是弟之難不難，不以吾進退爲輕重也。吾家福分淺薄，近日同堂三人并爲州縣，吾常凛凛畏懼。七弟自來冀州，一病五年，此乃美中不足之驗也。祖宗德澤倘尚未遽竭，吾今節約而承之，料吾弟在官必當順適。譬之一樹兩枝并茂，今砍去一枝，則所存一枝必更茂鬱，此自然之氣數也。至於七弟之病，換易新地，必且漸愈，尤可預決者。吾家有一實任官，輔以千六百金之館，何至十分竭蹶哉？此又家事之無足深慮者也。弟之愛我，在古亦不多見。吾以有官爲憂，出亦愁，入亦愁。一旦脱去，寢食爲之暢適，想弟之望我官高，不敵望我身健之爲甚也。今事已定局，無須多談，所以詳告弟者，恐弟聞而懊惱，不解吾意之所在。尚恐筆墨不能盡達，特遣李和度面説。和度本擬一見吾弟，弟亦亟欲一見和度，吾書所不詳，和度尚可口述也。」案：和度，李佛生之子，來冀依傍於公，公既解組，遂轉薦於其弟。公之眷厚故交，不令一人失所如此。至范肯堂，則已薦之李相爲塾師矣。

《與姚仲實》云：「在津盤桓數日，深敬深敬！大著匆匆讀竟，所附記者，大抵得於所聞，非有心得相益。文事利病，亦有不必人言，徐乃自知者。從此不懈，所詣必日進。桐城諸老，氣清體潔，海内所宗，獨雄奇瑰瑋之境尚少。蓋韓公得馬、揚之長，字字造出奇崛，歐陽公變爲平易，而奇崛乃在平易之中。後儒但能平易，不能奇崛，則才氣薄弱，不能復振，此一失也。曾文正公出而矯之，以漢賦之氣運之，而文體一變，故卓然爲一代大家。近時張廉卿又獨得於《史記》之譎怪，蓋文氣雄俊不及曾，而意思之詼詭，辭句之廉勁，亦能自成一家。是皆由桐城而推廣，以自爲開宗之一祖，所謂有所變而後大者也。説道説經，不易成佳文。道貴正，而文者必以奇勝。經則以義疏之流暢，訓詁之繁瑣，考證之該博，皆於文體有妨。故善爲文者，尤慎於此。退之自言『執聖之權』，其言道止《原性》、《原道》等一二篇而已。歐陽辨《易》論《詩》諸篇，不爲絶盛之作，其他可知。至於常理凡語，涉筆即至者，用功深則不距自遠，無足議也。」

桐城吴先生年譜卷二

十五年己丑　公年五十歲

正月十六日，弟熙甫卒於官所。

熙甫生於咸豐三年、癸丑，享年三十七歲。公有《祭弟文三首》，賀松坡有《吴熙甫先生墓表》。又《行狀》云：「先生友于兄弟，伯兄病，屏去僕役，躬執煩辱；季弟病羸，服食藥餌，必具必精。苟可以娱其意，竭才力爲之，得閑則守視不去，積十餘年不怠。叔弟官山東，亦多病，先生時在保定，歲走千里往省之，兄弟没，孤寡皆依焉。」

二月二日卸冀州任。十三日挈家由新開之河航行，過天津，二十五日抵保定蓮池書院。是日詒甫卸汶上任。

三月十五日《答張廉卿》云：「前在冀州接手書，未及奉復，昨至保定，又接都下轉遞續示，敬悉還鄂後動止佳勝，德望彌崇，至慰跂慕。弟別後方以得遂私志爲喜，詎料門祚頓衰。七舍弟久病不愈，竟以正月十六日去世；五舍弟承乏汶上，頗聞輿頌，上官輒令還省，昨二月二十五日解印矣；從兄康之任鄆城，今亦以子死乞休。數月之間，人事變遷如此。他皆不甚關慮，獨七舍弟清才至性，皆非今代所有，遽爾殂逝，傷痛不可爲懷。門中向少歡趣，惟兄弟相守，以爲至樂。頓遭此變，折臂偏枯，不足喻此悽楚，猶復强顔酬對，苦不可言。五舍弟方鬱鬱而不得志，至今不敢訃告，恐其憂憂相接，更生災咎，每書來必問疾狀，吾竟無以答之，此哀更無可告訴也。冀州以二月初二日接代，十三日挈孤幼就道，過津郡，二十五日抵保定，眷累四十餘口。老荒寡學，愧此皋比。三月初五日補齋課，昨已出榜。時文或尚能了，古課則極盛之後，無能爲役矣。」

四月弟詒甫來保定省問。十一日《與景翰卿》云：「五舍弟聞七舍弟之喪，千里奔視，相見悲痛，非人所堪。渠亦自抱疾恙，某亦新得咳血之病，兄弟相守，彼此隱憂，都無歡趣。此間書院園亭之樂，全省所無。弟以冀州易此，真乃舍鼠穴而歸康莊也。此近日一勝事耳。」

二十一日《答馬月樵》云：「聞講求宋賢義理之學。弟前在都時，倭吴諸公當道，都中理學成市，弟頗厭之。及再入都，則諸老凋謝，求一理學而不可得。故有志之士，學不爲人，當爲於衆人不爲之時，乃可貴耳。今則都中貴人以小學、金石、考訂爲號，趨者魚鱗雜襲。執事乃退藏於密，歸依宋賢，可不謂豪傑特立不惑之士歟！尚望博通載籍，以矯理學空疏之失；貫通大義，不涉近人瑣碎之藩，終爲命世偉人，可以副見慕之徒區區私望。」

五月十三日《上李相》云：「某自二月二十五日抵保定，應酬部署，於三月初五日補二月齋課，十五日加考古課，二十二日考三月齋課，直至四月十五日始行閱畢。書院規矩，自李鐵梅先生以後，皆習爲寬縱，官齋兩課，從無扃試之事。某改於齋課日，親率提調，扃門堅試，竟一日之長，以二更爲度。諸生均恪守規矩，寂靜不喧，未至二更，均已納卷出場，足見北方士習之善，迥非南省所及。書院藏書頗富，尚恨説部多而集部少，古今名集流傳益希，良由高才競尚口耳之學，述作之才漸少故也。此間諸生爲古學者已有數人，造詣頗不凡近，恨經費過少，不足以養育成就之。爲舉業者講求未精，科第減色，緣官課各署取舍不同，而齋課每次獎銀共止八兩，又不足示鼓勵。凡書院振興，舍寬籌經費蓋無他法，若令齋課今古二塗，每歲共增千金，在通省公款所省有限，而諸生受益無窮，人才必有起色。若徒守舊來規模，難望成效，爲師者亦深慚尸素也。大約蓮池培養士子之費，尚不及冀州耳。」

五月十四日《答施均父》云：「惠示文字懿美，期待良厚。某在官時，先生詒書勖以吏事，退休則先生勖以文事。先生之交友，何其近似古人邪！抑某不能爲吏，病而求息，始衰之年，迫以憂患，廢棄書册，自同農圃。聞先生高論，怵驚心魄，茫然不自知身世之何歸，愧負愧負！來示文字『愁苦易好，能自制感憤不平之氣，一出於和平，視學道之所至』，亮哉斯言！非世士之所與知也。抑有又難者，文字工拙，别有能事。能者居富貴而聲益閎，不能者在貧窮而氣愈餒。是故愁苦之遇，耳目所常接，而文之好者，曠代不一逢，其亦各視其人之自處而已。愁苦而感憤，動爲歎老嗟卑之詞，否則睥睨一世，罵譏笑侮無所不至。自以爲獨出冠時，追古人而相與唯諾，而不知其鄙陋殊甚，有道君子所深耻也。然竊觀自古文字佳者，必有偏騺不平之氣，屈原、莊周、太史公、韓昌黎皆是物也。昌黎至特爲一書以昌言之，以爲『物不得其平則鳴』。彼其感憤，視世之褊衷者，雖有淺深大小之不同，要不得謂爲和平之音，彼其於道豈皆概乎未有聞哉？有宋儒者舍文而言道，道則是矣，而文乃疲苶而不可復振，此又何説也？某少不自力，今忽忽將老，而胸中茫無一得，自揣不復能追扳曩賢，將爲君子之棄矣。先生道德滿衍，尤潛心於千秋大業。方追取世資，究極當世之用，必有迭起鬥進紛紜乘除之變，接於心而決於氣者，冥然若失，而一發之於文，將李習之所云『文、理、義三者兼并』，惟於執事是望勉卒所業，以副夙期，幸甚。」案：施名補華，歸安人，時官山東道員。

公自是年始，每入冬季，即將書院課卷先期檢閱，單車赴山東，省弟詒甫於官所，舉公私事悉爲料理，春後乃還保定，歲以爲常，迄汶上君之殁不變。《答姚錫九》詩云：「從今歲歲治行具，爲采風謡券兩賢。」即謂是也。

十六年庚寅　公年五十一歲

正月十日，汪夫人卒於保定。案：汪夫人生於道光丙申正月五日，享年五十五歲。《日記》：「十二日電信，汪宜人亡於正月初十日，二女失母，甚思之。」案：時公在濟南，汪夫人生四女，長、次已嫁，故云二女。

四月二十三日《與王晉卿》云：「在冀州時，接到蜀後惠書。是年秋試時，曾肅一函托王用儀在京轉寄。其函内并封有施均父所刻詩集及奉寄書函。用儀向來辦事結實，吾以此函爲必可到矣。用儀試後以疾歸，未幾作古。又數月，某亦乞病去冀州。七舍弟又在州殞逝，五舍弟補官汶上，又以解任閑居。弟到蓮池，疲於校閲，視在官爲尤苦，諸友書札，往往不報。八月至冀州，扶亡弟之喪至天津，附輪船南去。弟即由津至濟南，省視五舍弟。在濟南留連數月，頗與施均父往來。讀其未刻之詩，視已刻者更進。方勸其續刻，而均父入都展覲。今年正月，五舍弟奉檄回任。弟遂隨至汶上，小住兼旬，比歸保定，已及閏月。此兩月中，校閲之疲，過於去歲，曾不能伏案一理舊業。年過五十，每日竟不能多作事，以精神才力，事事遲鈍也。山東來書，謂均父出都，甫還濟南，遽已作古，殊可痛悼。當今詩才，如此人者甚稀也。曾劼侯近亦薨逝，尤爲天下惜之。」案：此書尺牘不載，今從晉卿家鈔得，補入。

十七年辛卯　公年五十二歲

公解官時，即薦范肯堂於李相，爲其子經邁課師。肯堂是年二月始到天津，四月十日，《答范肯堂》云：「前接傅相書，深以得名師爲幸。旋接來示，敬悉賓主款洽。傅相，英雄人，最善待士，世人往往謬議，正坐未見事耳。吾爲執事作合，乃自揣文學不足以闡揚傅相志業，將以千秋公議，付之雄筆紀載，以正後來穢史，不區區爲目前計也。」

七月十四日《答馬月樵》云：「承惠寄近溪語要，弟向未涉獵宋明儒者之藩籬。今讀是書，未能窺測深處。近儒擯絶姚江，愚意常疑其過。執事乃欲提唱絶學，其用心固自超越流俗。敬佩敬佩！」

十八年壬辰　公年五十三歲

九月二十六日《答余壽平》云：「前聞皖中議創古學書院，撫軍學使倡率捐輸，某用爲私喜。誠見中興以後，各省皆有學古之士，獨皖中頗希，亦從無先輩接引，誠恐淮壖武節極盛難繼，一傳之後，闃其無人。今得大吏振臂一呼，不難風雲協應。此書院若成，則後來才俊，日起有功，出則蔚爲國華，處則教授徒友。吾皖人士不患不蒸蒸日上，爲惠不可勝言。往年弟嘗勸合肥師相倡辦此事，師相意不在此，而漫謝以山長難得。今武昌張廉卿，海内碩儒也。在鄂不合，流轉襄陽，今聞將有入秦之舉。此君年七十而入關謀生，蓋亦無術自給，出此下策。弟昨謀之南中舊游，意欲糾合十餘人，人出百餘金，延此公入皖，以爲鄉里後進師表。則文章之傳，當復有寄。區區愚見，竊謂時局日棘，後來之變，未知所底。帖括之學，殆不足以應之。將欲振興人才，弘濟多難，自非通知古今，涵茹學識，未易領此。不佞日夜念此至熟也。因敢誦所聞見，仰達左右，倘不見爲迂闊否？」

同日《與吴季白》云：「此間有友人得劉仲魯書，謂張廉翁已定入關。前日冀州人來携有賀松坡致同州府一書，屬爲轉遞。詢其書中何事，則云張會叔有書，屬松坡爲渠父謀同州書院。據此則秦中尚無遺席以處廉卿也。弟擬日内作書致廉卿，告以吾皖人欲延聘之意，并勸勿入秦，未識有當否？張廉卿之文，必傳於後，今世人不知之，後世必有揚子雲能知之也。今人多講口耳之學，故自與爲異趨耳。文章自有真傳，廉卿死則廣陵散絶矣。區區之意所爲必欲羅而致之皖中也。」

十月三十日《與范肯堂》云：「昨閻鶴泉檢討來，據云孟紱臣與直隸諸公商定，欲爲某請加京銜，殊可駭怪。彼謂議發之師相，吾竊料其不然。吾事師相數十年，師相待我向不如是之淺，如當道諸公嫌我官職下，不堪任此講席，則我可即日辭去，又何必作此等轉折？案：請加卿銜實出李相之意，後《諭兒書》亦言之。公此等氣節，凛然不顧一切，處他人不能爲也。又案：當時公與范公書皆送呈李相，此書所談無異與李相面爭也。往年天津道吴香畹保我一知府銜，吾聞面辭。香畹謂文牘已詳院矣，吾乃至幕府，請景翰卿調查此件文牘來，吾自將賤名删除。其後在冀州勸賑，胡雲楣觀察又議定列獎，吾度不可辭，乃怒激之曰：『君豈欲收我爲門生邪？』胡公乃已。此皆在官時事，豈有在官不欲加銜，去官處館，反須加銜之理？若云賓主不稱，亦未聞主人延賓，必求與己敵貴之人。今師相貴極人臣，又安所得一貴極人臣者爲之賓哉？鶴泉佳士也，聞吾言乃笑曰：『吾竊料其不可，當作書告紱臣尼止之。』據此，則此議當可中寢，萬一不能中寢，則吾惟有棄館而逃之一法。吾豈爲汪仲伊、崔岑友哉？執事知我，尚望設法勸止此事，勿遽逐我遠去也。」

十一月十一日《答許仙屏河帥》云：「某少不努力，老而百無一成。曾文正門下乃有駑下如某者，豈不慚負聖師期待乎？來示述往年文正見愛語，文正當日固不料某了無成就如此也。今雖欲勉踪古人，而年過五十，精力有退而無進，殊用自傷。命撰《梁淑人墓誌》，頃始匆匆脱稿，文筆蕪陋，不足發明淑行，不必果用上石也。」

十九年癸巳　公年五十四歲

三月二十三日《答賀松坡》云：「得手柬，并寄示所爲《論左傳》一首。其謂左氏書但紀述事始末，而未嘗爲之條例以解詁《春秋》之文，其條例而解詁之者，淺學自喜者之所爲也。此誠卓識閎議，鄙人私蓄此疑於胸臆久矣。往與張廉卿論《鄭莊克段》篇，廉卿摘文中段不弟數語，謂爲飛鴻點雪。僕以漢人謂左氏不傳《春秋》，若開宗明義便如此云云，則愚人亦知爲《春秋》傳矣。蓋嘗疑之而未敢信也，今得大論，爲之一快。凡此於文中增竄語言者，蓋不可一二數。《史記》載華元饗士，『其御羊羹不及』。古以斟爲羹，羊斟爲羊羹，而非御者之姓名甚晰。今左氏乃有『君子謂羊斟非人也』等説，此必經師講論時有疑羊斟爲人者，而其師知斟之爲羹，故曰羊斟非人。豈知後之淺者，入此語於左氏書中，而賡續之以『私怨殄民』云云者哉。此與《鄭莊克段》篇皆文中攙雜膚受淺説，尤爲謬亂，恐全書中此類尚多，尤能疑誤後學，安得如執事者一一辨白而删薙之，如柳子厚之於《國語》，豈不快哉！至謂其事出於劉歆，則愚心尚未敢附和。歆雖引傳文解經，略如費氏之於《易》，未必遽有移易竄改。杜元凱《序》稱『劉賈許潁』，劉、杜相去二百餘年，劉所爲書，杜猶及見之，若果改易左氏本書，杜豈不知？而顧從而阿順之，曾不一爲致疑而辨諍之，尚得爲左氏忠臣哉？僖五年正月『視朔，登臺，觀書雲物』，羼入晉殺太子申生文中，使與前年所書事離絶不屬，其爲後人攙入者無疑。而《漢書》已引之，其他釋經條例，或在歆前，或在後，今殆無能確證。要之非左氏本然，此可决知者。劉子駿學術故自淵懿，孟堅蓋深服之，於其父子間議論異同，時時右子駿。觀所爲《讓太常書》，其毅然自守，嗜古而嫉俗，豈非真知古今閎博大雅之君子哉！班氏愛其文學，而惜其附莽，斯其爲不隱惡、不虚美之信史。非如後君子惡其爲人，則虚加之以惡名，而詆誣之以本無之事。若望溪之以《周官》爲劉歆增竄者，則尤爲無實不根，一人之臆説，不足引爲深據也。

鄙見如此，未識有當否？有異同可相違覆。」

六月二十六日《與川東道張藹卿》云：「往年誣諉以先靖達公碑文見托，豈敢以不文辭？但執筆爲當代偉人作碑，深懼才力薄弱，不足揄揚萬一，以此遲久不爲。令弟翰卿觀察傳述盛意，敦促速構，某不敢再延，謹依尊撰行狀以爲藍本，草草成文。昔人謂：『《太史公書》，其所據依采摭，皆高文，故易佳。』某譾劣，何敢自同昔人？獨所采摭，則史公底本，殆無以遠過，是爲私幸耳。文成經年，尚以草稿未定，遲久不上，昨經檢閱原稿，稍稍更定。謹録稿呈教，伏候卓裁是正。蜀中相知甚希，求代抄二分，一以示黎蓴齋觀察，一以示王晉卿大令。均求一言評定，勝千里面談也。」

二十年甲午　公年五十五歲

七月二日《與范肯堂》云：「病中成《淮軍昭忠祠記》一首，自知漫率不成文，通伯頗有議删之處，兹録稿呈政，務望痛加改削。海上多事，而吾輩乃從容而議文事，真乾坤腐儒也。前議光禄碑，容遲再奉復。相公此時軍國事重，吾此二文但成稿，俟事小定再獻上耳。日本此次爭高麗，蓄謀已久，特乘俄人鐵路未成時發難，俄路成則日本無可措手。日本得之，則俄必拱手分地，而吾國大勢去矣。高麗不能立國，無愚智皆知之。往年黎蒓齋在英時，吾曾寄書蒓齋，謂：越南、高麗皆當改爲内藩，遣督撫治之，否則必爲他人所得。黎復書服吾論爲英偉，而亦不敢堅持也。高麗亡久矣，此二十年來，賴相公經營保全之，是以彌留不絶，今難以虚聲守矣。詔旨詰責，言路糾彈，相公唯有忍辱負重，支此危局耳。」

八月朔日《答姚叔節》云："「靜潭垂愛至深，來書代籌鄙況，欲令自謀皖中講席，吾此席已屬自薦，豈可屢以毛遂自處？自堅辭李相幕府，當時已有始終相周旋之説，李相無謝客之意，某亦不便恝然。緣李相知待已深，未宜掉臂徑去。此區區師友之愛，非眷戀此鷄肋也。」

八月十六日《與賀松坡》云："「惠示《祭廉卿先生》文，矜練縝密，氣甚遒邁，祭文中能品也。謹評識附還，廉翁葬秦中，聞與横渠墓相近，可謂得地，將必思爲一文，頃尚未落筆，大作出，亦使吾閣筆也。」

二十日《答范肯堂》云："「近日内意似不信人，想師相意緒不能佳，竊謂此等皆在意料之中。豪傑當事任，惟有不顧是非福禍利害，專力於吾所能爲而已。獨惜國論如此，决無勝敵之理，舉朝憒憒，將有石晉之禍耳。曹子建云：『權家雖愛勝，全國爲令名。』惜乎今之議者不能通此義也。」

二十五日《答張筱傳》云："「東邊生事，吾内外異議，似非師克在和氣象。台端以爲『宜添大枝水師，購鐵艦二十隻，需款二千萬，需時二十年』，誠爲篤論。無如朝中不能知此，大率景延廣之流，將以十萬横磨劍自許，宜其於前敵情形隔閡也。近聞平壤失陷，左軍傷亡。海軍血戰於鴨緑江，彼此戰艦皆有傷損。此後戰事恐無休時，勝之不武，敗則不可收拾矣。此漆室所爲隱憂也。」

二十七日《與詒甫》云："「朝中不信李相，頗有意摧折之，幸太后尚倚重耳。然軍事棘手，君臣之間亦在危疑。李相心緒不佳，吾與之情誼素深，雖不在位，亦不宜恝然漠視。擬九月初至津一見，并在彼小住數日，以示綢繆之意。歸後再挈子姪到汶。」

九月二十六日《與張季直》云："手示并惠寄卷册，敬當襲藏珍貴。執事高文碩學，傾動公卿已久。此次褎然舉首，盛流折服，非取勝臨時者可比。聞始立朝端，便有藜藿不采之望，軍國重要，動見咨訪，公才公望，殆將兼之。獨時局益難，人才日少，識時俊傑已不多覯，弘濟偉略未見其人，未來之變不可勝窮。公名位日高，則所處將日難耳。"

《答黎蒓齋》云："近十年來，自揣不能爲文，乃遁而説經，成《書》、《易》二種。説《書》用近世漢學家體製，考求訓詁，一以《史記》爲主。《史記》所無，則郢書燕説，不肯蹈襲段、孫一言半義。當其得意，亦頗足自娱，不知其爲《爾雅》虫魚之戔戔也。廉卿見而善之，名之曰《尚書故》。其説《易》，則用宋元人説經體，亦以訓詁文字爲主，其私立異説尤多。蓋自漢至今，無所不采，而亦無所不掃。此書成於廉卿别後，未嘗示人，人亦恐不謂然也。此皆經生結習，不足上告知己。所以曉曉者，要令故人知我無志於文，乃别出他塗以自溷耳。"

二十一年乙未　公年五十六歲

閏六月朔《與范肯堂》云："讀來示并寄秋門書，知將北渡，復托辭以歸，鄙意殊未謂然。執事去年南歸，其時後事不可知，蓋受人托孤重寄，去就不宜太輕。若緣世人譏訕，則流言止於智者。雖在近親密友，尊聞行知，各有所守，不必同也。且與人交分，豈得當群疑衆謗之際，隨波逐流，掉頭徑去哉？吾謂台從仍以北來爲是，非徒吾二人歡聚有私快也。"

案：范公館於李氏，甲午之役，李相有決死之志，以其子托范，所謂受人托孤重寄也。范與陳三立伯嚴結昏，以其女嫁伯嚴子師曾，伯嚴之父陳寶箴右銘深恨李相，必令范去李氏，公固留之，不能得，故有「近親密友不必同」云云。時李相已離任，右銘來爲直藩，遂有與公面爭之事。

十一日《與陳右銘方伯》云：「頃承枉過，引與談説近事，至爲榮幸！鄙論創立海軍在醇邸既出之後，欲證二王進退，發自清議，未論李相是非也。執事遽有孝子慈孫等説，聲色俱厲，傍觀錯愕。某深知執事忠憤勃鬱，痛恨國耻，積不能平，有觸即發。但聲色加人，施之敵以上，則爲氣節，爲正色不撓；施之敵以下，則爲嫚罵。若某者，以退休下吏，留滯此土，又不自揣量，僭與諸公分庭抗禮，非苟優容，何敢忘分攀附。跧伏草野，於世事多不通曉。尊論謂不佞以濁流自處，亦殊不然。近來世議，以罵洋務爲清流，以辦洋務爲濁流。某一老布衣，清濁二流皆擯棄不載，頃故以未入流解嘲也。前接范肯堂信，謂執事甚知不佞，異日去留，當爲執事稍一躊躇。肯堂知某以家事將謀南歸，故來書及此。士伸知已，聞此亦爲氣王。某雖皖人，未受李相薦舉，其來直隸補深州，乃曾文正所成就。丁憂服闋，例補冀州，則李相疏題耳。然竊觀李相措注，無甚刺謬，若國勢積弱不振，殆非一人之咎。私懷此議已久，要未敢輒陳於執事之前者，以其爲入不耳之言也。某少孤立，無先達相知攀聯於時。生平知遇，前惟曾文正，後惟李相。今雖外議籍籍，某誠不能隨衆波靡，爲吹毛之譏訕。但已退之人，無心富貴，豈復作權門之孝子順孫哉！案：此語激射陳氏。謬據此席，久慚忝竊。若執事因憤恨吾國敗辱之耻，積怨李相，無所發怒，遷怒不佞，則某竊知罪矣。請從此辭，遲速唯命。」

十二日《答陳右銘》云：「昨奉上一書，惶悚待命，深以見棄君子爲懼。頃承來教累紙，反復開示，一豁蓬心，至爲佩仰。某此次北來，實以獲侍大教爲喜，豈肯遽思離索！前函所稱請辭者，深恐以黨護李相，見擯賢哲，不如早自迴避。不謂執事不欲以居停自處，乃有薄人於險云云也。執事以小丈夫自謝，若下走所云『請從此辭』者。雖非仁人誼士之所爲，揆以小丈夫之義，似亦有當萬一。來教既深譏此語，殆反言激之，使不得自申前請，又豈敢堅執初見？至開示李相各節，多某所未及知，豈敢妄辨？獨謂淮軍之敗，并無戚容，似非其實。某聞平壤之敗，李相痛哭流涕，徹夜不寐。此肯堂所親見，某親詢之者。及旅順失守，憤不欲生，未聞其無戚容也。東事初起，廷議决欲一戰，李相一意主和，中外判如水火之不相入。當時敵人索六百萬，李相允二百萬，後增至三百萬，内意不許。及平壤敗後，英、俄兩使居間，則勸出二千萬。其時清議，皆謂李相通敵，業已積毀銷骨。李相面告二使，謂：『大皇帝决計開戰，某係領兵大臣，和議非所與聞，請入都與恭邸議之。』其後議卒不合。及十月初，不佞再至天津。其時旅順岌岌，詢知各國皆守局外，不復排解。有言和者，則敵人已索五萬萬矣。以上所言，皆某所親見。旅順、威海既失，海軍覆没，中國决無能守之望。此時言和，直乞降耳。乃欲以口舌爭勝，豈可得哉！去冬已索五萬萬，今春乃減至二萬萬，此非李相口舌之功，乃入境被刺，倭恐見譏歐洲，兼得割地之益，乃減爲此數。至此次和約不容於清議，則西人已先事知之，不謂吾國士大夫，竟不出外人所料也。俄人代爭遼東，此自别有深意，豈吾國之福？日之許俄，正其伐謀妙策，此亦與吾國無干。若和約未定之先，則彼皆束手旁觀，決不肯代出一言，以違公法。日人不遽入關，并非力有不足。去年内廷深恐日入瀋陽，李相料其決不深入，以其行軍全仿西法，輜重在海，不欲遠離，後果如其所論。若謂關内防守至嚴，日不敢入，殆非篤論也。中國不變法，士大夫自守其虚憍之論，以爲清議，雖才力十倍李相，未必能轉弱爲强。忠於謀國者將何以自處！李相之欲變法自强，持之數十年，大聲疾呼，無人應和，歷年奏牘可覆按也。今斷國者，持書生之見，采小生妄議，必欲與之爲難，使國事敗壞至此，反委過於外。不聞有一人議其非者，乃群集矢於李相，而隱托正論以自附於政府，其意殆别有所爲，豈大賢而亦爲此，必不然矣。鄙見如此，知必不爲執事所許，要不妨各尊所聞，各行所知，不必强人同己。至於辨論歡爭，古人所有，執事之異於時貴，亦正在此。但拂衣徑去，使下走罔知所措，故不敢嘿已。既承來教，頓開茆塞，清恙不及走候爲念。」

《答王子翔》云：「甥才質可以深入，但坐見聞少而塗轍未明。吾無他長，於學問塗轍，頗有聞見，必能於甥稍有裨益，勸甥無誘於勢利，凡在賤求貴，用貧求富，皆勢利之見。豪傑之士，安於時命，不憂貧賤，但一志力學。學有三要：學爲立身，學爲世用，學爲文詞。三者不能兼養，則非通才。非奉教賢哲，刻苦求進，不易成也。吾所望於甥者如是，若乃以姑息相愛，非所能也。」案：王子翔名光鸞，公第四女婿。

九月二十六日《與龍贊卿》云：「時局多艱，去年兵役忽興，遂至一敗不可收拾。近來執政諸公，無禦侮之才，惟以汲引廉潔自好之士爲務，意謂拔本塞源，端在於兹。不知法令繁碎，束縛人才，賢者無可表見。又況强鄰環伺，自非高視遠覽，馳域外之觀，豈易坐談弘濟，咫尺之士，焉能爲有無輕重哉！」七月二十一日詒甫病卒官所，公聞電亟往奔喪，爲料理身後官私事，九月乃還保定。詒甫生道光二十九年己酉，享年四十七歲。

九月二十七日《答姚叔節》云：「某七月初，李相招令入都。念其徒黨散盡，治裝徑往。到京二日，即接汶上急電，舍弟以病革乞休，屬令速往。匆匆遽出，道塗水阻，八月始抵汶上。則吾弟已於七月二十一日溘逝，不及相見矣。多年宿病，身已衰弱，及命盡之日，乃是時氣泄利之疾。受吊時，吊客紛紛持牌傘衣旗，有挂扁者。訊之，則皆生存時堅拒不受者也。此亦賻贈之僅見者，知吾弟服官，不苟偷寸禄也。兄弟死亡盡矣，老朽孤生，痛不可言。」又書云：「近作《孫積甫墓誌》録呈左右，希與通白及陳君時彦諸公共閲之，指其疵病，以便改定。此事乃吾輩公事，不必各懷退讓。如以爲不必改，則請朋友之能書者書丹刻石，樹之墓上。古人墓誌有刻之冢外者，不皆納於壙中，亦不必藏之廟室也。」

十一月二十二日《與袁慰亭觀察》云：「秋初在李相坐中，獲接清塵，旋以私事匆匆出都，未得時親大教。九月自山東還，傳聞欽承簡畀，訓練强兵。中國新受大創，若令師旅遽熸，一蹶不振，此百世之耻也。苟將帥不得其人，則孱軍濫竽，無横草之用，徒擁笳鼓自衛，適足爲方外笑柄耳。執事久護屬藩，經略素裕。又激於去年撓敗之辱，奮然以練兵自任。取資西法，獎率軍人，行見蒼頭特起，大振威棱，使長城高與雲連，小醜皆知漢大，非執事其將誰望！抃賀無已。」

十二月二十二日《與袁慰亭觀察》云：「去年之敗，由陸師仍中國勦辦内匪之兵，全未講求西法；其水師船少炮舊，不能禦敵。今經此大創，一切矯而反之。聞雄部專以西法教練，此最目前要務。若果練成勁旅，即遠鄰窺伺之漸，可以潛戢，此國家緩急足恃之長策也。諸將能一變中國自是之舊習，肯低心學西法，便是中國轉弱爲强之兆。草野下士，無任翹勤。」

二十二年丙申　公年五十七歲

正月，李相奉詔出聘海外諸國，公入都送之，有送行詩三首，八月李相始還。

三月十四日《與濮青士》云：「前歲日本之役，應待失機，遂致潰敗不可收拾。中國積弱不能振，專以虚憍之氣應敵。當未事之先，西國人士衆知日本之日進無疆，而中國之因循坐誤也。日日言之，蓋已大聲而疾呼矣，吾國士大夫閉目而不一睹也。及至事起，自應審量彼己，不得輕於一發。而中外以和爲耻，不度德量力，攘臂言戰。一敗再敗，至於遣使行成，割地殫財，而始得厝火片刻之安。則又洗手無事，上下相與優游暇豫，以奉行故事爲務。由此觀之，人才不興，政令不改，習俗不變，殆未有可以轉危爲安者也。」

五月二十六日《答李季皋》云：「來示所述貴師范君之事，若果有之，殊可駭怪。來示『絶交不出惡聲，矧從游三載，得益良多，何敢妄言譏誹』等語，足見篤於師友，風義可佩。某以貴師平日爲人卜之，竊恐亦有傳言過實之處。當今中外貴人皆以詆誹師相爲事，貴師進謁時貴，唯唯否否，不欲觸犯，則誠恐不免，以貴賤交談，稍有拂逆，則立見齟齬也。若謂推波助瀾，并欲痛詆執事以影響之謗，似出情理之外，疑肯堂不宜出此。弟前聞肯堂謁香帥，欲圖館地，而黄漱蘭毁之，目爲李黨，若果痛詆師相，則黄譖必不行矣。即無黄譖，亦恐無益，何也？今之貴人亦具相士之例識，若甫離門下，遽反眼罵譏，豈不懼聞者心薄其行乎？故疑告者之增益而附會之，以成此謗議也。」案：季皋名經邁，李相少子，范肯堂弟子。

七月九日《答李季皋》云：「外間傳言師相歸仍還舊鎮，此誠國家之幸。吾輩重托宇下，尤爲得所依歸。去年夏，師相曾面約下走入幕，其時以師意鬱鬱，兼晦若等又離左右，未敢固辭。其後入閣辨（按：「辨」當爲「辦」）事，前議遂寢。今若復還舊鎮，晦若等相從數萬里，自必重入幕府，無庸更呼下走。萬一師相戀戀舊人，則仍擬守其舊見，力辭辟命。緣弟離官場久，於幕府不能稱職，兼素性迂拙，今復衰朽，無復問世之志。既無益於師相，則止有藏拙之一法，即師相爲某計，亦不如投之閑散爲得宜也。久忝講席，諸生安之，師相有召，即隨時往侍，或旬餘或數日，均無不可。國家有大事，弟有所見，必當竭智代謀，瀝陳管見，不復守出位妄言之戒。前年東事初起，弟籌之甚熟，獨以小疾淹留，不肯妄有論獻。其後似聞左右諸賢，無能出一策以相資助，曾無弘益之效，心甚憤之。後當改轍，不復自守局外，此亦所以報師相也，何必羈之幕下，始爲相得哉？區區微指，敬先奉陳。」

八月四日《答李季皋》云：「奉朔日手示，知師相將臨。來示謂覆命之日，即抗疏乞休。某則謂此時局勢又與去年不同，吾師所處，凡一身毀譽是非，皆可置之度外，但視於國家輕重何如耳。此次遠聘殊鄰，凡以聯邦交也，若政府能識大體，則覆命之後，必應重任師相，乃於邦交有益。若歸國即投閑散，則是我國以廢退不用之人出聘諸國，尚何邦交之可聯乎？此朝廷不放歸之一説也。聞師相所至，必考其國政兵謀之得失利害，又頗定購船械，此乃盡瘁之誠，老而彌篤。環顧同列，殆如趙充國所云『無逾老臣者』矣。國事雖不可爲，師意仍夙夜匪懈。歸朝以後，倘兩宫倚畀，計必矢孟明拜賜之言，成廉頗用趙之志，決不甘退老林園，終留遺憾。此師相不能恝然於國之又一説也。有此二端，雖執事幾諫勸休，亦恐於事勢不甚切當。萬一還朝之後，内意仍信先入之讒，棄之散地，届時再徐圖引疾，故自不遲。初歸抗疏，愚意誠不見其可。」

十月五日《答李季皋》云：「師相入覲，計兩宫聖人天顔有喜，惟内用總署，無從展布。某意謂内意嚮用，不過回任，今時人財兩空，亦難指麾如意，則迴翔總署，未爲失計。但愚心所不能遽釋者，以師門左右有失意之人，必且讒構於外。而吾師素日言論風采，咄咄逼人，京城見者目駭耳回，久之不能相安，便恐有語阱心兵、含沙射影者。執事在左右，應請隨機進言，勸以虚與委蛇，彼爲無町畦，與之爲無町畦。吾師近來好莊文，必且會心於此，孫仲謀、周公瑾英風壯采，宜少從韜晦也。過庭之暇，倘可以鄙意上達乎？」

十五日《答潘藜閣》云：「自東事起至今，傅相爲中國士夫所唾駡，此由政府揚其焰，而後進之士聞聲和之。弟以爲傅相經營遠略三十年，前十年事具在奏稿；中十年則奏稿尚或假手幕僚，至總署信函，則全係親筆；後十年則機要事件，皆在電報，亦不肯倩人代辦，必出親裁。現擬將此三者輯録成書，則歷年支持危局，力求富强之苦心，具在簡册，亦止謗之一道也。輯成之後，擬請周玉山廉訪、劉香林觀察分任刊資，似亦二公所樂爲者。」

二十三年丁酉　公年五十八歲

二月七日《答嚴幼陵》云：「吕臨城來，得惠書并大箸《天演論》，雖劉先主之得荆州，不足爲喻。比經手録副本，秘之枕中。蓋自中土翻譯西書以來，無此弘製。匪直天演之學在中國爲初鑿鴻濛，亦緣自來譯手，無似此高文雄筆也，欽佩何極！抑執事之譯此書，蓋傷吾土之不競，懼炎黄數千年之種族，將遂無以自存，而惕惕焉欲進之以人治也。本執事忠憤所發，特借赫胥黎之書，用爲『主文譎諫』之資而已。必繩以舌人之法，固執事之所不樂居，亦大失述作之深恉。顧蒙意尚有不能盡無私疑者，以謂執事若自爲一書，則可縱意馳騁。若以譯赫氏之書爲名，則篇中所引古書古事，皆宜以元書所稱西方者爲當，似不必改用中國人語，以中事中人固非赫氏所及知。法宜如晉宋名流所譯佛書，與中儒著述顯分體製，似爲入式。此在大箸雖爲小節，又已見之例言，然究不若純用元書之爲尤美。區區謬見，敢貢所妄測者以質高明，其他則皆傾心悦服，毫無間然也。惠書詞義深懿，有合於《小雅》怨誹之恉。以執事兼綜中西二學，而不獲大展才用，而諸部妄校尉皆取封侯，此最古今不平之事，此豈亦天演學中之所謂天行者乎？然則執事固自有其所謂人治者在也。大箸恐無副本，今仍命小婿呈交，并希告之臨城爲荷。」

六月二十五日《答日本中島生》云：「頃讀惠示，猥荷眷愛，詞義勤勤。曩挹栖原風采，今接中島筆札，何貴國之多才也！承示慕仰素王，讀《易》學古，敬佩敬佩！方今歐美格致之學大行，國之興衰强弱，必此之由。吾國周孔遺業，幾成絶響，一二腐朽書生，斷斷抱殘守缺，於身世何所裨益！方自笑托業之迂謬，不謂吾子乃復垂意兹事也。顧荒陋失學如某者，内顧毫無所有，又何足仰副期望，遠勞下問，祇增慚戢耳。太史有言：『同明相照。』道與文二者，天下公物，非可敝帚自享。七八月間倘惠然見過，敬當與吾子商榷舊聞，證明新得，欽遲無似。不宣。」

七月十九日《與左子異》云：「承屬撰擬《文襄公神道碑》。湖南能文之士，視他行省爲獨多，自揣譾陋，不敢詒笑有識，用此久未報命。繼念盛指不可久逆，文襄公畯功偉伐，宜有貞石銘刻，以示後世。某雖譾陋，自少從事文字，挂名豐碑，與有榮幸。謹采摭近人記載，證以舊聞，勉竭思慮，構成墓碑一首，録稿奉呈，候卓裁進退。倘得善書者，大書深刻，或亦藉傳久遠。自東漢、北魏以來，所傳碑刻，大抵字佳而文劣。以此知金石刻之傳不傳，在字不在文也。」

八月二十五日《與薛南溟》云：「傳聞去年行商耗折，至爲懸懸，亦不得源委。甥行商聞係繅絲，去年絲商均係折閲，以愚見揣之，大率數端：西人商學精深，中國全無商學，欲與爭勝，譬猶以弓矢與外國機器火器炮彈開仗，決不能敵，一也；　印度、新加坡、錫蘭等處，皆講繅綫，日本尤爲極盛，中國絲業日壞，西商買絲必取精美，華絲爲所唾棄，二也；　各報中論無錫買繭之弊，甚屬痛快，不能改除積習，絲業決無起色，三也；　所用華人，用錢浮濫無節，坐蝕成本，於商業并不精通，四也。竊料商務去年之敗，四者必處其一，此乃中國通患，非一人一家之失計。外國國家保護商業，中國官場全不體察、全不顧惜。吾甥今年聞再辦理，想已默識其利害所在，改弦而更張之。鄙意欲求國家保護既不可得，欲興絲業，似宜仿照外國考察蠶子之法，以清其源。仍與西商合立公司，彼有成本在内，乃不至群起相擠，亦有術以禦之。又須延精於商學之西商，爲之經理，務求工藝精好，絲業成色過乎他國，乃望暢銷。如寧波稅務司康發達，頗具深心，欲興中國絲業。不知尊甫在寧波時，此人已在彼否？曾相識否？渠曾上總署條陳，欲國家籌數萬金，便可整頓華絲，而諸公置之不理。甥當與此人往來，能羅致局中，必得大益。雖一年折閲，必可使後來大獲。愚見如此，未識有當否？他人謂仕宦家不應行商，乃妄説。甥此舉具有大志，我所佩愛，不足爲墨守舊法者言也。但行商之術亦應用能手講新法，不應守舊耳。」案：南溟名翼運，無錫人，薛福成子，公長女婿。

九月二十六日《與柯鳳孫》云：「朝陽蠢動，料聶軍足以了之，雖有小挫，正自無憂。京朝無知軍事者，中國風氣不開，新學不出，與東西鄰國交戰，決無能勝之理。至若内地匪徒，則湘、淮諸軍皆優爲之。又況聶、袁諸公，近皆操練英德槍炮，此如爨鼎燎鴻毛耳，何足介意哉？中國之憂，正坐勢弱財匱，駸駸爲强者所朘削，無人挽回，不在此等癬疥微疾也。」柯鳳蓀名劭忞，膠州人，公弟三女婿。

祀竈日，《答柯鳳蓀》云：「來示於德人膠州之事，至爲憤切，疏論七事，未識何等，頗欲一見疏稿。柄臣誤國，自難辭咎，但以今日人才觀之，即使盡换政府，亦恐猶吾大夫。貴同鄉公遞呈詞，閣臣未上，亦欲一讀底本。德若不還膠州，則瓜分之局立見。甥欲回籍團練，具見孤忠報國。以愚見論之，尚宜三思事勢，未可徑情直往，團練止能防禦小賊，如往年粤捻劇寇，則團練便已無濟，若用以抵禦外患，直兒戲耳。以烏合之衆，當節制之師；以血肉之軀，當猛烈之槍炮，皆萬無徼倖之理。甲午之役，坐論者但知責兵將之敗逃，其實如衛達三之陸戰，丁雨亭之海戰，皆竭力死拒。故倭人至今以此兩人爲忠臣，無如中國倒亂是非，競尚空談耳。近年時局不能復戰，三尺之童皆知之。而李鑑帥乃以敢戰爲號，此違道干譽，以求媚於清流，不顧事之是非，直一妄人而已。而貴鄉諸君子若深信其真能禦侮，將自京至滿城一見其人，鄙意深所不取。膠州爲賢甥丘墓之鄉，一日淪爲異域，無怪裂眥腐心。但賢哲舉事，宜參彼己，策成敗，未宜奮不顧慮，專爲往與俱縻之策。執事好古詩，如陶淵明、杜工部，當興亡之運、亂離之時，豈不欲一泄孤憤，而退甘窮餓，展轉流離，絶不圖力所未逮之功者。彼誠知所自處，而不肯輕於一擲也。又况團練之舉，將以保衛鄉井也，若潰敗不可收拾，則爲山東造無窮奇禍，而國以危亡隨其後，噬臍之悔，豈有及哉！尚望勉抑忠忿，俯納鄙言，幸甚幸甚！盛怒豈能遽解，以婚姻之好，不得不竭盡拳拳。」

同日《與柯氏女子》云：「德人攘我膠州，乃深知我不能戰，爲此强霸之舉。俄法連和，英日連和，暫事旁觀，若膠州竟歸德人，則四國各有分割之勢，吾國自此亡矣。此是敷天大憤，禍不專在一省。近來歐洲各國，不但槍炮日益新奇，其將帥之才出自學堂，用兵方略各有師授。以西國兵法考之，吾國自秦始皇以來，歷代用兵，都是浪擲人命，全無紀律，全無學問。若兩敵本領略等，勝負尚可得半；若以吾國爛漫之兵，與外國精兵抗，譬如賁育之與童子，豈能敵哉？國家懲於甲午日本之禍，今知一意議和，決不言戰，此是政府識見長進。而鳳蓀猶持故見，以不戰爲非，至欲回籍團練，團練之不可用，稍知兵者皆能明之。若鳳蓀果行此策，不但自捐軀命，并爲國與民造成不測奇禍，萬萬不可。吾書略陳鄙意，恐其不信，吾兒當朝夕勸阻之。兵戎大事，豈可以不料彼己而冒然舍此身命哉！」

同日《與李季皋》云：「保定僻陋，不聞時事，膠澳大事，傳聞異詞。或云德縱反間，不令吾師與議；或云政府信德人秘密之説，掩耳盜鐘。下走好與異國人往來，彼等於此事亦皆動色相驚，深恐稍失機宜，瓜分之勢立見，而於俄入旅順，尤視爲危機。皆言：俄若在中國稍得便宜，英決不能坐視，日本挾英爲重，亦將相因并起。蓋德之攘我膠州，乃德主面商於俄，故俄一聽客之所爲，將乘機自逞所欲，此英之所大忌也。外國議論皆同心疾俄，以謂吾國和俄，不如改而和英與日。英日無割地之心，特見俄、德、法之剖分而食，則亦不能善刀而藏。若恃俄爲援，必至四分八裂。俄志在得地，諸國亦且各分一臠。今因俄不能爲我保全膠州，一變前議，改結英日之援，不過内地通商，英之志願已足，吾國尚可瓦全，不致遽分崩離析也。論五洲萬國，無有能敵英者，吾國結英自固，亦多歷年所，徒以甲午之役，英人坐觀成敗，邦交由此而疏。究之俄之代索遼東，其禍心乃更不測。今吾復和於英，英樂於我之棄俄，必能助我一臂。雖因而結倭，亦不爲失策。劉先主敗於孫氏而死，武侯不以此怨吴，反更與之連和，謀國之道，因時變通，不必拘牽舊怨。今我無海軍，諸國戰艦群萃於吾國海上，一國得地，諸國并起而爭。明春海上必有軒然大波，此乃賢愚共見。己不能自立，則全視擇交。所謂擇交而得則民安，擇交不得則民終身不得安者也。存亡之機，間不容髮。不知師相謀謨所主，外國似尚視吾師如何措注，若上下不交，噤不得畫一奇出一策，則大事去矣。若猶可靖獻，則鄙見所列，有無可采，望密示一二。若所言未合，亦望詳告底裏。棟折榱崩，僑將壓焉，况神州陸沉，亦豈獨夷甫諸人之責乎？天下强國莫如英，而包藏禍心於中國者莫如俄。奈何不審擇所從，以蹈不測之患！某一室妄議，不敢自秘，欲藉以上聞於師相以取裁。幸辱教爲盼，不具。」

二十四年戊戌　公年五十九歲

二月朔《答洪翰香》云：「國勢日蹙百里，似聞俄、法、英諸國海軍麇集東方，此險殆不可測。吾小人不敢知國，竊謂吾中國士農工賈，從此皆無生存之機，真切膚之痛也！且五洲動植群物，皆有以自遂其生，獨吾黄炎虞夏神明之胄，至澌滅以盡，豈不可哀矣夫？私獨以謂國家振興圖存之策，自有元凱盈廷，若乃民權之何以自振，則必自富民遍立公司始矣。公司遍立，而後推其中賢者以爲公司之董事；

又推各公司董事之賢者，以爲群公司之長；又推群公司之長之賢者，以爲公議之首。久之庶有可以爲民主者出其間乎，未可知也。若如今日之民勢涣散，不可控摶，吾知其爲波斯、哀蘭之續而已。不勝憤憤之私，聊一奉質，不宣。」

二十四日《答廉惠卿》云：「時事無復可言。鄙意恐黄種將絶，頗思振興民權，中國民愚無能復振，其始起當自立公司肇端。公司之法，當詳采外國章程。一公司成，必於衆股中立數人、數十人爲董事，此諸董事皆由股衆推選，各家身命所寄托，其選必精，不似銓部之選官，鄉黨之選飲賓也。近來士大夫百務皆可徇情，獨居官之帳房、居家之官租人，則必真知灼見，用不當其才者，乃絶無而僅有焉。以此推之，公司董事之必能得人也。一公司如此，推之十公司、百公司，無不如此；則又合十百公司而推舉數人、數十人爲總公司之董事，此總董事必其分董事之智且能者，其材智軼出乎群衆，無疑也；則又合群董事而推擇一二人以主持民權，如此則民權之振興有望，而吾民族之利害，可以推行無滯。而其術必自先立一小公司始，不然則西人之士農商工，無事不足以兼并中民，中民安所托命哉？」惠卿，名泉，公從兄康之之女婿。

三月二十三日《答柯鳳孫》云：「尊疏底本昨經子翔寄到，大致平適，其謂聶軍兒戲，亦誠有之，獨保薦董福祥，仍是耳食。董福祥至今軍中尚操練白蠟杆子，其爲兒戲殆又甚於聶軍，政府倚此人爲大樹，孟浪已極，而尊疏亦推薦之，此其識亦何以加於政府哉？柄臣誤國一疏，想不輕以示人，未知偉議如何耳？」

四月六日《答李季高》云：「董軍調入畿甸，直督爲主糧臺，當年内地用兵，無此辦法。董軍專練白蠟杆，人有諷令用新式槍炮者，輒瞪目罵曰：『吾以此物平回，何物外國，豈能過於回逆哉！』政府倚任此軍，真來書所謂酣睡不醒，了不知目今五洲是何世界，此最可慟。外議嘖嘖謂董軍將爲西狩護蹕之用，恐亦揣測之過。乘輿一動，畿輔非我有也。國不能自立，亦何地可逃威乎？」

閏月二十二日《與廉惠卿》云：「康君自是時賢中俊傑。但所謂學會者，意欲振興孔學，實乃夷宣聖於邪蘇，吾不謂然。其徒所出《時務報》，謂西學不必講西文，謂軍國要務不在船炮槍彈，皆舍急需而求枝葉。全未得其要領，而舉世推重，不知其於世務全未閱歷也。陸放翁論詩云『秋毫未合天地隔』，豈獨詩爲然？凡爲學爲治，無不如此。康公於學頗能乘間攻瑕，獨襲方望溪、劉申受諸公，以古書之僞歸獄劉歆。康公尤大放厥詞，悉掃兩漢大師，而專主一何休；歷詆諸經，稱之爲僞，而專尊一《公羊》。彼譏紀文達之攻宋儒，而不知己之横恣，過文達又百倍，惜世無正言以斥其非者。其論學偏駁如此，倘異日得志於時，必以執拗誤事，無疑也。」

五月十五日《與李季高》云：「近日朝局一變，使人目眩神驚。韓公云：『不善爲斲，血指汗顔，巧匠旁觀，縮手袖間。』古今一律。端午詔書，竟廢去時文不用，可謂大快。某竊有過慮，以爲舍時文而用策論，策論之不足得人，仍恐不如時文。以其茫無畔岸，人競抄襲，而考官皆時文出身，不能辨策論高下。宋世本號策論爲時文，策論敝極，乃改用經義。今復策論，不過一二年，其弊已不可究詰矣。弟素主廢時文者，至廢時文而用策論，則私心又不謂然。正如陸放翁一生不主和議，至韓侂胄北伐，則放翁又深議其非，此未可以皮相論也。今朝臣寡學，彼既不能知時文之佳惡，又焉能以策論取人？竊謂廢去時文，直應廢去科舉，不復以文字取士。舉世大興西學，專用西人爲師，即由學校考取高才，舉而用之，庶不致魚龍混雜。西學未興之前，中國文學亦由學校選取，似較用無識考官，決得失於俄頃爲稍愈。然此亦恐學校之師，未能盡如人意，是故此事未易得手，言之甚易，行之實難。今一旦張下新詔，得失固應參半耳。」

五月十六日《與周玉山廉訪》云：「朝局倏忽一變，國師黯黮南歸。然此三年中，所失不小，以三尺法衡之，似仍是情重罰輕，不足相抵。惜人才稀少，繼之者未必勝之，鄭五作相，時事可知。顧念時危，惻然心悸。」案：國師謂翁同龢。

六月三日《與李季高》云：「康有爲等雖有啓沃之功，究仍新進書生之見。總署所議大學堂章程，多難施行。《國聞報》所録，有『薈萃經子史，取精華，去渣滓，勒爲一書，頒發各學堂』等語，皆仿日本而失之，此東施捧心以效西子者也。日本本國學問無多，可以撮爲簡本，使學者易於卒業。中國舊學深邃，康梁師徒所得中學甚淺，豈能勝删定纂修之任，斯亦太不自量矣！目前中國無師，又無可指之款，遽云立學，是亦畫餅充饑之説耳。」

八月五日《與山西胡中丞》云：「盧漢鐵道，比商聞係借名，股本出自他國，恐道成之後，利權不能自操，附道礦利亦將盡失，此事甚費擘畫。而近日新政旁午，獨未籌及收回權利善法，似是舍其大而謀其細。變法之要，首在得人。以所聞見揆之，似今日斷國論者，尚非弘濟之選。即如各省學堂，今之急務，不籌經費，不得教習，但下片紙，便謂事已興辦，豈非孟浪？」

九月二十七日《與劉博泉侍郎》云：「夏間書院議改，謬承執事期許過當，率先貴鄉京朝官，致書揆師，推獎下走，欲以學堂見委，內顧慚悚，懼不克任。會皖中傳書招延，既內顧家私，求南歸自便。又恐無實而獲浮名，久竊臯比，終必仰負期望，以此決計南返。皖帥議聘，介紹於合肥、壽州兩相，書院諸生亦即電請合肥代爲挽留。某恐事或中變，於是有都下之行。其時歸志已堅，微聞貴鄉諸公，日夜商榷羈留之策，以此不敢造門請謁。即貴鄉諸公見過，亦適未及迎晤。不謂公等老謀，竟有斫樹收窮龐成算，委曲百折，卒取必於當塗，仍令老荒失學之身，靦據講席。公等厚愛誠過越倫等，獨施之非其人，無以仰答盛誼，是爲惴惴耳。朝局一還舊貫，時文復用，竊謂於取士無甚損益，於長育人才實有妨礙。緣後生朝夕揣摩此業，即無餘暇可以兼習他學，不惟西人藝術不獲窺尋，即中國文史亦復不遑探討，無以造就成才。蓮池雖向有學古課程，諸生往往取給臨時，并不能屏棄帖括、小文，潛心研悦。且時局多變，後生爲學若不問津西國，終難成有用之才。鄙意仍擬請執事與同鄉諸公，熟籌妥商，貽書當軸，再申前議，添籌經費，開倡西學，爲之於舉世不爲之時，其獲益必無限量。且省會學堂，固詔書所許立，不爲妄發也。

區區愚慮，未識有當否？伏候裁示。某承過愛款留，愧書院舊章不能有益於問學諸子，故敢妄貢一得之愚，惟亮察是荷。」

十月四日《與吴贊臣》云：「昨日邸鈔，合肥相公有巡視黄河之役。此爲吾國要工，但守潘靳舊法，恐不足弭患澹災。謂宜師法西國治河新策，乃爲有濟，他人不能取資方外，獨合肥能裒集中西之長，廟堂此舉，殆審慎出之，不識此項鉅款從何籌措耳。」

二十五年己亥　公年六十歲

正月十六日《與李季高》云：「頃見師門致陳雨樵書，尚擬親勘河工，再行還京，計二月似尚未能言旋。又謂用西法須數千萬，無款可籌。某竊謂朝廷用吾師行水，自應吐棄庸常之論，不必校量用款多寡，必以用西法爲宜。若中法治河，則前此河帥著名者，各已竭盡才力，今即熟籌慎擇，似未遽遠過前人。隨事補苴，何必元老大猷，始能謀畫哉？且即中法計亦不下數百萬，百萬千萬同一難籌，與其無大績效而所費仍復不資。不如决計大舉，雖未一勞永逸，要當勝於安常守舊萬萬也。西法之數千萬，諒非一歲辦成，似必分年籌備。倘中法辦工，數年之後又復横决，則堤决之費、與民間漂没耗失之費、賑災之費，合計數者，所損當亦不下西法之工資也。愚見專主西法，若限於財力不能舉行，此非勘工者之過也。師相舉事立議，要使外國聞而敬服，不在牽就時賢咫尺之見。區區愚見，尚望展轉上聞。」

三月二十二日《與方倫叔》云：「敬敷一席，竟未獲就，私衷懊惱。然亦恐鄉里衆口難調，當道未易交合，頗望而畏之。獨投老遠客，魂夢不安，家事全不能顧。大有夫差爭長黄池景象，是可慮耳。」

五月十一日《與李季高》云：「時文壽命不長。今年選得諸生十餘人，同從英人曰貝格耨者，學習英文，小兒與焉。約以五年爲期，五年之内，不許告退。或望有學成者數人，亦漸於學校中開此風氣。畿輔學堂所聘之英文教習，曾與英美人談天，吾問英美人，則皆言其説話尚未通也。中國官場堅執不用西人，吾皖中聞亦聘同文館學生往教，大概與畿輔學堂等耳。見報紙云『師相近延西教士教文孫』等，自去年八月以後，大約京城中止師相一家，書院中兼習西文，亦恐止蓮池一處也。」

二十一日《與方倫叔》云：「前日作函李傅相，請將保定淮軍公所歲修生息餘款中，歲提四百金，開一東文學堂，專教皖人在北者子弟，傅相欣然樂從。已函約敝門徒曰中島裁之者，請其來爲教習，料其必樂於從事。保定一城，由下走開成東西二學堂，并不甚多費，頗以此自喜。轉恨故鄉至今尚無聞見，子弟斤斤於小講半篇，欲求一游泮水。一朝時局改變，無處求食，即恐黄種難存，此最傷心事也。」

二月十日《答聶功亭尚書》云：「去冬由李贊翁交到惠書，降屈威棱，與一介小儒酬答爲禮，反覆議論，開豁蓬心，想見輕裘緩帶、雅歌投壺之風度。至攀援戚公欿然不足，竊謂撝謙之過。戚公所爲，乃中國之舊法，執事所當之敵，則前古所無。自行軍用兵之道，下至一僕、一能、一器、一械，若稍牽於往古迂論，即顛蹶翹足可期。願明公時以外國名將爲師，不惟戚公不足挂懷，即韓、白復生，亦不足爲吾國輕重也。若乃膠州之變，旅、大、威、廣之辱，此乃政府主持，非封疆所得參與。外臺雖謀臣如雲，猛將如雨，勢難攘臂而爭。來示又謂『倘干戈相見，不敢稍有瞻顧』，此自烈士素抱。竊料時勢所極，不致復見干戈。果有斯變，則社稷生民之寄，非區區一死遂可塞望。愚以爲目前治軍於無事之時，即宜刻刻如臨大敵。外國兵略，出自學堂，至於訓練齊整，則不過數月便可告成。獨將師本領，則必預儲於平日。今吾雖立學堂，尚止武備初桄，未能研究深處。必得有雄才大略之士，資之多金，使遍閲五洲軍政，得其本源，究其變化，而後歸而授以兵符。縱不能折衝雪耻，但令自立於不敗。使敵心知我國之有將才，則一將之任，賢於十萬之師。又或力難爲此，則宜廣求外國武備學堂中精深微妙之書，聘我國之能文有古法者，與外國之通習漢語能明武備者對譯之，使主兵者從而授讀。其徒知誦讀不能超悟者，仍屏而不用，所用皆得其精華，棄其糟粕。其聰明機警，又足以展其所學。如此而後，我軍壁壘煥然一新。不能如是，則平日操習步伐，足以警動耳目。萬一有事，仍宜爲國養威，勿輕言戰，其亦庶乎持重之選矣。國政頹放，僅軍旅有人，仍難振起國勢也。執事治軍嚴整，深得士心。蔚爲長城之望，翕然同辭，乃復折節下交，與布衣憔悴之士往復問難，用敢獻其所聞，伏維鑒亮。不宣。」

七月十二日《與周緝之》云：「劉公墓誌，擬稿奉呈。中多忌諱，以韓公撰王弘中、張孝權、胡良公、李邦、張署等墓文，皆不假借曲諱。墓文蓋將告之後來，非以告當時，藏之名山，傳之其人可也。」案：此謂《東海關道劉公墓銘》，文中紀東撫李秉衡事，時秉衡勢方盛也。

二十六年庚子　公年六十一歲

五月，拳匪禍作，京師不守，公展轉避地深州，留居數月，成《深州風土記》二十二卷。適外兵至深，州牧遠避，公集人吏籌策以鎮安之，始得無事。李文忠入都議和。十二月公乃至京師。

五月二十七日《諭兒書》云：「本日聞中外業已失和，二十一日俄、意、日、比、英、法、德、美凡八國，下戰書於制軍。制軍計無復之，遂請拳民頭目，給予軍火，令與敵抗。開天津獄縱囚，令打頭陣，水會繼之，拳民又繼之，官兵在後，即於是日開仗。是後日日開仗，天津市上死者甚多。而紫竹林迄未焚燬，既失和則紫竹林乃敵國財物，以能燒爲美。而拳民竟無一能，當路恃之以自速滅亡，豈不可歎。日内外兵必且入都，無可復挽，保定暫可無事。但防拳民敗而不散，退據省城，則難免驚惶耳。當相機趨避，汝等毋庸懸懸。到滿城，定侯諸事關愛，至爲感紉。汝應在彼照顧，不必速思還省也。」

案：拳亂初起，公屢告地方大吏，謂「亂民滋禍，宜痛勦治，以安大局」，大吏廷雍等方挾拳匪自重，反嗾拳黨與公爲難。拳黨遂圍劫書院，公幸先事出走，幾至不測。眷屬則先避至滿城，故作此書諭兒。定侯亦蓮池諸生，滿城人張國昌也。已而京師不守，外兵至保定，廷雍遂爲外人所殺。

六月五日諭云：「吾本擬與定侯同赴滿城，窺定侯之意，似懾於街巷流言，生怕我再到滿，我思小心爲是，亦即不復赴滿矣。昨日臬司收撫拳民，逾時便往燒福臨園，無得脱者。聞有一人騎騾飛奔，追者不及，然亦恐所到輒窮。羅大夫聞被拳民斷去一臂而死，傷哉。案：臬司即廷雍，福臨園乃美國教會，羅大夫名子雲，美醫士，人極慈良，士論惜之。今保定猶有思羅醫院，公所命名也。時局至此，滿城不可久居，有人勸入山中，吾恐將來土匪蜂起，山中亦非樂土。我意定往冀州，似較他處爲安穩。小亂小驚，仍自不免。吾取朋友較多，尚覺有恃。目前車馬難覓，兒自察看滿城情形，倘三數日尚無驚擾，即定侯弼臣代雇可也。吾今晨出城，雨行到大激店劉福家。此村無教民，無拳民，甚屬安靜，擬暫在此勾留。俟將汝等送往冀州，車行過此，吾再他適，亦不與汝等同行也。」

五日酉刻諭云：「頃發一函，擬在此勾留數日。去後有人自省來，傳聞吾晨出後，有拳民六人追我，未及而返。雖未必可信，亦不得不防。我明日擬冒雨至唐縣王古愚處，汝等不可久於滿城，必應速出，無論如何爲難。可將人口先行，吾令劉福送汝，渠老成，北半塗人眼極熟。不識王覲岩處能勻出一老練人否？渠深州人，南半塗亦必熟也。」

六日諭云：「吾本日冒雨到唐縣書院，古愚請暫將眷口移至唐縣，俟農務稍閑，再定行止，或赴冀州，或竟不赴冀州。并欲爲我覓車，親赴滿與汝伴送眷累。現以車不易覓，令人赴滿，送吾此信。劉福謂倘不得車，即暫移大激店近村，今古愚議暫移唐縣，似較劉福議爲善。但勿告人所向何處，止言有友請入山可也，車旗寫户部廉。」

案：公到唐縣後，眷屬亦至唐縣。拳民仇公者亦聞風踵至，公乃由唐至祁州，由祁至安平，卒至深州，留於南莊李氏，旋入城爲州人修訂《風土記》既訖事，歲暮乃還，由保定入都。

八月一日《與陳雨樵》云：「兩宫蒙塵，榮、崇二公在保定，京師無人與敵議和，但遠恃傅相，恐誤大事。傅相年老，幕内有西人，部下無兵，陸行甚難。若海行，此時西船不肯運送，彼自避求和之嫌也。此時求和，必有反首拔舍、肉袒牽羊之概，親赴敵軍，自服前過，乃能動敵情而挽奇禍。若京師無人與議，徒有一老翁安坐上海，電告各國政府，彼直一笑置之，何能濟事？大計宜速定，愚意以爲宜請榮相、慶邸等，轉求援手於赫總税司，請其設法挽救。一面托赫轉商西使，准令招商船隻護送傅相北來，以便主持和議，如此似尚有一綫望轉。若各紛紛散走，無人與客一言，不但釀成瓜分，且恐彼族安頓就緒，便復搜勦敗將，以宋帥在省，遂有保定一行，則直隸全省震動矣。以上各節，如尊意以爲不謬，似可擇其最要者爲護院一陳之。此時存亡呼吸，機括甚微，不宜安坐熟視。杞憂如此，不惜時示一二爲荷。」

八月十九日《答賀墨儕》云：「傅相已北來，僕擬將志稿怱怱定正，便當赴京探候。以傅相曾電詢下走，私情不容已。若鋭身入局，則吾不肯，吾寧曳尾泥中耳。」

八月二十日《與陳雨樵》云：「傅相計已至津，接篆後當即入都議款。傳聞西人已列有數條，皆難著筆，弟擬俟道路稍平，即北上一謁傅相，此是私情。若今日大議，非草野所能妄參，婁公所望於下走者，往年傅相曾面言之，辭甚苦懇，而吾駕已不可回。今老矣，國又顛危，豈敢更入甕耶？近日情勢如何，希密示。」

同日《與賀墨儕》云：「鄉團勦匪，最爲安良要策。拳匪亦不能不懲，一懲即散。營勇不敢赴小范，若縣官同行，則必前往矣。省中兵力恐難遠來，當激厲鄉團自勦之，良民一齊動手，彼必冰銷瓦解也。」

十月二十五日《答宋弼臣》云：「藩臬欲送關聘，此時大局未定，豈宜及此？現已烏焚其巢，書院已無居止之地，來年練餉局之千金，恐亦無從給發，書院會須曠廢。僕十餘年來，實爲時文所苦，近益頹唐，無此精神。書院一席萬難勝任，若畿輔學堂則更無此本領，一席尚非所能，豈有一人兼領二館之理？擬俟道路通行，一見傅相，商求南歸之策耳。」《答李幼珊》云：「前接惠書，猥以勤恪公墓志寄聲見謝。某老頹才退，不能爲文，迫於師命不能藏拙，亦不敢泛泛諛墓，知不足闡揚盛美。荷蒙齒及，祇益慙皇。」

十月二十八日《與宋弼臣》云：「聯喜來，接讀手示，并洋字護照一紙，領感無似。曹深州於二十四日夜往獻縣教堂，是夜城關驚恐非常，居民逃徙一空。二十五日洋兵攻破東鹿舊城，深州無官，僕慫恿教佐紳民等，備禮迎犒，别無良策。教堂中有潘鳳臺者，自寧晉之唐丘回，未到州城，聞舊城已破，即夜抵法軍。隨軍有正定鮑教士，不願洋兵肆擾，苦無阻止之術，適潘到舊城，力言曹官近來安撫教民，無微不至。鮑因領潘往見法帥巴堯，面陳一切。巴堯聞言，頓改初意，令潘回深，查看情形，飛速函告。潘至州西之杜家莊，作函寄鮑，謂『深州城門四開，官已赴獻縣，住城官兵亦已遠避，現在城中官紳，預備禮物迎勞』等語。洋兵本定二十六日早九點鐘拔隊赴深，潘函八點鐘送到，巴堯得信後，竟自折而西還。此次化險爲夷，係潘鳳臺一人之功。潘之所以出力阻止法兵者，則曹公聯絡安插有以感動之也。案：時深州牧曹景郕，湖北房縣人，其人勇於任事。初亦縱拳仇教，及公至深，曹禮待公甚至，公因告以縱拳仇教之非，曹聞命悚然，乃極意撫恤教民，卒免深州被兵之禍。省城傳言曹曾助拳，傳者過甚，以致法兵專來與曹爲難。今之臨境復返，則又聞曹之善而解前憾。蓋曹之後功，實足掩蓋前過，生民陰受其庇者不小。新任吴公亦自教堂得有葛函送與巴帥，然已在二十七日，法兵西還已逾日矣。此函所言情形，可摘要一禀方伯，以釋懸系。」案：獻縣法教士葛光璧，深冀教會皆其所轄，當時傳言謂法帥巴堯爲其弟子。

十一月八日《答高仲英方伯》云：「差至接奉惠書，并寄到重幣，招令還省。違離已久，跂慕良殷，雖未折柬，亦擬裝束首塗，近依宇下。况重以盛意之懃拳乎？奉緘後即擬隨使就道，乃此間故友堅不聽行，再四婉商，始約定初八日登車北發，因暫留使者靜待行期。初六七兩日留行者益衆，不論情理，一意苛留，所至前後圍繞，不令他適。又迭糾約往州署，懇州官勿爲雇車。不得已祇有暫不成行，先遣弁勇還省銷差。一俟留行者之意少懈，再行雇車旋省。承發車價四十金，藉使奉繳。此次寓居此州，大類庚桑楚之居畏壘，老氏之所訶也。尚幸客軍未去，諸生流離未還，縱遵召速還，亦無所事事，以此稍可自解。惟有方使命，殊爲罪歉。廉訪相見，并求道意，不具。」

同日《答李季高》云：「本月初二日奉到十月初六日手書，以法兵即至深州，屬令迅速赴京。又屬張燕謀京卿展轉函達法武官，請其派兵護行，詞旨迫遽，具紉摯愛逾常。此書道塗稽滯，直至上月秒（案：「秒」當爲「杪」）始由北倉教堂遣人走送。法兵上月初亦竟未來。惟十月二十四日忽接省信，謂法兵自保定出，轉由正定拔隊，即到深州，與州官曹刺史爲難。并送來護照一紙，冀可自免兵禍。二十五日已聞攻破束鹿舊城，距深城二十餘里，定於二十六日早九點鐘拔赴深州。弟堅屬州城官紳，備禮迎犒，而屬曹刺史自赴獻縣教堂，請教士設法止兵。久之兵不至，已而聞深州教堂有會長潘鳳臺者，夜往舊城，見隨軍之正定教士鮑某，力陳曹刺史安撫教民，周密妥善，鮑即領潘見法帥巴堯。堯聞潘言，頓改初意，但令潘回州查看情形。潘至州西十里之杜家庄，即作書遣人送軍，言城中官紳備禮迎犒等情。法軍八點鐘接到此函，遂折而西去。此次深州之不被兵，全由潘鳳臺一人之功。潘之所以冒險止兵者，則由曹深州聯絡教士撫恤教民，有以感動之也。曹非獨辦理教案盡心也，其威足以除暴，其惠足以安民，故窮鄉僻壤婦人孺子，無不稱頌。此不盡煦煦之惠，蓋亦實有吏才，近畿數百里，耳目所聞見，殆皆不及曹君。若令久置閑散，勢且大失民望，此時暫屈無妨，將來必宜有以振拔之。某雖無似，若久與人處，遂以好惡爲是非，變亂黑白，則生平所不爲，其所以縷縷如此者，欲令賢吏不壅上聞，亦以代達士民借寇之鬱思也。畿南近尚安謐，州縣近時畏教民，與六七月間畏拳民無異。國家不開新學，官場有識者稀少，不足怪也。」

十一月二十一日《答賀松坡》云：「外兵入關，蹂躪近郊。深州瀕危出險，居人之幸，旅人并受其福。乃州中士民謬歸功於鄙人，自笑平生浪得虛譽，大率類此。不謂來書亦徇俗謬獎，本無其實，敢居其名乎？教案須款過鉅，似可與之軟磨，不宜聽派聽出。冀州既安撫有緒，此事儘可徐商，彼斷不能因議數不合，遽請法兵來劫也。」案：公於月杪還保定小住，遂赴京。

二十七年辛丑　公年六十二歲

是歲公在京師，亦時還保定。九月李相薨逝，公乃決意南歸，北方官紳攀留未允。十二月吏部張尚書百熙以京師大學總教相懇，堅謝不應。

四月《與周方伯》云：「省南之亂，非懸賞購綫緝獲拳首，不能平定；若云解散，非破獲首要，亦别無解散之法。去年成此大禍，至今民間首匪未辦一人，安有不滋事之理？聞現今聚黨横行，未受大創，謂爲匪散，殊難深信。此股亂黨不除，其餘未起事之處皆潛相勾結，隱爲應和，誠不宜姑息苟安。目前州縣財力不足辦此，謂宜由各統將出資購綫給賞，準其作正開銷。至何縣拳首，本縣官役皆所熟知，即逃匿何方，亦必有可蹤迹。購綫之資出自各營，所用之綫仍索之州縣，訪綫不準，嚴議處分。若恐空文行知，閲者不知緩急，可遣深州知州曹景郕馳往各軍諭意，曹君才力足可勝任。凡深州、安平、饒陽、武强、武邑、衡水各拳首，曹盡知其姓名，不致誣良爲匪。其口辨亦足以慫恿統將。使之專主緝拏賊首，一意破滅，不復寬縱議撫。此議似宜速定，近來匪黨千百成群，尚恐一時未能盡殄。頃所論薦之孫萬林，實可倚辦此事。傅相謂某阿其所好，其實不然。吕道生、鄭舜卿，皆去年在深時軍過相見，孫萬林駐深亦僅一月，不過兩三面之交情，何至遂有阿好？誠見其治軍嚴整有威，兵丁畏法，絶不騷擾，操練又勤，用以平定土匪，必能勝任。雖前有攻打使館之失，而非其罪，且使功不如使過，其餉又不須代籌。近來願歸直隸，不願東還，以爲可用，故敢縷縷，伏望卓裁。」

《日記》五月十五日：兒子阿啓從中島伯成游日本，晨起小雨，雨止送之至火車傍，同行者，東文師生十六人，吾與兒約，別後父子郵寄日記。

六月五日作《王襄臣碑》，小航之兄也。七日，雨，過李季高。近數月傅相時以薦舉相戲，吾亦以戲言却之。今季高爲言：「人有欲薦君爲内廷師傅者，於君何如？」吾答以：「大阿哥恐終不得立，何用求師爲？」高云：「爲今上求講讀之師耳。」答曰：「此又康有爲之續也。」高云：「不干與政事，但日侍講讀，使上知外事。」答曰：「上本研求外事。」高云：「恨無正人左右。」答曰：「天子從師，當取之宰相卿貳，非草茅所得與。」高云：「時應破格，處師友之間可也。」答曰：「此不可爲，凡貴人各自是所見，今若周方伯、胡侍郎輩，一旦虚懷下士，禮聘吾爲其子師，其子多已得科第，出以道員候補，吾倘欲抗顔爲師。彼且自負其貴，不吾聽也。況尊爲天子乎！」高曰：「君自論病耳。今將勒君使下藥，當奈何？」答曰：「庸醫安能下藥？今代高醫，無若師相，今請師相下藥，亦不能起此疾也。」高曰：「嚴君已篤老。」答曰：「辦事自嫌老，若下藥則老非所恤。以師相所不能而謂下走能之乎？吾以太平時辭官，若以危亂時起復，何顛悖若是？師相愛我，使我處一講席，或南或北，當令諸生略識時務，萬一爲國家收用，不致愚謬誤國，是我所庶幾，出仕非所能也。」

七月二十六日還保定。

八月十三日《與李季高》云：「某還書院後，肄業諸生流亡未復，然頗有官場應酬，師相臨別時，垂詢學堂、報館二事，知下走在都數月，區區以此二事爲私任。學堂生徒極盛，經費極絀，所恃僅師相每月飭撥楊都轉百金，實不敷用。此外無可生發，殊無持久之術。案：此謂中島裁之所辦東文學社，實公所創爲也。報館陸續集股一萬四五千圓，業已竭盡願力，臨行所上呈詞，師相違和，稽閣未批，目前可否批示？無任跂望。」

九月十三日《與徐進齋侍郎》云：「別後遄返保定，八月遂已開課。十餘年來，深以校閱文字爲苦，今還理舊業，都乏歡悰。追溯在都時，屢接清言，渺不可得，樂事一往，無可追逋，悵結何已！所呈開辦報館一牘，前聞慶邸欲俟回鑾後奏定報律，再行准辦，現知邸意亦無欲定報律之事，旁人往往妄傳。竊謂定報律一説，不過防報紙妄譏時政，此外無須定律。敝社議章，本守庶人不議之例。同社皆讀書明理之士，決不似上海、廣東諸報，肆爲狂悖之言。某等議開報館業已旬月，東西各國報紙久已喧傳，外國人相見，無不佩此舉之善，而勸其速成。今若竟被外部阻止，必且貽笑强鄰，以此卜吾國之不能興革。此雖小事，似亦有關大局，仍求我公緩頰，言之邸、相二公，俾得及時開辦，不令社衆解體，實爲至幸。」

九月十七日《與陸伯奎學使》云：「在都獲挹清芬，慕仰無既。軺車臨保定，猥承折節下交，至感至感！定州試士，拔識真才，頌聲雷動。聞試竣仍傳集薦紳，飭辦學堂，王合之進士現赴都下見過談及，曾屬其速歸。王古愚孝廉，現館清苑，亦勸其還州與議。前承屬開列學堂書目，外國之書，應由外國教習自行酌定。現天津譯局雖自上海運到譯書七百餘種，但中國譯手往往謬附己意，西人見者輒詫爲失真，不敢據爲定本。至中國文學，先後次第，不宜紊失，貽誤後生。竊謂學徒致力之書，不能過多，以韓退之之高文，其所稱舉，『六經』之外，不過《莊》、《騷》、《史記》、相如、子雲數家。今人好炫博贍，實則徒事記覽，無益心才。昨見報紙，謂禮部議覆舉場章程，擬以『九通』試士。窮鄉下里，難得此書，又卷帙浩繁，不易卒業。就中杜、馬二家最善，然馬書唐前盡襲杜文；漁仲紀傳，全鈔正史；皇朝『三通』，彼此因襲，并非不刊之典。學者不讀正史，則『三通』乃凌雜叢碎之書，不能得其要領。若先攻二十四史，再讀『九通』，則無此日力。且用功煩難，而獲效殊少。使學徒盡能記識歷代制度沿革，亦祇已陳之芻狗，謂遂成爲政治之通才，未必然也，而况絶無盡記者乎？且『九通』制度之書，固非政治之學也。求政治之學，無過《通鑑》，而畢氏《續編》及國朝儒臣所編《明紀》，又不逮涑水元書遠甚。今不以《通鑑》試士，而用《御批通鑑輯覽》，豈不以《通鑑》繁重，學者難讀，不如《輯覽》之簡約而易竟哉？『九通』卷帙之多，過《通鑑》倍蓰，今史學用《通鑑輯覽》，而政治用『九通』，一何用意之自爲矛盾如此！愚見：史學試士，當用《史記》、《漢書》。李習之有言『前漢事迹傳在人口，以司馬遷、班固叙述高簡之功，學者讀《書》、陳《志》、王隱《晉書》生熟，何如左丘明、司馬遷、班固書之温習哉！』以此言之，後代之史固不足熟讀，則亦不足以考人。必以詳備爲事，則馬、班之書之外，益以《通鑑》、《輯覽》足矣。其政治之學，當以國朝爲主，國家紀載流傳者希，無已，則於皇朝『三通』，擇用其一，使習國家掌故，庶亦可也。論者謂歷代以文取士爲下策，不知科舉所取，舍文字更無他策，必去文字，莫如廢科舉而專取之學校。今學校初立，所謂大、中、小學三等，皆未能如法。莫若先立師範學堂，取成學之士，延外國教習，教之以粗淺圖算格致普通之學，蓋不過期年旬月，可望速成。成以散之縣鄉，俾以次爲中學、小學之師，庶冀推行漸廣，不以求師爲難。竊謂當今急務莫先於此。敬貢所疑，幸辱教焉。」

《日記》九月二十六日，聞傅相病篤，人人惶恐。二十七日，擬入都，葉文樵來，報傅相本日午刻薨。二十八日清晨，上火車，至京，住沙陀原華北譯書局，即擬開之報館也。二十九日至賢良寺，聞仲彭兄弟電召，以傅相身後文字見屬。到幕中有西州之痛，至相邸，憑棺一哭，移行李賢良寺。十月一日，仲彭兄弟以《奏陳文忠公生平事迹》見委，欲得靜地，稍閱文牘電報等。二日，爲《東撫擬奏建文忠專祠節略》。三日，撰《祭李文忠公》文。十日，代周公擬《臚陳李文忠事迹奏》底。十一日，《跋西師意所著書》。十七日，擬《江蘇請建李文忠專祠節略》。廿一日，擬《京師士民請建李文忠專祠呈稿》。廿九日，《題丁維屏所譯萬國地理》。十一月二日，成《福建李文忠專祠節略》。三日，《原富序》成。十日，楊濂甫觀察傳述李氏兄弟要吾南歸，收束文忠遺集，已面許之。十七日，還保定。廿九日，李右周、王古愚入都，謀留吾。案：二人爲蓮池書院齋長。本日袁行南觀察爲袁慰帥留行，吾有書寄行南辭館，行南署清河道，書院乃所專理也。十二月三日，入京，居船板胡同周宅。五日，汪劍齋大令立元來言，張治秋尚書欲聘吾爲大學堂教習，吾亦辭之。定計與李氏兄弟南歸，不願留北也。七日，袁慰帥先施，蓋書院諸生轉求直隸京官，函請袁慰帥諄留主講。張治秋尚書亦先施，執禮甚謙，面請余爲教習，余面辭之。晚見慰帥，慰帥留行甚懇，坐客皆爲留行，吾歸志已決，不敢許也。九日，張野秋尚書又來談，堅請教習，吾固辭，則拜跪以請。吾無實而竊虚名，愧恧無似。公卿不下士久矣，尚書之折節下交，近古未嘗有也。顧吾退已久，勢難爲尚書再出耳。十八日，胡雲楣侍郎來爲張尚書勸駕，告以稍有自知之明，非敢故作聲價也。二十五日，胡雲楣來書，謂已代辭張尚書，恐尚需奏請。又河南錫中丞令胡侍郎令嗣寄電，轉托侍郎聘吾主講，復書請侍郎代辭。

二十八年壬寅　公年六十三歲

五月，東游日本，考察學制。九月歸國，先至安慶，籌議立桐城中學，歲暮還里。《日記》：「正月七日，聞張尚書奏薦爲學堂總教習，有旨賞加五品卿銜，吾不敢就，或當以徵士自處乎？八日，曾履初持張尚書書見示，且勸駕，吾終不敢應。游廠肆，暮歸，中島在寓久候，爲張尚書勸駕，因允暫不堅辭，俟章程出後，度吾才能任即就，不能任再辭，中島得此言乃去。」

《張尚書寄曾敬詒兄弟書》云：「摯公事，不惟弟佩教有素，且爲學堂計，爲士流計，爲中國開化計，籌之爛熟，乃上聞於朝。去年屠梅君京卿以政務處借箸，渥荷上知，嗣留長安，上於薦者頗拂然。今摯公已奉朝命，若再固辭，是不翅劾弟於廷也？即歸志萬决，亦乞暫留一年，一切章程，待酌就大概，仍由摯公核定，尚希賢昆仲婉達爲感。」

九日，《致二曾書》云：「昨承履弟持張尚書函見示，勸駕甚殷。市中遇敬弟，亦勸勿再辭。薄暮歸，則中島伯成在寓靜候竟日，亦爲尚書游説。小生不敢率爾應命者，厥有數端。京師大學堂爲天下觀法之地，必得中西兼通之儒，乃能厭服衆望，某萬不敢當，一也。開創伊始，造端弘大，非神明强固，不能綜理縝密，某精氣銷亡，難自敦率，二也。賦性樸拙，不能阿曲事人，不通知世情，不識形勢，使居京師，尤與風尚背戾，三也。學堂英少及貴游子弟，慮無不振厲矜奮，難可檢制，某來自草野，不足涵育珍怪，四也。京城大政出自樞府，雖張尚書葢猶有不能自主者，某欲參末議，豈能驟望推行，强羈其身，有何裨補，五也。某無實而竊浮名，尚書過聽，必欲羅致，若見其臨事迂蹇，將唾棄之不暇，徒累尚書知人之明，使下走蒙純盜虚聲之誚，彼已兩失，六也。學堂始立，不能遽臻美善，要在見弊即改，至其收效，則在十年以後，若責效過急，或且廢於中塗，世必咎張尚書用人之不當，與其終累尚書，不如慎之於始，七也。欲開倡西學，必應遍采歐美善法，擇其宜於中國者仿行之，此未可咄嗟立辦也，某於中國文字稍有窺尋，至於西學，則一無所知，何能勝總教習之任，八也。退閑已久，忽辱卿銜，覥顔爲京師大學堂之師，出處草草，九矣。袁參政再欲挽留，某再欲却聘，本謂衰老思南歸耳，今留北應大學堂之命，何以謝袁公，去就失據，十也。有此十慮，以故不敢自違本志，曲徇尚書。尚書若勉從鄙請，是謂重士；某曲徇尚書，是謂慕勢。與其使某爲慕勢，不如使尚書爲重士。尚書引屠君事爲比，竊謂不同。屠君膺薦，將入仕也，使不欲仕，可無赴行在，既應徵而起，乃復偃蹇自遂，是兩失也。又展覲乞退，相距未久，貽累舉主，固然無疑。某縱應詔入學，尚非從仕，又未嘗覲見，進退仍自裕如。自奏薦至開學，爲時尚寬，其間縱稍變遷，何渠上干訶譴乎？但尚書既稱下走再辭，是『不翅効己於廷』，某被尚書知待，豈敢令尚書爲某受過。即擬暫不言辭，冰泮南歸，未歸時，學堂章程議定，當視章程中總教習職事如何，内度材力能堪與否，再議辭受。乞鑒察，不具。」

十一日《諭兒書》云：「南歸之計，因汝伯叔及汝嫡母均未葬，鄉里求葬地甚難，此事責無旁貸。又家事糾紛，有來書輒望我歸，吾欲歸久矣。止以失館便窮，不敢輕辭耳。適李氏兄弟約吾南歸，許以照蓮池束脩，此難得之機會，故決計辭北歸南。乃張治秋尚書不通商量，遽行奏薦，恐吾再辭，渠之奏爲鹵莽，因允暫不言辭。張雖見愛，其辦事尚少閲歷，我言衰老精神短，彼乃爲我覓帮辦。帮辦不由我請，張自用人，豈能幫我？且兩人同辦一事，必至各執意見，或相岔爭。世言督撫同城，教官同印，妻妾同夫，皆成仇敵，故辦事必一人爲主，乃可成也。萬一就之，學堂既不能有效，我將爲中外唾駡。滿學皆張公自用之人，而我以一老翁周旋其間，安能有所作爲？目前彼以『効己於廷』爲詞，即難過執己見，雖云俟章程出再議辭受，便恐竟不得辭，終受其累耳。我嘗告張尚書，謂：『科舉不廢，學校不興。』張云：『今時雖孔孟復生，亦不能廢科舉。』吾又言：『執事用我一年，四五月方開辦，其高才者必皆專意科舉文字，直至十月榜後，不能著實程功。』張言：『科舉用策論，與學堂固一條鞭也。』張不惜傾身下士，亦但爲名耳，其主見固亦自是而不能虚心者也。又其人出榮相之門，再與我相見，皆云榮相亦以請我爲然。前與我言，將奏加三品卿銜，今賞加五品卿銜者，聞榮相謂初來不必過優。吾早無意世榮，李文忠往年曾與孟紱臣等謀爲奏加卿銜，吾聞之極力懇辭，以爲：「在官不求薦達，豈罷官之後，仍以區區加銜爲榮！」文忠乃止。若斤斤於三品、五品之間，真腐鼠之一嚇耳！然足見其人唯榮相之指麾也。李希聖妙才也，張尚書欲用之，榮相指爲康黨，遂止不敢用，張、李湖南同鄉，然尚如此。吾此舉必以能脱爲貴，若不能脱，非幸事也。汝問國事，似難驟有興革。太后滿意維新，政府究少輔佐；東三省俄約，李文忠故後，我全權頗思翻悔，既而無可商量，僅推敲於字句間；近聞美國照會，謂俄若得東三省利益，彼國皆欲一體均沾；而英日聯盟六條，汝當已知，其宗恉亦專阻俄約，未知究竟如何結局；袁制軍索還天津，前聞各國似已允許。近日問日本參贊鄭永邦，則杳無還期，彼等固視吾進化與否爲行止也。」張尚書百熙原奏文云：「奏爲敬舉大學堂總教習人才，恭摺仰祈聖鑒事。竊維大學堂之設，所以造就人才，而人才之出，尤以總教習得人爲第一要義。必得德望具備，品學兼優之人，方足以膺此選。臣博采輿論，參以舊聞，惟前直隸冀州知州吴某，學問純粹，時事洞明，淹貫古今，詳悉中外，足當大學堂總教習之任。臣素悉吴某籍隸安徽，同治乙丑科進士，爲前大學士曾國藩門人，其爲學一以曾國藩爲宗。任冀州後，澹於榮利，不復進取。前大學士直隸總督李鴻章尤重之，延主保定蓮池書院多年，生徒化之，故北方學者，以其門稱盛，允爲海内大師。以之充大學堂總教習，允無愧色。合無仰懇天恩，即派前直隸冀州直隸州知州吴某爲京師大學堂總教習之處，伏候聖裁。如蒙俞允，可否賞加卿銜以示優異，出自逾格鴻慈。所有敬舉大學堂總教習人才緣由，理合繕摺具陳。伏乞皇太后皇上聖鑒。謹奏。」正月初六日軍機大臣面奉諭旨：「張百熙奏派大學堂總教習一摺，前直隸冀州直隸州知州吳某著賞加五品卿銜，充大學堂總教習，欽此。」時有直隸紳士魏鍾瀚等糾集北方人士不列弟子籍者一千二百人上書乞留。文曰：「直隸紳士魏鍾瀚等一千二百人，謹上書桐城先生閣下。竊聞性之者不移，好之者不竭。伯樂善養馬，郭駝善藝樹，二人者其性之也，非性之不能好之若是其至也。好之若是其至。則有時於事不適，於意不自得而欲恝然置之，然終有不能置之者矣，先生善養才之伯樂、郭駝也。得英才而教之，先生之嗜好也。今欲決然南歸，是將恝然置之矣。鍾瀚等竊以爲未可，共圖匍匐都門，卧轍請命，獨恐卒然非所以爲敬，用敢先訴愚陋，惟先生憐而察之。先生之來畿下垂二十年矣，畿下人士所以知講學者，實自先生知深冀、主蓮池播其種焉。今其萌漸發，而好學能文章，與夫通曉時務，能以其學餉當世者，且浸浸有人矣。試問先生未來以前，能有是乎？更設言先生自今而去，後此能復若是乎？皆不能也。中國之失學久矣，河北尤甚。士抱其固陋之習，八比律賦外，畢生不睹佗籍，有稍稍涉考據詞章者即群然駭之矣。若夫讀古書而知其意，講西學而觀其通，則二百年來寂然。先生來而藥其痞，發其盲，吾人所共睹也。鍾瀚等非先生交親，或言笑未一接，千人同辭，自有所見，豈阿其好者比乎？方今朝廷行新政，廣學校，京師大學堂實爲一國之樞，主之之人，通國所係也。鍾瀚等於此正有慮焉。夫古學西學當并通，人喻之矣。然必爲之定其程焉，無其程，如日言之越而胡其途也。學者有二病，一曰重學古而輕知今，古之精意即今之良法，彼弗喻也；一曰歆利名而無志識，見國家之尚新學也。競驅於西藝西語之學，其政治法律概置不講，中國聖哲之傳文章之道，更就絶矣。教者一有所偏，二病必有所長。定其程而醫其病，舍先生而誰歸？故鍾瀚等聞先生去蓮池而張冶秋尚書留之京師，主講大學，靡不奔走相慶，以爲天哀中國之失學，而欲使先生教人之術大其施也。歲之荒也，賑以救之，今之人荒於學矣，而救荒之粟儲於先生，顧忍置而去之，聽其不活邪？或曰：『先生春秋高矣。中興諸賢凋謝已盡，昔之與先生游而知先生深者，年來惟李文忠公存耳，今亦没矣。國勢日蹙，人事日非，先生之歸，蓋有情不自已者。』然竊以謂孔子中國之至聖也，轍環列國，所如不合，以晏子之賢且擠排之，孔子期於行道，不遽自謝。讀《孔子世家》，其歸而著書，蓋年七十矣。裴司塔若藉氏、佛羅卜爾氏，西國教育改良家也，自創學校，數成數毁，守舊僧侶百策阻之，而二氏者奮其孤志，老衰不已焉。孔子以及二氏皆生衰季，冒艱阻，教人不倦，當世議之，而其所成就何如也！今朝廷毅然圖新，國事猶可爲也。先生年甫六十，精力健王，未爲老也。中朝如張尚書諸公，折節下心，恐不得當，未可謂莫知先生也。朝野同喙，祝先生勿去，大異於排之阻之者也。且孔子志於用世，猶知其不可而爲之。今先生主講大學，無官守無言責，惟以傳道授學爲天下師，自如不羈，亦何所吝而不以其學餉學者乎？亦何所避而决然以去此乎？爲學者計，則先生之歸必不可；爲先生計，又有實不必歸之理。此鍾瀚等所以敢爲先生一言也。夫使先生不北來，來而不誘人以講學，則此邦之人至今瞢然。於先生之去，當無有言。先生既振起之，使不能自已矣。又將委而棄之，使中道廢然不復自拔，是猶食人者朝甘而夕苦之，不亦酷乎？是不能不還以請命於先生者矣。鍾瀚等自識辭旨蒙鈍，不足以動偉聽，而先生高躅，亦未必視下言爲作止。然私念集千人之智，或亦不無一當。又深恃先生教人出於性好，縱下言無當，猶當鑒其愚誠。一副其依慕之切，故敢一盡所言。懇悃迫切，意不自達，惟先生憐而察之。」

《日記》：十一日，于晦若、徐菊人過訪，各持吾像片一葉以去。李亦元與沈小沂、趙仲宣繼至。沈名兆祉，爲張尚書門下士，趙名從蕃，在南洋公學，尚書電召來爲學堂總辦者也。尚書用于晦若爲總辦，晦若在政務處，不能常到學堂，則别用總辦二人副之。吾前言精神衰老不任事，尚書亦爲覓二人副之。其一人已奏定，名張鶴齡，某省候補道，一人未定，蓋意欲聽吾自用也。吾面問李亦元派辦何事，李云「俟學堂開後，入學讀書」，據此，則李固未派事也。耿鶴峰謂吾不應學堂之命爲有卓見。十九日，李柳溪編修家駒來訪。柳溪曾到日本訪詢學章，刻成大册，今張尚書用爲總辦以助于晦若者也。二十三日，紹越千、趙仲宣諸君傳張尚書之命，欲約余赴官書局，同議章程，余辭不往。廿六日紹越千來言，肅邸約以三十日下午五鐘來吾寓，與秦教士相見。三十日五點鐘，肅邸來寓，與美國教士秦恒端一談。

二月二日，跋《西師意實學指鍼》。七日，李亦園來談。吾前托陳伯平轉告張尚書，請往日本一訪學制，尚書甚喜，惟不能遂辭教習。此游吾所自請，不能不往。晚作書告啓兒以將東游。九日，張尚書來訪，至東游歸不入學堂，則主客各執一議，不能定也。常濟生來言，據陳伯平言，近日尚書似不堅執初意，然則面言固未便徑露本意也。十三日作曾履初夫人《黄淑人墓銘》，徐菊人外祖《劉笠生先生詩序》。

二十日，肅邸招飲，張尚書爲客，同坐皆學堂有事者。尚書相語，似東游之舉將變。二十七日，撰《謝衛樓富國策序》。

三月一日，還保定。連日諸生來見，皆依依。十九日，蓮池書院諸生二十五人，餞吾於北郭朱氏花園。

四月十二日，將書院書箱移歸會館。十四日，督家僮檢點書物，應留應挾之件，諸生麕至，不能裝束。飯後至西關客棧候車，諸生皆來送。晚到京，居譯書局。十五日，出訪中島，遂赴官書局，學堂諸君皆在，留飯，暮歸倦甚。十六日，胡梅軒來告以張尚書已代備一切，惟請自定行期。因與議定二十五六日成行，紹越千與榮竹農皆同行。案：越千，名紹英，竹農，名榮勳，皆大學堂之提調也。吾告胡君，擬挾二學徒往游，案：公所挾學徒一爲廣宗杜之堂顯閣，一爲桐城李德膏光炯，後光炯在鄉里頗得重名。并挈中島同往。明日尚書見招，定往會。十七日，張尚書招飲，坐客盡教習監督，及學堂有事者。廿五日，李文忠柩歸，送至齊化門外。

五月一日，辭別張尚書。三日晨五鐘，至火車站，學堂諸公皆送行，十一鐘至唐沽。四日，附玄海丸。五日，船抵牛莊。十日，船入高麗灣。十一日，至仁川，食於日本客寓。旋赴漢城一游，作《過朝鮮王京》詩。十三日，船至松島。十五日，到長崎。十六日，抵馬關，作一絶句。十七日，抵神户，領事蔡運南，蔡公使之弟也，到船相候，告余松方伯之哲嗣松方幸次郎在此造船，約往觀船廠。旋上岸，赴領事府小坐，遂至同文學校一覽，至商話别所一坐。午後至松方造船廠，遍閲各廠，繼觀船澳鍊鋼所，因至松方第筵宴，作《謝松方幸次郎》詩。十八日，閲神户小學校，住吉御影師範學校，抵大阪歡迎會，即席賦詩，遂赴造幣局炮工廠。十九日，閲集英尋常小學校、師範學校、農學校、大阪朝日新聞報社，在大阪兩日。是日晚六鐘啓行，八鐘到西京。二十日，閲高等女學校，午後游本願寺，得十絶句。二十一日，赴大學校、高等學校，觀武德會，赴歡迎會，即席賦二十字。二十二日，赴西本願寺之招，賦五絶一首。出赴盲啞學校，晚八點登車。二十三日晨十點，抵東京，住三橋客寓。二十五日晨，赴大學校，閲視法科。午後，往拜小村外部，晚赴蔡公使之招。二十六日，閲視工科理科，觀其使空氣成水法。二十七日，赴高等女子師範學校。晚赴交詢會社，社長大島圭介，今爲樞密顧問官，社員請留話及詩於留音機，倉卒成二十字。旋至時事新聞報社，觀其機器。二十八日，赴高等師範學校，美術學校。二十九日，赴華族女學校。

六月一日，閲視大學醫學校、音樂學校，晚赴東邦協會歡迎會，席間黑田侯爲主人。二日，三島君毅乞假來爲主人，席上贈詩，余與越千皆次韵答之。細田謙藏與其友佐倉孫三皆爲贈序，臨席演説，余亦寫三紙答之，補和土居香國詩一首。三日，閲農科大學。四日，閲工業學校，游淺草公園，觀動物園、水族園，出游陵雲閣，遂赴八社之招。八社者，各銀行及人命、火災、海上各保險公司，均安田善次郎一人爲主。五日，長岡子與片山國嘉同來拜，辻新次繼至。旋赴盲啞學校，出觀植物園。晚過使館，訪蔡公使，不值。叠韵答土居通豫詩，和關義臣詩。六日，閱常盤小學校、女子美術學校，午後赴使館，與毓將軍、蔡公使一談。七日，晨訪嘉納治五郎，旋赴大學校，觀卒業給憑儀式。是日明治天皇臨幸大學，旋赴上野精養軒之宴，在會者六十四人，得詩九首，森槐南最善；文七首，重野成齋最善。案：重野名安繹，日本文學家，森槐南，名大來，日本詩家第一，今録其《精養軒燕集歡迎吴先生》詩於下詩云：「九州之外瀛海涵，海外更九天包函。此言雖出鄒衍口，本非燕齊迂怪談。如何四千餘載史，宛如禹穴窅叵探。有山海經恣閎誕，刑天干戚空趁趕。劉安墜訓酈元注，徒爾奇譎恣嘲唅。馬班以來外國傳，遐裔要眇無人諳。象胥重譯誰究詁，別風淮雨紛差參。鮮卑氐羌晉僭僞，吐蕃回紇唐子男。運傾四海驫鼇抃，德衰群雄爭虎眈。疏虞多在不審敵，虛詡貢物來珠蚶。慢藏多盜古所誡，叩諸學者何婀娿。侈陳符瑞具謂聖，太平寰宇供搜奺。一朝釁成錯難鑄，割其版籍償戈鋟。延陵先生經世學，潛心典籍非玩耽。夙窺河圖括地象，星宿耿耿元精含。雅以古文定伏勝，亦能新論追桓譚。行已用世破萬卷，方知書味良醰醰。湘鄉軍幕草快檄，蓮池書院留妙韽。倘論支那真學問，魏源顧絳并君三。燕山昨遭百六會，兩宫宵旰憂如惔。上林萬馬餵苜蓿，廣厦一棟摧楩楠。時危佇見偉人至，先生乃出藏書龕。治安新策毓英俊，坤輿文獻須訪覃。鸞皇前戒望八極，飄風晻靄雲曇曇。天津發軔遠求索，扶桑暫税虯龍驂。觀風便從日域始，莫謂捷徑趨終南。行周昆侖月窟外，豈止問道崆峒嵁。直謡白雲讌王母，將驅青犢隨老聃。蓬萊真人緊來御，列仙儒爭接佩簪。是時雨罷閬風敞，琪樹翠拖神山嵐。觴醻流霞嚼甜雪，碧湖荷葉摇毿毵。座中一傖不自揣，長句覆瓿中心慚。識韓有幸志嚮往，敢望傾蓋如之郯。先生胸早有成竹，一言願回青子甘。方今兩國二相見，動稱唇齒毋乃憨。鯨鯢移陸海倒立，百年難保戎馬惔。雲龍矯矯合變化，蛩蛩岠虛非所堪。不相沿襲各努力，有剥斯復如袪痰。然後輔車自相濟，合離何用詢史儋。」再叠韵答土居香國。八日，晨與毓將軍同赴宮省，覲見明治天皇。案：北江《先府君事略》云：「先君官不過大夫，非盟聘專使，無覲見國君之例，日主明治特延見示敬。」谷鍾秀所作祭文云：「先生至東，櫻花敷萼，鈎玄索隐，宵休旰作，車顛鼻血，既甦弗輟。天皇覲之，貴以天爵，男英女桀，踵問起居，謦欬之細，喧達寰區。」歸應日户招游江島，是日爲主者，三省堂主人龜井忠一，夜宿最高樓上，席上賦詩贈龜井。九日，晨坐樓上，望富士山，已而霧起，出至海瀕觀打魚。早食後，上山觀廟，廟藏古器物，有唐宣宗所頒銅鏡，暮至留學生會館一談。次韻和岡正一。十日，閲富士見小學校，午後至弘文學院、同文書院。晚至華族會館，赴東洋俱樂部之會，近衛公爲主，甚殷殷。依韻再和土居香國。依韻酬土屋弘。十一日，閲東京市立師範學校。十二日，閲東京第一中學校，出遇毓將軍，同赴横濱。應正金銀行之招，歸赴小石川植物園同仁會宴飲。依韻答土屋伯毅。十三日，閲東京府女子師範學校。午赴大倉之招，大倉者，東京富人也。席間答長岡護美詩。十四日，閲東京共立女子職業學校。十五日，移居永田區森有禮宅。依韻答森槐南詩。十七日，出拜陸軍大臣寺内男爵，出拜參謀本部總長次長及青木中佐，已而青木答拜，并議定排日導觀各學次序。午後訪伊澤修二，亦教育名家也。十八日，赴富士見町雅樂稽古所，觀雅樂。十九日，閲陸軍幼年學校、成城學校，森槐南前贈長篇，今依韻和之。二十日，閲仕官炮兵户山三學校，晚至銀行集會所宴飲。二十一日，閲近衛師團第四聯隊，野口多内屬題儲貳金鑒。二十二日，訪山川健次郎，一問教育事。旋赴近衛公之招，游御植物園，長川子爵贈詩，即席和之。二十三日，和永坂石埭用森君移居韵詩。二十五日，赴巢鴨風病院一游，院長索詩爲書一絶。二十六日，約來考學制諸公并留學生十餘人，議學生與公使爭持之事，責望於我甚至。廿九日，題伊藤稻子扇。

七月一日，諸生陸世芬等來見，商吴稚暉事，作《周易象義辨正序》。二日，赴上野六書展覽會，永坂招至向島，即席答菊池君森槐南詩。晚歸聞吴敬恒被警視廳捉捕回國，與蔡鶴廎、夏悌山往見蔡公使論之。三日晨起，聞日本解吴敬恒歸國，敬恒途間投水，復折還。文部參事官田所美治來談，許爲轉求文部挽之。晚歸則聞下午二點吴敬恒等已起解，吾目見此變，一籌莫展，憤憾無極。案：北江所作《馬佳君紹越千傳》云：「是時滿漢畛域益甚，黨人學子倡革命者日衆，朝廷深以爲憂。新政雖頒行而禁防殊密。大學爲新政之首，政府以先公宿望，深致禮聘，而兩提調皆滿人爲之，左右偕行，雖曰扈從，亦寓防維之意。先公性豁達，曾不爲意，行止語默一衷於義而已。是時駐日本公使蔡鈞，素無行，以阿附權要得位，夙爲日人所輕。屬有私函樞府論留學生事，於日本多所詆毁，一時輿論大譁，掊擊不遺餘力。而先公適以此時東渡東邦，朝野歡迎禮待者輒數千人，備致敬仰。蔡鈞既慚怒，而日報又詆鈞贖職不義如此，當謝遣歸國。吴先生以大儒來臨，宜即挽留充使。鈞益大恚，疑先公將奪其位。乃馳書慶王，誣先公率留學生倡革命。慶王故昏耄，而軍機大臣榮禄方貴用事。張公嘗諷先公往謁，先公謝不應，榮禄以是不慊於志，揚其波而助之。提調榮勳者，本榮禄私人，以先公遇之無加禮，亦銜先公，而與蔡鈞相結從而爲之證焉。是時先公禍且不測，慶王、榮禄皆宣言：吴某乃爾，還當置重辟。日人覘國者具知其事，於報紙中備言之。闓生從先公在東，每披報輒生戰栗。先公顧之而笑，不爲動也。適留學生吴敬恒、孫揆均以入學事與蔡使忤，蔡使嗾日警於使署中逮二人去。先公以其辱國，面責之，蔡使益忿。榮勳自抵東即移居使館，不與先公相見。獨馬佳君日侍左右，每書達慶王及諸要人，爲先公剖釋甚力。先公在東得安然，還國無意外之虞者，馬佳君之力也。先公逝後門弟子相與私歎曰：『甚哉，革新之難也！先生所任，一總教習耳，尚徘徊未肯遽就，而事端相逼，謗侮紛乘，其困阨已如此，况欲頡頏當世之務乎！』五日，晨往訪田所美治，遂同訪菊池文部。六日，答結城琢詩，跋蔣湘帆尺牘，又寄西京知事大森鍾一絶句，寄木下先生一絶。上午訪大隈伯，其人精爽，所論教育甚當，贈小村俊三郎詩。九日，廣東學生有毅然欲退學者胡衍緒，字展堂，番禺人。十日，和福原公亮七絶，依韵和森槐南，答永井土居北條三君，依韵和北村。十一日晚赴加藤正義郵船公司之招，席間和毓將軍六言。十二日赴文部省商論聽講之事。十四日長岡子爵來談，據稱因學生與公使相持，出爲調停。十五日，游築地活版製造所。十六日，赴長岡氏之招，長岡即席贈詩二絶依韵和答。十八日，與服部宇之吉約於文部大臣官舍相見，遂定文部應講事目。十九日，見留學生所記此次與使館牴牾事，其記鄙人多失實。二十二日，作《金子濟民周易本義啓蒙纂要序》，次韵和酬新岡旭宇。二十三日，作《矢津昌永世界地理序》。二十四日，日户先生招游觀水上放火花，槐南有詩，依韵奉和。二十五日，木村知治晨送詩來，依韵和答。作《高橋白山詠經子史絶句千首跋》。二十六日，查閲日本銀行。二十九日，查視地質調查所、印刷局。

八月一日，查視電話交换局，晚謁振貝子，與唐畏之、李友山二君久談。二日，查視電報郵便局。午後往訪前文部大臣濱尾新，談教育甚久，多切要語。叠韵和答槐南媧字韵，和答岩崎奇一七律。三日，查閲東京區裁判所，午後查閲議院。四日，查閲東京地方裁判所，下午查閲麥酒株式會社，題辻武雄萬國誌略，用媯字韵。五日，查閱控訴院、大審院。下午，研經會招飲于星岡，次韵答池田精一絶句。六日，晨訪細田謙藏，與同過田中不二麿，途間車子傾跌，吾受傷鼻破流血，赴近地醫家洗治。案：北江所作《先府君哀狀》云：「嘗獨携一譯人往訪該國宫中顧問田中不二麿，田中嘗爲日本巡訪各國學制，日本教育多其手定。相距甚遠，府君又不肯乘馬車，獨以人力車往。中途路滑，車子傾跌，府君傷鼻，血流如注，昏不知人。譯人大驚，扶掖至近傍醫院，用冷水療洗。血止即馳車至田中之宅，與談辨詳甚。又過教育家辻新次等數人乃歸，歸後數日傷處猶隱痛也。其勤事不顧身，大率如此。」七日，晨查視警視廳。午後，往查慈惠病院。八日，晨往視監獄，出視養育院。下午與小村同訪井上哲次郎，巖谷孫藏席上索詩，寫付一絶。九日，游日本橋區警察署，下午至文部省聽講，作《岸田吟香萬國輿圖誌略序》。十日，文部聽講。此後每日往聽。十一日，閱東京府，又出觀度量衡各器。十二日，閱區役所。十三日，訪長尾槙太郎、市村瓚次郎，夜歸已十二鐘，次韵和本田種竹五律二首。十四日，作《高田忠周古籀篇序》。十五日，松村茂助所講教育大意已竟，至學校衛生局，其課長略示衛生儀器。晚赴江木冷灰等檀欒會之招，得贈詩十九首。吾與啓兒各和答三首，又次韵和江木一絶句。十六日，與長尾槙太郎及章仲和吳止欺訪副島種臣，甚款洽，其談鋒甚快利，喜稱吾舊史。十七日，午後文部聽講，其講學校衛生者，三島通良衛生之專家也。晚赴教育會學制研究會二社之招，其教育會，全國教育家盡在，爲日本最大之會，足以見其興學之盛也。作《日本學制大綱序》。十八日，午後文部聽講學堂管理法，講者野田義夫。次韵答菅了法，高橋作衛屬題其尊人白山翁詩文集，爲賦一律。十九日，訪外務省政務局山座圓次郎，論留學生事。二十日，訪外部長官珍田捨己，論留學生事。晚赴永井久一郎之招，坐中分韵賦一絶。濱村衮爲刻竹印，求題其印譜，爲賦一絶。二十一日，訪司法大臣清浦奎吾。午後文部聽講。二十二日，游高等商業學校。晚與日户君同訪太田，坐上遇法學士今關皆治，齋藤木前贈詩索和，今郤寄。二十三日，市橋虎之助來訪，晚赴手島知德之招，手島作五律二首見贈，席上和答。二十四日，早游東京府第一中學校。二十五日，閲大橋圖書館。晚赴外部小村大臣之招，同坐者菊池文部，大浦警視監，名兼武，餘皆文部外部屬。福岡縣有二村嘯菴者，好藏名人書畫，貽詩索字，依韵答之。二十六日，長岡子爵過訪。廿七日，大風拔樹。下晡赴華族會館，應躬行會之招，會中皆華族，贈躬行會叢書叢志等。遇青木少將，問兵制。廿八日，體育會卒業，招往觀藝。暮赴郵船公司近藤廉平之招，森槐南即席賦詩，依韵和答二首。二十九日，晨與野田義夫往上野游覽博物館，出觀動物園。午後文部聽講，是後皆視學官野尻精一所講。晚赴上野精養軒，應文部之招，飲罷久談。有馬祐政作絶句索和，昨日文部爲宣講者也。三十日，田所美治文部秘書官有紙索詩賦一絶句。德川家達索字，爲賦一絶。

九月一日，與章仲和吴止欺等，飲西京大學總長木下廣次於偕樂園，次韵和關義臣三絶句。二日，晚赴信夫粲之招，粲，字文則，號恕軒，能漢文。同坐者岡本正輔，亦通漢學。席上次韵答信夫贈詩，次韵答本田種竹。三日，訪菊池文相。午後校勘發印各稿。晚赴本田種竹之招，席間次韵和其七律。四日，早赴留學生會館之招。午後婦人協會請往演説。晚携兒子往訪小野愿，年八十九矣，聞吾至，爲一絶句，依韵和之。五日，晚應新聞記者社會之招。六日，午後文部聽講。自八月廿九日至此，皆視學官野尻精一所講。普通學校粗畢，其專門學校、大學校皆未講，以時日迫促，不能終講，遂止於是。七日，訪伊澤修二，留飲久談。同觀貧苦學校二所。伊澤夫人悟竹求詩，爲賦一絶。八日，訪大隈伯，遂至早稻田學校一觀。歸過辻新次，不值。過高橋作衛，既去而高橋歸，追還一談。過嚴範孫，留飯。是日菊池晋見招，余適忘之，比到已九點鐘，盡歡而散，歸寓已一點鐘。席間菊池僩，字修軒，菊池晋之父也，作詩見贈依韵和之，又謝菊池晋一律。九日，與嚴範孫游慶應義塾，歸寓簡料行李。晚赴江木衷檀欒會之招，席間次韵和答江木一律。十日，赴外部辭行，見小村男爵、珍田次官、山座局長、石井參贊，爲山座再言留學生官私宜用一律。十一日，與森槐南同訪伊藤博文，其言絶痛。十二日，至文部辭行，遂遍辭各處，見日户勝次郎、下田歌子、蔡公使，歸已入夜，作北京信至十二點鐘畢。《與張尚書書》云：「某頓首上書野秋尚書閣下：辱承尊命，渡海東游，視察學制，居此三月有餘，仍未得其要領。緣到時適各學已放暑假，教育家亦多避暑他往。及入秋開學，又因文部聽講，不能四出游覽。惟學校規模，日本全國一律，得見數處，可以推知其餘。謹將文部所講，及閲視各學日記，鈔呈台覽。竊謂吾國開辦學堂，苦乏教員，又壯年入官諸人，不得不粗明新學，尚書先開師範學校、仕學院，實爲扼要辦法。所延服部、巖谷二君，此邦上下皆賀我得人，皆望能盡其用。某素持私論，謂救急辦法，惟有取我高材生，教以西學，數年之間，便可得用。查日本初時，令各藩送士人入大學，謂之貢進生，意亦如此。今所開師範學校適與符契。即明年開大學堂，恐仍須扼定此指。此等學徒，中國文學業已成就，入學功課，宜專主西學，俾可速成。其中學不復過事督責，『用志不紛，乃凝於神』，『鼫鼠以五技而窮』，正此類也。但此乃一時權宜之策，欲令後起之士與外國人才競美，則必由中小學校循序而進，乃無欲速不達之患。而小學校不惟養成大中學基本，乃是普國人而盡教之，不入學者有罰，各國所以能强者，全賴有此。今日本車馬夫役、旅舍傭婢，人人能讀書閲報，是其證也。中國書文淵懿，幼童不能通曉，不似外國言文一致，若小學盡教國人，似宜爲求捷速塗徑。近天津有省筆字書，自編修嚴範孫家傳出，其法用支微魚虞等字爲母，益以喉音十五，字母四十九，皆損筆寫之，略如日本之假名字，婦孺學之兼旬，即能自拼字畫，彼此通書。此音盡是京城聲口，尤可使天下語音一律。今教育名家率謂一國之民，不可使言語參差不通，此爲國民團體最要之義。日本學校必有國語讀本，吾若效之，則省筆字不可不仿辦矣。至於將求成學，則必教讀華歐文字。此是造就成才，與普教全國人民，當分爲二事。而中學校普通科學，爲之階梯。某竊疑日本科學太多，每日教肄時刻太少，學徒無甚進益，而論者并謂此乃歐美所同，不可缺少。昨詢之文部菊池君，君謂：『此事尚無善法，今天下各國學校，皆師法德國，德國之中學亦未完善，此學於教育爲第三義，中國尚可緩辦。其第一義以造就辦事人才爲要，政法一也，實業二也。其次則義務教育，即小學校，所以教育全國男女者是也。至文化漸進，再立中學校。各國初行教育，先建大學，次立小學，次立中學。』菊池之言如此。某竊深服其言,又久從事教學,知學人才力不能泛騖。今約計西學程度,非十五六年不能卒業,吾國文學又非十五年不能卒業,合此二學,需用三十餘年之日力。今各國教育家皆以爲學年限過久爲患,群議縮短學期,今我又增年限一倍,此乃教育之大忌。然則欲教育之得實效,非大減功課不可。減課之法,於西學則宜以博物、理化、算術爲要,而外國語文從緩。中學則國朝史爲要,古文次之,經又次之;經先《論語》次《孟子》,次《左傳》,他經從緩。每人每日止學五六時,至多止能學五六科,餘則無暇及矣。此中學之辦法,私意如此。其效約在十餘年之後,非救急之用。若初辦大學堂之專科,前聞尊議延師西國,未審所聘何等師?以私意測之,政治、法律之外,則礦山、鐵道、稅關、郵政數事爲最急,海陸、軍法、炮工、船廠次之。此皆數年卒業即可應用者也。凡某所欲上言大略如此。其尤要者,教育與政治有密切關係,非請停科舉,則學校難成。前既屢面論之,此事終望鼎力主持。至於學成之後,必應予以進用之路,非舉人、進士等空銜可以鼓勵。伊藤相國謂:『中國事勢危急,教育人才已恐迫不及待,必四五年可學成者乃可收效。』菊池文相言:『外省學堂宜爲專門教育,學成即令辦事,不必再令入京師大學。』此皆斟酌時勢,力求速效之辦法。并以奉聞。至奏定章程,此間尚未全閱,率臆妄言,以備采擇。某此次來游,實未盡其深處,文部亦未講完,徒以時日迫促,不敢久留。此邦多明達之士,所言多可采,某未及遍訪。獨刻書版權,聞欲與我國定約,此事請公告知外部,慎勿與之定約,於開化有益也。服部、巖谷諸君爲講師,必應有人通譯。此間范靜生名源濂,湖南留學生,弘文書院講演。范生因係教吾國生徒，自願爲之通譯，能暢明未盡之緒，聽者悦服。近日以事回國，公若用爲通譯，范必樂就，希卓裁。不具。」十三日，作字，至下午三點鐘始止。六點鐘上汽車，交游集送，是晚眠食車中。十四日，九點鐘到西京，冒雨至西村旅館，復冒雨至大學校，見木下總長，取所作木型學校式。晚會諸君多席上贈詩者，依韵和答三絶句。十五日，游商業學校，出游紡織局。福原昨贈詩今聞索和，依韵答之。光炯催和湯原來詩，勉徇其意。十六日，上午至東西本願寺，下午訪嚴範孫，遂與同游書肆。十七日，晨自西京西村旅舍發，八點到神户，直上博愛丸，遂至船頭遠眺久之。晚飯後，未幾遂睡。蓋自東游以來，白晝閑適無事，無如昨十六日之在西京；夜睡之酣鬯，無如十七夜之在船上也。十八日，船至馬關，前來時未及上岸，今船人約往一游，至春帆樓，李文忠與伊藤議和處也。依韵和田邊爲三郎。十九日，抵長崎，四點鐘開行。二十一日，晨抵上海。二十二日，張季直來談，羅叔藴振玉亦來訪。二十三日，蕭敬甫來談。二十五日，毛實君送菜，因留飲。晚與阿多廣介同赴蔡鶴廎之招。二十六日，上船赴無錫，視薛南溟病。廿七日，晚四點鐘到無錫，南溟病已愈。十月三日，晨到上海，賦一絶寄謝下田歌子。五日，早四點鐘開行。七日，到安慶，船中和早川先生詩。十一日，與早川謁聶中丞，中丞上午先施也。出謁聯方伯。十一日，拜客，見毓廉訪及撫幕江叔海。十四日，李仲仙中丞過談。出訪余壽平。十六日，午後赴聶中丞之招。廿一日，擬《桐城興學呈稿》，云：「呈爲開辦學堂，懇請批飭遵照事。伏查近年迭奉上諭，飭各行省府縣興辦學堂，現經京師管學大臣奏定大中小學章程，頒行天下。鄉曲後生，自廢革時文，不知應學何等。五洲列强又復蟻附中國，風潮絶大，自非通曉歐美公學，不足并立於萬國之間。應詔興學，刻難延緩。惟中國風氣未開，師資難得，求師歐美，所費不訾，非一縣一邑力所能逮。獨日本維新三十年餘，教育規制不亞歐美，其學校卒業人員最多，與中國鄰近，招延甚易。職等公同籌議，業由日本聘到教習一人，擬即招考生徒，刻日開學。民力彫劫，經費難籌，遵旨將書院改爲學堂。書院所入甚微，萬難敷用。此外舊有查歸公用之廢、庵田及崇文洲業，向設五鄉公局承辦要工，現經公議，裁撤此局，以租入并歸學堂。其文廟考棚各田租，亦一律歸并。文廟歲修及考試卷費、桌橙，由學堂支付。其一切浮費，悉數裁除。近日加墾崇文洲地，與省學堂中分利入。合此數項，歲收中稔，約可得四千金。一有災歉，即難如數。開辦之初，止延得一師，又無寬敞校舍，止能收教生徒六十名，仍須給與火食，以廣招徠。别延中國教習，以崇德育，以稔年計算，出入僅僅相抵。所有各項租入，係屬民捐民辦，應請俯允批飭立案，免其造册報銷。此祇肇開端緒，俟將來别籌經費，仍應設法拓充，庀材相地，建築學舍，增延數師，推廣學徒名額，乃能仰稱詔書，投合程度。學校爲一縣大政，經理雖由紳民，主持必賴官長。擬請飭派縣主爲學堂監督，庶冀維持扶植，有所依仗。所有擬定章程十七條，理合隨稟上呈，伏乞批示祇遵。某等謹呈。」廿一日，作書寄江叔海，請向聶中丞借舊武備學堂。二十三日，聞中丞與方伯議許借舊武備學堂，遂與叔節、光炯等同至此堂一視，早川同行。二十五日，史恕卿、吴受益、房秩五等議立齋長，皆願自爲。其未到者，公議姚慎思、宋鑪初、張翰臣，吾與通伯主議定請。二十六日，贈江叔海七律，即送其之浙。

二十八日，前上公呈，得撫院批答照議，送蔣縣公閲。廿九日，蔣縣公來，留飲，因與議招考事。三十日，因馬通白爲李仲仙所堅留，議改請姚叔節爲中文教習，兼代總理學堂事務，請方常季爲學堂副監督，常川住學。

十一月二日，午後出拜聶中丞。五日，叠韵再答江叔海詩。七日，料理行裝。倫叔治具餞送。王子裳太守贈詩四首，率賦一律答謝。八日，自省附小輪船至樅陽，一視白鶴峰書院。九日，自樅陽歸家。十日，親族聞吾歸，皆來相見，極歡，應接不暇。十一日，展謁馬家冲考妣墳墓，暮歸。十二日，展謁五里拐祖考妣墳墓，午後歸塗一視亡妻浮厝地，遇雨至柿園冲，暮歸。十三日，大雨，展謁黄公山曾祖考妣墳墓，途間雨止。聞山中有虎時出食人，頗有戒心。山峻高無人徑，少時不覺其險，今老矣，須人扶掖，及歸途所經别徑，其險略同，吾得家騶扶掖，然喘息不寧，屢休乃上嶺。自知衰老，恐不能屢省此墓，擬令石工爲修階級。自守墓家至墳域，或易拜掃，自家至守墓家，當别取平路，庶於老憊稍便。十四日，自家至縣，主馬通白家。十五日，縣公蔣少由明府來談。元約諸紳是日結算五鄉公局帳目，是日竟無至者。十六日，諸紳仍未至，開單約諸友明日結帳，不候未來者。十七日，鄉中諸紳亦至，午後結帳，遂公議提縣捐租歸學堂。十八日自縣歸家，路過楊樹灣，楊伯衡之幼子亮甫來見，略告以須學四夷之學。暮歸。十九日，雨雪交作，與紹伯同往全莊，康伯亦至，略議康之兄立嗣事。二十日，晨展康之墓，飯後展謁高祖考妣墳墓、五世祖近裏公墳墓，歸舍衆客在門，至夜不休。題馬通伯所藏姚惜抱手迹一律。二十一日，晨展謁六世祖聰四公、七世祖爾昌公墳墓，便道一視亡弟詒甫浮厝地。撰《冬至祠堂祝文三首》。二十二日，上午雨，午後至祠堂，人多至屋不能容，子夜祭祖，宿祠中。二十三日，質明祭祖，子孫合食者多，自晨至日晡，食者不絶。族人立議修譜，以此事屬余，余令各支先自開稿，彙齊送余編次。但恐身老精力不逮耳。薄暮自祠堂歸。二十四日，赴保慶股新祠祭祖，遂赴河西，查視張璞生所買各山。二十七日，晨與康伯一游君子谷，飯後與康伯分手。康歸，吾至省城，徑投學堂。早川聞吾至，大喜。三十日，作《武强賀偉堂先生八十有三壽序》。十二月二日，東歷除夕，召客觴早川。三日，爲東歷元旦，再爲早川召客賀歲。四日，作《姚慕庭墓誌銘》。五日，王子緝以其父畏甫遺文見示，求爲序跋，因跋數語。八日，倫叔用拙詩答王子裳韵見贈一律，疊韵奉酬，叔節用前韵賦謝墓文，再疊韵奉答。十日，再疊韵答倫叔。十二日，倫叔疊韵贈詩二章，賦答。十四日，五疊前韵答倫叔。十七日，六疊前韵答倫叔。十九日，欲撰《李文忠墓誌》，客多不能構思，避至潘瑨華廣中成之。二十日，七疊韵答倫叔。成《李文忠公神道碑銘》、《李文忠公墓志銘》。武備學堂教習佐久間浩贈日本刀并絶句，次韵答謝。八疊韵答答倫叔。《答范肯堂書》云：「弟歸皖籌辦學堂，勾留省城甚久，歸展先墓止十日，旋又到省。叔節交到惠書，具承一一。敝縣學堂，鄙意欲求速效。在東所聘教習，長於法學、理財學，此二學者，時所急需，又與吾國向日講空學者相近，足以漸開文化。又見日本近年專仿西國公學，其中學校所謂普通學者，凡十四門。學生不能久用心傷腦力，每日僅學五點鐘，故不能遍及。於是一禮拜一周，此十四門中，有一禮拜僅學一點鐘者，學四五年，仍毫無所得。以其門類太多，時刻太少，課程太淺，鄙意深所不取。嘗以問文部大臣菊池男爵，菊池云：『方今各國學校，均奉德國爲師，德之中學校尚無善法。中國初興學校，於各國未得善法之中學校，可暫置後圖。』吾以其言爲善，不敢遽議中學校。又其教習甚多，一時無此財力，故憖置之就吾教習之所長，使學徒專力赴之，冀久後當有成者。此下走私見，非盡用伊藤言也。至若學成之後，尚宜資使游學外國，以求進而與東西學者爭勝，不宜令得少而止。至於學已大成，國家取而用之，固可收效盡力。不用亦可持其學以自立於世，不至淪爲奴隸。凡鄙人立學之宗旨如此。此固無國學鄉學之分，要以能自行其志爲貴。來示鄉邑學校，齊民所有事學子之初級，蒙意不然。齊民所有事學子之初級，乃西國所謂普通小學。此小學不過讀書、作字、算術、體操、唱歌數者而已，此宜一村一里便立一學。吾國教法未定，教師難得，一時尚難遍立。若乃一縣所立之小學校，豈得專教此等？《漢志》所云：『八歲入小學，十五入大學。』此以學年分大小，今西國所謂小學、大學者也。所云『諸侯歲貢少學之賢者於天子，學於大學。』此以學地分大小，今吾所謂京城大學、州縣小學者也。不得合并爲一事。西國小學專教九歲以下之幼童，無一人不入學，故可曰齊民所有事學子之初級。州縣雖小，百里之内必多能入大學之人，美國大學數十區者以此。豈得一縣之大立一小學堂，僅教九歲以下之幼童哉？然則造育之道，京師、鄉、縣一而已。來示謂僕『宜早北上，無使外人絕望吾國』，所見極是。僕此游，日本人屬望甚至，雖不敢冒居總教習之任，固不能徑歸卧家，使方外輕藐吾國。但北去亦止委蛇數月，徐謀奉身而退，誠不宜自忘己量，强所不能，貽羞知己。執事倘謂吾言不謬，望并轉告伯嚴。幸甚。」二十三日《與李伯行季高兄弟》云：「前在桐城城中，肅上一函，交來使賫投，計達尊覽。是後塵事紛冗，在舍中不及十日，又復至省。因往年洲案，請當道丈量，在此久候，恐明正此案不定，則不能詣府撰文。葬期迫促，文成尚須寫本上石，再有遲延，必至緩不及事。近日在此營構，幸《墓志》、《神道碑》皆已脱稿。先師實我國前古未有之偉人，恨筆力孱懦，不能摹繪萬一。徒以函丈無恙時，謬蒙諈諉，加以賢昆仲以宿諾見責，殷殷付屬，誼不得辭。又頗自謂在門牆久，於吾師性情識略，及辦事甘苦，少有窺尋，視他人所知獨深切。惜此文成於塵勞之中，又衰退失學，不能自達所見。今特鈔稿上呈，《墓誌》似應速刻，《神道碑》封墳之後徐徐樹石，不爲晚也。寫手計當有佳者，誌蓋得善篆者書之，尤妙。某本不善書，加洲案近日始得院批，仰司委員會縣勘丈，明正適有丈洲瑣事，難抽暇敬書。兩公若必以見委，亦不敢固辭，應請文中名諱日月姓氏官爵等一一填明，并寄紙稿尺寸，當遵示繕寫。或先書誌石，墓碑從緩悉聽指揮。誌須入土，尤望多拓數百本，并求以二百本見惠，幸甚。明春擬趨前會葬，若丈洲官事未能結正，則恐不能如願。時局紛亂，大學堂不敢苟就，南方亦無容我之地。前議蕪湖設立紳捐學堂，伯兄已立有基緒，不過從而增益。此事若成，諸公出財，弟可竭盡知能，在中襄助。既爲本省培養後進，下走亦藉爲菟裘。此事專望兩兄倡導，並請偉侯、襲侯同力觀成。夏秋在日本考察學制，稍有見聞，知吾國各行省學堂，大率强不知以爲知，行之數十年，不能收效。曾見伊藤博文，彼謂吾國『事勢岌岌，即從今實力興學，五年速成，已有鞭長不及之勢』。其言極爲危切，聞之心悸。故尤望紳捐一學，盡力造育通才，或冀緩急足恃，以免波蘭、印度之危。此尤急，何能擇之日？兩兄幸加意此事，以副衆士之望，成先師未竟之緒，振此難繼之家聲，使天下聞風忻慕，皆曰此『葛侯之所爲也』。則門下馬走與有榮施，不僅自謀養老之私計。幸垂意鄙言。」二十七日《諭兒書》云：「北京安得有書相問勞？吾自覺此次不宜輕去耳。汝十八日來書，謂張尚書盼我等語，殆是中島所言，中島不能知中國人情之變也。大約張尚書并無倦意，惟政府主持學權，張殆不能自主。昨得常濟生書，謂袁慰帥到京，告人謂大學堂請我爲非，又謂趙從蕃主張革命，沈小沂乃票匪云云。張尚書見榮相，榮相告之如此。今趙已告假，沈亦出京赴滬。袁又參學堂學生皆革命黨人，張香帥亦有摺參學生。濟生勸我宜於此時函致管學辭退，汝亦勸我明春竟不北上。吾意橫豎不就，遲早似皆可自由。吾眷口書籍均在北，不可不到北取歸，届時堅辭，彼亦不能强我以不爲。但近來人心巇險，去年袁蒞任時，留我甚堅，我固辭不就，彼遂挾嫌至此。此公叛今上、叛李文忠，何論老夫！聞張巽之語人曰：『政府所以恨吴某者，以《經濟叢編》所言，皆民權革命。此局吴某所開，其議論皆吴某宗旨也。』此語蓋不獨傾我，且又擠華北譯局。此等人皆腹有鱗甲，不可近也。張尚書當無此等猜忍，若堅執不就，其怨我亦必甚。亂世真不易處，所貴乎君子者自處，一衷諸義不能盡顧利害。汝謂不北上，自亦省郤煩惱，但北省書籍、眷口，無人運歸，以此長慮郤顧耳。此紙汝閲後可裁去，勿使他人見之，又生無數波浪。洲案明正當可丈量，二月李文忠葬，吾擬往送。十二月二十七日，摯翁書。」《日記》：二十八日，自省附小輪船至樅陽，是日風雪交作。案：公以此行冒寒得疾。二十九日，風雪益甚，自樅陽啓行，過官埠橋，抵暮到家。三十日，家人多來相見，吾二十餘年未歸度歲，今日始獲薦享。

光緒二十九年癸卯　公年六十四歲

正月十二日公病卒於家。《日記》：正月元日，祭先祖後，家人爭持茶點相奉。下午，身體不適。二日，體中仍不適。先約今日往全莊，竟不能赴約。案：全莊即鞠隱山莊，公從兄康之所居，康之已逝，此謂其夫人也。三日，將赴全莊，家人苦留，遂改定初四。四日，家人仍勸勿赴全莊，因約全莊改至吾莊議事。五日，召集族姻爲鄆城君議繼，用君昂次子超爲鄆城嗣孫。案：君昂，名千里，熙甫君之子，小名駒。《諭兒書》中所謂「駒、啓兩兒也」，吴門弟子集有君昂詩文。六日，摘鈔户部則例。案：北江云：「先公自元日得病，至五日益健，能進飯矣。以立繼議定，家人之悖愚者妄起爭釁，先公忿不能制，病乃加甚。疝氣大作，痛劇不能食，至十二日晨朝遂以不起。六日病已劇矣，猶欲籌增縣學堂資本，查丈洲田歸公，摘鈔户部則例至九行，疾作不能舉筆，遂止。烏乎痛哉！」

公卒後，日本早川新次《在安慶寄邦人書》云：「小生去秋隨吴先生到安慶，從事桐城縣學堂。今兹所經營者，報名入學生千名内外，已考取七十人，陰歷正月二十日開校。不幸先生病逝，諸事阻滯，悼恨何限！先生歸國後，謀設桐城縣學，會諸紳於安慶，説以教育之切要，力排紛議，定學堂資本。安徽巡撫亦贊成之，借安慶舊武備學堂爲校舍。先生乘暇歸桐城舊宅，掃父祖墓。十二月初旬，再來安慶，爲開學準備。餘暇應故友之請，著序文碑文四五篇，有《李文忠公墓道碑》、《墓銘》等。十二月二十八日，先生離學堂，冒風雪，乘小汽船至樅陽鎮，又冒風雪歸家。小生等力勸留住學堂，先生必欲歸家度歲，此發病之近因也。先生由安慶至本宅，凡百清里，其前半過樅陽湖，平波渺然，後半山路崎嶇，方今晴暖，寒風尚烈，而鄉曲所用竹轎，不能遮障寒風。先生六十四歲之高齡，自以壯健，風雪中行此長路，固平生精悍之氣象，亦由懷舊之情深也。先生之家室在保定，一男子今在早稻田大學。桐城唯兄弟遺族，兄弟皆久逝，此次開宗族會議，定其兄之嗣子。先生卒前八日之事也。正月九日，突有先生兄子某，案：此即君昂，先生弟之子，云「兄」，誤。遣使送書，報先生病狀，且言先生不信漢醫，專望西醫之診視，乞伴米國醫偕來。小生不敢暇，即與米醫交涉。十日晨發安慶，夜半到吳氏宅，直抵病牀詢問，見其容態，已非現世之人，驚其病勢之急激，知非等閑之病。親戚輩具述疝氣之亢進，腹部膨脹如石，熱度高，米醫不能確定病名，小生疑爲腸膜炎也。是夜及次日，米醫種種治療，病勢益惡。先生遂自覺難起，招小生及門人李光炯至枕邊，握小生之手，撫胃腸心臟之上，爲長歎息，托以學堂後事，及三四要件。小生酬知己之恩，正在此時。與米醫議良策，奈傳教兼通醫術之人，內科非所長。先生病勢益惡，至十二日早朝，呼吸全絶。小生之遺憾，殆無可喻，兼又不通言語，真有斷腸切齒之思。先生於衛生醫術，生平注意，小生譯學堂章程中『禁室內咳唾』一條，先生加筆云：『此各國所兢兢也。』又屬譯文部省發布《學校清潔法》一節，『大掃除至少每年一度施行』，先生改云：『至少兩三次。』又前時寄書保定家人，言：『中國房舍不適通風采光之法，强小兒終日讀書習字其中，乃小兒早逝之一大原因。』警告親戚小兒，宜以爲戒。今茲之病，斥一切漢醫不用，辨漢醫之不足信，特由安慶奉迎西醫。聞生等一行到宅，甚爲欣喜，豈料米醫毫無效驗。米醫云：『若在上海或日本，得與他醫協議良法。』小生亦覺此地有日本醫士一人，或可奏功。遺憾何極！先生生平以日記爲一課程，苟當記憶之事，無不記載，文尤簡雅。所作詩文，間亦記載，數十年來不廢。前時印行之《東游叢録》，《日記》之一節也。小生此來，請其親戚，得覽先生之《日記》。正月元日記云：『祭祖先之後，家人爭以茶點相奉，下午身體不適。』蓋由此日發病。此後每日續記不輟，至六日絶筆。其六日所記，乃學堂資本所冀得洲田，記載極周密。此皆病中之筆，無病人之狀。越六日而先生遂逝，其病情之急激可知也。先生自言二十四五歲師事曾文正，與李文忠亦於此時相知。先生一生超逸勢利之外，氣節高潔，而精悍之氣象見於日用常行之間。一有憤激，則聲如鳴鞭，貫人心臟，足見英豪之性格。且先生方今中國儒林中最有開化之思想者，去歲游我國數月，考查我國學校制度、財政、衛生、軍事、商工業等，蓄滿腔之經緯，歸來務振鄉里之教育。來月將到北京大學，考查所得，逐一報告，且伸己之素志，不用則毅然勇退，以歸鄉里，從事南方之教育。今後十年二十年之事業，胸中具有規畫。不謂疾病之魔力遽促先生於死。蓋先生一身之遺憾，比之小生等，不知幾百倍也。我國文部大臣，兩大學長，其餘在朝在野爲先生爲中國歡迎東游盡忠以資其便利之諸君子，得先生之凶問，寧不悼歎痛惜！顧先生之所考察，其大端已由書東幾度報告管學大臣，其意見殆可實行。又《東游叢録》及先生之《日記》，皆刊刻行世，凡諸公之厚意，皆記載其中以爲念。謹舉先生臨終之狀，以告諸君。清國安徽省安慶府桐城學堂早川新次頓首。」

蓮池書院諸生公祭，由李剛己撰《祭文》，云：「維年月日，爲桐城先生既卒之十有八日，門下士李剛己等，設位於保定蓮池校士館，先生舊時莅講之堂，哭而致祭曰：『烏乎！昭代盛文，方劉濫觴。降姚迤曾，斯道益光。我公後起，遂無對者。排盪百川，日夜東瀉。萬代茫茫，鎔於一冶。自昔幽冀，賢哲代産。鉅製閎文，紛騰載典。宋氏以還，道窮運蹇。千歲寂寥，古風不返。衆雌無雄，其又奚卵？洎公之至，大啓門庭。手携皓日，燭我昏冥。删條落蔓，鑿牖捂扃。蟄蟲欲蘇，震以雷霆。山澤雨霽，萬彙萌生。非公之力，終古晦盲。方公始至，己丑之歲，下逮癸巳，士風愈厲。四遠來學，絲聯繩繼。是時寰海，内外熙和。日會多士，俯仰嘯歌。商經摧史，進退百家。咸韶窈渺，破彼淫哇。名園鬱鬱，盛自乾嘉。連岡跨谷，樓觀巍峨。古藤老木，華蔓樛加。蛟龍鬱起，籋霓拂霞。炎風吹水，獵我蒲荷。激紅蕩緑，猗靡清波。林泉既勝，徒友既多。追從游衍，爲樂無涯。歲月幾何，人事遽變。虺蛇嘘毒，遍於郊甸。樓閣潭潭，盡付煨炭。花木毁傷，徒黨漂散。公亦旋去，萬端冰泮。撫念盛衰，悼懷理亂。誰爲戎首？構此多難？公既去此，爰客京師。國家興學，以公尸之。不獲固辭，遂與逶迤。問道東海，一攬靡遺。擷其精華，撥其糠粃。方期歸國，次第推施。高揭斗柄，以正四時。如何半駕，斬轡摧羈！吾黨之痛，天下之憂。昔聞公去，憂心如結。百計牽挽，公志愈决。送公西郊，慘愴不悦。顧維兩地，密如庭闈。猶指後期，以慰離索。及公東游，山海遼絶。念公旋歸，曾非久别。百事紛紜，待公剖析。豈謂人生，倏忽變滅。西郊一散，竟成永訣。傷心遠望，涕淚交揮。山川變色，日月無輝。茫乎安適，忽乎何依。悠悠天地，莫足以歸。載陳醴酒，載薦芳菲。望公不見，徒增我悲。烏乎哀哉！尚饗！』」

同時諸生作祭文者甚多，韓虔谷德銘《哭桐城先生》詩云：「文芒鬱百丈，有時燦九天。天風吹之東，道術攝萬千。長途送公去，形影猶目前。登車首頻迴，知公意留連。嗣聞公在東，異邦同屬目。麟鳳與蛟螭，摩之輒馴伏。剖腹出文珠，持以貢吾族。竊喜學界昌，天錫斯文福。東瀛百菁華，一霎横大陸。厄運鑄妖異，青蠅聲似鐘。衆嫉比頑鐵，神州匝地封。國覆身爲虜，此見死不鬆。垂暮破浪歸，乃爲衆謗衝。夫子氣横天，百折抗不弱。尚欲騁逸足，一蹴超巨壑。學子齊咋舌，憂虞爲公作。天南號悲風，雹音千里落。哲人終必萎，曠古原如斯。同人詫夢幻，不謂見此時。翻憶數年前，振羽八荒馳。蹭蹬人天滿，千飛萬不宜。夫子憫我瘁，栖我指一枝。時復醫我躁，坐而浴薰之。風塵三十年，得此于人寡。平生知己淚，不覺愴然下。駿骨價一錢，于今棄九野。欲求問道處，一痛拚余哀。四年劫火飛，池館化寒灰。灰中奮舄革，樓閣又崔嵬。往復成今昔，茫茫五内摧。」

公歿後，行狀碑版文字，皆出一時名手，具見各家集本及傳狀中，今不復甄録。惟范伯子嘗作《吴先生六十壽》詩，風格甚高，而詞旨尤極湛至警切，兹録於下，以殿本篇。詩曰：「人生百年一刹那，賢愚貴賤同一科。絜長量短其如何？祝禱稱頌皆私阿。要使日月無空過，聖哲自比庸愚多。有儒一生高嵯峨，墮地便與書相磨。浸潤滋灌成江河，放之一州勤民痾。晝執吏事晨自哦，即飯仍與賓搓摩。賓者，范君自謂，所述皆范君所親見也。判簡批牘如交梭，不肯俯首慚羲娥。此二句謂盡心民事。猶嫌一官遭網羅，於世無補身受瘥。立起自劾投烟蘿，從此一意知靡佗。嗟彼豈誠書有魔，方今儒術資撝訶。腐士不識真丘軻，死守徒以來倒戈。後有萬年寧可訛，濯而出之渾渾波。奠置高阜平不頗，用此憂勞鬢亦皤。獨與往聖留純和，我年十九付蹉跎。矧今傷心至蓼莪，忍死惜淚吟庭柯。感念身世終滂沱。會以生日觴東坡，類引更爲先生歌。」「方今」以下八句，述先生志業，頗得深處也。

《清史本傳》論曰：「先生遠紹旁搜，好學不倦，實總古今百代之學而集其大成。俾真理日出，新學舊學得以轉相發明，引而益上，由是措之政治施之教化，皆能有益於人類，以臻郅治之極軌。所著《尚書》、《易説》，自太史公、揚子雲外，蓋莫與并。其文章高視千載，詩則兼綜諸家之長而一範之以文律。四言詩上追《雅》、《頌》，而尤多經世閎指，雖孟子所謂『聖人復起不易吾言』何以尚兹！斯蓋千古學術廢興絶續之樞機，非獨一代人文之所繫已也。」此文史館協修李景濂右周作。

桐城吴先生年譜卷三

文集箋證

案：先生詩文淵奥，初學苦難窺尋。北江有《先集箋證》二卷，今附録於後，以爲讀先生書之一助。

《臺箴》案：此文列《讀荀子》前，當亦同治五年丙寅在曾公幕府時作。曾公乙丑十二月《致弟沅浦書》云：「言官於任事有功之臣，責備甚苛，措詞甚厲，令人寒心。」此文明諫争之大義，責臺諫之妄言，與曾公意旨略同。又公作王益吾母《鮑太夫人墓表》云：「自今天子嗣即位，太后再臨朝，務博覽廣包，開通言路，不偏聽爲治。在廷諸臣爭言事，已而言者益多，經筵臺諫氣益厲，高者一歲九遷。後進小生聞風慕嚮，各往往上章論事。或未深曉事利鈍，一切排抵恣意，取直聲爲快，至樹立標志，號曰『清議』。自樞輔大臣，外及封疆將帥，下至州縣吏，皆拱手承事之唯謹。益吾於是時爲經筵講官，間獨以爲此非國家之福也。於是拜疏稱：『莠言亂政，宜稍裁抑之。』疏奏，薦紳間傳其語，皆竊罵益吾。」表文雖在後，所論亦與相合。賀松坡云：「仿子雲得其神似，而命意尤高。」《明清八大家文鈔》云：「同光間言官競尚風厲，實無裨於大局，此文蓋爲是發。」

《讀荀子》二篇　同治五年丙寅十二月在曾公幕府作。曾文正公《日記》：「同治五年十二月八日，與吳摯甫一談。渠本日作《讀荀子》一首，甚有識量也。」

《代陳伯之答邱遲書》　與前後文當同時。《八家文鈔》云：「集中駢儷文字，止此一篇，其波瀾意境，則從太史公《報任安書》來也。」

《答陳樸園論尚書手札》　同治七年戊辰五月十八日。公是日《日記》：「擬復陳樸園信。樸園名喬樅，侯官人，陳壽祺恭甫之子也，官江西，著有《今文尚書考》。此稿擬上後，頗爲相國所賞。蓋相國之不遺小善，令人心感，往往類此。」

《張薊雲墓碣銘》　與蕭廉甫同客曾幕時作，賀松坡云：「奇趣有似韓處。」

《合肥相國五十壽序》　同治十一年壬申正月官深州作。

《湯勉齋墓誌銘》　光緒元年乙亥里中作。《八家文鈔》云：「遒鍊。」

《張中丞母李太夫人哀誄》　張靖達公樹聲之母，光緒二年在江蘇巡撫任歿，文當作於是時。

《送蕭渠卿序》　賀松坡云：「先生爲政，蓋如所言。」《八家文鈔》云：「此韓退之《伯夷頌》所謂『特立獨行，窮天地，亘萬世而不顧』者也。千古豪傑之士，未有不如此，特非恒人所知耳。」「其是非可不顧，猶不可勝聽」，案：「可不」之「不」讀「否」，或讀「不顧」爲句，非。

《高郵董君墓誌銘》　案：《日記》：「董君卒於光緒元年，公二年閏五月過揚州始知之。此文當在二年後，其子對廷請作。」《八家文鈔》云：「古文中四言體，至公而造其極。開闔震蕩，變動鬼神，可謂前無古人，後無繼者矣。」

《黃氏族譜序》 光緒元年。

《祔祧議》 光緒三年六月，在李幕議穆宗升祔典禮作。賀松坡云：「此與劉子駿《毀廟議》、韓退之《禘祫議》、歐陽永叔《濮議》、曾文正公《郊配議》，皆有當於人人之心。」

《送曾襲侯入覲序》 光緒三年七月。

《馬太夫人壽序》 光緒五年己卯九月。是月公攝天津府事，蓋馬君遭憂去，遂代其任，此文必先期作也。張廉卿云：「極意刻畫昌黎，乃甚肖似，尤愛其陳義遺言之雅。」

《贈太僕卿故福建臺灣兵備道吳君墓銘》 光緒三年丁丑。賀松坡云：「譎宕。」「或往往孤特獨立」，賀松坡云：「自道。」

《前工部侍郎潘公神道碑》 光緒四年戊寅。張廉卿云：「全篇極意經營，旨在詞表。」賀松坡云：「此與曾文正《季公碑》同一妙遠。」

《廣西潯州府知府薛君墓碑》 光緒五年己卯。張廉卿云：「前路叙次，純用昌黎家法，末乃自出新意，綴孫侍講書以亂之，甚妙。」

《祭丁樂山訪廉文》 光緒六年庚辰。丁名壽昌，直隸按察使，本年卒官。「秋七月日子」，案：「日子」連讀，十日十二子也。見《南史·劉之遴傳》。

《朝鮮貢使集讌圖記》光緒六年。張廉卿云：「前面敘高麗貢使登郡樓數語，最閑遠可愛；後幅字句聲響，無一不酷肖退之。」「至耎弱不自葆就」，男闓生謹案：「文專就藩屬立言，而國家失於控馭，自見言外。」

《安徽按察使豐潤張君墓表》光緒六年。張廉卿云：「篇中提頓旋折鉤勒處，一一有法。」

《答王晉卿書》光緒八年壬午。以下冀州作。張廉卿云：「酷似姚惜抱《與人論經學書》，間雜以詼詭之趣，則惜抱之所無也。」又云：「承示大箸，此一首尤服膺不置，必傳無疑之作。」

《李相國六十壽詩》光緒八年。張廉卿云：「驅邁之氣，瓌瑋之詞，足以嗣響揚、馬。」「伏見往古歌詩」，張廉卿云：「其氣古，其詞雅，最近似班孟堅。」

《讀文選符命》張廉卿云：「此文高卓奇確，前無古人。」又云：「此與《李剛介誄》，蓋已軼姚梅而上之矣。」范肯堂云：「公之斯文非唐以後之文也。至其學問之弘毅剛正，亦庶幾乎太史公。」

《李起韓先生八十壽序》光緒十三年丁亥九月。張廉卿云：「文甚奇縱。」《八家文鈔》云：「瓌奇偉麗，似周秦諸子。此等文體，乃先生獨創，非他所家能有也。」

《福建臺澎道剛介孔公碑銘》光緒十四年戊子二月。賀松坡云：「此文初稿，統論臺灣大勢，其說甚具。已而謂濤曰：『其人其事不能稱此文。』濤曰：『韓退之《送鄭尚書序》非其例乎？』先生曰：『送序可也。施之碑志則不可。』乃改爲之。」又云：「頃讀張先生《孔公臺灣祠碑記》，乃如先生初稿所言。兩先生皆亡，殆無從質所疑矣。」張獻群宗瑛云：「宗瑛妄意張先生文乃臺灣祠碑，故可就全境立論。先生此文乃剛介墓碑，故以不稱爲嫌也。」男闓生謹案：「銘尾六句，乃一篇大旨所寄，仍注重臺灣大勢立言，特通篇抑鬱不發，至末始一及之。文章之道，固無定律可循，至其精微之藴，則亦不能外也。」

《清河觀察劉公夫人詩序》光緒十三年九月。劉名樹堂，字景韓，時爲清河道。張廉卿云：「儁傑廉悍，横厲恣肆，此等題乃能爲此奇文，作者故乃具絶大神通者耶。」

《李相國夫人壽序》光緒十三年正月。《八家文鈔》云：「奥博醇厚，近西漢人。」

《記寫本尚書後二篇》光緒十三年七月。賀松坡云：「因揚、韓之説，神游其境，與之冥合，而文之雄譎遂與揚韓相類，亦所謂『唯其有之，是以似之』也。」《八家文鈔》云：「二篇氣體醇厚淵懿，蔚然西漢之文。」

《范蔭堂先生壽序》范爲肯堂尊人，肯堂以乙酉三月至冀，七月南歸，此當其南歸前作。《八家文鈔》云：「擷揚馬之精華而變其貌，奇闢雄麗，獨有千古。」「藏鏹百萬」，刻本作「繦」誤。「下人之耆尚有不齊」，案：「用筆突接硬轉。」

《孔叙仲文集序》光緒十四年戊子。張廉卿云：「用意甚佳。」范肯堂云：「淡而有鬱致。」賀松坡云：「疏朗秀逸。」

《李剛介誄》光緒十一年乙酉。張廉卿云：「此文自曾文正外，無能爲之者。公於此體，蓋專長獨擅矣。」又云：「疾讀一過，使人變色失步，其高奇殆非近世所有。閣下前書謂肯堂有『萬夫不當之勇』，吾於公亦云，吁可畏哉！」《八家文鈔》云：「英偉跌宕，光芒四射，於四言中創闢奇境，先生獨擅之作。」

《論語叙贊》　賀松坡云：「刻意摹子長、子雲。」男闓生謹案：「《論語》、《孟子》皆集録之書，其編次先後，皆有微旨。《孟子》七篇次第，公既於平本詮發之矣。《論語》之旨，則於此文闡之。」

《祭蕭君廉甫文》　光緒十四年五月。廉甫名世本，官終正定知府。張廉卿云：「姚惜抱氏謂『哀祭之詞，楚人最工，大底鬱勃煩寃，虛無縹渺，不可方物，韓退之祖之。其祭朋舊之作，所以獨有千古者也。』文乃深得此指，故不襲其貌，而神獨似之。」

《答張廉卿書》　光緒十三年閏四月。

《再復張廉卿論三江書》　光緒十三年七月。

《答張星階書》　當與上篇同時作。星階名映櫺，官冀州州判。

《送張廉卿序》　光緒十四年。廉翁南行，計始於是年六月，至九月成行，此文必六月後九月前作。張獻群云：「此文乃先生自道之辭，李文忠公之於先生，蓋如是也。」案：「此評未甚恰當。」《八家文鈔》云：「此義實前人所未發，持論精核而名通。」

《祭方存之文》　光緒十四年十月。存之名宗誠，桐城人，官棗强知縣，以文學名於時。《八家文鈔》

云：「風趣絶高。」

《祭弟文三首》　光緒十五年己丑正月。《八家文鈔》云：「沈鬱寃憤，騷些之遺。」

《張筱傳六十壽序》　光緒十五年。以下到蓮池後作。張名紹華，桐城人，官至江西布政使。賀松坡云：「風神蕭灑。」

《趙忠毅公遺書後序》　光緒十五年。范肯堂云：「此文出而功名氣節之士有不以先生爲然者矣！固當獨令當世誦之耳。」賀松坡云：「先生既罷官，無復再出之意，故其言如此。余嘗與范肯堂論此文曰：『先生此文所謂其中有我在者。』肯堂曰『然。吾與張幼樵同讀此文，幼樵不以先生之説爲然。以爲國家有事，復召而用之，寧得自甘安逸而終不出也。此亦所謂其中有我在也。』」

《銅官感舊圖記》　光緒十七年辛卯八月。范肯堂云：「此惜抱先生評《峴山亭記》所謂『吸風飲露，蟬蜕塵壒，絶世之文』也。其曰『神韵縹緲』真善讀歐公此文。然頗議其人爲誰二句爲俗調，欲依海峰改之。當世則不以爲然。二句正歐公神韻起處，特其調爲後人用俗耳。若依海峰，則似强而實促矣。當世以讀彼篇之法讀先生此文，自謂能得先生深處。」

《張靖達公神道碑》　光緒十九年癸巳六月。《八家文鈔》云：「叙次一本《史記》，銘尤淳古奇峻，他家所無。」「李公伉爽不爲謙。」范肯堂云：「此昔時尊論以董公行狀等作，惟其人肖之，無容心者，然文斯妙矣。」「然公雖執謙讓。」范肯堂云：「相資濟云云，開拓之筆，此則關紐後半篇。好在皆以澹語經營，蓋果能自然矣。」

《誥封淑人梁淑人墓誌銘》　光緒十八年壬辰十一月。案：許名振褘，字仙屏，時爲河道總督。《八家文鈔》云：「詭雋。銘詞直逼屈宋。」

讀《淮南王諫伐閩越疏書後》　光緒十七年。賀松坡云：「先生讀《漢書》諸王傳，於發覺反謀處，皆用紅勒，即此篇之意也。」又云：「先生嘗言：『賈生間人骨肉，乃小人之尤，吾嘗有文論之，而不敢示人，恐駴人聽聞。』濤請一讀，堅不許，即此文也。今讀之，文筆雖奇，而理則確切，乃世間不可少之文。且可因此而悟讀史之法。」

《題玉露禪院》　光緒十八年正月在泲寧作。《八家文鈔》云：「流連感歎，歐陽子得意之筆。」

《策問二首》　光緒十五六年間蓮池課士作。

《保定曾文正公祠堂碑記》　光緒十八年十月。賀松坡云：「中幅用韓公體，益加恢奇，前後古雅頓宕，其神亦絶似韓公。」「『公於江南』節，賀松坡云：「仿鄆州《谿堂詩序》而變其貌。」《八家文鈔》云：「銘詞風神宕逸，宛轉多姿，韓公不能逮也。」

《袁望清詩序》　此篇疑亦在壬辰年。范肯堂云：「無波瀾生發，亦并無意思掉弄，只若就事論事，平放數十語，澹折一二筆，而已深遠綿邈，不可攀追。讀此才知歸熙甫《題張幼于文太史卷》尚嫌俊快，而王介甫挾道德待世等文，真不免淺滑也。」賀松坡云：「筆勢鬱盤。」

《旌表節烈張太宜人碑銘》

《胡氏譜序》 此下二篇當是癸巳年作。范肯堂云：「公評叔節文，以爲空翠撲人，此自深洞中古時緑也。」「是非久而後定」。男闓生謹案：「公於舉國蒙昧之秋，獨立主張開化，不屈不撓，其所守正自如是。此絶大識議，特借譜事發之。」

《姚公談藝圖記》 姚公名瑩，字石甫，桐城人，姬傳先生弟子，姚仲實叔節之大父也。范肯堂云：「曠然千載之感，實切於身，遂爾恣意唱歎。此已上與太史公《六序》精神混合爲一，下與歐陽公抗手矣。我無蘇氏之才，王曾氏之學，何以爲弟子乎？三復悵然。」「豪傑之士」二句，范肯堂云：「悲咽從此起。」「是後中國多故。」范肯堂云：「不知者謂是姚没曾未興，有如是之叙次耳，則未喻其筆下所以悲放處、咽斷處、横掣倒轉處，純是太史公、歐陽永叔勝境。」收句，范肯堂云：「用筆有宜向盡處盡者，此類是也，避之反失。」

《賀蘇生先生七十壽序》 光緒十九年。范肯堂云：「纏綿往復，外集中爲人取法之文。」「先生之弟鐵君。」賀松坡云：「先生謂濤曰：『子嘗爲叔父乞余文，余訖未爲，故於此文及之。』濤敬應曰：『得此數言足矣。』」末段「木假山記」一節，《八家文鈔》云：「案先生二子皆知名，與明允相類，故引《木假山記》作收。妙極自然，非泛設也。」范伯子云：「質之先生當知中峰魁岸踞肆，若有以服其旁之二峰，二峰者凛乎不可犯，雖服於中峰，而岌然决無阿附意云云。若喻已與二子，則不能爲是言矣。」

《題范肯堂大橋遺照》　作此文廉翁尚在，當亦癸巳年。　賀松坡云：「此文之佳，固在有詼諧妙趣，尤當玩其節奏。」已上四篇，疑皆同時作。

《合肥淮軍昭忠祠記》　光緒二十年甲午六月。《八家文鈔》云：「前半有關清代兵制，後半所以開迪新學，矯切時論，文之英光瑋氣，與曾相諸祠記埒。」「一旦有事」，男闓生謹案：文作於中日戰事以前，而淮軍之必敗，已若燭照，數計而決之。後幅「學校未廣，人才未出」云云，若代爲惋惜，實即所以箴之也。

《贈光禄大夫合肥李公廟碑》　光緒二十年六月。

《程忠烈公神道碑》　光緒二十二年丙申六月。《答賀松坡書》云：「來示謂『收束蘇州事後，宜綴以克復金陵』數語，使文勢闊遠，自是卓論。鄙意有所劫，蓋功名之際，至爲難處，政府自來成敗論人。當蘇州克復後，金陵尚未到手，朝旨嚴催李公會攻金陵，文正函檄并催，而意旨則深知沅帥足辦此事。金陵固且垂克，惟慮李相果來分功，而忠襄不能無介介也。李公知之，左右支梧，不肯遽往。已而金陵成功，其事始解。故文字中，欲將蘇州專屬之李，金陵專屬之曾，使二事分明。程公事中不敢涉及金陵功績者以此。」賀松坡云：「一氣奔瀉，而節節收束，紀律謹嚴，而提頓蕩漾處精神洋溢，自馬、班、陳、范及韓、歐、王外，皆不足語此。」《八家文鈔》云：「全篇皆從旁面側面烜染生情，是爲加倍寫法。尤以戈登陪襯，奕奕有神，時出時没，如《史記·平準書》之有卜式也。」

《武安縣孫君墓誌銘》　光緒二十一年乙未九月。賀松坡云：「其體勢及自醒作意處，皆似韓公《孔君勝墓銘》。」

《題馬通白所藏張廉卿尺牘册子》　廉卿先生卒於甲午年，此必甲午以後作，贈别馬通白詩在甲午秋冬間，此蓋與同時也。賀松坡云：「奇情、逸興、高韵，非復人間所有。」

《陝西留壩廳同知陳君墓銘》　光緒二十年。賀松坡云：「質健奇古，惟韓公有此筆力。」「國家柔遠」，賀松坡云：「憤世之心乃時時發露。」

《姚節婦贊》

《從兄鄆城知縣吴君墓表》　光緒二十三年丁酉四月。康之名寶三，公從兄也。《八家文鈔》云：「有逸趣，義法尤精。」「教授其弟」，案：本集「第」字皆作「弟。」此「弟」亦「第」字，非兄弟之「弟」。

《跋五公尺牘》　李相出聘列國，在二十二年丙申，此當丙丁間作。賀松坡云：「抑揚吞吐之間，其風神絶似《史記》。」

《黄來庭墓表》　光緒二十二年。《八家文鈔》云：「聲色并茂，先生治冀之精神，讀此可以想見。」

《弓斐安墓表》　賀松坡云：「此熙甫《歸府君墓銘》之類。然彼論古，此言今之外國古所未有之事，其創端造境極難，而文之古奥淵雅，乃過之遠甚。」

《石埭李氏族譜序》　賀松坡云：「叙次分合順逆復叠處，皆似《史記》，論尤精確。」

《榮成孫封君神道碑銘》　光緒二十三年三月。

《左文襄公神道碑》　光緒二十三年七月。《八家文鈔》云：「氣勢瑰偉，震蕩六合，而意旨所寄尤在筆墨之外。」「公既成軍而東」，賀松坡云：「此段初讀之，以爲既稱公不爲曲謹小讓，此二事似不必書，已乃悟此文皆推本於曾、胡之知公。書此二事者，非言公之謹讓，乃言曾、胡之喜公出也。或欲删貽幕事，尤不可，篇中皆曾、胡并舉，此處自不得獨言胡公。」男闓生謹案：「删貽幕事」乃蕭敬孚丈説。「號曰恪靖定邊軍」，《八家文鈔》云：「先生嘗謂恪靖者，國家褒異之稱，豈可自以爲號，記此蓋譏之也。」

《汪星次墓銘》　光緒二十二年。

《誥封一品夫人葉母徐夫人墓誌銘》　光緒二十二年。

《送陳伯平太守入覲序》　光緒二十三年六月。伯平名啓泰，長沙人，官終江蘇巡撫。賀松坡云：「先生所見者大，不以早退爲高。論雖奇創，實則通澈和平，故以横絶古今之文，而婉曲乃爾。」「蓋有湯鑊以徇之者矣」，男闓生謹案：時在承平，而公已有危亡之懼，故著論悚切如此。

《潘藜閣七十壽序》　光緒二十三年。賀松坡云：「雄駿簡峻」「夫不習外國之情勢」，男闓生謹案：謀國偉略，於閑澹出之，後來庚子之禍，已若預見。又案：潘名青照，桐城人，與公交甚厚。潘卒，公作挽聯云：「我聞彭澤將歸，得一郡小留，遽至於此；世與君平相棄，幸夫人無恙，今其奈何。」

《鄭筠似八十壽序》光緒二十三年。筠似名驤，一字雲史，其興武邑書院，公爲作聯云：「明公家法，有禮堂寫定之經，異日當成通德里，此地昔時，多燕市悲歌之士，爲我一吊望諸君。」以武邑有樂毅墓也。賀松坡云：「滑稽。」

《送季方伯序》光緒二十三年六月。季名邦楨，字士周，江陰人，閩浙總督芝昌之孫。賀松坡云：「斡旋絶有力」。《八家文鈔》云：「先生之文，多經世閎識如此。」

《天演論序》光緒二十四年戊戌正月。自此以下，皆有手稿，其叙次先後釐然不紊。二月二十八日《答嚴幾道書》云：「接二月十九日惠書，知拙序已呈左右，至乃以五百年見許，得毋謬悠其詞已乎！」賀松坡云：「古今中外著述，得此斷制，學者乃得心有所主。文之反復盡意，似曾子固，而傲睨之概，俊逸之詞，則子固所無也。」

《祭翁大家文》光緒二十四年正月。賀松坡云：「以奥折之筆，運古質之辭，往往數十百言如一句，而接換伸縮在在不測。先生四言詩蓋獨有千古，即此短篇，已足駕韓、王而上之矣。」

《祭姚漪園文》光緒二十四年。姚桐城人，名爲霖，字錫九，公嘗與唱和，見詩集。

《王中丞遺集序》光緒二十四年。中丞諱植，會稽人，安徽巡撫。賀松坡云：「遒緊矯變。」「烏乎世運之遷流」，男闓生謹案：文作於庚子亂前，其時上下狃忕治安，以爲無事。公獨深思遠慮，欲謀所以維之，故詞意警湛如此。

《平江吴氏兩世孝行贊》 光緒二十四年。

《會里朱氏族譜序》 光緒二十四年。《八家文鈔》云：「綜散分合，其法一本《史記》。」

《翁大家墓碣銘》 光緒二十四年八月。

《廣昌縣城隍神廟碑》 賀松坡云：「先生四言詩，皆空所依傍，自我作古。斯文乃仿《九歌》、《大招》、《招魂》而爲之，其盤鬱之勢，深婉之韵，詭怪之詞，足與之埒。」「山沈淪兮爲淵」，男闓生謹案：四句叫起下文。「繡畫兮山河」，男闓生謹案：敷天奇憤，鬱極一泄，非爲城隍作也。賀評「深婉」云云，尚有未盡。

《通州范府君墓誌銘》 范卒於戊戌十二月，文成於己亥三月。「三子繼起」，男闓生謹案：文以孝親爲主，特於三子縈拂生情，倍饒風致。

《裕壽泉中丞六十壽序》 光緒二十五年己亥。壽泉名裕德，北洋大臣直隸總督裕禄之兄。張獻群云：「意含諷刺，而文特婉曲。」《八家文鈔》云：「先生文不特詞旨淵懿高古而已，實有經濟當世之偉略，以故聲光并茂，蔚然有關世運。此文亦其一也。」案：裕公實畏邊疆難處，樂河南無事，不知腹地之治正不易言。此文既揭其隱，因舉内治之要以箴之，贈言之義然也。其後庚子之禍卒起於内地民變，文固若洞見矣。

《柯敬孺六十壽序》 光緒二十五年。柯名劭憼，劭忞學使之兄。清賦非令典也。案：公抱經世之略，噤不得施，於當世所稱善政，多不謂然，偶一發之於此。

《贈内閣學士東海關道劉公墓誌銘》　光緒二十五年七月。賀松坡云：「李文忠之受謗，以當時忌之者多，而曉事之人少也，先生嘗引以爲恨。劉公既没，先生向其家索取事狀作爲此文，不但爲劉公及文忠辨謗，以自泄其憤，蓋欲破天下之愚也。」男闓生謹案：公挽劉公聯云：「如明公可謂才臣，鄙夫謬附清流，能毋杜門齰舌，知太史當成佳傳，賤子欲求行狀，一爲鑽石埋辭。」當時詆毁李文忠者，皆以清流自詡，此「鄙夫謬附清流」即謂李秉衡等也。七月十二日《與周緝之學熙書》云：「劉公墓誌，擬稿奉呈，中多忌諱，以韓公撰王弘中、張孝權、胡良公、李邦、張署等墓文，皆不假借曲諱。墓文蓋將告之後來，非以告當時。藏之名山，傳之其人可也。」「蓋名實之眩疑於世也久」，賀松坡云：「將叙公之不得志而去，先發此論，下文云云，乃益令人抑鬱不平。」「李公去位，文正治事之學歇絶於天下矣」，男闓生謹案：李相見此文，使人傳語先公曰：「文章極似曾公，曾公治事之學雖絶，而文章之傳固未絶也。」聞者以爲一時佳話。「而山東巡撫故李公所拔識」，男闓生謹案：時山東巡撫爲李秉衡，先公作此文時，秉衡勢方盛，方倫叔來書，引《慶曆聖德詩》爲戒。先公答之曰：「此國之大事，不敢曲諱。然亦願知好之勿宣播也。」今此書已佚，故不見於《尺牘》中。「世如波騰」，男闓生謹案：公此等銘詞，足以横絶百世。

《龍泉園志跋》　光緒二十五年己亥。賀松坡云：「此文蓋歎兩先生之文采不足自彰，而此志亦不足賴也。低回往復，有弦外之音。」

《裕制軍六十壽序》　光緒二十五年。裕禄字壽山，時爲直隸總督。庚子之亂爲外國聯軍所敗，殉難而死。「某獨顧視公諸子」句，男闓生謹案：文若曰國家大難，公及身或可自全，諸子殆必不免。然孰料不期年間，公已躬嬰其禍也。可慨也已。

《方曉峯八十壽序》　光緒二十五年。雲畊名汝翼，貴池人，官直隸知縣。「人莫不喜順而惡逆」，案：雲畊賢者，故爲陳此義以勖勉之，亦贈言之所宜也。

《仁和王尚書七十壽序》　光緒二十五年十一月。王文韶字夔石，時官户部尚書軍機大臣。案：此文不無譏姍之意，蓋王公之休休有容，非真有益於國，故後幅有「善類盡植緩急足恃」云云，所謂更進一解也。

《鹽山賈先生八十壽序》　光緒二十五年。賈名拱宸，字星垣，恩紱佩卿父。

《記校勘古文辭類纂後》　光緒二十五年。

《胡問渠墓誌銘》　光緒二十五年。問渠，山東按察使胡景桂月舫之子。《八家文鈔》云：「高古特出。」「不顓造請高門」，男闓生謹案：非不造請也，但不顓顓事此而已，此古文用字法。

《誥封太夫人陳母熊太夫人墓誌銘》　光緒二十五年。

《光禄大夫刑部左侍郎袁文誠公神道碑》　光緒二十五年。賀松坡云：「長篇文字須多用提筆束筆，觀此文可見。」「左遷鴻臚寺少卿」，賀松坡云：「以上隨父治軍」。「至是始謝兵事」，賀松坡云：「以上佐李左軍，并收束兵事。」「用廕補户部員外郎」，賀松坡云：「以上京朝事及河南振事」。「曾不登于中壽悲夫」，賀松坡云：「以上結束」。「維後之昌」四句，男闓生謹案：末四語專爲慰庭而發，乃全篇精神之所注也。慰庭方爲東撫，其野心公已逆見之。

《贈道員直隸州知州陳公墓碑》 以下三篇，己亥庚子間作。

《江安傅君墓表》 賀松坡云：「有謂此文傷繁者，先生以爲知言。然叙藏書事極酣恣，其豪情逸趣，自足動人。」

《誥封夫人張方伯夫人墓表》 《八家文鈔》云：「矜練中特著風趣。」

《李勤恪公墓銘》 此下二篇，光緒二十六年庚子十月避地深州作。勤恪公名瀚章，字筱泉，文忠之胞兄也。賀松坡云：「局法、筆法一由心造，而動合自然，與道大適，老年化境也。」

《深州風土記叙録》 光緒二十六年十月。《八家文鈔》云：「公此等文，自馬、揚外，無能爲之者。」

《馬佳公夢蓮詩存序》 光緒二十年冬在京師作。賀松坡云：「離合禽縱，純以神行。」

《誥授武顯將軍王公墓碑》 光緒二十七年辛丑六月五日在京作。九月七日《諭兒書》云：「前撰王襄臣碑，文本不工，老衰筆退，殊不稱意。其起處叙曾祖死難，因與襄臣事相發，故揭明。其收筆言兄弟之累者，乃一篇微意。襄臣小航之兄，小航乃新黨。吾疑去年襄臣死事之慘，乃舊黨深恨小航，波及其兄，故縱拳黨毒害之。然不可明言，故前言教其兩弟皆成進士，小航其一弟也。後言已別不復見，見他兄弟多奇氣，恐其難免於亂世，所謂他兄弟者，即小航。小航不可露，故於其少弟之痛其死，借論兄弟之累，此所謂草蛇灰綫文法，但恐未能佳。其銘詩歸重文字，則是吾與襄臣相交之迹。銘詩與前文固可不別出一意，此亦古法也。」「與之語時事，多與人意合」，賀松坡云：「朝鮮之役，公獨是合肥；越南之役，則不以彭、左爲是。所謂『多與人意合』者，殆指此類。」

《祭李文忠公文》 光緒二十七年。李公薨於九月二十七日，文作於十月二日。賀松坡云：「李公薨，斯文先出，而李公之生平亦以斯文而定。先生撰左公碑，注意其得名。此文論李，又注意其得謗。知左之得名，即知李之得謗；知李之得謗，即知左之得名。讀此兩文，而國論亦定。」《八家文鈔》云：「嶽峙淵泓，俯視一切。」

《丁維屏編修所輯萬國地理序》 光緒二十七年十月二十九日。丁維魯，字奎野，山東人，時爲東文學社生。公文作維屏，蓋筆誤。《八家文鈔》云：「奇情遠想，憤慨而出。今未三十年，而如俄如德當時强大之國，轉瞬皆已破壞。讀先生此文，可謂有前識矣。」

《原富序》 光緒二十七年十一月三日。「古之生財之塗博矣」，賀松坡云：「其説甚精，與牽引古義以比附西事者不同。然終非自造境界，蓋非先生文之至者。」案：賀公此説亦拘。《八家文鈔》云：「識議閎偉，巋然經世之言。」

《黄淑人墓銘》　光緒二十八年壬寅二月十三日。《八家文鈔》云：「後幅慨深而神遠。」案：後幅低徊慨歎，悠然弦外之音。

《劉笠生詩序》　光緒二十八年二月十三日。劉名敦元，女適天津徐氏，即徐總統世昌之母也。《八家文鈔》云：「後半奇逸妙遠不測。」男闓生謹案：後半以山水喻文學，以大龍喻先生詩，委宛深微，用意使人不覺，文章奇妙處也。

《謝衛樓所箸富國策序》　光緒二十九年二月二十七日。《八家文鈔》云：「此文針切晚清時事而發，詞旨警悚異常。」男闓生謹案：時大亂之後，太后方舉萬壽慶典，而中外百僚爭求供獻珍琦，以希媚寵。故文中特著「召賓上壽」、「娭游玩好」云云以見意。

《周易象義辨正序》　以下八篇在日本作。光緒二十九年七月二日。賀松坡云：「語近詼諧，而義則通澈，文筆之譎詭，殆不可方物。」《八家文鈔》云：「持論閎通，必如是乃可以言《易》。」

《跋蔣湘帆尺牘》　七月六日。

《金子濟民周易本義啓蒙纂要序》　七月二十二日。

《矢津昌永世界地理序》　七月二十三日。《八家文鈔》云：「沈鬱頓挫之文。」

《高橋白山詠經子史絶句千首跋》　七月二十三日。

《岸田吟香萬國輿圖誌略序》　八月八日。《八家文鈔》云：「用意絶佳。」

《高田忠周古籀篇序》　八月十四日。《八家文鈔》云：「閎識偉議，得未曾有。」

《日本學制大綱序》　八月十七日。《八家文鈔》云：「筆力横健特甚，具見捄世苦心。」

《冬至祠堂祝文三首》　以下還國後作。十一月二十一日。《八家文鈔》云：「三篇高格，皆在西漢以上。」

《武强賀偉堂先生八十有三壽序》　十一月三十日。

《姚慕庭墓誌銘》　十二月四日。慕庭名濬昌，父即石甫先生也。《八家文鈔》云：「文境清遠，一如其人。」

《跋王畏甫遺文》　十二月五日。畏甫名嚴恭，桐城人，與公同年鄉舉。

《李文忠公神道碑銘》　十二月二十日。

《李文忠公墓誌銘》　十二月二十日。賀松坡云：「祭文專言公之被謗，蓋慨中國人之不曉事也。此篇則絶不言其被謗，專論外人之傾服，而謗者之不曉事，益可於言外見之，其寄慨尤深。銘辭乃自明其作意。《跋五公尺牘》言中外之是非不同，亦即此意。」又曰：「祭文言被謗，墓銘言外人傾服，神道碑言人必壞其成，不能大展功能，然已能搘柱艱困。三篇用意不同，雖同言一事而精神各别。」

《詩樂論》以下外集　案：《詩樂論》、《漢表讐字序》、《三易異同辨》、《益稷辛壬癸甲説》、《伯祖逸齋先生文後序》、《讀内則辨》、《讀漢書古今人表》、《二十八宿甘石不同考》、《詩序論二首》、《讀盤庚》、《讀項羽本紀》、《漢王劫五諸侯兵考》、《與楊伯衡論卷耳序書》、《書鄭康成詩二南譜後》、《與楊伯衡論方劉二集書》共十六篇，當皆癸亥以前，研精學術文字。《尋孔顔樂處論》、《爲里中舉節烈引》二篇，當是癸亥年入學後作。

《贈蕭君敬甫序》　同治元年壬戌。敬甫名穆，桐城人，晚客滬上，以校刊書籍得名，著有《敬孚類稿》。

《尋孔顔樂處論》

《漢表讐字序》　以上二篇，說見前，後放此。

《左忠毅公畫像記》　咸豐十年庚申冬，避地作。

《章冠鏊傳》　咸豐十一年辛酉。賀松坡云：「遒緊簡勁，無一懈筆。」「賊亦以是怨東鄉未發」，賀松坡云：「『未發』二字，住而不住，忽插入『章氏於東鄉爲巨族』數語，伏下戰事，乃突接『賊怨東鄉久，又所誅求輒不報』二句，言怨而未發者，因誅求不報而乃發也。其奇處在中間插入章氏一段，若以常法爲之。『賊亦以是怨東鄉』下，便徑接『又所誅求輒不報』。『某年月日擁衆大掠東鄉』其下乃接『章氏於東鄉爲巨族』云云，文法非不明了，然無此奇妙矣。」

《伍烈女傳》　咸豐十一年。

《三易異同辨》　「配而不終君三出焉」，案：此出《國語》，刻本「三」作「之」誤。

《益稷辛壬癸甲説》

《爲里中舉節烈引》　文云「庚申辛酉之間」，則在同治改元以後，當癸亥甲子間作。

《伯祖逸齋先生文後序》　逸齋名廷輝，字建標，府學生員，見《日記》、《家譜》。

《王烈婦墓表》　同治元年壬戌。「至於勢窮事迫」男闓生謹案：　桐城陷賊最久，再克再失，此文意皆有所指而言，特借二烈婦發之耳。

《矮栝説》　文云「後經兵亂，環吾居栝柏爲一空」，蓋謂庚申辛酉二年，又云「前年吾叔父斧其下枝之輪囷者，又縱其上枝之萌蘖者，逾年而是栝且高於牆丈餘矣。」「前年」當是壬戌，則作文當在甲子年也。男闓生謹案：　此文公蓋以自喻。

《讀内則辨》

《讀漢書古今人表》　男闓生謹案：　此文公之特識，後來賀松坡先生多近此種。

《廿八宿甘石不同考》

《游大觀亭故址記》　同治二年癸亥，應試安慶作。賀松坡云：　「意想高遠，風神跌蕩。　先生少作已能追步歐公。」「然則非有不朽之實」，男闓生謹案：　方先生方負盛名，詞旨蓋有所激射。

《原烈》　意在糾正方先生之失，當與上篇相先後。

《銘十一首》　疑癸亥前作。

《左忠毅公父母像贊》 此文當是庚申冬，與《左公畫像記》同時作。

《楊壽山先生墓志銘》 同治六年九月。泊大通舟中作。

《錢楞仙駢文序》 同治六年十月四日。此下二篇在曾幕作。錢名振倫，字崙仙，烏程人，楞仙其别字也。

《靈谷龍神廟碑》 同治六年十一月二十日。賀松坡云：「曾公集中有此題，前文即就公作稍加删節，入後借寺宇興廢，發抒偉議，感歎深至，遂爲曾集中出色之文。」

《菊農先生七十壽序》 當是同治六年四五月間回里時作。《八家文鈔》云：「意思真至，發前人所未發。」

《家嚴慈六十雙壽徵言略》 同治七年戊辰十二月，從曾相在京時作。

《朱嘯山六十壽序》 同治七年三月二十七日，在曾幕作。嘯山名富春，見曾集。

《黄侍御墓表》 同治七年，「獨自編修遷御史」二句，賀松坡云：「今不然矣。」

《魯莊公納子糾論》

《痘神考》

《讀韓非子》 以上三篇，疑亦在曾幕時作。「世之閉户著書」，男闓生謹案：公此文亦實有所指。

《蔡烈婦傳》

《題彭孝女册子》

《與朱肯甫書》　以上三篇，疑乙丑上第後，在京師作。

《汪府君家傳》　公於同治七年、九年，皆嘗歸里，此在里中作。　知非遭憂後者，以言葬親而未及遭憂事也。

《李太夫人壽序》　同治八年己巳正月五日在京作。「殆易所謂自天佑之者也」男闓生謹案：　以太史公表序證之，蓋不無譏諷之意。

《籌洋芻議序》　光緒十年薛爲寧紹台道時。

《尹處士傳》　在里中作。

《吴太夫人墓表》　同治九年閏月過揚州作。

《李氏譜序》

《王氏譜序》　同治十二年遭憂後作。

《戴氏族譜序》　以上三篇疑皆同時。

《題葉氏家誡詩册子》　公於同治八年二月，從曾公到保定，文當是時作。　男闓生謹案：　用意在「其當否姑不深論」句。

《李相國五十壽序》　同治十一年壬申正月在深州作。　方存之云：　「文體近韓，有奇崛之致。」又云：「亦是前叙後論文體，而氣自淩厲。」

《題深澤王琴航遺令册子》　此下二篇當亦與前後諸作相先後。

《洪夫人傳》　「出硯篋紿賊」，案：「紿」刻本作「給」，誤。

《曾文正公神道碑》　同治十一年八月深州作。

《求闕齋讀書記序》　光緒二年丙子八月後，在李幕作。

《石匣龍神廟記》　光緒二年。公是年八月始到津，廟雖成於七月，文則當少後也。

《廬州會館記》　光緒二年九月。

《蔡篆青詩集序》　與前數篇同時作。

《安徽通志序》　光緒三年丁丑。方存之云：「雅潔有藴藉。」「是豈執簡之士」二句，方存之云：「用筆甚妙。」「漢之彊也」案：「彊」當作「疆」。

《慎庵圖記》　光緒二年五月以前，居憂里中作。慎庵名起升，馬其昶通伯父也。

《鮑太夫人墓表》　光緒八年十月冀州作。乙酉三月《與王逸梧書》云：「往年委撰老伯母墓文，曾由驛遞寄長沙，并論及叙述閫德，昔人所難，不善爲之，易入塵俗，故不敢删拾年譜，而别出一義，冀稍脱凡近。文既不足觀采，立議又頗涉憤世，無周身之防，執事取其意旨，不須勒石墓道也。」

《記太史公所録左氏義後》　光緒十年甲申十一月。《八家文鈔》云：「特識。」「何至乖異如是。」

案：手稿「至」作「自」，「至」乃刻誤。《八家文鈔》本亦誤。

《二許集序》光緒十四年戊子九月。《八家文鈔》云：「中幅鬱然特起，千載常新。」

《記姚姬傳平點漢書後》光緒十六年庚寅十一月。以下三篇蓮池作。

《書滄州王希岐所箸切韵書後》光緒十五年。

《記古文四象後》光緒二十四年。《八家文鈔》云：「此公晚年文字，老勁殊不可及。」

《辨程瑶田九穀考》光緒二十六年庚子避亂深州作。

《跋所書柳子厚詩》以下二篇庚子十二月亂後入都作。

《題董文敏選録史記真迹》

《遵旨籌議摺》光緒二十七年辛丑正月。

《尾琦字説》光緒二十七年正二月間。

《抱一齋記》二十七年二月。

《跋西師意所箸書》二十七年十月十一日。

《西師意實學指鍼序》光緒二十八年壬寅二月二日。

《李文忠公事略》《直督臚陳事迹疏》辛丑十月十日。「其於兵謀利鈍卓有遠見如此。」《八家文鈔》云：「句勢如鐵鑄山立。」

《山東請建專祠事略》十月二日。

《江蘇專祠事略》十月十七日。

《浙江專祠事略》

《福建專祠事略》十一月二日。

《河南專祠事略》

《上海專祠事略》

《天津專祠節略》賀松坡云：「甲午敗後，濤嘗請先生紀海軍始末，言其創立之艱，而惜其輕於一擲，先生諾之而未及爲。讀此文可知大略。」「是時中外定議」，賀松坡云：「以上摘論籌議語，以下實辦。」「自未購鐵甲之先」，賀松坡云：「練兵用人并爲一段。」「又如險固地形」，賀松坡云：「六事外附益一條。」《八家文鈔》云：「文勢至爲閎駿，忠文身後，先生爲之辨謗最力，無如此文之詳盡者。」

《京師請建專祠呈稿》十月二十一日。

《詩序論二首》以下八篇説見前。「且有古序牴牾不合者」，案：「公手稿，古上有與字，刻本誤脱。」

《讀盤庚》

《讀項羽本紀》

《漢王劫五諸侯兵考》

《與楊伯衡論卷耳序書》 伯衡名澄鑒，與公同年鄉舉，見前《楊壽山先生墓志銘》。後以進士爲湖北知縣。

《書鄭康成詩二南譜後》

《與楊伯衡論方劉二集書》

《北游紀略序》 同治十三年。「清逋決疑獄」，案：「逋」下當脱「賦」字。

《代李相自陳衰疾難膺重寄摺》 光緒二十一年。賀松坡云：「氣體似《潮州謝表》。」

《祠堂祝文三首》 光緒元二年間里居時作。

《祭汶上府君文》 光緒二十一年八月。

《録歐陽公詩本義跋》以下補刻 光緒十二年二月。

《題王晉卿注墨子》 光緒八年。

《都司白君墓誌銘》 光緒二十四年五月。《八家文鈔》云：「此篇集本失載，其奇古非他人所能及也。」

《對制科策》 同治四年。《八家文鈔》云：「此乙丑廷試對策，行狀所謂『不用當時體，倭文端欲置一甲，而某公抑置三甲』者也。文稿久佚，集本亦不載，今從其家搜得，以闕先生出處大節，故特著之。」

風簷寸晷中，弘贍如此，豈常人所易及哉！」「於是有三考六計之法以馭其臣」，《八家文鈔》云：「制策所問四事，今以講學爲主，而餘三事胥納於其中，不惟義理允洽，而文字亦有條不紊，此所謂義法也。」「將何以仰副陛下求言之意乎」，《文鈔》云：「以上總冒，並申明不循制科格式。」「俸薄而無以自給」，《文鈔》云：「議論極似大蘇。」「敢臚列而敬陳之」，《文鈔》云：「以上條答所問四事。」「天下幸甚」，《文鈔》云：「以上歸本君德作收，與起處相映。」

附佚文存目考

《禘祫議》　案：《日記》當作「禘祫考」。

《讀墨子》　案：即補刻之題王晉卿注墨子，作「讀墨子」誤。

《劉猛將軍考》　以上三篇，原刻目録所載。

《明堂考》　同治五年十二月二日。見《曾文正公日記》。《日記》：「吾少時作《明堂考》，頗見賞於曾文正，今其稿已佚。」

《三正辨》　已上二篇目，均見《日記》，今補録之。

《與曾履初兄弟書》　《八家文鈔》云：「此書關先生出處大節，《文集》中不載，今從《尺牘》鈔入」。

《與弟書二首》　《八家文鈔》云：「以上二首，《尺牘》中亦不載。茲從其家藏遺稿搜得録之，以見賢哲之用心，與恒人相去千萬也。」案此二首《尺牘續編》已收入。

附：《八家文鈔》所録《深州風土記》四篇

《河渠》　賀松坡云：「《河渠》、《賦役》、《兵事》三篇，嚴密而縱宕，蓋兼《漢書》、《史記》之長；而遠識孤懷，傲睨今古，則子長所獨擅，孟堅不能也。」

《歷代兵事》《八家文鈔》云：「千餘年來兵事，纖悉備載，而歸結於近世之拳禍，自首至尾如一筆書。中間提頓轉摺，處處有法，自《史》、《漢》外，蓋鮮見此大文。」

《流寓》《八家文鈔》云：「奇逸蕭散。」

《物産後叙》　賀松坡云：「《物産後叙》，仿《貨殖傳叙》，《叙録》仿《法言》，奇古皆足與埒，而識力過之。」《八家文鈔》云：「聲響采色酷似《史》《貨殖傳》。」已上《尺牘》三篇，《風土記》四篇，皆《文集》所無，爲《八家文鈔》所增入者。　案：公《尺牘》中應入《文集》者正多，今不遑搜輯，後賢必有能辨之者也。

桐城吴先生年譜卷四

詩集箋證

《答劉省三軍門見寄》 此劉公平賊後，乞假歸里，有詩寄公，公作此答之。《日記》： 同治九年庚午九月初二日，丁中丞回蘇，與劉省三軍門同去。省三軍門因六月下旬樞廷頗議防禦，故諭令來營。及是事緒少定，劉公徑回皖中。此公近日頗希冀督撫，不能鬱鬱久居此也。 詩疑即此時作。「君王近日方嘗膽」，指外交棘手而言，謂主上憂勞不得自安逸樂也。 劉爲淮軍第一名將，此四詩皆極意慰勉之作。首章勸其勿以功名自滿，不言功者，猶言不可言功也。 次章勸勿久留鄉里，豈多時者，言不可久延也。三章勸勿沈湎聲色，末章勸其再立新功，而語皆含蓄不盡，婉而多諷，有關時局甚大，非漫爲酬酢者比。公在曾李幕府，壯肅以武人，極佩仰公。 時風氣固塞，朝議不知外事，公勸壯肅上疏，請開鐵路，爲定疏稿，中國鐵路之建，實始於此。 李文忠與張幼樵書云：「此乃鄙意所欲言而未敢言」者，見《李集朋僚函稿》第十九卷。 公輓壯肅聯所謂「芻言繆采，入朝曾草皂囊封」者也。 湘淮軍平賊功雖高，皆戡定内亂耳。 海寓大開，必雄飛域外，方足增重國家，四章用意在此。 章法一貫而下，若劉之悻悻乞身，更爲不足道也。 公初出時本有天下自任之志，故劉以「定遠」爲比。 公兄肫甫曾佐劉幕，故有「孟堅入幕」云云。

《題吴桐雲城南飲餞圖》　桐雲名大廷，公嘗爲其墓誌銘見文集。　銘云曾文正公再鎮江南，薦起君自助，益重知君。　此詩當同治六七年間與吴同客曾幕時作。

《題蕭廉甫望雲圖》　蕭名世本，與公同客曾公幕府，交誼甚厚。　後爲正定知府，卒官，公有《祭蕭廉甫文》。　詩當是同治七八年在曾幕作。　山谷詩「北窗風來舉書葉」，又竹枝詞「我家白髮問烏鵲」，姜維母以當歸寄維，見《三國志注》。

《成都楊研星惠贈二詩依韵奉酬并徵壽言》　公於同治七年冬作《家嚴慈雙壽徵言略》，八年元日定稿，此詩當是同時所作。　前首末二句勸其勿輕出，次首起二句自謂無意與人爭功名。　《荀子》「鯈鉢者浮陽之魚也，胠於沙而思水，則無逮矣。」注：　此魚好浮於水上就陽也。　山谷詩「不應太玄草，晞價咸陽市」，謂《吕氏春秋》，懸咸陽市門一字千金，揚子雲恨不生其時，取其金而歸也。「身世雞蟲漫短長」，一本作「商蟲」，《論衡》有《商蟲》篇。

《題張柏溪采芝圖》　同治七年戊辰正月三日作。　紹京，桐城人，與公同鄉舉。「零陵」句以喻文學，末二句以文章之傳自任之意。「再世夔皋」謂文端、文和公父子。　末二句謂紹京不以累世聲華易其儒素之業而屈宰小邑，故可貴也。「龍伯高」見《後漢書・馬援傳》，《援誡兄子書》。　《宋史・文苑傳》，李公麟，字伯時，善畫，自作《山莊圖》，爲世寶傳。

《謝丁筠卿惠茶墨用相國贈吴南屏韵》　戊辰五月朔，在曾幕作。「玄圭」句，以上敘丁贈茶墨；

「餽飧」句以上言二物皆爲主人所有，主人謂曾相也；「腐儒」句以上言不用茶；「窮鼠」句以上言不用墨。「薑芽斂手」見劉禹錫詩；「窮鼠空嚙」見東坡《黠鼠賦》；鼠在橐中空齧欺人，冀人見釋也。山谷詩「處處煮茶藤一枝」，東坡煎茶詩「蟹眼已過魚眼生」，「磨盾」見《北史》，荀濟不服梁武帝，謂人曰：會楯鼻上磨墨作檄文討之。「封藏」句以上合寫，「分似」，「似」即贈也。退之詩「寫吾此詩持送似」，賈島詩「今日把似君。」「玉堂」用杜詩「焉得置之貢玉堂。」《晉書・王羲之傳》。如縈春蚓，如綰秋蛇。「爲試」句以上借茶墨發抒升沈之感。「江平」二句應章首「會澆」二句總結作收。

《東阿道中和曾劼剛公子别李佛生元韵》　注：庚午九月。是時送曾公回江南，蓋與惠敏同行，據日記爲十一月，九月乃十一月之誤。佛生名傳黻，湖北孝感人，曾公幕客，有詩名。張濂亭有《送李佛生序》。「燕草」句謂曾公去後，公留官直隸，明年仍不能歸也。

《馬通伯求見張廉卿以詩介之》　末以曾公作收，寄慨深遠，言曾公之門，尚有如已之散才，則馬生汲汲求師，亦未爲得也。《左傳》朝者曰：「公焉在」其人曰：「吾公在壑谷。」莊子至言不出，俗言勝也。馬求見張當在金陵鳳池書院，此當癸酉至丙子間遭憂里居時，下一首并同。

《方菊裳以其先人麟軒太守冬夜課子圖見示索題》　麟軒名錫慶，桐城人，官臨江府知府。菊裳名寶彝，舉人，刑部郎中。育泉公有《方麟軒太守行年録序略》云：麟軒與余髫齡交，秋闈不售，援例任京官，改縣令，晉牧守，歷任以來，堤工海運捐輸量田諸政，盡心於國，因力主減賦，與方伯抗爭。「一經」句見《漢書・韋賢傳》。「萬言不值一杯水」，太白詩。《淮南子》：「聖人不重尺之璧而重寸之陰。」

《旅舍勸許八飲酒》 許亦桐人，公作《二許集序》，有雲卿秀才，其族也。此詩似公有行役，以許偕行，故於旅舍作詩勸之。元規，庾亮字，《晉書・王導傳》：「導不平庾亮，每西風塵起，舉扇自蔽，曰元規塵污人。」藏神，五藏神也，此即山谷詩「藏神夢訴羊蹴蔬」之意，而小變之。日飲無何，《漢書・袁盎傳》。

《蒙陰道題壁》 公於光緒三年服闋後，四年戊寅，在家營葬事畢，五年五月赴部驗放，此當是五年三月北上途中作。同治七年十一月，曾公由江南移督直隸，公隨行，曾公日記：「二十六日傍夕，與吳某甫至野觀泰山徂徠諸峰。」詩所謂「朔風吹雪」記從征也。曾公初見公，以漢禰衡爲比，此追記其事。五句言曾公已逝，六句言海國多事，末二句言今日無復曾公之人才，惟其遺烈與山斗同永耳。次首「片雲」句公自喻，「怪石」喻世難。末用山谷詩意，言知己已逝，無可復言，惟對酒開顔而已。

《答王鼎丞元韵》 王君原作自注云：「丁丑八月十六日夜對月奉柬。」丁丑光緒三年，公時在天津李相幕府，距丙寅歲初從曾相時，已閱十年。鼎丞名定安，湖北人，與公同客曾幕，公輓鼎丞聯亦云：「當年定交在太白樓頭，共看人敬張君嗣。」案：公初從曾公在濟寧，濟寧有太白樓，然金陵亦有太白樓，故公題金陵湖廣會館聯云：「邀太白樓一千年明月，不必定言濟寧也。」「晨裝摶曾颸」，大謝詩。《荀子・非相篇》「皋陶色如削瓜」，傅說身如植鰭。枚乘《七發》「流攬無窮，歸神日母」，因墀國在西域之北，見《拾遺記》。「玉卮無當」見《韓非子》。西洲即《晉書・王導傳》羊曇過西州門痛哭事。公詩皆作「洲」。《北行七哀》詩亦云：「征驂昨與過西洲」，「洲」「州」同字。「出看」句以上叙在曾公幕府，「書成發凡」謂定安所作《湘軍志》也，《水經》「漣水出連道縣西，資水之别，東北至臨湘縣，東入於湘。」《一統志》：「漣水在湘鄉縣。」此言定安作志時。「閉門」句以上叙十年後再見，「元戎」謂李相。末句指王君侍姬，言「君喜我來」，君之侍姬當亦爲之歡笑也，與起處緑鬟紅袖，中間美人紅顔，相映爲章法。

《冬晴奉和李佛生元韵》　此下諸詩，皆曾公殁後公與佛生同官畿輔，在天津所作。詩云「小吏有時排雁鶩」，又云「八尺畫堂裹章服」，則已卯九月後攝天津府時也。謝靈運、謝瞻皆有《九日從宋公戲馬臺集送孔令》詩。侯與馬借對，唐人多此例，「隨事改」，謂曾相已逝也。

《次韵李佛生》　《三國志》徐邈嗜酒，自稱「中聖人」；韓詩「不到聖處寧非癡」；蘇詩「臣今時復一中之」；《南史・王融傳》「好詩圓美流轉如彈丸。」此詩首句酒，次句詩，三句總，五句飛揚，六句濩落，末復總結之，此章法也。至於意興瓌奇，精采飛動，則非尋章覓句所能拘矣。山谷詩「春溪蒲稗没鳧翁」，《説文》「翁，頸毛也」，此以「鳧翁」與「虎子」作對，設想甚奇。「詹尹端筴」，見屈原《卜居》。

又，黎侯謂蓴齋，方隨使西域，張謂濂亭，「世上浮榮今已空」，佛生晚而好佛，故云。

又，詩云「小吏有時排雁鶩」，知爲攝天津府時。又云「新年冰水澌滔滔」，則光緒六年庚辰正月間也。時佛生將南行，故有「故園兄弟如相問」之句。「馬曹」用《晉書・王徽之》事，「坐曹」見《漢書・薛宣傳》「日坐曹治」事。

《次韵李佛生兼示哲嗣和度》「拄笏看山」亦在官時語，「停雲伫月」謂李之意方有待也，「家雞野鶩」則兼爲和度而發，五句自謂，六句謂李。「鷇音」見《莊子》，此以喻和度，言吾曹涉世已深，但望兒輩繼起耳。和度名嘉璧，佛生第五子，工書，書法六朝，筆意遒古，公嘗傳印所著寫定尚書，和度筆也。

《次韵許涑文觀察擬諸將五首》此五首皆詠伊犁議俄約事，當是光緒六年春間，曾惠敏奉命使俄時作。首章總叙。首句言邊防久懈，次句言敵情多詐。《後漢書·隗囂傳》：「櫜弓卧鼓」，《莊子》：「猶應響景」，又云：「雞雖有鳴者已無變矣。」此言平時既無先事之防，臨事又張皇不能鎮定也。三句言西北形勝，四句言通商要道。《梁書·裴子野傳》：西北遠邊有白題國，杜詩「胡舞白題斜。」五句言當年征服金川之成績，六句言藏番臣貢。《漢書·郊祀志》《天馬歌》太初四年誅宛王獲宛馬作，「黄支自三萬里貢生犀」，見《漢書·王莽傳》。末二句言國權所關，不可放失也。《國語》「守固不媮，節度不攜」，「節度攜」三字本此。次章詠崇厚以議約獲譴。「大何」用賈生疏「大譴大何」，「何」即「訶」字。次句譏其辦裝時未辦懸河之口也，三四言新約失平，國論反對者衆。「縛馬書」見漢武帝罷輪臺詔。五六言國權一失不可復得，而棄地太廣，尤不可從；末二句追憶祖宗開國之盛，而承平已久，歎應變之無人也。三章詠左文襄。是時左公主戰甚力，務收人望，故首句云云。次言其新有平定新疆之功，三四恐難再操勝算，五六言其部下將領均未能迅赴機宜，故用「遲渴」二字見意。李文忠與譯署函稿，議及左軍，略云：

「其所恃劉、張兩軍，毅齋劉錦棠近狀如此，朗齋張曜亦以久役乞假，軍心不固，外强中乾，設有決裂，深爲可慮。」詩意與此略同。謝艾、張重華將，見《晉書·重華傳》。陳安事見《晉書·劉曜載記》，皆切西北邊事，藻不妄抒。末二句譏其勇於任事，當時以主戰爲清議，左公持論正與之同，所謂扶清議也。四章詠曾惠敏，望其能以口舌收功。「折衝尊俎」，語本《國策》，《漢書·終軍傳》「軍無横草之功」，元裕之詩「百二關河草不横」。五六追述文正生平外交政策常持和節，以不戰制勝。《孫子兵法》「不戰而屈人之兵」，「屈人兵」三字本此。末二句計惠敏必能折衝禦侮，望持國者俾得展其所長，後惠敏改定元約，卒如所言。五章詠李文忠。起言李公爲國家所賴。「潭潭大度如卧虎」，用山谷詩，言范忠宣之臨事持重，不輕開邊釁。「守便宜」用《史記·周勃世家》「太尉卒守便宜，不肯出兵」，以喻李公對時局之意見。三句言其平定粤捻之功，四句言外交事繁。「亂絲」見《北齊書·文宣帝紀》。五六言將相盈朝，末言今日之事仍非李莫屬也。此詩五章一氣搏挖而下，當作一篇讀之，首言事絶重大；次言中朝無能勝任之人；三言左公方一意主戰，以得時譽；四言曾侯出使，宜且聽其所爲；五言大計終當決於李相也。詩中「且」字、「仍」字，乃極旋斡有力處。

《和王晉卿雜感元韵》此下均在冀州詩。案：伊犁俄約六年冬始議定，此詩當七年作。晉卿於八年壬午到冀州，然公與結交已久，不必壬午後始有詩也。前首起三句叙在曾幕助平内亂，四句言成功後鼎貴者之多，五六句言俄約議定，中外當可漸安，末二句望惠敏還朝，能虚己以讓同寮，卒成弘業。

《抱朴子》「寸膠不能止河流之濁」，義山詩「東征日調萬黄金，幾竭中原買鬭心。」次首起句用《東都賦》，「散皇明以燭幽」，「蒟醬」見《漢書·西域傳贊》，「好冠」見《穀梁春秋》「薦紳」句。公自注：用《漢書·匈奴傳贊》。案：《漢書》原文云：「縉紳之儒則守和親，介冑之士則言征伐，皆偏見一時之利害，而未究匈奴之終始也。」數語與方今情勢極合，故引用及之。二句連讀，又見海外各國風氣已近大同，而吾方齗齗爲域内之爭，尤可歎惋。「嫠不恤其緯而憂宗周之隕」，見《左傳》。

《依韵送范肯堂南歸》　范公以十一年乙酉三月至冀，是年七月乞假歸省，此七月中送范作，原詩見范集。起十二句皆謂范，首句言范之學詣，與道大適，前無古人；次句言其才氣横出，空所依傍；三句言心知其才非可力强；「鉅海」句言其家近海，得清淑之氣；「聖遠」八句自叙，以爲學涉世二義兩兩相承，以寫己之懷抱；「尚得」四句喜其來而惜其去；「覲省」六句言其歸省之樂。文度，王坦之字，父述愛之，常抱置膝上，事見《晉書》。長公，張釋之子張摯也，見陶公《詠貧士詩》，此喻其尊人。末言罷官後欲相就謁也。

《晉卿用韓孟會合聯句韵見寄依韵奉酬》　此蓋晉卿在冀主講，赴京應試還寄之作，故有「從賦魚赴壑」之句。晉卿以丙戌春捷南宫，詩當在其前一科。起四句總挈，三句承首句，四句承次句，「百罰」用《漢書》陳遵事。「夫子」十二句詠王，顧余十六句自叙。「初從亞夫營」謂在曾幕；「櫜鞬」二句功成身退；「國棟」句謂曾相逝世；「專城」十二句叙到冀州求師得王；「樸斲」見《書·梓材》；「微尰」見

《詩・巧言》；傝㒆即闒茸，史公文，「在闒茸之中」，公詩又云「鬼瞰高明出傝㒆」。「音塵」八句叙會合之樂；「歡悰」四句叙王去應試；「從賦」謂王，守官自謂。「治安」四句言世難文學無用，當時晉卿方治考據之學，詩云「無益箋蟲魚」，後又云「捨要掇碎瑣，後生滋眩疑」，皆所以箴之也。「吾衰」四句祝其遠到；「慎莫」句寓規戒之意；末四句收束，并望其再來。

《晉卿垂示新詩依韻奉酬》晉卿云，詩在八年壬午十二月。此亦箴砭當時治漢學者，意謂乾嘉諸儒破碎經議，無當大雅，仙藥瓊漿，非深通文事無由得預也。

《次韻王晉卿蠍》「屠蒯」、「揚觶」見《國語》，「淳化」見《史記・五帝本紀》，「魏勃」見《史・齊悼惠王世家》。「巧噬」二句公自注：《酉陽雜俎》「蝸牛食蠍」，蘇詩「黃雞啄蠍如啄黍」。「君不見」以下以他蟲陪襯，略似山谷演雅，詩意借此有所刺譏，謂「蟲豸之姦，有甚於蠍者，蠍猶不足誅耳」。末寓戒勉之旨「照壁喜見蠍」，韓退之詩。

《北征別張廉卿即送其東游》案：日記丙子五月，公自家起復，北上過金陵，留七日，廉卿在鳳池書院，臨別尚依依也。然詩云「鐘阜秋雲酒共傾」，則詩非此時作，蓋其後公歸里營葬，再過金陵別濂亭矣。

《依韻奉酬廉卿》廉卿於光緒九年癸未四月北來，主講蓮池書院。元詩作於八年秋間，詩載本集，所謂「直北孤雲是冀州」也，此和作疑在十年十一年間。十一年春日本遣伊藤博文爲全權來議朝鮮亂事，「樓船」句謂中法越南之戰。《史記・大宛傳》「使端無窮」，此詩「窮」字所本。「東甌」甌越之地，即今越南。詩意國家多事，當用行舍藏，而未能决然引去，愧不如濂亭之芥視一切也。「使風醻」見退之《訟風伯文》，「雙鳥」見韓詩，朱子以爲謂已與東野。

《題姚伯山木葉庵圖》 伯山名東之，桐城人，官大定知府。「請劍除姦」，《漢書》朱雲事，《三國・魏志》：時苗爲壽春令，去官留其犢，曰「是淮南所生」也。杜詩「杜曲幸有桑麻田」。《世説》：「參佐廨中三間瓦屋，士龍住東頭，士衡住西頭。」

《題劉拙莽雪灘行李圖》 「赤舌燒城」見《太玄》；「桔梗也，雞壅也」，「是時爲帝者也」，見《莊子》；「縱與孫劉不平，不過使我不爲公耳」，《三國志》辛毗語。

《題拙存集劉焞詩稿》 詩云「閑栖小巷」，則非在官時，疑光緒六七年，天津需次時作。第六句追憶曾相。

《范无錯生日次韵奉賀》 乙酉年七月。范詩見本集。

《答范肯堂詩四首》 當在乙酉夏間。是年七月《答潘藜閣書》云：「前此飛蝗過境，所遺蝻子現均蠕動，正在盡力搜捕，不識能不成災否？」又云「河工徼倖粗成，一昨居然有津郡貨船來泊西關，殊以爲喜，零星各工尚未全畢」云云。又《與新河令言應千》云：「蝻子最宜留意，雨後禾地泥濘，頗難插足。然吾輩視此事最重，或不令其遽致成災，若聽民自便，則彼皆目爲神蟲，諱飾不問，未有不自誤者也。」皆與詩所言相合。公在官日，盡心民事，此四詩略見一斑，而每篇皆有奇思遠感，寄於筆墨之外，不顓顓於本事，所以高古。首章言捕蝗。公在冀八年不遷，而身亦將老，公生平文字從不作窮戚語，此詩起二句，因節序偶及身世之感，其來無端，最爲深鬱。「薄德」二句，氣息似文景諸詔；「小人」以下，借以感慨時政，箴砭當道之玩愒，忘大禍之將至者。次章言勸農。「天地四語」感慨非凡，「從人」二句借以刺當時之治漢學者，末四句又示人修德進業之方也。三章言開渠。「浚深」二句，駁上或人之言，亦以喻學術也；「成敗」四語亦同，「寘」即填字。「此邦故漳絳」，《漢書·地理志》：「信都，故章河在北東入海，《禹貢》『絳水亦入海』」。四章言興學。范公在冀倜儻不羈，士論多毀謗之者，故有「耳語」云云。公延范至冀，本欲以爲書院山長，因此而止。范詩亦有「南方謂我三禮精，北方傳我狎佳麗。我以兩言微訟之，北語何傷南語戾」之句。

《范君大作弟姝皆有和章老夫亦不能再嘿勉成一首》光緒十四年六月。此下三章同時和者甚多，所謂《冀州唱和詩》也。范詩見本集。李公兒謂和度也，佛生之子，以遭父喪來冀。「逝爲」二句總結張李。「豈況」字，見《後漢書·東平王蒼傳》。「麋鹿性」自謂。「吾寧」二句公在官時時有解組之志，此必因時事有所不自得，故微及之。「不羈人」謂范。

《酬張采南兼呈肯堂》采南名顗輔，山東人，壬午孝廉，與和度同時來冀。「命世豪」謂曾文正。「景罔兩」見《莊子》，「一障」見《史記·酷吏傳》，韓文「下猶取一障而乘之」。「夫子」謂采南，「陶謝手」謂范。「會成」二句，《唐書・陸贄傳》「貶忠州別駕」，爲《集驗方》十五篇。放翁詩「叢書坐懶無由讀，且補忠州手集方」。

《諸公倒用前韵要和勉答盛望》　「羔雁」句謂范公，乃重聘得之者，「吾弟」謂弟熙甫，公有《祭弟文三首》，賀松坡有《吴熙甫先生墓表》，述冀州唱和事甚詳。「張侯」謂采南，李生和度。「拔戟」句總結，《左傳》「拔戟自成一隊」。又云「舍偏兩之一焉」。歐陽棐字叔弼，文忠公子。「趙傻」字亦見《左傳》，此謂鐵卿，名宗抃，深澤人。「過是欲少味矣」，《後漢書・馬援傳》。

《次韵答肯堂采南》　十四年。「吏卒」句見羲之帖：「欲極游娱，而吏卒守之，可歎耳。」「更憶」句東坡《百步洪引》：「王定國掉小舟游百步洪，余夜著羽衣伫立黄樓上。相視而笑，以爲李太白死，世間無此樂三百餘年矣。」後四句用杜牧之詩「江涵秋影雁初飛」，黄山谷詩「金狨繫馬曉鶯邊」，皆紀游詩也。今老子婆娑，蓋有愧焉。「兩盛流」謂杜黄也。「開笑口」、「驚遨頭」，皆原詩中語。

《次韵奉和錫九并呈采南肯堂》　十四年六月。錫九名爲霖，桐城人，公在天津時幕客，時已筮仕，來冀謁公，後爲獲鹿令，卒官。公有《祭姚漪園文》，漪園錫九自號也。此詩范和作見本集。《宋書・謝靈運傳》何長瑜譏染髮云：「青青不解久，星星行復出。」「乘槎」句，謂派遣各國聘使，越南事議和已三年矣。

《次韵奉酬錫九》　起二句謂姚。樂天詩「試玉要燒三日滿」，東坡文「木有癭，犀有通，皆物之病也。」「乳臭」句，借以刺時流之暴貴者。方、李、蕭、張，皆僚友之新逝者。方宗誠存之、蕭世本廉甫公皆有祭文。李謂佛生，張未詳，佛生十三年七月逝，廉甫十四年四月逝，皆見尺牘。存之之逝，是年五月公始聞之。

《錫九疊韵見示敬再奉和》「郵無恤」王良也，「絶學」謂南青惜抱。荆公詩：「人間榮願付苓通」，方虛谷《律髓》云：「馬矢爲通，豬矢爲苓。」韓詩「通波非難圖，尺地易可漕」，「漕」讀去聲。案：此四詩蓋姚於官場新有失意事，故多慰藉語。

《錫九用杜公遭田父泥飲韻賦詩見贈》十四年七月。「日余客金陵」，《左傳》：「日衛不睦。」「日」謂前日也，排印本作「曰」，誤。「相然否」猶云相唯諾也，退之詩「我生之辰，月宿南斗，牛奮其角，箕張其口」。

《次韵謝星階送菊》 星階姓張，名映樞，時官冀州州判，事迹見《深州風土記》，范无錯有《贈冀州判張君詩》。「孟嘉」謂張，「樊川」公自謂。

《澹齋將求官淮上賦詩爲别》 同治十一年。澹齋姓齊，名光國，桐城舉人，育泉公弟子，亦嘗從曾相者。公在深州延爲書院山長，未幾解去，爲鹽務官於淮上而卒。此四詩賦以送之，時在同治壬申官深州時，集本列冀州詩中誤。首章追憶曾公，同治七年隨曾公入都，九年十一月送曾公回江南。起四句記與曾公臨别之約，是時曾公已逝，故末句云云。次章詠齊。「旭日」句謂兵亂新平，穆宗親政也。此詩當與上章連讀，曾公既逝而齊方求官，是「白璧輕投」也，蓋必有不得已之故，但望其早退耳，然積薪之歎必不能免矣。「用人如積薪，後來居上」，見《史記·汲黯傳》。三章論學。《後漢書·馬援傳》：「楚王好細腰，宫中多餓死。城中好廣眉，四方且半額。」言趨時者之過也。末二句公自謂，「惠連」謂熙甫。末章公自詠。起句用東坡罷徐州寄子由詩，次句用《漢書·龔遂傳》，五六二句言當官欲有以自見，不得意則當引去耳。「丑君」亦謂熙甫。

《送薛南溟南歸》　光緒十四年。南溟名翼運，無錫人，福成叔耘子，公長婿也，時偕其夫人來冀歸寧，將去時作此送之。「噱紘」用揚雄《羽獵賦》「沇沇容容，遥噱乎紭中」，顔注：「紭」古「紘」字。「杠汝」句以上言欲教之而不聽，「真若」句以上言范能誘之使進。「聽瑩」用《莊子》，言惑也，「析朝酲」見《漢書·郊祀歌》。「我言」句以上惜别，「文綳」句以上薛翁促歸。「殿甌海」謂爲浙海關道。末段存問其尊人，兼勉勵作收。「别久心怦怦」，「心」排印本作「生」誤。

《送朱舜琴南歸》　朱名延薰，太湖人，時爲幕客，後與其弟延熙皆得翰林，舜琴旋卒，延熙官至湖南布政使。「天柱」皖之天柱山也，即灊嶽。「斂三百里」見《戰國策》，謂不及三百里也。王右軍《誓墓文》見《晉書》本傳，《北山移文》孔稚圭作，見《文選》。

《和趙鐵卿七夕詩》　戊子七月。鐵卿時在冀爲幕客，後公至蓮池，鐵卿乃著籍爲諸生，執弟子禮。五六二句就乞巧言。公弟熙甫有次韻，見《四十家詩鈔》。

《次韵答秦昌五即以留别》　戊子十月。昌五名熾姜，冀州吏目，《范伯子集》有《秦昌五詩序》。此公辭冀州，秦有贈别詩，因答之也。「搶榆」見《莊子》，「刻楮」見《韓非》，「問雁」、「呼卿」，王符見雁門太守語，見《後漢書・符傳》。「行年今已化」用《莊子》蘧伯玉行年六十而六十化，然公是時甫四十九歲，詩但取化義耳。「何時」二句，公去官仍留北主蓮池，未能歸里，故云。「令弟」謂弟詒甫，時爲汶上令，汶上即中都，孔子作宰處也。杜公詩「令弟雄軍佐」，李頎詩「吾家令弟才不羈」。「余病」句用韓退之《與李翺書》：「將亦有所病而求息於此也。」用典脱口而出，令人不覺。「君情定許長」，許者幾許也，問之之詞。「風謡」句用《後漢・李郃傳》：「分遣使者各至州縣，觀采風謡。」公在冀，詒甫在魯，各有官守，不得相聚，罷官後每歲晏必一至東省弟，留連數月，及春乃還，終其身不變，此詩蓋初決此計。《答姚錫九》詩亦云：「從今歲歲治行具，爲采風謡券兩賢。」「神仙尉」謂秦，「閑官」亦謂秦，言其微官，不必從我而去也。

《次韵答趙鐵卿兼别諸子》　戊子十一月。鐵卿時爲幕客，故有「迎趙德」之句，然其意欲納贄受業，執禮甚恭，而公不肯受，故有「結韈」云云。「王生」公自謂也。及到蓮池，鐵卿乃著籍爲弟子。「子廉」、「仲蔚」并見陶公《詠貧士詩》，張仲蔚、黄子廉也。「東家」句，公是年四月《與趙鐵卿書》云：「若吾子無意於此，而斤斤焉以學文爲事，則僕非其人也，有范肯堂、賀松坡諸公在」。與此意同。「賀老」謂松坡也，時范公已去，賀留冀爲山長，故獨言之。

《棣村詠堂前丁香賦此和之》　己丑三月。案：公自去歲乞病謝冀州，今年正月弟熙甫卒於官所，二月十三日始去冀州，二十五日到保定蓮池書院。自此以下皆到蓮池後作。棣村姓吴，名寶萼，桐城諸生，公夙與交厚，時延爲館師。棣村一字敬諧，父菊農先生，文集中有《菊農先生七十壽序》，述與敬諧交甚詳。棣村又嘗因事繫獄，公寫其一詩爲乞哀於曾文正，且以百口保之，遂得釋，里人傳爲盛事，並見《尺牘續編》。時公弟熙甫新喪，「海棠」以喻熙甫，「丁香兩株」喻己與詒甫也。「絳衣」謂詒甫方爲縣令，「玉質」公自喻。「噲等伍」見《史記·淮陰侯傳》。相如車服「雍容閑雅甚都」，見《司馬相如傳》。

《汪菊坡名如金持示劉海峯贈其大父汪寶書先生詩册屬爲題跋》　己丑冬作，時在泲南省弟也。「儋何」即「擔荷」。「贈句」以上叙題，「五鼎」句以上借私印發慨。「干人何事」排印本「干」作「于」，誤。「雙鳧」二句言富貴無益於時，與貧賤何異。楊雄《解嘲》「乘雁集不爲之多，雙鳧飛不爲之少」，山谷詩「或辱五鼎縈半菽」。「嗟豈」句以上歸入詩册，末六句總收。韓詩「流落人間者，泰山一豪芒」。《左傳》「君其備禦三鄰，慎守寶矣」。

《抵冀州》　己丑八月。　子由一字同叔，東坡詩每呼爲阿同，陸機《吊魏武帝文》：「戢彌天乎一棺。」五六二句言蓮池風景甚佳，又有西醫足以療疾，冀可起弟之病，此公乞休時本願也。「醫僧」謂西教士兼行醫術者。

《海上》　杜公有《舍弟歸草堂檢校詩》，末句公兄弟四人舊約同葬一冢，見《七哀詩》自注。庚寅四月，公《與王晉卿書》云：「某乞病去冀州，八月至冀，扶亡弟之喪至天津附輪船南去，弟即由津至濟南，省視五舍弟，在濟南留連數月。今年正月五舍弟奉檄回任，弟遂隨至汶上，比歸保定，已及閏月。」此下諸詩，多此兩年間作也。

《余居蓮池姚錫九用杜公何氏山林韵見贈十首山東道中依韵答之》 己丑秋作。前二首詠蓮池。「泉傍」句，公嘗語人曰：「古人言樹拂霄，皆虚言耳，唯於泉傍則可，蓋觀水中樹影也。」後和燊甫詩「褰裳投岸浪吞天」，亦同此意。「心迹」二句，公雖罷官，未能遽返山林，故言之如此。弟四首後四句意亦略同。《答康之》云「近游物外未離忙」，皆一意。「鷁首」二句開拓，末句收回，杜牧之詩「願爲閑客此閑看」。第三首紀巡幸。蓮池本爲行宫，多康乾兩朝御題碑碣，後四句感慨無限。第四首述在官時。「春歸不見花」言地僻事繁，「坐曹」句言非素志，「畫地」句言無成功，末句用杜詩「遠愧梁江總，還家尚黑頭」。第五首憶鄉里故居。「三友」，竹、栝、梅也。栝、梅久枯，今唯竹存耳。第六首憶吴中舊游。末二句折回。「漳濱」字用劉楨《贈五官中郎詩》。第七首詠荷。花多故「衰又盛」，下三字與上二字相生，此句法也。下句亦然。「絶豔」四句蓋以自喻。第八首答姚。「輕魚袋」謂忘官爵，唐時功臣有賜紫金魚袋。太白詩「倒著接䍦花下迷」，即詠山簡習家池事，見《晉書》本傳。《世説》注：「習家池，漢侍中習郁魚池也。」此以借喻蓮池。杜詩「高生跨鞍馬有似幽并兒」，亦用此。末二句言姚方有知已之薦，能常從我游乎，能者豈能也，問之之詞。《漢書》「王陽在位，貢禹彈冠」，言其相薦達也。杜詩「竊效貢公喜，難甘原憲貧」。第九首詠鴉，以蓮池叢樹鴉最多也。范詩亦云「蓮池密樹萬鴉攢」，姚叔節又有「經過馴柵鹿，黑白熟枝鴉」之句。及民國後，叢樹猶在，不見一鴉矣。「黑白」四句，亦自喻之詞。末首總收，用意似《答客難》，末二句托意尤高。十首一氣舒卷，自爲章法，凡一題多篇，皆當如此，公則以古文之法行之。《晉書》孫綽有《遂初賦》、《采芝歌》，商山四皓所作。

《康之同游佛峪有詩依韵答之》　己丑冬，泲南作。康之，公從兄，名寶三，官鄆城知縣，公嘗爲作墓表。佛峪在泲南。起三句憶浮山，浮山桐城之名勝也，去公家十餘里。「爾」謂康之。「石嶝」句謂佛峪之景，大有似於浮山也。古詩「安得車輪生四角」，「不肯方」即「生四角」之意。康之時將解組南歸，故末句云然。公已罷官，尚留蓮池，未得即歸，故游物外而未離忙也。

《攝任邱令君張琴府以東坡雪浪石銘屬題》　己丑年保定作。「高齋」句以上記東坡《雪浪石銘》事見《坡集》。離堆在蜀江中，東坡供雪浪石，摹寫離堆之狀以慰鄉思也。「岷峨」四句言東坡既不得歸，復有渡海之行，而此石亦不可問。《石芝詩》見《坡集》。「閻浮」二句凌空特起之筆。「閻浮提」梵語「中國」也。唐牛僧孺封奇章郡公，李德裕有平泉山莊，二人皆嗜石者。「去入」句以上借北齊墓誌陪襯。「意亦」句以上叙張。「豈會」句言東坡之意非張君所能解也，《題桃源圖》「豈伊再往迷，一入且有待」，與此同。「兩孫」謂孫位、孫知微，皆工畫水石，見《雪浪石銘序》。末五句以宦成歸里作收，并就平山堂作波瀾，平山堂歐公守揚州時所建。元次山有《窪尊銘》，東坡詩所謂「石上抔飲無尊罍」者也。「仇池」、「九華」皆東坡所蓄石名。

《次韻和姚錫九二首》　己丑年保定作。　首章公嘗告甥蘇必壽云：「此詩八句，句句轉換，故章法不平。」末二句言同一羈旅，作客未必勝於在官也。「此段」字六朝人恒語，《右軍帖》此亦一段奇也，《南史·宗室傳》：「此段殊得蘇兄神力」。　次首「惠連」謂詒甫，公兄弟皆長身鶴立，韓文「孔世卅八，吾見其孫，白而長身，寡笑與言，其尚類也，莫與之倫」，「長身」字本此。《漢書·長沙定王傳》：「有詔稱壽歌舞，但張衷小舉手曰：『臣國小地狹，不足迴旋。』」

《故人程伯旉之子恭甫投詩二律頗驚狂言依韵和答》　己丑秋天津作。　伯旉名鴻詔，亦曾公幕客。題云「頗驚狂言」者，公時力倡新學，士夫多駴爲未聞，次章申明此指。《世説》注引《江表傳》：　孫權見諸葛恪，謂其父瑾曰：「藍田生玉，真不虚也。」「間何闊，逢諸葛」，見《漢書·諸葛豐傳》。「雙眸」句，公嘗語范肯堂云：「其人無他長，惟雙目炯然有光」，故戲及之。「擁百城」謂書卷也。　次首公嘗謂人：「此詩頗自喜。」公向不自書所爲詩與人，獨此詩則嘗爲人寫之。「生子當如孫仲謀」，《三國志》曹公語。

《正月三日爲詒甫新婦李宜人生日作詩賀之》　光緒十六年庚寅在濟南作。　次句「若使新婦得配參軍」，《世説》王渾婦鍾氏語。「鴝鵒」句用山谷戲書秦少游壁詩意，詒甫側室凡三人。《晉書·葛洪傳》：「聞交趾出丹，求爲句漏令。」

《詒甫生子喜而有作》　十七年十二月二十一日在汶上作。　詒甫四十餘始得一子，公爲狂喜，時方以事解任，因作此詩。　汶上有張仙祠，公以其禱祀而得，有類老泉，名之曰蘇官，字曰似瞻。　逾歲殤，後乃生子鋆而卒。「又令」句以上詒甫宦况蹭蹬。「使家」謂布政使，「符」亦檄也，韓詩「州家申名使家抑」。「玉麟」句以上述里父老感頌之詞。「嗟茲」即「嗟咨」也，《國策》「嗟嗞乎司空馬」。「乃反見謂才」，「謂」排印本作「爲」，誤。《漢書》「印何纍纍綬若若邪」。「已聞」句以上述生子，「竟死」句以上述先德，「剖此」句以上言子姓稀少，「願汝」句以上祝詞。「惟願生兒愚且魯，無災無難到公卿」，東坡《洗兒詩》也。「家有」句至末論古今學業，望其繼述。《漢書・郊祀歌》「籥浮雲晻上馳」，《周易》「我有好爵，吾與爾縻之」。

《次韵和范仲林》　范集有此韵，辛卯先立秋一日作。題云：「同至父先生舍弟仲林登寓園臺玩月同賦，明日舍弟行矣。」「伯子」謂肯堂，公辭冀州後，肯堂南去，自己丑至此三年，公薦肯堂於李相，爲其子課師，因得復聚也。「鞍馬」句，公在冀州嘗與肯堂同策騎至保定，訪濂亭先生，肯堂有《燕南并轡圖》及詩。「犀角」謂弟熙甫，東坡《獄中詒子由詩》「眼中犀角真吾子」。次首憶濂亭，時以窮困展轉入陝，極不得志，故有「會見長飢死澗阿」之句，所以深痛之也。《商頌》「猗與那與」，《唐書・柳宗元傳》韓愈評其文曰：「雄深雅健似司馬子長，崔蔡不足多也」，謂崔瑗、蔡邕也。

《題姚慕庭詩集》　壬辰年。慕庭名濬昌，石甫之子，公爲作墓誌銘。「狂花」見《南史・梁始興王鑑傳》，蘇詩「不比狂花生客慧」。「脱躧」用《史記・封禪書》。末句慨其詩境清泠，知之者少也。

《題姚叔節西山精舍圖》　壬辰年。叔節名永概，慕庭第三子，時在蓮池爲館師。「西山」桐城之西山也，披雪洞在焉。「詩翁」謂慕庭，公在里中嘗與同游，故有「舊事重論」之句，後和慕庭口字韵詩，亦專述此事。「西山精舍」，别業也，再有畫圖，則三窟矣。《後漢書》王符著《潛夫論》。

《藤花一歲再開用歐公韵示姚叔節》 癸巳六月。「驚莫原」見韓詩，言其理不易推也。《世説》：「軒軒如朝霞舉」。「留芳」以下自喻。

《依韵酬姚仲實》 癸巳七月。仲實名永樸，叔節兄也。「邁軸」見《詩·考槃》，謂隱居之樂。「賊杞柳」謂方教授，疏廣、疏受事見《漢書》本傳。「遂」古「遯」字《易·遂卦》上九「飛遂无不利」，九師云：「遂而能飛，吉孰大焉。」「飲上池」見《史記·倉公傳》。

《次韵答姚叔節》 癸巳。「相親友」謂慕庭。「九折臂而成醫兮，吾今乃知其信然」，見《楚詞·九章》。

《季皋公子屬題相國臨本聖教序册子三首》 癸巳七月。季皋名經邁，李相少子。「祇疑寫論付官奴」，「祇疑」稿本作「新看」。「那見仲將題殿榜」，「那見」稿本作「豈有」。周越法《書苑》云：「羲之書《樂毅論》一篇，後題云書賜官奴。」官奴子敬小字也。「寫論付官奴」，劉夢得詩。《晉書·王羲之傳》，太宗制云：「獻之雖有父風，拘束若嚴家之餓隷。」《世説》謝公問子敬：「君書何如君家尊？」答云：「故當不同。」「仲將」魏韋誕字，「題榜」見《晉書·獻之傳》。此言古之名家不肯題殿榜，而郤願换鵝群，故欲求其書也，誓墓文兼寓已不肯出仕之意。三首全用右軍故實組成，而皆從季皋公子生情，既典切著題，復饒文外風趣，故爲筆妙。

《題吴蘭石畫册》　吴名焕采，善畫蘭，有名於時，時以知府待闕居蓮池，與公比鄰，一時求公書翰者，多乞吴畫以爲配也。「北方地氣冷」以下，雖寫畫蘭，亦自喻其教澤。「見之」句以上叙畫蘭，「吾皮」句以上述吴言，以下答詞。「子稱豹留皮」者，公嘗爲淮軍公所楹聯，有「一堆黄土豹留皮」之句，故吴述之以爲請也。收處寄慨深遠。

《題趙贊臣桃源圖》　贊臣當時之仕宦者，此詩以淵明自喻，而歎趙之非同調也。「桃源」句以上述淵明作序本指，以下戲趙。「豈伊」句公嘗評古詩云：「《廣雅》，『伊』，『惟』也。凡言『豈伊』，皆『豈惟』也。」詩言漁人再往則迷，今趙一入尚且不能，其不如此漁多矣。「拏音」見《莊子·漁父》篇。

《和范肯堂元韵》　壬辰閏六月。范元詩見本集。時因李相夫人之喪，公函問范須往吊否，范作詩勸行，公卒不往也。「行止」句以上先叙原委，「欲追」句以上述近來嬾漫，「惠莊」句攝起下段。《真誥》：太極老君與傅先生木鑽，使穿一石槃，四十七年而石穿，遂得神丹。詩云「穿木槃」者，謂穿木之石槃也。「牛鐸」見《晉書·荀勖傳》，此喻在蓮池教授也。「往年」句，公素喜晨游，在保定每晨起必携二三子，出爲郊游，經十餘里乃歸以爲常。「誰能」句以上叙范。《漢書·王莽傳贊》：「紫色鼃聲，餘分閏位，聖王之驅除云爾。」「刻日」句以上叙其婦翁，婦翁慕庭也，慕庭諸子皆從公受學，故云周旋逮群紀。時慕庭以江西縣令失官，來謁李相。《三國志》：　陳群父紀，孔融先與紀友，後與群交，更爲紀拜。「世事」句斗折，「昔疑」句以上叙臨行復止，末六句言良晤有期，並屬轉語偉長。《三國志》：　徐幹字偉長，此謂慕庭也。

《壽徐椒岑》　癸巳九月。椒岑名宗亮，桐城人，嘗游東北，著《黑龍江紀略》，其尊人殉粵寇之難。首句從殉難事起，作壽詩如此用筆，奇險驚人。

《贈别馬通伯》　通伯名其昶，公弟子，嘗著《桐城耆舊傳》。「悲歌客」公自謂，「盧敖」見《列子》。「來者難誣」，魏文帝《與吴質書》。此二句以箴通伯，蓋通伯於文學殊未至爾。通伯終身未得鄉舉，故有「一名未得」之句。此甲午秋冬間作。「群飛刺天」見韓文，「新恨」謂中日戰事。

《山谷口字韵和姚慕庭》　癸巳六月。「章貢口」慕庭嘗爲江西知縣。「披雪」，洞名，在桐城西山，見前詩公自注。「榮」字韵最爲奇雋，「榮啓期九十帶索」見陶詩，「南海」句用《莊子》，謂姚從南來與公相會也。末二句，慕庭垂老復出求仕，蓋不得已，詩意亦以箴之。

《前韵和范肯堂》　「白晳」、「甚口」見《左傳》，「天下才一石，子建獨得八斗」謝康樂語。「乞」音氣，即與也。「論才」謂掄選人才。「忍子」句以上勸范入都應舉，「或辱五鼎榮半菽」山谷詩，「建鼓求亡子」見《莊子》。「未必」句以上述范言，「我聞」以下解釋前語。「取子」句用曹子建《與楊德祖書》：「丁敬禮嘗作小文，令僕彈之。」「鷦鵬」二句用相如《難蜀父老文》。

《次韵答趙菁衫》　癸巳十一月陽信作。詒甫自辛卯冬解汶上任，壬辰冬調署陽信，公亦偕往，明年冬復至陽信省弟，作此詩。趙名國華，豐潤人，官山東道員，有文名於時。「濟南」二句，杜工部有《陪李北海宴歷下亭詩》云：「海内此亭古，濟南名士多。」「參尋」猶參謁也，韓詩「由來騃鈍嬾參尋」。《世説》：謝尚聞袁宏詠詩聲，歎美不能已。「明珠按劍」見《史記·鄒陽傳》。「千里」句以上叙久聞趙名，新得其文集，以下歎美其學，兼答來詩之意。後半一句一轉，愈轉愈深，所以蒼勁而沉鬱。詩言文章仕宦不可得兼，趙乃兼而有之，左畫圓而右畫方，豈能兩擅其美，然官高不用，亦與無同，但贏得詩壇盟主而已。雖然，乘除相較，所得已多，又何必以長往爲慊邪？不見龍眠潛客休官已久，落魄燕市，至今求歸不得邪！

《趙詩》前半叙公贈以《寫定尚書》及《漢書平點》，吐屬名雋，運詞典雅。「設尊」句謂嘉惠士林，其道必由乎；此「四譯」句謂見之報紙；「同心」句謂知音者少也；「雙魚落空」與「憑虚」句，皆言初未相識。「雙魚」以下造語最奇；「松窗」句尤奕奕有神，生氣迸出；「蒼茫」二句斲對尤有工力。「蒼茫」句謂彼此意氣相投；「上下」句謂公之學識上下千古，能銖兩悉稱也；「歲闌」二句謂歲闌天末，本憶人之時，而今乃憑虚使我復長離懷；末四句預期後會。而「漆書大簡」切《尚書》，「游俠」切《漢史》，不脱本題，自然熨帖，其典蔚渾成如此。

《次韻姚慕庭冬柳》癸巳十一月陽信作。

《爲詒甫和范肯堂冬柳韵》通首代詒甫自喻。

《甲午冬至》以下四首均汶上作。詒甫於甲午二月回任汶上，是冬公遂赴汶上，集本注云：陽信。誤。前首起四句謂國兵連挫，次首末二句仍承明此意，自爲章法，而以壯心豪飲置於中聯，以見懷抱。「選耎」字見《漢書》，注云「怯懦不前」之意。「耎」即「輭」字，與巽、懦通。義山詩「日薄不蔫花」，此謂已蔫之，花逢春又盡開也。

《金掄甫送酒賦謝》前四句喻李相以遼東之敗而爲時論所劾。「牛雖瘠，僨之豚上，其畏不死」，見《左傳》。

《吊戴孝侯》戴死節在乙未正月，詩即於是時作。孝侯名宗騫，甲午之役以道員守威海，力屈而死。《史記·匈奴傳贊》「世俗不參彼已」，又云「惟在擇任將相哉」，此「參彼已」及後「擇任」字所本。《漢書》趙充國通知四夷事。「畫餅」句以上言國家昧於機宜，輕啓外釁。「頹敗」原稿作「力屈」，「捐縻」原稿「捐」作「身」。「青油」，船也，「舟中之指可掬」見《左傳》。「節士」句以上言國兵連衄，「遺禽」句以上言戴守威海之績，「閒氣」句凌空特起，「空群」句言公曾與相識，「對峙」句言旅順、大連與威海相望，爲北洋之門户，「偏攜」句言旅大先失。「遺禽」句用《左傳》「使群臣往遺之禽」，言無人救援，使名將坐困，爲可惜也。「危急」句以上言朝廷舉措失當，「閱歷」二句謂李相，「面欺」謂翁常熟等主戰者。《漢書·匈奴傳》「季布曰『樊噲可斬也』」，乃嫉主戰之辭。「牧」謂李相也，《史記》：李牧守邊不肯出戰，匈奴以爲怯，「雖趙國之士亦以爲吾將怯」。公送李相出聘，亦用此語。「末學膚受」謂自附清流者，「高言腹誹」謂有忠讜至計不能聽也。「國論」二句折落用杜公章法。「左膏」二句謂左寶貴死於平壤，水師鄧世昌死於海上，句法精鍊，奇創驚人。「三益」友也，古詩「開徑望三益」，此言戴之死節，儕友爲之增氣。「二」離見《文選》傅咸詩，注云：「二離，日月也」。

《白桃花》　乙未春汶上作。第四句用退之《李花》詩，後半亦公自喻。

《北行七哀》　乙未七月，詒甫卒於汶上官所，公聞赴犇往，經紀其喪，還保定歸途作。「轅馬」句攝下「僕馬」二首，爲聯篇之章法。「前死」句謂詒甫因病篤乞休，未幾遂卒。「入手」二句，詞旨最爲驚創。「驚心」句謂塵世可驚之事甚多，從此長辭，不復與兒曹相競也。「其生兮若浮，其死兮若休」，見賈生《鵩賦》。「方死方生」用《莊子》：「王子敬亡，子猷哭之曰：『子敬子敬，人琴俱亡。』」見《世説新語》。「休論」二句及「三年」句，埶筆均不堪卒讀，「汝非」二句從旁襯寫，悽惻動人。

《送李傅相出聘海外五國三律》　丙申春在京師作。韓致堯詩「敏手重開造化門」《國語》「其勳銘于景鐘」，《戰國策》「文侯示之謗書一篋」。「吾君」句，姚錫九云：「當時李公失上寵眷，投老遠征，實有屏諸四夷之意，而措詞和平忠厚，深得詩人敦厚之指。」第三首「漢主渾忘充國老」，語意亦同。「郤笑」二句，言班生壯節如彼，臨老尚思生入玉門，爲不達也。「昨歲」句，甲午之戰軍略皆由内定，此句略爲表白。「趙國」句見前《吊戴孝侯》，楊雄文「高祖以三十萬衆困於平城，士或七日不食」。「桓伊」事見《晉書》本傳。公又有《與李公尺牘》云：「好戰求功，孫叔食伍參之肉，爲臣不易，桓伊識謝傅之心。」「白日浮雲」亦寓君門萬里之意。末二句有味外味，亦爲李公微泄其不平也。

《答姚疇九元韻》丁酉秋作。疇九名廷範，錫九之弟，官山東嶧縣，被劾，歸。「圓光」二句喻國家殘破，「素娥」二句刺孝欽后。羊仲、求仲爲蔣詡三徑之客，詩云「失羊求」，則不以二姚爲可與也。

《元韻答姚錫九》南樓，蓮池之高樓也。「太行」句突起。「嘉招」句時錫九官獲鹿令，有山水之勝，約公往游。

《再和疇九》首句用《史記・天官書》「阜其財求」見《國語》，「求」與「賕」同。此詩所謂以曠爲憒也。

《依韻答燊甫兄》燊甫名汝縉，公再從兄。「繞樹」二句亦喻世難。「孤僨」字用《漢書・匈奴傳》「孤僨之君」語，以與大圓爲對，傳寫多作「孤憤」，誤。「君見」二句謂朝貴多倖進，無能立功業者。次首五句承三句，六句承四句。

《疇九用杜韻見惠依韻奉答》藻詠樓即蓮池之南樓。棄「相印」、「著書」，《史記》虞卿事。《莊子》：「吹劍首者，一吷而已。」

《依韻酬燊甫》太白詩「三尺童兒唾廉藺」。時燊甫在寓抱恙，末二句情至則不當疏闊，而又能疏闊，故云「雜易于」也，《禮・檀弓》：「易則易于，易于雜者未之有也。」

《日本梅原融寄示近作十許首郤寄》戊戌年。

《往歲六月藤花再開作詩示姚叔節今年多雨藤又再花仍用前韻》「有若」句，《國策》「嬖女不敝席，寵臣不敝軒」，言不久也。「心知」二句寓危亡之懼。

《日本有前田九華者寄詩一章叠韵奉酬》 《漢書·賈誼傳》：「淮陽之比大諸侯，厪如黑子之著面。」「麟游」見《禮記》，「狗功」見《史記·蕭何世家》。

《日本西京本願寺武田篤初持寶刀見贈賦此奉謝》 二十五年己亥。此首最見公之壯懷。「莫干」謂莫邪、干將。「有市之鄉三十，駿馬千匹，古湛盧劍之價值」，見《吳越春秋》。「王藩」四句，言此刀本王藩貴主以自裝飾者，愛客而脱贈之，今以轉贈公。「似」即「贈」也。「今以」句以上客語，「多客」句以上謝詞。《吳越春秋》：「干將妻乃斷髮剪爪，投於鑪中，遂以成劍。」「操戈」句，東方之學本自中華，不獨一刀然也。「天地」以下自抒懷抱，發爲遠感。「佽飛斬蛟」見《吕氏春秋》，「善刀」見《莊子》，注云：「善猶拭也。」「衛不然」見相如《喻巴蜀檄》，謂防意外之虞。

《吳振齋同年出其尊人家誡册子屬題》 振齋名繩曾，河南固始人，官直隸知縣，被劾，罷。三子籛孫、笈孫、篔孫皆仕宦有聲。「連收」句，案：公詩雖有此言，實則振齋三子僅籛孫得乙科，餘子均無科名。後籛孫以道員任京師警廳丞，笈孫民國初爲徐世昌秘書長，篔孫亦爲山東河工督辦，公已不及見矣。「大貝」句以上言振齋子弟多佳。「那用」句以上言子弟之賢不關己之困躓，《漢書》：「邴曼容爲官不肯過六百石，輒自劾去。」「世業」句以上叙家誡册子。「青牛經」，《老子》；「白馬笈」，《佛經》。漢明帝時西域以白馬負佛經送洛，因立白馬寺，見《北齊書·韓賢傳》「著鎧入障」《佛經》中語。「傴僂」謙恭也，見《孔悝・鼎銘》；「鬼瞰高明」揚雄《解嘲》。「謂閎」句以上言其家風斂退，故後嗣盛昌，非但閎而必遂也。「作生日」，公自注云云。或謂公詩多不自注，此非難解，自注何也？曰：作生日者，慶祝其生日之謂，此固非注不明。吴君父子以生日宴飲爲戒，此詩祝其生日，故云「犯嚴」。

《日本詩人本田幸之助來訪賦詩送之》　前首三句切《樓桑》，四句切《易水》。「人才包新舊」，山谷句；「散皇明以燭幽」，《東都賦》。中國二千年詩家，本田君皆能歷歷言之，故次首起二句云云。後六句言近來斷斷有新舊之爭，此非《大雅》之論也。真得於文學，豈有「負國」者，但恐偏才小慧不足名家耳。觀日本維新之後，舊學彌復振興，非先聖之教澤乎！公自注：用韓非事。排印本脱「公自注」三字。「看君屈指」，排印本「君」誤「花」。

《日本上野岩太郎自輦下來保定見訪郤寄》　《維摩經》：「斷取三千大千世界」，荆公詩：「異域山川能斷取」，《神仙傳》：「費長房有縮地術」。「一掉鼇頭炫海田」，公初稿「炫」作「變」，「炫」與「變」同義。《唐書・白居易傳》：「雞林行賈售其國相，率篇易一金。」

《曹深州出其師陳蘭洲先生手札屬題》　庚子八月。曹名景郕，字東屏，湖北人，時任深州牧，公避地深州，頗與相得。起四句公自謂，五六切主客姓氏。越人方謂其師札。「徐君劍」見《史記・吴世家》，「蓋公堂」見《曹參世家》。

《題山谷真迹》　辛丑三月在京師作。

《日本金子彌平見示近作二首》　甲午戰後，李文忠憤敗衄之辱，欲聯俄拒日，公謂非計，不如與日本結好，作書論之甚詳，此詩「隆中策」指此。詩指壯偉，日本士夫多能誦之。前首「管葛」句蓋隱以自况，即通次章消息。

《題龔仲勉古印徵》《説文序》：「繆篆所以摹印。」「九阮」見《楚辭》，即「九州」也。《晉書·謝混傳》：「卿莫近禁臠」，《西京雜記》：「五侯各致奇膳，婁護合以爲鯖，謂之『五侯鯖』」。漢元帝寵弘恭石顯，殺太傅蕭望之，「蕭生」字見本傳，李、蔡謂李斯、蔡邕。

《詠秋草》　辛丑七月十七日。

《寄題湖南俞廙軒中丞卧游圖》　壬寅二月十六日。俞名廉三，時爲湖南巡撫。

《張振卿侍郎耿鶴峯太守各用拙題卧游圖詩韵投詩見贈依韵郤寄》　三月廿八日。張名英麟，公同年進士。

《新瀉縣視學官湯原元一投詩見贈》　五月八日。此下游日本作。「廣武狂談」謂阮籍登廣武而歎時無英雄也。「白題斜舞」見前諸將詩注。

《謝大阪麥酒株式會社村田彬贈扇》　五月九日。

《過朝鮮王京》　五月十一日。首句言中國，次句言日本。三四句用漢光武賜竇融詔，及南越王趙佗答文帝書。末二句言時人多以高麗擬中國者，此目論也，中國豈亡韓之比哉？然以「魴鱮枯魚」爲言，則其勢亦危矣。

《船泊釜山追記昨夜海行風甚一絶句》 五月十四日。此痛中國經此大創而不寤也。

《過馬關》 五月十六日。公過馬關，訪李文忠議約故址春帆樓，王人請題榜，公爲書「傷心之地」四大字，一時報紙轟傳以爲名筆。「願君無忘在莒也」，見《管子》。

《謝松方幸次郎》 五月十七日。時觀松方造船鍊鋼等廠，晚宴於其邸第園中。「化工」句謂船廠，「餘興」句謂園林，五句承三句，六句承四句。公時方徘徊於出處之間，因歎彼邦賢哲，無論出處皆有益於國計，而今則不能，故「兩驚心」也。

《赴大阪歡迎會會者七八十人》 五月十八日。

《游本願寺十詠》 五月二十日。公游日本，欲取師法以救危亡，十詩中多此指。第三首追憶蓮池，「釣魚臺」即蓮池之君子長生館。第六、七、八三首皆自謂，公晚年得大學教席，頗欲振興教育，而滿人之無識者如奕劻、榮禄輩，多方以箝制之，此「樊籠」、「局促」諸詩之所以慨也。第九首謂日本變法。

《赴西京歡迎會是日會者七十餘人》 五月二十一日。

《赴西本願寺之招賦五絶一首》 五月二十二日。儒佛之教皆已無用，故末句云云。意奇語雋，得未曾有。

《赴交詢會倉卒成二十字》 五月二十七日。

《土居香國昨日席上贈詩》 六月二日。尚秉和云：「先生在日本酬答之什，共七十餘首，皆能於無形之中，發抒大邦風度，名儒胸襟，一種睥睨海宇之神，往往於口角間溢出，使人不覺知，深得杜公神髓，爲國際間絶唱。」首二句言中國當年文明之盛，三句自謂，四句祝其復興，五六言日本不與中國俱微，末二句以開新自任。《詩・無羊》：「麾之以肱，畢來既升。」

《三島侍講贈詩席上次韵奉答》 六月二日。「王母」謂西域，詩意東來觀光，無異西游歐美，後森槐南贈長篇古風，即承此意極言之。末二句即《左傳》「與君代興」之意，故特用「和清」字見意，言欲繼日本之盛而起也。

《土居通豫送詩叠韵答之》 六月五日。通豫，香國字。三四二句言爭鬥則俱窮，和好則競勝。

《關義臣字湘雲惠贈大詩依韵奉和》 六月五日。「怒鼓與江東」，公自謂從曾公平内亂事； 次句言日本此時亦正在衷甲； 三句承日本； 四句承中國； 五句言同時共功名者皆已喪逝； 六句謂關； 末二句并收。 魏文帝《與吴質書》：「徐陳應劉一時俱逝，痛可言邪！」吴質，字季重； 雲長，關羽也。

《再叠前韵答土居香國》 六月五日。五句言中日可并盛，六句言道一而已。收尤雄偉，日本詩人森槐南等極歎賞之。

《應日户招游江島》 六月八日。公早有雄視八荒之志，今已垂老，惟望後生有能繼志而起者，故一再申言之以見其意。

《三省堂有岡正一者游時賦二絶句》　六月九日。次首末二句，公在日本極被優禮，而中朝達官多忌嫉之，此詩微露其意。

《昨自江島歸得土居香國二詩》　六月十日。

《精養軒之游所得序詩均未及答土屋弘昨補一詩索和奉酬》　六月十日。「勝游」句，顔延年作《五君詠》，去山濤、王戎二人，以其鼎貴也。

《土屋伯毅用前韵見寄依韵奉答》　六月十二日。

《赴大倉之招長岡護美爲二詩和答》　六月十三日。「一士」句公自喻。

《移居永田町森有禮宅和答森槐南》　六月十五日。槐南名大來，日本詩家第一，與公交甚篤，原詩在傳狀册中。

《森槐南前贈長篇今依韵和之》　六月十九日。「芝英」句以上中國自古視東海爲蓬萊仙境，羡門、高誓皆古仙人，見《史記·封禪書》。「雉鳴」句以上總言西域各國。「一女」句山谷詩「徵側持戈敵百男」，《後漢書》：「交趾女子徵側徵貳反，馬援討平之。」「威靈」句以上言本朝盛極中衰，「年以」句以上日本變法圖强，「殊鄰」謂西方各國，「雄邦」謂日本。「所睎」句以上奉使來游。《世説》注引《出經叙》云：「僧伽提婆姓瞿曇氏，妙於説法。」《莊子》：「黄帝游於襄城之野，七聖皆迷。」「那用」句以上訪詢所得；「郤望」句以上游覽；「至言」句以上述來詩之意，努力變化不沿襲，乃來詩所主張大旨也。末段冀國勢復振，然後歸隱。「精衛」二句自喻。「完鄰走敵」見歐陽公《范文正碑》，文著此四字，亦用意處。「如龍象蹴踏非驢所堪」，見《維摩經》「雞壅」句見《莊子》。此言隨時變化，「甘遂」句言新法足救時弊也。

《野口多内去年在吾國得古今儲貳金鑑一帙》　六月二十一日。此詩用意甚精，儲貳金鑑本内府秘笈，庚子之亂爲日本所得，故以「聖主傳賢」爲言，謂本朝歷有明訓，不立儲宮，此書無可用，適足以資日本也。《國語》：「君作故。」《西京賦》：「自君作故，何禮之拘。」

《赴近衛公之招游御植物園》　六月二十二日。第五句，公往日本，適當國兵連衄之後，以「一彼一此」爲言，不餒其氣。前詩「齊秦莫漫問雌雄」亦此意。「疆場」字排印本作「場」，誤。

《昨森槐南偕永坂石埭來訪》　六月二十三日。永阪詩見傳狀中。玉池，日本詩人梁星巖所居，永阪爲其弟子，又居其故宅，故有「傳衣」之句。「補處」見《楞嚴經》，「衙官屈宋」用杜審言語。末四句謂欲興中國必先除奸邪，此來詩之旨，欲從問其詳也。

《赴巢鴨風病院爲賦一絶》　六月二十五日。「我」中國也，山谷詩「醫得儒生自聖顛」，自注云：「出素問，蓋儒生多自聖，實乃病顛耳。」

《題伊藤稻子扇》　六月二十九日。稻子、伊藤俊三之夫人，侍奉公甚周至。杜詩「黄四娘家花滿畦，千朵萬朵壓枝低。」

《永阪招至向島有菊池君即席贈詩次韵和答》　七月一日。公晚年出任教育，有意興化，而阻於時勢，恐不能勝，時用懸懸，三四申明此指。「儒以詩禮發冢」、「身在江湖心在魏闕」，皆見《莊子》。

《森槐南即席有贈再叠再和》　七月一日。

《結城琢寄詩索和又寄日本刀》　七月六日。次首後四句蓋言中國取法歐西，乃勢不得已，究難强合，而大小迥殊，野心者亦未必能遂也。韓詩：「高詞媲皇墳。」《左傳》注：「三皇之書謂之三墳。」「螺師吞象」出《釋典》。

《又寄西京知事大森鍾一絶句一首》　七月六日。

《中島勸作字寄木下先生因作一絶》　七月六日。

《小村俊三郎索字途間爲一詩贈之》　七月六日。小村俊三郎，日本公使小村壽太郎之姪，精華語，爲外部派遣接待公者。公《與楊蓮府士驤書》云：「近因留學生與蔡使違言，竟將吴孫兩孝廉驅逐回國，侵奪吾國權，侮辱吾志士，皆令見者不能復堪。某不勝憤怨，屢欲拂衣還國。」云云。又《與常濟生書》云：「此間禮待甚優，至吴敬恒驅逐回國，知其於吾國甚無禮，以此不願久居。」所言皆與此詩用意相發。

《森槐南招飲坐客西京福原公亮有七絶見贈依韵答之》　七月十日。

《槐南即席賦詩依韵和之》　七月十日。

《永井土居北條三君皆用一韵贈詩依韵并答》　七月十日。

《北村前贈詩面詢曾見否亦依韵和之》　七月十日。「東西并一堂」，公生平之所蘄向也。

《赴加藤正義郵船公司之招》　七月十一日。

《赴長岡氏之招依韵和答》　七月十六日。「霽月薄雲」與下章「永夜清吟看玉繩」，皆以喻開化之迹。

《新岡旭宇前贈詩書扇》　七月二十二日。

《日户先生招游觀水上放火花》　七月二十四日。五六句謂歐西文明以裨益中國則可，若欲相侵陵，殊非易也，末謂欲弭釁端，須綢繆於事先耳。《晉書·周顗傳》：「阿奴火攻固出下策。」

《木村知治晨送詩來依韵和答》　七月二十五日。「赤壁」以喻戰釁，「髯蘇」公自喻。

《森槐南書示與本田種竹唱和媧字韵詩叠韵和答》　八月二日。此詩成後，公頗自喜。本田見此詩被稱爲「田生」，意乃大迕，闓生時在傍，告之曰：「漢人稱生皆老師大儒，此田生字亦本《漢書》也。」田終不懌，公乃改「田生」爲「竹君」，且告曰稱「竹君」與「老槐」相配也，然稿本未改。「二妙」見《晉書·衛瓘傳》。

《和答岩崎奇一七律用元韵即效其體》　八月二日。此詩句格奇創而精整，前無古人。

《題辻武雄萬國誌略用媧字韵》　八月四日。《隋書・禮儀志》記里車，有木人執槌，車行一里則打一槌。

《研經會招飲于星岡次韵答池田精一絶句》　八月五日。

《巖谷孫藏席上索詩寫付一絶》　八月八日。此亦借喻時事。巖谷爲北京大學所聘之教師，公作此詩送之，故有「酒樓送客」之語，通首皆以托喻。

《次韵和本田種竹》　八月十三日。首章前四句因本田於庚子亂前曾來謁公故云，末句蓋謂其學猶未至。次章首二句言宇宙日新，學者難得真諦；三句謂中國；四句謂日本；五句承三句；六句承四句。「章亥」見《山海經》，「郢書」「燕説」見《韓非子》；「僕緣」見《莊子》。「雨行」二句用《左傳》臧武仲事，風趣絶佳。

《赴江木冷灰等檀欒會之招》　八月十五日。第五句自謂，即陶詩「衣霑不足惜」之意；六句謂國勢，「葦苕」事見《荀子》；末二句歎開化之難也。

《次高島張韵》　三句自負之詞，四句言毁譽皆不足校，末二句亦同此意。公在日本極受歡迎，而中朝佞幸時有謗言，日人多爲不平，故詩每及之。「許猶如此」言何必惹此等愁也。《世説》：「不知許事，且食蛤蜊。」

《次岩溪晉韵》　五句言光不明；六句言賊在内；末言不必大奸慝，即此昏庸蒙蔽，已無如之何，慨朝政之非人也。

《又次江木一絶句》 此又作自解之詞。肯者，豈肯也。

《赴本願寺之招席上次韵答萱了法一首》 八月十八日。公還國後擬先回里一行，首二句述此意。「魚粥」，僧寺於粥時擊木魚召衆也，蘇詩「半夜不眠聽粥鼓」。

《高橋作衛屬題其尊人白山翁詩文集》 八月十八日。「傍行」謂傍行斜上之文也。末二句述白山翁遺事。

《赴永井久一郎之招坐中賦一絶》 八月十九日。

《濱村衮爲刻竹印求題其印譜爲賦一絶》 八月十九日。末句歎大雅之不作也。「傳芭」見屈原《九歌》。

《齋藤木前贈詩索和今郤寄》 八月二十二日。首二句言所見聞者不能施之實事，末二句寄慨國事。

《赴手島知德之招席上和答》 八月二十三日。後首末二句「東家」謂東家邱也。

《福岡縣有二村嘯菴者貽書索詩依韻答之》 八月二十五日。譏其所藏之不精。

《赴郵船公司近藤廉平之招依韵和答二首》 八月二十八日。「陽微」句公自謂；五六句即所謂不能爭也，「棲鴉喧爭」指吴敬恒之獄；「北斗」句謂國論不定；末二句魯陽揮戈之指。

《赴上野精養軒應文部之招》　八月二十九日。末二句期與日本文化一律，而歎小人之蒙翳也。

《田所美治索詩賦一絶句》　八月三十日。首言東方文明由中國之漸被，末借秘書官名發慨。

《德川家達索字爲賦一絶》　八月三十日。德川幕府世握朝權，明治初遜位，此其後裔也。

《闕義臣前寄三絶句勉次其韵》　九月一日。

《赴信夫粲之招次韵答信夫贈詩》　九月二日。末謂力微難挽世變。

《次韵答本田種竹》　九月二日。前四句叙中國新政，五六自喻，兼寓牢騷不平之感。《世説》：「山簡爲荆州，人爲之歌曰：日暮倒載歸，茗艼無所知。」

《赴本田種竹之招次韵和其七律》　九月三日。本田亦日本詩家，時有與森槐南爭名之意，次首第二句蓋以箴之。

《携兒子往訪小野愿年八十九矣》　九月四日。

《伊澤夫人悟竹求詩爲賦一絶》　九月七日。伊澤修二之夫人。東坡詩「平生謬作安昌客」，安昌侯，張禹也。

《菊池晉見招余適忘之席間謝菊池一律》　九月八日。五六就忘約爲言，皆用漢書故事；末句宕開，言天下事反覆者正多，不獨此也。

《菊池倜字修軒作詩見贈依韵和之》　九月八日。末句謂朝政之無序。

《赴江木衷檀欒會之招次韻答江木一律》　九月九日。

《到西京往拜福原周峯亮和答諸友三絶句》　九月十四日。　次首末二句借以忘憂之意。

《福原昨贈詩依韻答之》　九月十五日。　前四句恐此行無益實際；　末二句謂一身利害不足校，所惜者交鄰之至計耳。「固圄」，「圄」即「圉」字，《左傳》：　使許叔居許，東偏聊以固吾圉也。

《三島先生賦詩贈行途中郤寄》　第四句言開新之難，王良公自喻也。

《光炯催和湯原來詩勉徇其意》　九月十五日。　詩言遠游專爲國計，而謀國無人，然終欲得英豪之繼起也。《漢魏叢書》有東方朔《海内十洲記》，專記神異之事。

《有備中玉島人田邊爲三郎投五律一首依韻和之》　九月十八日。　此詩用意深婉，三四言波神如果上陸，富媪亦太無才矣，故不如共海瀾回也。　山谷詩「黄落山川知晚秋，小虫催女獻功裘」，詩意蓋取諸此。五句言彼此形勢相連，六句言中國不久開化。

《船中次韻和早川先生》　十月五日。　公之薨也，早川侍側，作函赴告其國，措詞絶痛，旋辭歸國，以事感憤自裁而卒，亦烈士也。

《贈江叔海即送其之浙》　十月二十六日。　安慶作。　叔海名瀚，福建人，頗負時譽，時在皖撫幕中。叔海與張、黎二公皆有戚誼，故第六句云云。「宰木」見《公羊》，謂冢木也；　「肺附」見《史記·武安傳》；　「一臺二妙」《晉書·衛瓘傳》，已見前注。

《江叔海叠用前韵爲二詩贈予亦叠韻和答》　十一月五日。第三句謂江膺薦應經濟特科，第六句江嘗從使日本，末二句惜其有逢時之才而不用也。「拭玉論兵」見《哀江南賦》。

《王子裳太守贈詩四首率賦一律答謝》　十一月七日。子裳名詠霓，黄巖人，時爲安慶知府。

《馬通伯出示所藏姚惜抱手跡屬題一詩》　十一月十四日里中作。山谷詩「往時翰墨頗横流，此公歸來有邊幅」，謂子瞻也。

《倫叔用拙詩答王子裳韵見贈一律叠韵奉酬》　十二月八日。以下均安慶作。倫叔名守彝，存之之子。首六句皆謂存之。韓詩「又論諸毛功，劈水看蛟螭」，朱子以爲即《毛穎傳》，蓋謂筆也。「賞不酬勞」，《毛穎傳》語。山谷詩「謝公文章如虎豹，至今斑斑在兒孫」，此言倫叔不失家法，况又可相招偕隱也。

《叔節用前韵賦謝墓文再叠韵奉答》　十二月八日。公作《姚慕庭墓銘》，叔節賦詩爲謝，作此答之。挂車山，姚氏故居，栲栳山，父墓所在。

《叠韵再答倫叔》　十二月十日。三四句歎時論之蒙昧；五六句望英才之繼起；倫叔二子皆學於日本，故七句云云。

《倫叔叠韵贈詩二章賦答》　十二月十三日。前四句謂與存之交誼。「同舟」謂與存之同在曾公幕，公任冀州，存之方令棗强，爲冀屬縣，聞公來即謝病去。六句言曾胡中興之業去今已遠。

《五叠韵答倫叔》　十二月十四日。「舍人口無毛，」《漢書・東方朔傳》。

《六疊韵答倫叔》 十二月十七日。後四句公自謂。公晚年優游京邸，本無意復出，張尚書百熙苦求總教大學，至於拜跪以請，始有東瀛之行，乃輶軒未返，而都中嘖有煩言，奕劻、榮禄輩至欲致不測之禍，公夷然不以爲意。歸塗先回故里，爲本縣立學，而進退故自裕如，此詩所以詠也。

《七疊韵答倫叔》 十二月二十日。此首專攄謀國悲憤。《左傳》：「皮之不存，毛將焉傅。」「與冢俱焦」見《莊子》。

《八疊韵答倫叔》 十二月二十日。第四句言已力微薄。《詩》：「招招舟子，人涉卬否。」本集失詩一首，今從日記鈔得，補録於後。

《武備學堂教習佐久間浩贈日本刀并絶句次韵答謝》 十二月二十日。

銅柱扶桑舊百尋，風濤萬里恐難禁。贈刀不是封公意，爲有屠鯨碧海心。

起二句謂世難非舊法可禦。「贈刀封公」，王祥事，見《晉書祥傳》。末句自寓壯懷。

《和陳伯平太守詞四闋》 光緒丁酉年。

附聯語勘誤

《題武强賀氏家祠》 「祖宗詩書之教」，案：祠刻當作「詩禮之傳」。

《輓陳伯平母》 「生存百年」，案：「年」乃「歲」字之誤。

著述表

案：公生平劬學不倦，藏書萬卷，皆手自釐定，考證評騭，丹黄盈簏，然不以撰著自名。公殁後，子闓生鈔輯遺稿，陸續刊行，今分别已刊、未刊，列目如左。

《桐城吴先生全書》三十六卷：家刻本。《易説》二卷，《尚書故》三卷，《夏小正私箋》一卷，《文集》四卷，《詩集》一卷，《尺牘》五卷，《補遺》一卷，《諭兒書》一卷，《尺牘續編》四卷，民國後續刊。《日記》十二卷，單行本。《傳狀》一卷，《清史本傳》一卷。

《深州風土記》二十二卷，深州官刻本。《東游叢録》四卷，日本排印本，又上海續印本。《寫定尚書》一卷，天津石印本。《姚氏漢書平點》一卷，同上。《姚氏老子章義》一卷，金陵刻本。《曾文正公古文四象》五卷。保定刻本。以上六種公生前自校刊者。

《群書點勘》百有二種：排印本。《周易》，《尚書》，《詩經》，《四書》，《左傳》，《穀梁》，李右周云：《公羊》亦有點勘本，但今已佚。《三禮》，《國語》，《國策》。以上經部。《老子》，《莊子》，《管子》，《墨子》，《荀子》，《韓非子》，《吕氏春秋》，《淮南子》，《説苑》，《新序》，《法言》，《太玄》，《晏子春秋》，《孔叢子》，《文子》，《靈樞》，《素問》，《抱朴子》。以上子部。《史記》，《漢書》，《後漢書》，用賀松坡評本。《晉書》，《宋書》，《齊書》，《梁書》，《陳書》，《魏書》，《隋書》，《新唐書》，《新五代史》，《通鑑》，《明史稿》，《一統輿圖》。以上史部。《楚辭》，《文選》，《古文苑》，《漢魏百三家集》，《全唐文》，《宋文鑑》，《古文約選》，《古文辭類纂》，《經史百家雜鈔》，《駢體文鈔》，《瀛奎律髓》，《唐詩鼓吹》，《王姚古今詩選》，《劉氏歷朝詩約選》，《十八家詩鈔》。以上總集。蔡中郎，陶淵明，徐孝穆，庾子山，李太白，杜子美，李元賓，韓退之，柳子厚，李習之，皇甫持正，孫可之，李長吉，李義山，杜牧之，韓致堯，唐諸家，歐陽永叔，蘇明允，蘇子瞻，王介甫，曾子固，黄魯直，晁叔用，宋諸家，元裕子，歸熙甫，方靈皋，姚姬傳，張皋文，梅伯言，曾滌生，張廉卿，黎莼齋，薛庸庵。以上專集。《説文》，《隸釋》，《金石録》，《漢隸字原》。以上金石小學。

《史記點勘》一百三十卷附《諸家評語》一卷《初校本點識》一卷，邢刻本又保定初印本，蕭縣徐氏續印本。

《評選瀛奎律髓》四十五卷，《評選唐詩鼓吹》十六卷。以上三種南宫邢氏刻本。

《古詩鈔》二十七卷附《目》四卷，《李長吉詩注》四卷《外集》一卷，《韓翰林詩》三卷《香奩集》一卷《補遺》一卷。以上三種武强賀氏刻本。

《諸家評點古文辭纂》七十四卷，《漢魏百三家集選》七十二卷。以上二種蕭縣徐氏印本。

《尚書讀本》二卷，課兒作，保定排印本。《古文讀本》二卷，課兒作，日本初印本，保定續印本。《桐城吴氏古文讀本》，類纂選本，有圈點，有評騭，門人常堉璋校印。以上三種選教初學者。

《經書點勘》八種，《易》、《書》、《詩》、「四書」、《左傳》，附《禮記》、《穀梁》點勘，都門書局印。《子書點勘》七種，《老》、《莊》、《管》、《墨》、《荀》、《韓》、《太玄》，保定排印本。《呂氏春秋點勘》，《淮南子點勘》，《國語點勘》，《戰國策點勘》。以上十九種兼印原書者。

《漢書點勘》六卷附《後漢書評點》一卷，海鹽徐氏刻本，又深澤王氏印本。《諸史點勘》一卷，深澤王氏印本。《楚辭點勘》一卷。《文選點勘》五卷，《古文苑點勘》一卷，《古文約選點勘》一卷，《古文辭類纂點勘》四卷。以上四種，奉天萃升書院刻本。以上六種點勘之單行者。

《歸震川評點史記》一百三十卷附《方望溪平點》四卷，武昌張氏刻本。《劉海峰歷朝詩約選》九十三卷上海刻本。以上二種公生前與友人合刊者。

《李文忠公全集》一百六十五卷，李氏自刻本。《通商約章類纂》三十五卷，公創議編輯，由他人續纂刊行。《學古堂文集》二卷，蓮池課藝。《冀州公事章程》一卷。以上四種官私典籍公所創議纂訂者。

《節本天演論》一卷，修正嚴譯，北京初印本，上海續印本。《韵學》一卷。以上二種已并入《日記》中。

《文選》，司馬長卿、司馬子長、王子淵、揚子雲、班孟堅、韓退之。《詩選》，全目在《古詩鈔存目》中。《太史公所録左氏義》三卷。以上三種寫定未刊者。

《寫定春秋左氏傳》十二卷。以上一種公寄滬，擬刊未果，遂并稿本失去，今稿本復出，惟前五卷已佚。

《歷代都邑表》，《禹貢疆域表》，《導山表》，《導水表》，《虞十二州表》，《爾雅九州表》，《職方九州表》，《尚書地理表》，《詩十五國表》，《春秋列國地理表》，以上十種稿本佚而復得，未及刊行者。

門弟子表

案：公施教歷年，門徒不可勝記，今册籍均已無存，僅采輯其可考見者。

嚴修範孫，天津，翰林院編修、貴州學政學部侍郎；賀濤松坡，武强，進士，刑部主事、信都書院山長、保定文學館長；賀沅芷村，武强，翰林院庶吉士、福建上杭知縣；閻志廉鶴泉，安平，翰林院檢討、蓮池校士館長；孟慶榮蔽臣，永年，翰林院侍讀、學部右丞；劉若曾仲魯，鹽山，翰林院編修、大理院卿、直隸省長；傅增濬學原，江安，進士，吏部主事；傅增湘沅叔，江安，翰林院編修、直隸提學使、教育總長；劉春堂治琴，肅寧，進士，甘肅江蘇知縣；劉春霖潤琴，肅寧，甲辰狀元，翰林院修撰、河北教育廳長；王瑚鐵珊，定州，翰林院庶吉士、京兆尹、江蘇省長；路士桓尚卿，南宫，翰林院編修、監察御史；范桂鄂棣臣，藁城，翰林院檢討；紹英越千，滿洲，度支部侍郎、清室内務府大臣；周學熙緝之，建德，舉人，財政總長；李剛已剛己，南宫，進士，山西知縣、代理大同府知府；吴鏜凱臣，武邑，進士；安文瀾翰卿，定州，進士，山西知縣；張以南化臣，滄州，蓮池書院齋長；張繼之父。劉乃晟苹西，衡水，舉人，江西知縣；谷鍾秀九峰，定州，國會議員、農商總長；韓德銘虔谷，高陽，勳三位虔威將軍；尚秉和節之，行唐，進士，内務部科長；王延綸合之，定州，進士，山東知縣；李景濂右周，邯鄲，進士，國會議員；閻鳳閣瑞庭，高陽，進士，直隸諮議局議長；籍忠寅亮儕，任丘，舉人，雲南財政廳長，國會議員；　常堉璋濟生，饒陽，兵部郎中、國會議員；　賈恩紱佩卿鹽山，舉人；　王振垚古愚，定州，舉人，國會議員；　李廣濂芷洲，深州，山西知縣，國會議員；　鄧毓怡和甫，大城，國會議員；　劉培極宗堯，任丘，深縣知事；　梁建章式堂，大城，舉人，浙江道尹，河北，實業廳長；　吴籛孫彭秋，固始，舉人，京師巡警廳丞；　吴笈孫士緗，固始，大總統府秘書長；　吴箕孫詠湘，固始，山東候補道；　何雲蔚豹丞，定遠，舉人，河南知府；　趙宗抃鐵卿，深澤，舉人；　賀嘉枏墨儕，武强，舉人；　劉登瀛際唐，南宫，舉人；　趙衡湘帆，冀州，舉人；　王篤恭琴南，河間，舉人；　武錫珏合之，深州；　宋朝楨弼臣，南宫，舉人，濰縣知縣；　蓮池書院提調。　齊福丕懋軒，南宫，舉人，武定知府；　高步瀛閬仙，霸縣，舉人，教育部司長；　徐德源潤吾，清苑，濟寧縣知事；　邢之襄詹亭，南宫，山東知縣、法部參事；　王恩紱繹如，清苑，舉人，太康知縣；　馬錫蕃用三，定州；　鑑瀅父。　馬鑑瀅曉珊，定州，舉人，廣東知縣；　黄鳳翽來庭，冀州，舉人，　錫齡父。　黄錫齡春圃，冀州，舉人；　樊榕蔭孫，清苑，舉人；　吴鼎昌鼒臣，清苑，舉人；　張鎮午麓雲，清苑，舉人；　張坪榮坡，獻縣，舉人；　陳之煥星海，滿城，舉人；　楊越月村，鹽山，舉人；　李諧謨備六，冀州，舉人；　于鳳閣桐山，冀州，舉人；　于鳳鳴賡桐，冀州，舉人；　步其誥芝村，棗强舉人；　馬鎮桐璽卿，新河舉人；　李景澔滙東，邯鄲舉人；　李吉林薪珊，深州，舉人；　崔謹子餘，祁州，舉人；　張殿士丹卿，宣化，舉人；　白鍾元長卿，新城；　蔡如梁東軒，文安；　李春暉，　高陽；　胡元留存叔，延慶；　紀鉅湘海帆，獻縣；　劉汝賢竹坡，獻縣；　胡源清問渠，永年；　張志滄伯蒼，豐潤；

崔莊平子端，任丘；籍郇恩雨南，任丘；梁建邦芝封，大城；谷鍾琦右韓，定州；王儀型式文，滄州；杜之堂顯閣，廣宗；張步瀛鑾坡，安州；王寶鈞，安州；崔棟上之，無極；王孝銘西渠，深澤；張國昌定侯，滿城；劉彤儒翊文，鹽山；崔炳炎蘭溪，鹽山；何之鎔冶園，鹽山；蔣耀奎冶亭，慶雲；張廷楨，易州；段宗杜棣華，蠡縣。以上河北。

冒廣生鶴亭，如皋；廉泉惠卿，金匱；言有章謇博，常熟；陶炳午書常，紹興；柴維桐琴堂，葉崇質文樵，懷寧；丁維魯奎野，日照；丁汝彪孔彰，日照；李嘉鈺玉度，孝感；李嘉璧和度，孝感；王賓基堇廬，海鹽。以上各省。

馬其昶通伯；姚永楷閑伯；姚永樸仲實；姚永概叔節；張誠篤生；史推恩恕卿；房宗嶽秩五；姚孟振慎思；吴汝澄守一；吴燕來夢雛；宋振鴻蘆初；吴廷佐士俊；李德膏光炯；嚴釗翊亭；唐爾熾雨梅；鄭召臣肖伯。以上桐城。

冉楷式齋；蘇毓琦鏡韓；姚壽昌丹坡；崔琳潤齋；孫大鵬振汝。以上清苑。張廷楨溯周；張廷棟蔭千；王家範調元；李箸元九彰；康依仁靜山；魏斐成；律星垣；劉仲楷；康思恒亨菴；郭增慶子餘；郭增廓。以上深州。賀錫珊鐵君；賀家杰；常熙廉讓卿；常熙敬冠卿；常熙庸俊卿。以上饒陽。

賀淞心銘；賀德深竹泉；賀葆經。以上武强。

弓汝恒子貞，均父。弓汝勤子釗；弓均景崔；弓汝昌；張毓英；門以臺延閣。以上安平。

張廷湘楚航；張增豔雪香；李喆生鑑波；劉步瀛旋吉；王孝逵用儀；魏兆麟徵甫；胡庭麟子振；羡繼儒雅堂；王玉山含章；閻鳳華；馬維周；李愷義；司熙坊可亭；司熙昶煦彩；李書田子畬。以上冀州。

鄭有鳳；李慶年雲甫；孫毓芑稷生；劉祖培植亭；魏履礽用五；齊賡芑子周；齊賡芾憩南。以上南宫。

馬景麟仁趾；尚椿莪逢春；謝喬年遐齡；馬鍾魁炳文；劉玉山。以上衡水。

步其灝柟孫；步其澤惠泉；步以紳笏峰；步以墉崇之；步以崚；齊立震峙青；李琳昌崑圃。以上棗强。

陳毓華蓉堪；國普恩；章夢庚。以上武邑。

邢瑞龍靈祉；范松山嶺秀；孟有慶君燕；韓殿琦雲翔。以上新河。

吴汝舟少棠；見《日記·品藻門》。劉壽山；楊潤芳；劉煥章；劉吟臯；高彭齡；趙纘曾；趙顯曾；趙炳麟；王餘慶；劉汝棨；馬鍾杰；李鴻林；李駿聲；黎炳文；邢襄。以上祭文中列名者，字、籍待考。

中島裁之伯成；野口多内子厲；早川新次東美。以上日本。

案：新城王樹枏晉卿、通州范當世肯堂、侯官嚴復幾道、林紓琴南，四人皆執贄請業願居門下，而公謝不敢當。曾公所謂「不列弟子籍，同時服膺」者也。附記於此。

跋

家大人編輯《桐城吴先生年譜》，既成，且印行，命崇元爲跋於後，以述其意。乃敬作而言曰：

嗟乎！ 經濟之學之不大行於世也久矣！ 吾國學術，向以尊經爲重。而數千年來，訓詁之儒多泥於章句箋疏之末，於古聖賢窮變通久之義，往往滯而不通，於經邦治國之道，有益蓋鮮。其爲諸子之學者，亦不能探幽發微，著爲篤實可行之論，俾有補於家國，而徒爲門户黨派之爭。政治學術幾劃爲兩塗，不相聞問，甚矣學者之蔽也！ 前清中葉而後，外人紛入，而舉國士論狃於故常，茫然不識彼此强弱之所在，徒敖然自大，尊己卑人，以致禍患紛乘，迄無寧日，其貽害於國家者如此。夫治國之道，莫要於内審國情，外觀大勢，所以救弊而起衰者，宜悉本於理勢之當然，未有可以漫然應之者也。

桐城吴先生，生當世運劇變之初，時外國之學説，尚未大行於中國。先生曠觀時事，已深不以斤斤於考據義理者爲然，而獨專力於經世有用之學。於是遍察各國大勢，并取其政治經濟學術，以與吾國古經諸子之説相印證，乃以爲不師人長，不足以救弊圖新。於是振聾發聵，力倡采用泰西之學。蓋以爲彼强而我弱者，必有彼得而我失之處。若不深求其得失，以截長補短，則彼强者必愈强，而弱者愈弱也，則將來之趨勢，亦惟有聽其侵削凌辱而已。此國家興亡關鍵之所在，非可以苟然已也。及庚子而後，世人孰於先生之論，又得目睹敗潰之耻，自德宗以下，全國輿論，亦莫不憂世變而亟圖救亡之策，乃始有一再變法革新之舉。而先生竟以赴日本考察學制，勞瘁以卒。嗚乎！有志未竟，此誠天下之所共痛惜者也。雖然，近四十年來，民智開發，科學昌明，亦寧非先生之遺教有以啓發之也耶？先生之學，博涉旁通，不拘於一家之説，晚年尤力崇西學，主張開化。且旁搜遠紹，以益其文，故先生之文，晚益博奧醇懿，雄奇閎肆，多有關於治道之大，非徒爭勝於楮墨間。至其高見遠識，實能扼安危治亂之樞紐，爲百年以來未雨綢繆之計，惜世未克盡用其言。而先生殷殷憂世之心，其議論固未嘗虛發也，豈世所謂文章家之所能比擬哉！

先生逝世，於今四十年矣。世之人徒奉先生爲一代文學大家，而不知先生之犖犖大者。其生平事迹之詳，及議論之大端，亦多不加深察。此豈獨一家學術顯晦之得失歟？先生掌教保定蓮池書院最久，家君嘗私淑其學行，以爲先生之生平多有繫於當世，不可以不詳。於是乃有年譜之輯。崇元方從先生哲嗣北江夫子學，故間有疑義，輒命往爲詳詢，而稿本之編訂，崇元亦得從事其間。閱二載書成，即付剞劂，以公諸天下。斯編一出，庶幾先生之志，因是作而益彰；而其治學之始末，亦可因而得窺其全。豪傑之士，必有聞風興起者。國家之前途，庶幾爲猶有望。此家君編輯之微旨也。校印將畢，爰命崇元粗述涯略。崇元後生末學，愧不能更贊一辭，以迫於嚴命，謹稍抒所見，以質諸當世景仰先生之學者。

甲申孟春，男崇元敬跋。